교부들의 영적 금언집

교부 지혜의 정수

교부들의 영적 금언집

초판 1쇄 인쇄	2020년 12월 17일
초판 1쇄 발행	2020년 12월 25일

엮 은 이	편집부
펴 낸 이	조성암 암브로시오스 대주교
펴 낸 곳	정교회출판사
출 판 등 록	제313-2010-5호

주 소	서울시 마포구 마포대로18길 43
전 화	02-364-7020
팩 스	02-6354-0092
홈 페 이 지	www.philokalia.co.kr
이 메 일	orthodoxeditions@gmail.com

ISBN 978-89-92941-62-4   03230
정가 15,000원

ⓒ정교회출판사 2020

* 잘못된 책은 바꿔드립니다.

이 책의 저작권은 정교회출판사에 있습니다.
저작권법에 의해 한국 내에서 보호를 받는 저작물이므로 무단 전재 및 복제를 금합니다.

교부 지혜의 정수

교부들의 영적 금언집

✟ 정교회출판사

| 차례 |

- 머리말_조성암 암브로시오스 한국대주교   008

제 1 장
    1. 하느님을 향한 사랑   014
    2. 이웃에 대한 사랑   016
    3. 관용   042
    4. 자기 희생   059
    5. 자선   062
    6. 환대   076

제 2 장
    하느님에 대한 희망   082

제 3 장
    1. 믿음   090
    2. 인내   093

제 4 장
    1. 회개   128
    2. 죽음에 대한 기억   157
    3. 하느님에 대한 두려움   177
    4. 하느님을 향한 슬픔   178

제 5 장

    1. 기도   190

    2. 하느님에 대한 기억   217

    3. 영적 열매   220

    4. 거룩한 감사   227

제 6 장

    1. 고요   234

    2. 침묵   239

    3. 타향살이   245

제 7 장

    1. 겸손   254

    2. 순종   299

제 8 장

    1. 무소유   316

    2. 노동   334

제 9 장

1. 절제　342

2. 금식　349

3. 순결　353

4. 무정욕　358

제 10 장

1. 판별력　362

2. 양심　365

3. 주의　366

4. 영적인 사람 그리고 수혜자들　370

제 11 장

1. 시련　374

2. 영적 투쟁　377

제 12 장

1. 진실   384
2. 가르침   386
3. 좋은 친구   388
4. 성서 연구   391

제 13 장

1. 생각   394
2. 고백   398
3. 평화를 사랑하는 사람들   403
4. 성직   406

제 14 장

1. 교만   410
2. 허영   414
3. 분노   417
4. 복수심   419
5. 비난   423
6. 모함   427
7. 탐욕   430

| 머리말 |

하느님을 향한 뜨거운 사랑으로 복음의 가르침을 충실하게 따르고자 했던 이들이 박해가 끝난 4세기를 기점으로 이집트, 팔레스타인, 시나이, 시리아의 광야로 쏟아져 들어왔고 그렇게 그리스도인 수도사의 삶의 역사는 언제나 신자들의 뜨거운 관심을 불러 일으켜 왔다. 『라우소스의 역사』(Λαυσαϊκή Ιστορία), 『리모나리온』(Λειμωνάριον), 『에베르게티노스』(Ευεργετινός) 등의 저서들이 독자들의 사랑을 받았고 여전히 애독되고 있는 이유가 바로 여기에 있다. 위의 책들은 복음의 삶을 진솔하게 살고자 열망하는 모든 세대의 수도사들과 평신자들을 영적으로 양육했다.

지금 우리 손에 들려있는 이 모음집은 위에 언급한 책들에서 발췌한 것이다. 이 모음집은 사건들, 금언들, 그리고 광야의 영적 아버지와 영적 어머니들의 삶의 여러 경험담을 수집한 것이다. 그리스도인이라면 누구나 영적 성장을 위해 가꾸어 나가야 할 덕과 강력하게 싸워 나가야 할 정욕을 정리해서 담았다.

『교부들의 영적 금언집』으로 번역한 이 모음집의 원 제목은 "하느님의 온전한 사람"을 의미하는 그리스어 단어 "게론"에서 파생된 『게론디콘』이다. "게론"은 하느님의 뜻에 따라 평생을 살았던 이들로서 그리스도인의 삶의 영적 아버지와 스승의 은사를 성취한 사람들이다. "아바스"(시리아칼데아어), "스타레츠"(러시아어)라는 단어들도 이와 유사한 의미를 갖는다.

누구든지 『게론디콘』과 「사도행전」을 비교해 보면 서로 닮아 있다는 것을 볼 수 있을 것이다. 왜냐하면 둘 다 실천적인 그리스도교에 대해 우리에게 말해주고 있기 때문이다. 사도행전의 저자로 익히 알려진 루가 복음사가는 우리에게 초대 교회의 삶을 소개해준다. 또한 그리스도교의 진리를 "세상 모든 사람들"(마태오 28:19)에게 증거하라고 하신 주님의 계명을 실천하기 위한 사도들의 활동을 소개한다. 『게론디콘』도 광야의 영적 아버지들과 영적 어머니들의 삶을 비롯해, 자신들의 성화(聖化)뿐만 아니라 수도공동체나 광야의 은수자들을 찾아 성성으로 향하는 길을 배우고자 찾아오는 영혼들의 성화를 위한 활동을 우리에게 소개한다.

모든 연령과 계층의 사람들이 "사부님, 제가 어떻게 해야 구원을 받을 수 있겠습니까?"라고 하는 이 익숙한 질문은 그들이 영혼 구원에 얼마나 큰 갈증을 느끼고 있었는지를 단적으로 표현해준다.

광야의 영적 아버지들과 영적 어머니들을 방문하는 순례객들은 자신들이 미처 알지 못하는 지식들을 채우기 위해 가르침을 청하지 않았다. 달리 말하면 그들은 지적인 것을 만족시키기 위한 이론이나 학술적인 관심이 아닌 구원의 말씀을 듣고자 했던 것이다.

우리도 복음의 말씀을 몸소 실천했던 그들과 같은 정신, 같은 구원의 갈증으로 광야의 영적 아버지들과 영적 어머니들의 말씀과 삶을 탐구해야만 한다. 지극히 낮은 자세로 그리고 자신들의 정욕을 멸살하기 위한 엄청난 수련으로 얻은 그들의 영적 경험은 광야의 영적 아버지들이 하늘나라로 향하는 우리의 행로의 최고의 길잡이가 될 수 있음을 보여준다.

짧은 이 머리글을 마무리하기 전에 좀 더 명확히 해야 할 필요를 느껴 다음과 같이 부언하고자 한다.

『게론디콘』에서 다루고 있는 내용들이 전적으로 수도사들의 가르침과 삶에 기인한 것이라 생각해서 세상 속에서 살아가는 우리와는 전혀 관계가 없는 것처럼 여길 수 있겠으나, 하지만 실제로는 본서에서 다루고 있는 내용들 대부분이 모든 그리스도인들과 직접적인 연관이 있는 것들이며 극히 일부만이 세상을 등지고 수도원에서 살았던 수도사들에 국한된 내용들이다. 이 점에서 독자들은 경탄을 자아내는 모든 것이 언제나 모방의 대상이 되어야만 하는 것은 아니라는 점을 기억해주었으면 한다. 이 위대한 그리스도인의 덕에는 분별력이 필요하다. 그리스도인의 덕은 과도하게 그리스도인을 내몰지 않으며 삶의 정도를 벗어나게 하지 않는다. 그런 것들은 흔히 사탄에게서 오는 것들이기 때문이다. 수행자들의 영적 투쟁은 모든 이들에게 본보기가 될 것이다. 그리고 우리는 영혼의 신랑 그리스도를 향한 그들의 진실된 사랑과, 또 이웃을 향한 그들의 진실된 애정으로 그들이 감내했던 놀라운 희생의 정신으로부터 많은 것을 배우게 될 것이다.

사랑하는 독자들이 본서에서 구원의 길로 인도해주는 "격려해주고 위로해 주는 가르침"(고린토 전서 14:3)을 얻기를 진심으로 기원하면서 본서를 독자들에게 바친다.

조성암 암브로시오스 한국대주교
✝ 조성암 대주교

제 1 장

1. 하느님을 향한 사랑

사막의 스승 대 안토니오스는 제자들에게 "나는 하느님을 두려워하지 않는다. 하느님을 사랑하기 때문이다"라고 말하곤 했다. 하느님에 대한 완전한 사랑은 "두려움을 몰아낸다."(요한1서 4:18 참조)

• • •

니트리오티스[1]의 암문 사부[2]는 언젠가 대 안토니오스를 방문했다. 그와 무척 친했던 암문 사부는 이렇게 물어보았다.

"내가 그대보다 훨씬 더 많이 수고하는데도 어째서 사람들은 당신을 더 높이 추앙하는 걸까요?"

대 안토니오스가 얼굴에 미소를 지으며 대답했다. "아마도 내가 자네보다 더 하느님을 사랑하나 보네."

• • •

언젠가 사막의 어떤 사부가 기도하면서 사막에 살았던 옛날 사부들을 보여달라고 하느님께 청했다. 그러자 모든 사부들이 보였지만 그들 가운데 대 안토니오스의 모습은 보이지 않았다.

---

[1] 고대 이집트의 수도 멤피스 근처
[2] 師父. 영적 아버지. 수도사를 부르는 호칭.

"안토니오스 사부는 어디에 계시지?" 하며 의아해하고 있을 때 다음과 같은 음성이 들려왔다.

"하느님께서 계시는 곳에 있다."

• • •

고백자 막시모스 성인은 이렇게 말한다.

"하느님에 대한 사랑은 영혼의 선한 마음이다. 누구든지 그 사랑을 갖게 되면 하느님이 창조한 그 어떤 피조물보다도 더 하느님을 좋아하게 된다. 하지만 세상적인 것에 조금이라도 집착하게 되면, 인간은 영원히 그 사랑을 성취할 수 없다. 하느님을 사랑하는 사람은 지상에서 천사의 삶을 산다. 그는 금식하고, 철야로 예배드리고, 찬양하고, 기도하고, 그리고 언제나 모든 사람들을 좋게 생각한다."

2. 이웃에 대한 사랑

대 안토니오스는 자주 이렇게 말하곤 했다.
"나는 결코 내 형제의 유익보다 나의 개인적 이익을 더 우선 한 적이 없었다."

• • •

테오도로스 사부가 아직 제자로 있었을 때였다. 하루는 스승이 스키티[3]에 있는 화덕에 가서 빵을 구워오라고 시켰다. 그곳에서 그는 빵을 굽기 위해 온 어떤 수도사를 만났는데 그 수도사는 도움이 필요했다. 젊은 테오도로스는 가지고 있던 자루를 바닥에 내려놓고 그를 도와주었다. 그런데 그 수도사의 빵이 다 구워지기도 전에 또 다른 수도사가 빵을 구우러 왔다. 테오도로스는 다시 자기 순서를 양보하고 그 수도사에게도 도움을 베풀었다. 잠시 후, 세 번째, 네 번째, 그리고 여섯 번째 차례에까지 도움이 이어졌다. 테오도로스는 그렇게 모든 형제 수도사들이 빵을 구울 때까지 기다렸다가 마지막으로 자신의 빵을 구웠다. 그가 스승에게 다시 돌아왔을 때는 이미 해가 저문 뒤였다. 테오도로스는 스승에게 늦게 오게 된 자초지종을 말했다. 하지만 그는 자신

---

3) 작은 수도원

이 뭔가 가치있는 일을 했다고는 여기지 않았다.

• • •

하루는 제자들이 아가톤 사부에게 이웃에 대한 진정한 사랑이 어떤 것이냐고 물었다. 이미 최고의 경지에 이른 덕의 여왕인 복된 사부가 이렇게 대답했다.

"사랑은 나병 환자를 발견했을 때 기쁜 마음으로 자기 몸을 그에게 내주는 것이다. 그리고 가능하다면, 그 환자의 몸을 자기 몸 같이 여기는 것이다."

• • •

교부들은 아가톤 사부에 대해서 그리고 동료 인간에 대해서 깊은 사랑을 마음속에 감추고 있는 그의 많은 일화들에 대해서 이야기하곤 했다.

언젠가 아가톤 사부가 수작업을 해서 만든 바구니를 팔러 도시로 내려갔다. 그러다가 길가에 병든 채로 버려져있는 어떤 불쌍한 사람과 우연히 마주치게 되었다. 그는 그곳을 지나가는 누구로부터도 전혀 도움을 받지 못하고 있었다. 아가톤 사부는 그를 일으켜 세웠다. 그러고 나서 바구니를 판 돈으로 방을 구해서 그를 그곳에 머물게 했다. 그리고 한동안 곁에 있으면서 그를 보살폈다. 그러면서 거기에 들어가는 비용을 대기 위해 일을 해나갔다. 마침내 그 사람이 완전히 건강을 회복하자 아가톤 사부는 자기 거처로 돌아갈 때가 되었다고 여기고 자신이 사랑하는 고요함속으로 다시 되돌아갔다.

• • •

언젠가 또 다시 아가톤 사부가 그의 양식인 빵을 조금 구하기 위해 자기가 만든 수제품을 가지고 도시로 내려갔다. 그런데 시장 근처에서 장애를 가진 헐벗은 노인 한 명을 만나게 되었다.

노인은 아가톤 사부를 보자마자 간청하기 시작했다.

"수도사님, 하느님의 사랑으로 불쌍한 저를 도와주십시오. 제가 당신과 함께 있을 수 있게 해주십시오."

아가톤 사부는 바구니를 팔려고 길게 늘어놓고 그곳에 그와 함께 자리를 잡았다. 노인은 바구니가 하나씩 팔릴 때마다 사부에게 물어보았다.

"수도사님, 얼마 받으셨어요?"

"얼마입니다." 사부가 대답했다.

"좋네요. 그런데 수도사님, 제가 어제 저녁부터 아무것도 못 먹었는데 저에게 조그만 파이 하나만 사주시면 안 될까요? 그러면 참 좋을 것 같은데요."

"당연히 그래야죠." 사부가 대답했다. 그리고 즉시 그가 원하는 대로 해주었다.

잠시 후 노인은 다시 과일을 사달라고 했고, 그 다음에는 설탕과자를 사달라고 했다. 이렇게 해서 사부는 바구니가 팔릴 때마다 보호하고 있던 그 노인을 위해 번 돈을 전부 써버렸다. 바구니가 다 팔렸는데도 판매금을 다 써버린 아가톤 사부에게는 자기가 먹을 약간의 빵을 살 돈조차 남아있지 않았다. 그런데 여기서 정말 놀라운 것은 아가톤 사부는 이미 자신이 앞으로 일 주간 동안은 빵 없이 살아야 한다는 것을 잘 알고 있었음에도 이 모든 일들을 흔쾌히 했다는 점이다.

마지막 바구니까지 다 팔고 아가톤 사부가 시장을 떠날 채비를 하자 장애인 노인이 말했다.

"지금 떠나시는 건가요?"

"네. 이제 제 일이 다 끝났습니다."

"그렇다면 마지막으로 저에게 후의를 베풀어 주십시오. 저를 저 네

거리까지 데려다 주시고 나서 수도하시던 곳으로 돌아가시면 안 되겠습니까?" 뭔가 약간 이상스러운 노인은 다시 간청하듯이 사부에게 말했다.

참으로 선한 아가톤 사부는 온종일 일에 지친 몸으로 그를 등에 업고 아주 힘겹게 노인이 원하던 장소로 데려갔다. 등에 업고 온 노인을 내려놓으려 하는 순간 부드러운 음성이 사부에게 들렸다.

"아가톤, 하늘과 땅의 하느님으로부터 축복을 받아라."

그 소리에 아가톤은 자신에게 말하는 사람이 누구인지 보려고 눈을 들어 살폈다. 하지만 그곳에는 이미 아무도 없었다. 왜냐하면 그 노인은 하느님께서 아가톤의 사랑을 시험하기 위해 보낸 천사였기 때문이었다.

・・・

아가톤은 오직 이웃을 평안하게 해주기 위해 살았다고 해도 과언이 아닌 사람이었다. 그가 다른 형제 수도사들과 함께 강을 건너는 일이 생겼을 때는 제일 먼저 배의 노를 손에 쥐었고, 방문객들이 자신의 은수처를 찾아오면 한 손으로는 그들에게 인사를 하고 또 다른 손은 그들을 대접하기 위해 식탁을 준비하기 시작했다.

언젠가 정원을 가꾸는 데 도움이 되라고 괭이를 선물 받은 적이 있었다.

"이 괭이 정말 멋진데!" 어느 날 아가톤이 손에 들고 있던 괭이를 보고 한 형제 수도사가 말했다.

그러자 아가톤 사부는 그 형제 수도사가 마음에 들어 한 그 괭이를 받아 가기 전에는 그가 그곳을 떠나지 못하게 하였다.

・・・

아폴로 사부도 이웃에 대한 사랑이 지극했다. 그는 도움을 구하는 사람이 있으면 그 일이 크든 작든 거절한 적이 없었다. 형제 수도사들이 협조를 구할 때마다 그는 미소 속에서 언제나 이렇게 말하며 기꺼이 도와주었다.

"나는 오늘 내 영혼의 유익을 위해 나의 주님과 함께 일할 것이다."

...

엘레누폴리의 주교 팔라디오스는 우리에게 다음과 같은 이야기를 전해준다.

세라피온은 이집트인 수행자로서 완전한 무소유자이자 엄청난 자선가였다. 많은 경우에 그는 벌거벗은 몸을 천 하나만으로 둘둘 감아 다니곤 하였는데 자신의 옷을 필요한 사람에게 다 벗어주었기 때문이었다. 그는 신도니오스라는 애칭을 갖고 있었는데 천을 옷 삼아 입고 다녔다 해서 붙여진 이름이었다.

언젠가 그는 어느 이교도 배우에게 20냥에 종으로 팔린 적이 있었다. 그는 주인과 주인의 가족을 성심을 다해 섬기기 시작했다. 불평불만 없이 쉬지 않고 일했으며 먹는 음식으로는 빵과 물이 전부였다. 손이 일하고 있는 동안에 그의 생각은 언제나 기도에 몰두하고 있었다. 그의 입술에서는 성서의 말씀이 그친 적이 없었다. 그가 그렇게 한 목적은 그리스도의 빛이 그의 주인과 가족에게 전해지도록 하기 위해서였다. 그리고 그 빛이 전해지는 데는 그리 오래 걸리지 않았다. 먼저 그리스도인답게 살아가는 그의 모습을 통해서, 그리고 세상의 헛된 것으로 인해 고통받고 있는 영혼들에게 위안의 향유처럼 흘러내리는 복음의 가르침을 통해서, 그들을 믿음으로 이끈 것이었다.

그렇게 해서 광대-그 당시에는 배우를 이렇게 불렀다-와 부인과 자녀들은 세례성사의 은총을 입었다. 이후 그들은 더 이상 새로운 삶과는 어울리지 않는 자신의 직업을 버리고 교회의 생동하는 지체가 되었다. 어느 날 주인이 신도니오스를 특별히 불러 말했다.

"형제여, 자네가 나와 내 가족을 이교도의 어둠에서 벗어나 자유롭게 해주었으니, 그 은혜에 대해 이제 내가 보답할 때가 된 것 같네. 그 보상으로 자네도 자유를 누리게나."

신도니오스는 주인에게 진실을 드러낼 때가 왔음을 느꼈다. 그래서 자신은 종이 아니었으며 주인을 그리스도께 인도하기 위해 스스로 팔려왔다고 사실대로 밝혔다.

"하느님께서 내가 추구하던 것을 이루어주셨으니 이제는 다른 사람들을 도우러 갔으면 합니다."

그렇게 신도니오스는 자기가 받았던 20냥을 주인에게 다시 돌려주고 다른 나라를 향해 길을 떠났다. 그곳에 도착한 그는 다시 이단이었던 가족에게 팔려갔다. 그러고는 그전과 같은 방법으로 해서 그들을 교회의 품속으로 빠르게 데려왔다. 신도니오스는 생을 마치는 날까지 육체적으로 그리고 영적으로 자신의 형제들을 섬기면서 살았다.

• • •

어느 수도사가 스승에게 질문했다.

"스승님, 오늘날에도 수도사들이 수도에 정진하며 열심히 생활하고 있는데, 왜 옛 교부들이 받았던 은사들을 하느님으로부터 받지 못하는 걸까요?"

존경받는 스승이 대답했다.

"과거에는 수도사들 간에 사랑이 있어 형제 수도사를 서로 높이려 애써 왔단다. 하지만 오늘날에는 그 사랑이 식고 메말라 형제 수도사를 서로 낮추려 하니 더 이상 하느님께서 영적인 은사를 베풀지 않으시는 것이다."

• • •

요한 사부가 조언을 구하러 찾아온 초보 수도사에게 말했다.

"과거 시절에는 영적인 것에 집중하는 것이 수도사의 주된 역할이고 맡은 소임은 부수적인 것이었다. 하지만 오늘날에 와서는 본말이 전도되어 영혼의 일이 부수적인 것이 되고 수작업이 주된 일이 되었다."

"어떤 것이 영혼의 일입니까?" 수도사가 물어보았다.

"하느님의 계명을 위해서 하는 일이 그것이다." 사부가 설명했다. 그러면서 예를 들며 말을 이어갔다.

"자네는 내가 아프다는 것을 알게 되면 나를 방문하는 것이 도리라는 양심의 소리를 듣지. 하지만 가만 앉아서 '내가 방문을 하게 되면 수작업하는 일이 남을 텐데' 하면서 생각에 빠지지. 결국 자네는 사랑의 계명을 거역하면서 방문을 하지 않게 되지. 혹은 누군가가 자네에게 자기 일을 좀 거들어 달라고 요청할 때 자네는 혼자서 말하지. '지금 하던 일을 멈추고 그를 도우러 가는 것이 맞는 것일까?' 그렇게 자네는 영혼의 일인 하느님의 계명을 간과하여 거부하고 부수적인 수작업에만 몰두를 하게 되는 것이지."

∙ ∙ ∙

한번은 마카리오스 사부가 사막에서 수행하는 은수자의 거처에 병문안을 갔다. 은수자의 매우 소박한 거처 이곳저곳을 둘러본 그는 어디에도 음식의 흔적이 없음을 발견하고는 은수자에게 이렇게 물었다.

"형제여, 혹시 먹고 싶은 것이 있는가?"

병상에 있는 은수자는 대답하기를 주저했다. 사실 아무것도 없는 허허벌판인 광야에서 무엇을 요청하겠는가. 하지만 사부가 계속해서 물어보자 마침내 밀가루 스프를 먹고 싶다고 대답했다. 그런데 어디서 밀가루를 구하겠는가?

마카리오스 사부는 병중에 있는 형제의 마음을 위로해주기 위해 밀가루를 구하러 50마일이나 떨어져 있는 알렉산드리아로 걸어갔다.

⋯

어떤 스승의 제자가 스키티에서 10마일 정도 떨어진 한 은수처에 머물고 있었다. 하루는 스승이 제자에게 빵을 가지러 오라고 연락을 하려 했었다. 그러다가 잠시 후 이렇게 생각을 바꿨다. "제자더러 얼마 안 되는 빵을 가지러 10마일이나 떨어져 있는 여기까지 걸어오게 하기보다는 내가 직접 빵을 가져다주는 것이 좋겠다." 스승은 어깨에 자루를 메고 길을 떠났다. 그런데 가는 도중에 돌에 걸려 넘어져 다리에 큰 상처가 났다. 피가 멈추지 않았고 상처 때문에 고통도 너무 큰 나머지 스승은 눈물을 흘리기 시작했다.

"그대는 왜 울고 있는가?" 그에게 물어보는 감미로운 음성이 뒤에서 들렸다.

고개를 돌린 스승 앞에는 아름다운 천사가 있었다. 스승은 두려워하지 않고 그의 손가락으로 상처를 가리켰다.

"이런 소소한 일에 눈물을 보이지 마시게." 천사가 말했다. "그대가 형제의 사랑을 위해 걸어가는 그 발걸음은 내가 다 세고 있다네. 그러니 그대는 그 발걸음에 대한 보상을 하느님으로부터 받을 걸세."

스승은 크게 위안과 용기를 얻었다. 그래서 기쁜 마음으로 자신의 길을 계속 갔다. 그때부터 스승은 다른 형제들을 도우는 일에 기꺼이 나서기 시작했다.

어느 날 스승은, 다시 또, 더 멀리 떨어진 은수처에서 수행을 하는 또 다른 수도사에게 빵을 갖다 주려고 길을 떠났다. 그런데 그 수도사도 같은 이유로 스승을 향해 오고 있었다. 이렇게 해서 두 사람은 자연스럽게 길 가운데에서 마주쳤다.

먼저 스승이 말했다. "형제여, 내가 수고하고 조그만 보물을 얻었는데 그것을 내게서 가져가려고 하는가?"

"스승님, 좁은 문을 당신만 지나가려고 하십니까? 우리 둘 다 지나갈 수 있도록 조금만 자리를 만들어 주시지요." 형제도 대답했다.

둘이 이런 대화를 하고 있을 때 천사가 다시 찾아와 그들에게 말했다.

"그대들의 말다툼은 아름다운 향기가 되어 하늘로 올라가고 있다네."

•••

성 에프티미우 수도원에서 제자로서 수도생활을 하고 있던 싸바스 성인이 아주 젊었을 때의 일이다. 그에게 수도원 형제들의 빵을 준비하는 일이 맡겨졌다. 그날은 비가 내리고 있었다. 성인이 반죽을 하고 있을 때 한 형제 수도사가 들어오더니 젖은 옷을 말리려고 화덕 안에 옷을 놓고 나갔다. 이것을 전혀 알지 못했던 싸바스 수도사는 화덕에 불을 지폈다. 얼마 후 옷을 찾으러 온 형제 수도사는 화덕에 불이 타고 있는 것을 보고 안타까워서 그만 울음을 터트릴 뻔했다. 왜냐하면 그에게는 다른 옷이 없었고 입고 있던 옷도 빌린 것이었기 때문이었다. 싸바스 수도사는 형제의 마음이 다친 것을 보자 곧장 주저하지 않고 한달음에 화덕 안으로 들어가 형제의 옷을 가지고 나왔다. 그런데, 놀라운 일이 아닌가! 화덕 안에 있던 옷은 전혀 불에 타지 않았고, 형제의 슬픔에 깊은 공감을 보여준 젊은 싸바스도 해를 입지 않았던 것이다. 세 아이 같은 경건함 때문이 아니라 그가 보인 형제에 대한 사랑 앞에서 뜨거운 불꽃도 그를 해치지 못한 것이었다.

•••

세 명의 형제 수도사들이 60에이커의 밭을 수확하기로 약속을 했다. 하지만 일을 시작한 첫 날 한 명의 수도사가 몸이 아파 어쩔 수없이 스키티로 돌아갔다. 남은 두 명의 수도사들이 서로 이야기를 주고받았다.

"형제여, 우리가 조금 더 힘을 내서 아픈 형제의 몫까지 수확하면 어떻겠나? 그의 기도 속에 우리가 충분히 그의 몫까지 할 수 있을 걸세."

둘은 그렇게 말하고 일을 계속했다. 수확을 모두 마친 후에 둘은 형제 수도사를 불러 그의 몫을 가져가라고 말했다.

"무슨 몫?" 그 형제가 말했다. "난 수확한 것이 없다네. 그럴 시간이 없었어."

"그대의 기도 덕분에 계획했던 대로 모든 일이 순조롭게 끝났다네. 그러니 이제 그대 몫을 받아야지."

형제 수도사는 자신의 몫을 끝까지 받지 않았고 두 수도사는 주겠다고 고집을 피웠다. 결국 그들은 이견을 해결하기 위해 이웃에 있는 한 사부를 찾아갔다.

"사부님." 몸이 아팠던 형제가 먼저 말을 시작했다. "우리 셋에서 수확을 하러 갔습니다. 그런데 저는 낫을 손으로 제대로 잡기도 전에 몸이 아파 먼저 돌아갔습니다. 그런데 여기 두 형제가 제가 일하지도 않은 몫을 가져가라고 강요하고 있습니다. 사부님께서는 이것이 옳다고 생각하시는지요?"

"사부님." 두 형제 수도사가 말을 꺼냈다. "우리 셋에서 60에이커의 밭을 나눠서 맡기로 했습니다. 만약 우리 셋에서 수확을 했다면 정해진 기간 안에 그것을 마친다는 것은 사실상 불가능했을 것입니다. 그런데 이 형제의 기도 덕에 우리들이 생각한 것보다 더 빨리 일을 끝낼 수 있었으니 그가 자신의 몫을 받아가는 것은 정당한 것이 아니겠습니까?"

사부는 이 세 형제들 간의 사랑에 깊은 감명을 받았다. 그는 즉시 나무를 들고 스키티의 수도사들을 모두 모으는 종을 쳤다.

"형제들이여, 어서들 오게나. 오늘 우리가 판결을 하나 내려야 하겠네." 사부는 형제 수도사들이 모두 모인 자리에서 현안을 설명하며 말했다.

회의를 한 결과, 아팠던 수도사가 자신의 몫을 가져가야 하는 것으로 결론이 났다. 형제는 울면서 그것을 받았다. 그리고 그날 형제들이 자신을 부당하게 대했다고 계속 말하고 다녔다.

...

두 명의 젊은 수도사가 바구니를 팔러 도시로 내려갔다. 둘은 잠시 헤어지게 되었는데 그 사이에 한 명이 육적으로 큰 죄를 짓게 되었다. 그 후, 절망에 빠진 그는 광야로 다시 돌아가기를 원하지 않게 되었다.

"자네 혼자 가게나. 나는 이곳에 그대로 머물겠네." 그는 다시 만난 형제 수도사에게 말했다.

"왜, 자네에게 무슨 일이 있었나?" 형제 수도사는 전혀 의심의 눈초리를 보내지 않고 선의의 마음으로 그에게 물었다.

"그대가 그 이유를 알고 싶어 하니 말하겠네. 우리가 헤어진 이후 나는 여자를 만났다네. 이제 나는 영혼을 잃었으니 광야로 돌아가서 무엇을 할 수 있겠는가?"

순수한 젊은 수도사는 형제가 죄에 빠졌다는 얘기를 듣는 순간 혼란스러워졌다. 하지만 그는 내심을 드러내지 않았다. 오히려 형제를 절망의 날카로운 발톱으로부터 꺼내기 위해 자기 역시도 똑같은 일을 겪은 적이 있다고 꾸며서 말했다. 그리고 눈물을 흘리며 형제에게 말했다.

"형제여, 이제 그만 광야로 돌아가세, 그리고 우리 둘이 함께 힘써 노력해보세. 자비의 아버지이신 하느님께서 우리의 회개를 보시고 우리를 용서해 주실 것일세."

순수한 젊은 수도사는 여러 가지 위로의 말을 건넸고, 마침내 그를 설득해서 함께 광야로 돌아갔다. 스키티에 도착한 그들은 함께 고백성사를 받았고 스승들로부터 엄격한 제재(보속)를 받았다.

죄 없는 수도사는 물론 그런 중대한 죄를 짓지 않았고 그런 죄를 상상조차 한 적이 없었지만 죄를 지은 형제 수도사를 위해 그 모든 수치를 감내하며 1년 동안 회개와 보속 속에서 지내며 생활했다. 하느님께서는 그의 헌신을 높이 보셨다. 그래서 다음과 같은 방법으로 그를 만족시켜주셨다.

어느 날 밤, 스키티에서 큰 사부들 중 한 명이 기도하고 있을 때 그에게 어떤 말소리가 들렸다.

"죄 짓지 않은 수도사의 깊은 사랑 때문에 내가 죄인을 용서하노라."

스승들은 이런 사실을 확인한 이후에 그 둘에게 내려진 제재를 풀었다. 하지만 둘 중에 누가 진짜 죄인이었는지는 결코 말하지 않았다.

・・・

티바이다의 광야에서 두 명의 수련자가 함께 영적 수행을 하고 있었다. 그런데 둘 다 젊고 경험이 없다보니 사탄이 쳐놓은 수많은 덫에 자주 걸렸다.

언젠가 나이가 더 어린 수련자가 육체의 욕망과 심한 전쟁을 치렀다. 그는 그 전쟁으로 인해 평정심과 인내심을 잃고 말았다. 하루는 결의를 다지며 연장자인 수련자에게 말했다.

"더 이상 못 참겠습니다. 저는 세상으로 돌아가겠습니다."

연장자 수련자는 형제에게 찾아온 유혹에 마음이 다시 매우 슬퍼졌다. 그는 어린 수련자의 마음을 돌리려고 애를 쓰며 이렇게 말했다.

"자네가 이곳을 떠나는 것을 받아들일 수 없네. 만일 자네가 떠나면 그동안 쌓아온 수고와 순수함을 다 잃을 거란 말일세."

하지만 그를 설득할 수 있는 것이 있을까! 그는 고집을 피우며 말했다.

"저는 이곳에 있지 않겠습니다. 떠나겠습니다. 제가 모든 것을 다 경험해 본 다음에 그때 한번 보시죠. 혹시 형제께서도 원하신다면 저와 함께 갔다가 둘이 같이 돌아옵시다. 아니면 저는 영원히 세상에서 살겠습니다."

연장자 형제는 이 문제를 어떻게 해결해야 할지 몰라 이웃에 있는 사부를 찾아가 조언을 구했다. 사부는 그의 이야기를 다 듣고나서 이렇게 조언했다.

"그와 함께 가게나. 하느님께서 자네를 생각해서라도 그 형제가 해를 입도록 놔두시지는 않을 걸세."

그렇게 이 두 명의 수련자들은 함께 도시를 향해 떠났다. 그런데 도시 가까이에 이르자 유혹에 빠졌던 형제가 갑자기 연장자 형제에게 말했다.

"내가 내 욕망을 채운다고 한들 나에게 무슨 유익이 되겠습니까? 그러니 형제여, 우리 다시 우리가 사랑하는 고요 속으로 돌아갑시다."

연장자 형제는 놀라 당황하며 그를 쳐다봤다. 그리고 자기 귀를 의심했다. 그리고 이웃에 있던 사부의 말을 떠올렸다. "하느님께서 자네의 수고를 보시고 그 형제가 해를 입도록 놔두지 않으실 것일세."

실제로 그 어린 형제는 강력한 육적 전쟁 상태에서 벗어나 마음이 평온해졌다. 이 둘은 기쁜 마음으로 그들의 은수처로 다시 돌아왔다.

• • •

아가톤 사부는 이렇게 말하곤 했다. "나는 내 마음 속에 이웃에 대한 슬픔이 있을 때는 결코 누워서 잠을 자본 적이 없다. 또 나 때문에 상처받은 사람이 있다면 그가 상처받은 마음을 풀고 잠자리에 들도록 했다."

••

이사악 사부도 이런 말을 자주 했다. "나는 나에게 상처를 준 형제에 대한 나쁜 생각이 이곳 은수처에 들어오는 것을 결코 허락한 적이 없었다. 또한 형제가 나에 대해 안 좋은 생각을 가지고 자기 은수처로 돌아가지 않도록 신경썼다."

••

요아니스 사부가 몇 명의 형제 수도사들과 함께 멀리에 있는 스키티를 방문하러 길을 떠났다. 그런데 오랫동안 길을 걸어 가다보니 어느덧 짙게 어둠이 내렸다. 그들을 안내하던 인솔자 수도사는 어둠속에서 방향을 잃고 말았다. 다른 형제 수도사들이 그것을 눈치채고는 따로 사부에게 말씀드렸다.

"사부님, 어떻게 해야 할까요? 우리가 계속 길을 가다가는 이 광활한 광야에서 길을 잃고 위험에 빠질 수도 있습니다."

"만약 인솔을 맡은 수도사가 방향을 잃었다는 사실을 우리가 먼저 말한다면 그 형제는 창피함을 느끼고 또 마음에 상처를 받을지도 모를 것이다. 그러니 내가 피곤하고 지쳐서 더 이상 걸어갈 수 없으니, 이곳에서 날이 샐 때까지 머무는 것이 좋겠다고 하는 것이 낫겠구나." 아가톤 사부가 말했다.

형제 수도사들은 길을 잃은 안내인 형제의 마음을 아프지 않게 하기 위해 사부의 조언대로 그렇게 했다.

••

12명의 수도사들이 길을 알지 못하는 광야를 처음으로 지나가고 있었다. 어둠이 내리자 그들을 안내하던 인솔자가 방향을 잃어버려 가려던 길과는 정반대 방향으로 갔다. 수도사들은 틀린 길로 간다는 것을 금세 알아차렸다. 하지만 인솔자가 마음을 다치지 않게 하기 위해, 그의 잘못을 드러내서 말하지 않고 밤새 인솔자를 따라 길을 걸었다. 날이 밝자 인솔자는 자기의 실수를 깨달았다. 그래서 당황한 기색으로 말했다.

"형제들이여, 저를 용서하십시오. 우리가 반대길로 온 것 같습니다."

"알고 있습니다, 하지만 마음 쓰지 마십시오. 다시 돌아가면 됩니다." 그들이 대답했다.

그렇게 밤새 12마일이나 되는 먼 거리를 헛되게 걸었으면서도 그들은 불평하거나 불편한 기색을 전혀 보이지 않았고, 다시 새로운 여정을 시작했다.

인솔자는 그들의 관대함에 경탄을 금치 못해서, 말하고 또 말했다.

"하느님의 사람들은 그들의 형제를 슬프지 않게 하기 위해서라면 죽음에 이르기까지 관용을 베풀 수 있는 이들이다."

• • •

시리아의 에프렘 성인은 말한다. "만약 두 형제 사이에 다툼이 일어난다면 먼저 용서를 구하는 이가 승리의 관을 얻게 될 것이다. 만약 그가 상대 형제를 무시하지 않고 기꺼이 나서서 화해하고자 한다면, 상대 형제도 그를 이해하게 될 것이다."

• • •

하루는 광야에서 사는 어떤 스승이 시장에 내다 팔 바구니를 운반할 낙타를 몰고 오라고 제자를 도시로 보냈다. 제자가 낙타를 몰고 돌아오는 길에 이웃에서 수행을 하고 있던 다른 수도사가 그를 보고 아쉬움을 표했다.

"형제가 도시로 내려간다는 것을 알았다면, 나도 시장에 내다 팔 바구니를 운반할 낙타 한 마리를 부탁했을 텐데!"

제자는 스승에게 이 말을 전했다. 스승은 제자에게 즉시 이웃의 수도사에게 낙타를 주고 자신들의 짐은 다 잘 처리되었다고 말하라고 지시했다.

"너는 이웃의 수도사와 함께 도시로 가거라. 그리고 그가 일을 다 끝내면 낙타를 다시 몰고 오너라. 그리고 우리 짐을 싣도록 하자."

제자는 기꺼이 스승이 지시한 대로 했다. 이웃 수도사가 일을 마치자 제자가 낙타를 다시 몰고 가려고 했다. 그러자 그가 제자에게 물었다.

"형제여, 어디로 낙타를 몰고 가는 건가?"

"우리 바구니를 실으려고 다시 스키티로 갑니다." 제자는 이웃 수도사에게 "당신의 축복을 빕니다"고 말하고는 급히 그 자리를 벗어났다.

이웃 수도사는 자기 때문에 그들이 일을 다 마치지 못한 것을 알고는 마음이 매우 괴로웠다. 광야로 돌아온 그는 스승을 찾아 허리를 굽혀 절한 후 이렇게 말했다.

"수도사님, 저를 용서하십시오. 하지만 당신께서 보여주신 큰 사랑으로 수고의 열매는 당신께 돌아갈 것입니다."

• • •

어느 수도사가 시장에 내다 팔기 위해 큰 자루 양쪽에 붙일 손잡이를 만들고 있었는데 이웃에 있는 한 수도사가 혼잣말하는 소리가 들렸다.

"장이 열릴 날이 다가왔는데 게으름에 빠져 큰 자루에 붙일 손잡이를 아직까지 준비하지 못했으니 어떻게 해야 하나?"

그 소리를 들은 수도사는 자신이 준비해둔 손잡이를 가지고 이웃 수도사를 찾아갔다. 그리고 말했다.

"혹시 이 손잡이가 필요하십니까? 저에게는 또 다른 손잡이가 있어서요."

이웃 수도사는 그 형제가 쉬지도 못하고 땀 흘려 만든 손잡이라는 것을 전혀 염두에 두지 않고 하느님께서 보내주신 선물로만 여기며 그것을 편한 마음으로 받았다.

・・・

함께 수도생활을 하는 두 명의 수도사들이 있었다. 언젠가 둘이 밤샘 작업을 하게 되었는데, 삼(마)에서 실을 뽑아서 밧줄을 만드는 일이었다. 그런데 한 명의 수도사에게서 자꾸만 실이 끊어졌다. 그는 점점 인내심을 잃어가더니 별 문제없이 실을 잘 뽑고 있던 형제 수도사에게까지 짜증을 내기 시작했다. 형제 수도사는 그 이유를 눈치채자 상대 형제의 실이 끊어질 때마다 그의 마음을 상하지 않게 하기 위해 자신의 실도 똑같이 끊었다. 그렇게 둘은 같은 속도로 실을 뽑게 되었고 서로 간에 불쾌한 감정 없이 무사히 일을 마칠 수 있었다.

・・・

한 초보 수도사가 조언을 구하려고 어떤 사부를 찾아갔다. 둘은 오랜 시간 삶에 대해 많은 대화를 나눴다. 많은 유익을 얻게 된 초보 수도사는 영적인 만족감 속에서 그만 떠나기 위해 자리에서 일어났다. 그리고 사부에게 허리를 굽혀 예를 표한 후 이렇게 말했다.

"사부님, 저를 용서하십시오. 오늘 제가 당신의 기도시간을 많이 빼앗았습니다."

그러자 선한 사부가 호의를 보이며 이렇게 대답했다.

"얘야, 내 기도는 너의 마음을 평안하게 해주고 너를 영적으로 유익하게 만들어 네 기도처로 다시 돌려보내는 거란다."

···

　아브라미오스 성인은 아주 어린 나이에 세상을 등지고 광야를 자기 거처로 삼았다. 그리고 그곳에서 금욕적인 수련과 하느님의 은총으로 높은 덕을 쌓았다.

　오랜 시간이 흐른 뒤에 성인은 하나밖에 없는 친형제가 6, 7살밖에 되지 않은 외동딸을 세상에 홀로 남겨둔 채 세상을 떠났다는 소식을 들었다. 그리고 어느 날 고아가 된 그 아이를 데리고 성인의 친구가 광야에 있는 성인을 찾아갔다.

　은수자는 오랜 세월 고행의 길을 걸어왔음에도 불구하고 매우 여린 마음을 지니고 있었다. 그는 돌봐줄 가족이나 친척도 없이 홀로 세상에 남겨진 조카를 보고 마음이 아팠다. 그는 사람들이 접근하기조차 힘든 오지에서 아이를 키운다는 것이 얼마나 힘든 일인지는 안중에 두지 않고 아이를 곁에 두기로 마음먹었다. 조카를 입양하기로 마음먹은 이상 그는 그 아이에게 부드러운 어머니, 따뜻한 아버지, 좋은 선생님 그리고 지혜로운 스승이 되어 주었다. 아이가 생활할 수 있는 작은 공간을 자신의 은수처 옆에 만들어주었다. 어린 아이가 성장하는 데 필요한 건강한 음식이나 의복 등 부족한 것이 없도록 신경을 기울였다. 아이에게 글을 가르치고 그리스도인답게 양육하며 일상의 가르침을 통해 순수하게 영혼을 가꾸어나갔다. 성인은 점점 커가는 아이를 무척 아끼고 사랑했으며 그 아이를 덕과 경건의 표본으로 키워 언젠가 진정한 수행자, 당시 이집트 전역에 지혜와 성성이 널리 알려졌던 제 2의 사라 성녀가 되기를 소망했다.

　세월은 유수처럼 흘러가고 있었고 마리아-아이의 이름이다-도 잘 자라나고 있었다. 아이의 모습은 선한 삼촌이 기대하고 있는 바람대로 현숙한 소녀로 성장하는 것처럼 보였다.

하지만 사탄은 아브라미오스 성인의 온정어린 이 일을 시기했다. 그래서 사탄은 온 힘을 다해 성인이 호의를 가지고 그동안 해온 모든 것을 후회하게 하고, 또 성인이 뿌린 씨에 대한 보상을 받지 못하게 만들려고 아이를 이용해서 성인에게 견디기 힘든 고통을 안겨주려 계략을 꾸몄다.

어느 날 한 젊은 청년이 성인의 은수처에 나타나더니 성인의 조언을 구하는 척하며 그곳을 자주 방문하기 시작했다. 하지만 그가 자주 방문하는 속내는 그곳에 어여쁜 소녀가 있음을 알고 접근하기 위한 것이었다. 그리고 그 소녀가 보이는 대로 순수하다는 것을 확인한 그는 최대한 빨리 자기의 목적을 실행하려했다. 그리고 악의 계략이 통하는 데는 그리 오래 걸리지 않았다.

성인은 별 생각 없이 늘 해왔던 것처럼 며칠 동안 수행을 위해 더 깊은 곳으로 들어갔다. 그는 그곳에서 영적 수련, 기도와 영혼의 고양에 힘썼다. 한편 호시탐탐 기회만 보고 있었던 사탄의 도구는 마리아가 홀로 남겨진 그 기회를 놓치지 않았다. 그는 뱀이 이브를 속여 유혹했던 것처럼 그렇게 그녀를 그의 수하로 만들었다. 그리고 나서 언제나 그러던 것처럼, 범인은 홀연 종적을 감춰버렸다. 그때서야 정신이 든 소녀는 자신이 더러운 진흙탕 속에 굴러들어갔다는 것을 깨달았다. 하지만 이미 때는 늦었다. 그녀는 자기가 어떤 지경에 빠졌는지 깨닫자 온몸에 소름이 돋았다. 그런데 안타깝게도 그녀는 회개하면서 겸손하게 하느님의 자비를 구하지 않고 절망의 늪으로 자신을 던졌다. 그녀는 주변의 성성이 그녀를 매섭게 질책하고 광야가 그녀를 꾸짖는 것을 보고 있었으며, 또한 사탄이 혼돈에 빠진 그녀의 머릿속에 계속해서 속삭이는 소리를 듣고 있었다.

"너에게 더 이상 구원이란 없어. 너는 이제 모든 것이 끝났어."

아, 단조로운 톤으로, 악을 즐기는 목소리로 계속해서 그녀에게 반복되는 그 소리를 듣지 않을 수만 있다면!

"너는 이제 모든 것이 끝났어."

비참해진 그녀는 그곳을 떠나는 것으로 탈출구를 찾았다. 그렇게 그녀는 그 어디에도 흔적을 남기지 않고 한밤중에 그곳에서 사라졌다.

한편 성인은 모든 세상적인 것에서 완전히 벗어나 무형의 세상에 올라가 있었다. 그의 영혼은 지속적인 무아지경 속에 있었다.

3일째 되자 성인은 영육으로 피곤을 느끼기 시작했다. 그는 잠시 기도를 멈추고 커다란 바위 위에 앉았다. 그리고 머리를 무릎에 기댄 채 깊은 잠에 빠졌다. 얼마의 시간이 흘렀을까? 그는 깜짝 놀라 자리를 박차고 일어났다. 이상한 꿈에 충격을 받은 것이다. 꿈속에서 성인은 마리아의 자그마한 정원에 있는 아몬드 나무 아래에서 마리아가 어렸을 때 했던 것처럼 책을 읽어주려고 그녀를 기다리고 있었다. 그런데 한 마리의 하얀 비둘기가 정원의 울타리를 훌쩍 넘어 들어왔다. 비둘기는 정오의 뜨거운 태양빛에 반짝이고 있는 자신의 하얀 깃털을 자랑이라도 하려는 듯이 보였다. 그런데 갑자기 커다란 뱀 한 마리가 울타리의 틈 사이로 나타났다. 그리고 능숙한 몸놀림으로 평온하게 놀던 비둘기를 물어 삼켜버렸다. 그러고는 다시 뱀의 둥지 속으로 사라져버렸다.

그 광경을 지켜보던 성인은 마음이 아파서, "아!" 하고 소리를 냈다. 그리고 그의 지팡이를 들어 뱀이 들어간 구멍을 파기 시작했다. 그때 어떤 보이지 않는 힘에 눌린 것처럼 뱀이 다시 밖으로 튀쳐나와 그의 내장에서 살아있는 비둘기를 내뱉었다. 비둘기는 아름다운 날개만 약간 구겨졌을 뿐 처음 그대로 하얗고 손상이 전혀 없는 모습이었다.

기이한 꿈을 꾼 성인은 뭔가 불안한 느낌을 받았다. 자연스럽게 그의 생각은 마리아를 향해 달려갔다. 성인은 걱정스런 마음으로 "뭔가 나쁜 일이 마리아에게 있는 거야"라며 혼자 중얼거렸다.

그는 지체하지 않고 지팡이를 집어 들고는 그의 거처로 출발했다. 그곳에 도착하자마자 즉시 마리아의 거처로 가서 문을 두드렸다. 그녀의 작은 집에는 무거운 침묵만이 흘렀다. 걱정이 앞선 성인은 문을 밀고 안으로 들어갔다. 집은 비어있었다. 그는 정원으로 갔고, 그녀가 갈만한 곳은 다 찾아보았다. 하지만 그 어디에서도 그녀를 찾을 수가 없었다. 완전한 적막만이 있을 뿐이었다. 그는 초조함 속에서 그날 밤을 새웠다. 다음날 그는 그녀가 돌아올 것이라는 기대 속에서 그녀를 기다렸다. 하지만 다음날도 똑같았다. 그녀는 그 어디에도 보이지 않았다. 이제 마리아가 그곳을 떠났다는 것은 의심의 여지가 없었다. 그가 온갖 사랑과 정성을 다해 보살펴온 그녀가 사탄이 쳐놓은 그물에 걸린 것이다. 뱀과 비둘기의 모습은 성인의 머릿속을 떠나지 않았다.

성인의 눈에는 2년 동안 눈물이 마르질 않았다. 보살핌이 필요한 그녀가 보호받지 못하고 육적, 영적으로 위험에 처해 있는 상황이 떠오를 때마다 그의 여린 마음은 찢어지듯 아팠다. 그는 그녀를 찾기 위해 이곳저곳으로 지인들을 보냈다. 그리고 자신은 거처에 은둔한 채 기도 속에서 마음의 위로를 받았다. 그는 수행의 강도를 세 배로 끌어올렸다. 연로한 몸을 혹사해가며 그리스도께서 자신을 불쌍히 여겨 그의 기도를 받아주시기를, 그래서 잃어버린 양이 다시 우리로 돌아올 수 있게 해주시기를 간절히 청했다.

2년이 지난 후 어느 날 성인과 아픔을 함께 나누고 그녀를 찾기 위해 동분서주하던 친구들 중 한 명이 성인의 은수처를 찾아왔다. 그리고 그가 가지고 온 그녀에 대한 소식은 선한 은수자가 상상하기에는 너무나 가슴 아픈 것이었다. 마리아가 아이소-무척 멀리 떨어져 있는 도시-에 살고 있는데 죄의 소굴에 갇혀 있다는 소식이었다. 달리 말하면 길거리의 여인이 되어 있었던 것이다.

양날의 칼이 성인의 가슴을 후벼 판다해도 그 소식만큼 고통스럽지는 않았을 것이다. 성인은 완전히 무너지지 않기 위해 스스로를 다독이며 용기를 내었다.

"적어도 찾았으니 되었구나." 아브라미오스는 혼잣말로 중얼거렸다.

은수자는 큰 결심을 했다. 그녀를 오물의 구렁텅이에서 꺼내기로 한 것이다. 그가 그 속으로 들어가 갖은 악취를 맡게 된다 할지라도 그는 그녀를 구출해 다시 평온의 항구, 성스런 광야로 돌아와야만 했다. 그는 온 영혼을 다해 기도했다.

"그리스도시여, 당신께서는 길 잃고 헤매는 이들을 위해 지상으로 내려오셨으니 험난하고 길고 긴 여정의 길을 저와 함께하소서."

성인은 시간을 낭비하지 않기 위해 친구로부터 얼마의 돈과 옛 군복을 빌렸다. 그리고 잘 달리는 말 한 마리도 빌려서 도시로 타고 갔다. 영적 수련을 위해 좀 더 깊은 광야로 들어가는 것 말고는 50년 동안 단 한 번도 은수처 밖으로 나가보지 않았던 그는 전혀 알지 못하는 도시의 낯선 거리에서 행인들에게 죄의 소굴을 물어가며 찾아갔다. 마침내 그 집을 찾은 그는 육욕에 물든 노인 행세를 하면서 즉시 관리자를 찾았다. 그리고 그에게 미리 돈을 내고 그 여인과 함께 먹을 성대한 식사를 주문했다. 주인은 혐오스러운 눈빛으로 성인의 발끝에서 머리끝까지를 쳐다보며 작은 소리로 중얼거렸다.

"백발이 성성한 나이에 창피한 줄도 모르다니."

하지만 주인은 손님을 잃지 않으려고 애써 그에게 관심을 주었다. 성인은 불법적인 인간의 눈빛 속에서 자신을 경멸하는 모습을 지켜보며 영혼의 깊은 슬픔을 속으로 삼켰다. 그리고 말없이 기도를 드렸다.

'그리스도시여, 참담해진 저의 모습을 보시고 이 어려운 사명을 무사히 잘 마칠 수 있게 도와주소서.'

그는 의심을 받지 않기 위해 자리에 앉아서 고기 요리는 물론 준비된 다른 음식들도 먹고 내어온 포도주도 모두 마셨다. 누가 그를 딱딱한 빵과 소금을 양식으로 삼고 물 마시는 것조차 절제하며 수십 년을 광야에서 수행하던 이로 보겠는가? 마침내 성인은 죄인의 방으로 인도되었다. 그녀는 이런 부류의 여인들이 흔히 하는 뻔뻔스럽고 빈정거리는 듯한 태도를 보이며 성인을 대했다. 하지만 그녀는 그의 백발과 수염에서 강한 인상을 받았다. 성인은 참담한 상황에 놓여있는 그녀를 보면서 다시 한번 속으로 눈물을 삼켰다. 아직은 자신이 누구인지를 드러낼 때가 아니었기 때문이다. 잠시 어색한 시간이 지나자 죄인은 성인에게 용기를 주기 위하는 척하며 그를 안으려 했다. 그 순간 그녀는 마치 벼락을 맞은 것처럼 깜짝 놀라 그 자리에 그대로 멈춰 섰다. 그녀에게 너무도 익숙한 순결의 향기가 그에게서 풍겨져 나왔기 때문이었다. 그리고 그 향기는 순간 그녀가 인위적으로 뿌린 향수가 내는 모든 악취를 뒤덮었다.

성인은 그녀 안에서 벌어지고 있는 일을 즉시 알아챘다. 그래서 자신의 꾸민 모습을 버리고 매우 고통스런 심정으로 그녀에게 말을 했다.

"얘야, 마리아야, 나를 알아보겠니? 나는 사랑하는 고요와 광야를 내버려둔 채 너를 찾아 이 소굴까지 왔단다. 너에게 회개와 다시 돌아갈 수 있는 길을 보여주려고 이곳까지 찾아온 거란다. 그러니 노인인 나를 가련히 여기고 내가 얼마 남지 않은 세월을 고통 속에서 지내지 않게 해주렴. 너를 위해 내가 겪은 온갖 수모와 수고를 가볍게 보지 말아주렴."

그릇된 길을 걸어가던 그녀는 자신에게 순결과 경건을 가르쳤던 성인을 그 시간 마주하느니 차라리 땅이 열려 자기를 삼켜주길 간절히 바랬다. 너무 창피해서 그를 보려고 감히 고개를 들 수도 없었다. 어떤 말도 할 수가 없었다. 그녀는 그렇게 오랜 시간 미동도, 말도 없이, 그 자리에 그대로 서있었다. 그것은 놀라움과 아픔의 표현이었다. 그녀의 내면세계에서 무슨 일이 일어났는지 말로는 설명할 수 없었다. 충격에서 벗어나 정신을 차린 그녀는 마치 복음서에 나오는 창녀처럼 성인의 발 앞에 엎드려 눈물로 그의 발을 적셨다. 그녀의 가슴은 갈기갈기 찢어지고 무너져 내렸다. 아, 얼마나 원했던 해방인가!

성인은 그녀에게 말했다. "애야, 구원은 모든 사람들을 위해 있는 거란다. 그 어떤 잘못도, 그 어떤 타락도, 죄를 씻어주기 위해 인간의 불행을 어깨에 짊어지신 그분의 희생의 능력을 뛰어 넘을 수는 없는 거란다." 성인은 이 밖에도 다른 많은 얘기를 해주고 싶었지만 시간을 지체할 수가 없었다. 둘은 죄의 소굴에 있는 사람들이 알아채기 전에 그녀가 알고 있던 좁은 비밀 통로를 통해 몰래 빠져 나왔다. 그리고 광야를 향해 길을 서둘렀다.

성인의 딸은 진심으로 회개했다. 그녀는 하느님의 은총과 거룩한 스승의 인도로 예전의 덕을 회복한 것은 물론 그 덕을 훨씬 뛰어 넘는 경지에까지 이르렀다. 사도 바울로가 모든 죄인들을 위로했던 그 말은 이렇게 그녀에게서 실현되었다. "죄는 늘어났지만 죄가 많은 곳에는 은총도 풍성하게 내렸습니다."(로마서 5:20 참조)

아브라미오스 성인은 영적 자녀가 성장해 가는 모습을 기쁘게 지켜보면서 그의 여생을 평온하게 보냈다.

· · · ·

매우 순박하고 순수한 어느 수도사가 지혜로운 조언을 구하러 자주 요한 콜로보스 사부를 찾아갔다. 그는 수도사를 사랑으로 받아주었고 가르치는 일을 게을리 하지 않았다. 수도사가 매번 찾아올 때마다 그는 영적인 삶과 관련해서 새로운 무언가를 그에게 말해주었다. 하지만 수도사는 사부가 말해주는 많은 것 중에서 극히 일부만 이해했고 대다수의 가르침은 잊어버렸다. 그렇게 수도사는 사부를 찾아갈 때마다 같은 것을 묻고 또 물었다.

언젠가 수도사가 사부 방문을 멈췄다. 사부는 왜 그런지 의아스러웠다. 어느 날 주일에 성당에서 만났을 때 사부가 그에게 물었다.

"형제여, 자네를 본 지 꽤 오래 되었네. 무슨 일이 있었나? 혹시 몸이 안 좋았는가?"

수도사가 약간 주저하듯이 대답했다.

"아닙니다. 사부님. 당신께서 아시는 바와 같이 저는 머리가 좋지 않아 당신의 조언을 쉽게 깨닫지 못합니다. 그래서 같은 것을 계속해서 물어서 사부님을 귀찮게 하는 것 같아 너무 부끄러웠습니다."

"이것을 받게." 요한 사부가 말했다. 그리고 성당 구석에 있던 등잔 하나를 그에게 가리키며 다시 말했다. "그리고 그것에 불을 붙이게나."

수도사는 시키는 대로 불을 붙였다.

"이제 가서 형제들의 등잔들을 가져오게. 그리고 여기 이 등잔불로 형제들의 등잔들을 밝히게."

순수한 수도사는 사부의 지시를 바로 실행에 옮겼다. 사부가 그에게 물었다.

"혹시 다른 등잔들을 밝혔다고 이 등잔에 불의 양이 줄어들었는가?"

"당연히 아닙니다." 형제는 웃으며 대답했다.

"여기 나 요한도 모든 은수자들에게 조언을 해준다 해도 아무것도 잃는 것이 없네. 그러니 주저하지 말고 다시 오게."

그때부터 형제 수도사는 정기적으로 사부를 찾아갔다. 그리고 그분의 도움으로 아주 훌륭한 수도사가 되었다.

3. 관용

 이집트에서 한 스키티의 사제였던 이시도로스 사부는 굉장히 관대한 사람이었다. 그래서 품행이 안 좋은 제자들이 있으면 곁으로 불러서 그들을 고쳐주곤 하였다. 한번은 스승들 중 누군가가 말을 듣지 않고 순종하지 않는 제자를 내쫓으려 한다는 소식을 들었을 때, 이시도로스 사부가 나서서 그 스승에게 이렇게 말하곤 했다.
 "형제여, 나에게 그 제자를 보내주시게나."
 이시도로스 사부는 그 제자를 자신의 은수처로 데리고 가서 인내심을 가지고 선의로 대하면서 슬기로운 사람으로 바꾸어 다시 그의 스승에게 보내주었다. 교회에서 그가 가장 즐겨하는 설교도 '너희가 남의 잘못을 용서하면 하늘에 계신 아버지께서도 너희를 용서하실 것이다.'(마태오 6:14)였다.
 "형제들이여, 그대들의 죄를 용서받고 싶다면 먼저 용서하시게. 형제들을 용서하시게." 거룩한 사부는 영혼의 온 힘을 다해 설교대에서 그렇게 외치곤 하였다.

...

 광야의 스승들 중 어느 스승은 젊은 수도사들에게 예시를 들어 가르침을 주곤 하였다.

"형제여, 이 순간 내가 정의로운 심판관이 되어 심판석에 앉아 있다고 가정해보세. 그곳에서 나는 이렇게 물어볼 걸세. '자네는 내가 무엇을 해주길 바라는가?' 만약 '저에게 자비를 베풀어 주십시오'라고 내게 청한다면 나는 그대에게 이렇게 대답할걸세. '자네도 형제에게 먼저 자비를 베푸시게.' 만약에 다시 '저를 용서해 주십시오'라고 내게 청한다면 나는 그대에게 답할 걸세. '자네도 이웃의 잘못들을 먼저 용서해주시게.'"

"혹시 심판관이 부당한가? 결코 그렇지 않을 걸세!"

형제여, 심판관의 마음을 사는 일은 그대에게 달려있다네. 다만 그대가 용서한다는 것을 배운다면 말일세.

・・・

부당한 일을 당한 한 수도사가 시소이스 사부를 찾아가 고백을 했다.

"스승님, 이러이러한 형제 수도사가 저를 부당하게 대했습니다. 그래서 그에 대한 복수심이 생겨 마음이 괴롭습니다."

사부는 그에게 조언을 해주기 시작했다.

"얘야, 그러면 안 된다. 복수는 하느님의 손에 맡겨야 한단다."

"그가 나를 아프게 했던 것처럼 나도 그 형제를 아프게 해야 제 마음이 편해질 것 같습니다." 젊은 수도사는 정욕에 사로잡혀 계속 말을 이어갔다.

말로는 안 되자 스승은 무엇이 그의 영혼에 유익한 것인지를 깨닫게 해주기 위해 그를 불러 자신과 함께 기도하자고 했다. 둘은 나란히 무릎을 꿇었다. 그리고 스승은 하늘을 향해 손을 들고 이렇게 기도했다.

"주 하느님이시여, 당신의 자녀인 우리가 오늘 우리의 행위를 통해 당신께 밝히나이다. 우리는 더 이상 당신의 보살핌을 필요로 하지 않나이다. 왜냐하면 우리 스스로 우리 자신을 보살피고 또 우리가 직접 우리의 이익을 위해 복수하는 것을 익혔기 때문이나이다."

젊은 수도사는 기도의 내용이 자기의 심적 상태를 정확히 말했음에도 불구하고 스승의 기도를 들으며 마음에 심한 동요를 느꼈다. 그래서 잘못을 뉘우치며 스승에게 말했다.

"스승님, 저를 용서하십시오. 이제 더 이상 그 형제에게 복수하고 싶은 마음이 없습니다."

...

어떤 그리스도인이 조언을 구하려고 실루아노스 사부를 찾아갔다. 그리고 이렇게 고백했다.

"저에게는 죽이고 싶을 만큼 미운 사람이 있습니다. 그가 저에게 한 악행은 셀 수 없을 정도입니다. 얼마 전에는 저를 속여서 제 밭의 상당 부분을 빼앗아갔습니다. 그는 가는 곳마다 저에 대해 모략을 일삼고 저와 저의 가족을 험담합니다. 그 사람 때문에 저는 사는 게 사는 것 같지 않습니다. 특히 최근에는 제 목숨까지도 노리고 있습니다. 며칠 전에는 제가 먹는 음식에 독을 타려고 했다는 것도 알게 되었습니다. 이제 더 이상 참을 수가 없어 그를 법정에 세우기로 결심했습니다."

"자네가 하고픈 대로 하시게나." 실루아노스 사부는 퉁명스럽게 그에게 대답했다.

그러자 그는 원수 같은 사람의 영적 유익에 대해 관심이 있는 것처럼 사부에게 이렇게 물었다.

"사부님, 그 사람이 자기가 행한 잘못에 걸맞게 엄중한 형벌을 받게 된다면 그의 영혼이 구원받게 되지 않겠습니까?"

"자네 마음이 편한 대로 하시게." 사부는 같은 태도로 그에게 말을 했다.

그 그리스도인은 자리에게 일어나며 말했다.

"그러면 지금 즉시 법원으로 가도록 하겠습니다."

그러자 사부가 침착하게 그에게 말했다.

"그리 서두를 필요 없네. 먼저 하느님께서 그대의 행위를 어떻게 생각하실지 우리 기도를 함께 해보세."

사부는 '주의 기도'를 시작했다. 그리고 이 구절에 이르렀을 때 그가 들을 수 있게 큰 소리로 말했다.

"우리가 우리에게 잘못한 이를 용서하지 않듯이 우리의 잘못을 용서하지 마시고 …"

그러자 그가 급히 나서며 잘못된 부분을 고쳐주려 했다.

"사부님, 주의 기도가 내용이 틀렸습니다."

"아니네. 틀리지 않았다네." 사부는 아무런 동요도 없이 그에게 대답했다. "그대가 형제를 재판에 넘기려 결심한 이상 나 실루아노스는 그대를 위해 다른 기도는 하지 않을 걸세."

···

일부 경건한 청년들이 어떤 영적 사부를 방문하러 스키티로 올라갔다. 사부의 기도처 밖에는 가축을 돌보는 목동들이 있었는데 장난치고 노는 소리로 해서 엄청 소란스러웠다. 방문객인 그들은 의아해하며 사부에게 물었다.

"사부님, 어떻게 기도처 밖에서 수란을 피우며 노는 아이들을 멀리 쫓아내지 않으시고 그대로 두시는지요?"

사부가 대답했다.

"더 이상 아이들이 여기서 떠들며 놀지 못하게 멀리 쫓아낼 때가 되었다고 매번 생각하면서도 그때마다 내 자신에게 묻는다네. '이렇게 작은 방해도 견뎌내지 못하면서 어떻게 커다란 유혹을 감당하겠다고 하는가?' 이제는 나의 주님께서 사소한 시련을 보내주시는 것에 대해 기쁘게 받아들이며 지내고 있다네."

• • •

한 은수자가 말도 안 듣고 다루기도 힘든 젊은 제자를 두고 있었다. 스승의 노력에도 불구하고 제자는 스승의 조언을 듣거나 행실을 고칠 생각이 전혀 없어 보였다. 스승은 '때가 되면 철이 들겠지'라는 희망 속에 그를 관대하게 대했다.

하루는 제자가 그들이 먹을 약간의 양식을 보관한 창고의 문을 잠그고 도시로 내려갔다. 그는 누구에게도 이 사실을 알리지 않고 2주 동안 그곳에 가서 머물렀다. 그동안 스승은 아무 것도 먹지 못하고 굶고 있었다. 어떻게 해서 이웃에 있는 은수자가 그 소식을 듣게 되었다. 그는 약간의 렌틸콩을 요리해 가지고 스승을 찾아갔다. 그리고 말했다.

"당신의 제자가 많이 늦는 것 같습니다."

그러자 지극히 선한 스승은 제자에게 관용을 베풀듯이 대답했다.

"제자는 때가 되었다 싶으면 다시 올 것입니다."

• • •

하루는 초보자 수도사가 경험이 많은 사부에게 말했다.

"저는 그리스도의 사랑을 위해 순교하고픈 열망으로 불타고 있습니다."

그러자 사부가 대답했다.

"유혹의 시간에 그대가 기쁜 마음으로 형제의 무게를 짊어진다면 그것은 세 아이의 불가마 속에 그대가 던져지는 것과 같은 것일세."

• • •

사부들 중 한 명이 주목할 만한 조언을 해주었다.

만약 그대와 다른 누군가 사이에 안 좋은 대화가 오고 갔는데 얼마 지나지 않아서 그 사람이 자기가 말한 것을 부정하면, 그대는 '그 말을 했으면서도 왜 말하지 않았다고 거짓말 하냐?'고 고집 부리지 말아야 한다. 왜냐하면 그가 다시 그대와 반목해서 이렇게 말하며 다툼이 더 커지게 될 것이기 때문이다.

"그래, 내가 그렇게 말했다. 그런데 그게 뭐 어때서?"

"그러니 서로 간에 오간 상처 되는 말들은 깨끗이 잊어버려라. 그러면 서로 간에 평화와 조화가 찾아 올 것이다."

・・・

교회의 전승은 야고보 사도의 일화를 다음과 같이 전해준다. 어느 날 복음서 저자인 요한의 형제 야고보 사도가 순교 당할 장소로 끌려가고 있었는데 우연히 그를 밀고했던 사람과 마주치게 되었다. 사도는 그를 불러 세운 후에 그에게 입을 맞추며 말했다.

"형제여, 평안하시게나."

그는 사도의 놀라운 관용에 경탄하며 열광적으로 소리쳤다.

"나도 오늘부터 그리스도인입니다."

그는 이 고백을 한 뒤에 야고보 사도와 함께 참수를 당했다.

・・・

언젠가 조시마스 사부가 몇 권의 책을 필경사에게 맡겨 필사해달라고 부탁했다. 필사를 다 마친 필경사는 사부에게 책을 가져가라고 연락했다. 그런데 다른 누군가가 사부가 주문한 것을 알고는 마치 조시마스 사부가 보낸 사람처럼 행세하며 그 책을 가져가버렸다. 얼마 후 조시마스 사부가 책을 가져오라고 제자를 필경사에게 보냈다. 그때 필경사는 다른 사람에게 속은 것을 알게 되자 화가 치밀어서 협박하듯 말했다.

"내 손에 안 잡힐 것 같지? 잡히기만 해봐라. 그 대가를 톡톡히 치르게 해주겠다. 막 되먹은 도둑놈 같으니라고."

조시마스 사부가 그것을 알고는 필경사에게 부탁했다.

"형제여, 우리가 책을 소장하는 이유는 사랑과 관용을 배우기 위한 것인데 책을 훔쳐간 이들을 비난한다면, 우리에게 책이 없는 것이 수천 배 더 나을 것입니다. '주님의 종은 다투어서는 안 됩니다.'(디모테오후 2:24)"

• • •

어느 날 밤 어느 은수자의 거처에 강도가 침입했다. 은수자는 두려워서 도움을 청했다. 잠에서 깨어난 형제 수도사들이 강도를 잡아 감옥에 집어넣었다. 하지만 얼마 뒤 그들은 자신들이 한 행동을 후회하였고, 피민 사부에게 고백을 했다. 사부는 수도사들이 너무 나약한 믿음을 가지고 행동한 것을 보고는 마음이 슬펐다. 그는 은수자에게 편지를 썼다.

"형제여, 맨 먼저 자신의 본분을 어기는 일이 어디서부터 시작되었는지를 잘 생각해보시게. 그러면 두 번째로 벌어진 일이 왜 생겼나를 쉽게 알 수 있을 것일세. 만약 형제가 나약한 믿음으로 스스로를 배신하지 않았다면 강도가 아무리 악한 짓을 했다 할지라도 세상 권력자의 손에 넘겨 형벌을 받게 하진 않았을 걸세."

은수자는 그의 편지를 보고 자기의 잘못을 깨달았다. 그래서 강도가 감옥에서 나올 수 있도록 노력을 기울였다.

• • •

어느 지혜로운 스승이 말했다.

"부당한 일을 당하고도 용서하는 사람은 예수님과 같은 사람이다. 부당하게 대하거나 또는 부당한 일을 당하는 것을 좋아하지 않는 사람은 아담과 같이 사람이다. 하지만 불의하고 모략질하고 악의적인 사람은 사탄과 다를 바가 없다."

･･･

　겔라시오스 사부는 아주 멋진 책을 하나 소장하고 있었다. 구약과 신약이 달필로 적혀있는 귀한 책이었다. 사람들은 이 책이 적어도 15냥 이상은 될 거라고 그에게 말했다. 사부는 이 귀한 책을 스키티의 모든 형제 수도사들이 이용할 수 있도록 성당 안에 두었다. 어느 날 그곳을 잠시 방문했던 어떤 수도사가 그 책을 훔쳐갔다. 겔라시오스 사부는 그 사실을 즉시 알아냈으나 도둑을 쫓아가 잡으려 하지 않았다. 도둑은 도시로 내려가자마자 그 책을 사줄 사람을 찾았다. 그리고 흥정을 했다. 그는 16냥을 원했지만, 구매자는 그만한 가치가 없다고 했다. 결국 둘은 이 분야의 전문가에게 책을 보여주기로 합의했다. 그렇게 해서 도둑은 책을 구매자에게 맡기고 자리를 떠났다. 구매자는 그 책을 가지고 자기 친구였던 겔라시오스 사부를 찾아갔다. 그리고 물었다.

　"사부님, 이 책을 16냥을 주고 사도 될까요? 그만한 가치가 있을까요?"

　사부는 즉시 그 책을 알아보았다. 하지만 드러내지 않았다. 사부는 처음 보는 것처럼 그 책을 손으로 들어 만져보고는 친구에게 말했다.

　"충분한 가치가 있네. 그것을 사게나."

　하지만 구매자는 돌아와서 도둑에게 사실대로 말하지 않았다.

　"내가 이 책을 겔라시오스 사부에게 보여주었는데 너무 비싸게 요구한다고 말씀하시더군요. 그만한 가치가 없답니다."

　도둑은 겔라시오스 사부라는 말을 듣고는 당황해서 구매자에게 물었다.

　"혹시 당신에게 다른 말은 안하셨나요?"

"네. 다른 말은 없었습니다."

수도사는 잠시 후 구매자에게 말했다.

"생각이 바뀌었습니다. 이 책을 팔지 않겠습니다."

도둑은 내면이 심하게 요동쳤다. 한편으로는 사부의 관용에 경탄하고, 다른 한편으로는 자신의 악행에 대해 양심의 가책을 느꼈다. 그는 책을 들고 스키티로 올라갔다. 그리곤 젤라시오스 사부를 찾았다. 그는 사부를 만나서 훔쳤던 책을 돌려주면서 그의 발 앞에 엎드려 용서를 구했다. 사부는 온 마음을 다해 그를 용서하면서 그 책을 그에게 선물하고 싶다고 고집했다. 하지만 어떻게 그가 그 책을 받을 수가 있겠는가!

"사부님, 이 책을 제가 당신께 돌려드리지 못하면 제 영혼은 평화를 얻지 못하게 될 것입니다."

"만약 그렇다면, 성당으로 가져가서 원래 있던 자리에 다시 갖다 놓으시게나." 사부가 호의를 가지고 그에게 말했다.

그때부터 나쁜 습관을 가졌던 수도사는 잘못된 버릇을 고치고 더 이상 심한 잘못에 빠지지 않았다.

∴

교부들은 페르시아인 요한 사부의 일화를 우리에게 전해준다. 언젠가 악인들이 그를 죽일 목적으로 그의 은수처를 찾아갔다. 그는 대야를 준비하고는 몸을 숙여 그의 가장 절친한 친구들에게 하는 것처럼 그들의 발을 닦아주었다. 악인들은 면목이 없어 그를 그대로 두고 떠나갔다.

∴

어느 날 밤 강도들이 어떤 은수자 거처에 침입했다. 그리고 그에게 위협적으로 얘기했다.

"물건을 가지러 왔으니 내놓으시오."

"당신들이 원하는 것이 있으면 찾아서 가져가시오." 은수자는 침착하게 그들에게 대답했다.

강도들은 가져갈 것도 없는 가난한 은수자의 거처에서 물건을 챙겨 급히 달아났다. 그런데 그들은 지붕보에 걸려있는 작은 호로병은 미처 챙기지 못했다. 은수자는 그것을 풀어서는 강도들을 쫓아 달려가며 큰 소리로 외쳤다.

"형제들, 다시 돌아오시오. 이것도 가져가시오."

그들이 은수자의 소리를 듣고 멈추자 그는 멀리서 그들에게 작은 호로병을 보여주며 가리켰다. 그들은 그의 관용에 경탄하며 다시 그에게 돌아갔다. 하지만 그것은 호로병을 가지러 간 것이 아니라 그에게 용서를 구한 후 챙겨갔던 물건들을 모두 다시 돌려주기 위해서였다. 그리고 그들끼리 이렇게 말했다.

"이 분이야말로 진정한 하느님의 사람이다."

• • •

한번은 큰 스승들 중 한 사부가 스키티에 새로 들어온 두 명의 형제들을 시험해보기로 했다. 그는 그들이 가꾸는 작은 밭에 들어가서 들고 있던 지팡이로 그곳에 심어져 있던 채소들을 하나하나 못쓰게 만들었다. 형제들은 수도처 문틈사이로 그가 하는 행동을 지켜보고 있었지만 거의 모든 채소들을 망가뜨릴 때까지 묵묵히 있었다. 마지막으로 딱 하나 남은 온전한 채소를 스승이 망가뜨리려 하는 순간 가장 어린 형제가 나와서 스승에게 깊은 예를 표하며 이렇게 말했다.

"사부님, 사부님께서 축복해주신다면 그 채소를 요리해서 대접해드리고 싶은데 괜찮으신지요?"

사부는 형제의 영성에 만족하며 그에게 입 맞추며 말했다.

"형제여, 그대의 큰 관용에 대해 하느님의 성령이 그대 안에서 평안하신 것이 보이네."

• • •

피민 성인이 말했다. "'악으로 악을 내쫓을 수는 없다.' 따라서 어떤 형제가 그대에게 악행을 저질렀다 해도 그에게 선행으로 화답하려 노력해야한다. 오직 선의만이 악을 이길 수 있다."

• • •

교회가 박해를 받고 있었던 시기에 어떤 신자가 자기 여종의 밀고로 붙잡히게 되었다. 심한 고문을 당한 후 참수형을 당하게 되어 도시 외곽으로 끌려가고 있을 때, 우연히 길에서 그를 밀고한 나쁜 여종과 마주치게 되었다. 그는 그녀를 보자마자 금가락지를 빼서 그녀에게 줬다. 그리고 그녀의 손을 꼭 쥐고 감사의 말을 건넸다.

"너로 인해 내가 그리스도의 순교자가 되는 영예를 누리게 되었으니 진심으로 고맙구나."

• • •

어떤 게으른 수도사와 무척 선한 은수자가 서로 이웃에 살고 있었다. 나태하게 살아가는 수도사는 일하기가 귀찮아서 몰래 이웃의 은수자 거처로 가서 물건을 훔쳐오곤 하였다.

은수자는 그 사실을 알고 있으면서도 그에게 아무런 말도 하지 않았다. 오히려 혼자 이렇게 말하곤 했다.

"형제 수도사가 얼마나 절박하면 이런 짓까지 할까?"

하지만 선한 은수자는 이웃의 수도사로 인해 훨씬 더 많이 일을 해서 부족한 것을 채워야만 했다. 하지만 일을 많이 했음에도 불구하고 은수자는 언제나 부족한 처지로 살았다. 왜냐하면 이웃 도둑이 은수자의 침묵을 우둔하다고 생각하고 완전히 후안무치해져서 은수자가 먹을 빵조차도 거의 남겨놓지 않았기 때문이다.

　은수자가 세상을 떠날 때가 오자 스키티의 형제들이 모두 모여 그의 축복을 받으려 하였다. 그 형제들 속에는 도둑 수도사도 있었다. 죽음을 앞둔 은수자는 도둑질로 오랜 세월 고통을 준 그에게 눈짓을 해서 가까이 오게 하였다. 그가 가까이 오자 은수자는 그의 손을 자신의 손으로 끌어당겨 입을 맞추기 시작했다. 그리고 그에게 말했다.

　"오늘 내가 낙원에 들어갈 수 있게 해준 이 손이 참으로 고맙구나."

　스승들 중 한 분이 이렇게 말씀하셨지. "누구든지 너를 미워하고 너를 험담할 때 그에게 악의를 품지 말고, 특히 할 수만 있다면 그에게 선물을 보내줘라. 그러면 너는 심판의 시간에 그리스도 앞에서 담대하게 말할 수 있게 될 것이다. '주님이시여, 제가 제 이웃의 잘못을 용서한 것처럼 저의 잘못을 용서해주소서'라고 말이다."

･･･

　어느 수도사가 광활한 광야에서 길을 잃고 오랜 시간 고생하고 있었다. 마침 길을 지나던 사람들을 만나게 되자 자신이 가려는 곳이 어디 있는지 알려달라고 물었다. 하지만 그들은 나쁜 사람들이었다. 수도사가 혼자이고 외지인이라는 것을 알고는 그의 물건을 빼앗으려고 그가 가려고 하던 길에서 오히려 더 먼 곳을 가리켰다. 특히 그들 중 한 명은 수도사의 뒤를 따라가며 감시했다.

　수도사는 그들이 나쁜 의도를 가진 사람들이라는 것을 알아챘지만 아무 말도 하지 않았다. 강가에 도착해 강을 건너려 했을 때였다. 물속에 있던 커다란 악어가 갑자기 강도를 덮쳤다. 순식간에 일어난 공격으로 강도는 혼비백산했다. 만약 수도사가 자신의 목숨을 내놓고 구해주지 않았다면 그는 잔혹한 악어의 이빨에 갈기갈기 찢겨 목숨을 잃었을 것이었다. 수도사의 모습에 감동받은 강도는 그의 발 앞에 엎드려 자기가 하려고 했던 악행에 대해 용서를 구하며 사실대로 말했다.

"강을 건너가면 당신을 죽이려 했습니다. 그런데 당신의 선의가 우리의 악행을 막았습니다."

⋯

어느 지혜로운 사부가 말했다.

"너를 슬프게 하고 너를 모욕하고 또 어떤 식으로든 너에게 해를 끼친 사람이 생각날 때마다 너는 그 사람을 예수님께서 보내셔서 네가 가진 수많은 상처를 치료해주는 의사처럼 도와주는 사람으로 여겨야 한다.

너에게 잘못을 한 사람이 생각날 때마다 마음이 상하느냐? 그것은 네가 정신적으로 병에 걸렸다는 표시이다. 만약 너의 영혼이 병들지 않았다면 너는 그런 일을 겪지 않을 것이다. 그러므로 너는 너의 마음을 아프게 한 그 사람에게 감사하고 그를 위해 기도하여라. 그리고 그것이 너의 병을 알게 해주는 요인이 된다고 생각하여라.

너는 다른 사람들로 인해 겪는 시련들이 천상의 의사께서 보내주는 치료약이라는 사실을 받아들일 수 있어야 한다. 네가 그들에게 분노한다면 그것은 네가 예수님께 이렇게 말하는 것과 같은 것이다.

'저는 당신의 약을 원하지 않습니다. 차라리 영혼의 상처가 썩는 것을 더 원합니다.'

너는 사람들이 육체적인 병을 치료하기 위해 얼마나 많이 인내하고 있는지 깊이 생각해야 한다. 수술을 받고, 출혈이나 감염을 막기 위해 상처부위를 지지고, 생각만 해도 먹기 싫은 설사약을 마셔야 한다. 하지만 그들은 병에서 치유될 수 있는 길이 이런 방법밖에 없음을 자기 자신에게 설명하고 이해시켜 기꺼이 고통을 견뎌낼 것이고 치료해준 의사에게 감사하다고 말할 것이다. 그러므로 너도 너를 비난하거나 경멸하는 사람들을 너의 허영을 고치기 위해 위대하신 의사가 상처를 지지는 치료를 한다고 생각하고 견뎌내야 한다. 설사약은 입에 써서 너를 힘들게 해도 너를 허영으로부터 건져준다.

　유익이 되는 시련들을 네가 피하기만 한다면 천상의 삶에 어울리도록 고쳐질 수 있는 소중한 기회를 너는 잃고 말 것이다. 누가 스테파노스 보제에게 첫 순교자가 되는 크나큰 영광을 가져다주었느냐? 그를 돌로 내리쳐 죽인 그들이 아니겠느냐?"

···

　아래의 이야기는 조시마스 사부가 제자들에게 들려준 것이다.
　어느 사부가 공동체 가까이에 은수처를 세우고 수행 생활을 하였다. 주변의 모든 형제 수도사들은 그에게 깊은 애정을 가지고 있었다. 그곳에서 얼마 떨어져 있지 않은 곳에는 또 다른 은수자가 살고 있었다.
　언젠가 사부가 며칠간 은수처를 비우게 되었다. 이웃에 있는 은수자는 그 기회를 이용해 그의 은수처에 들어가 책이나 여러 가지 소소한 물건들을 가져갔다. 사부가 돌아왔을 때 은수처의 문이 열려있고 몇 가지 물건이 없어진 사실을 발견하자 무슨 일이 있었는지 알아보려고 이웃에 있는 그 은수자를 찾아갔다. 그런데 사부가 그의 은수처 문에 들어서자 방 가운데에 물건들이 보였다. 훔쳐간 물건들을 아직 정리를 다 못했던 것이다. 선한 사부는 그가 수치심을 느끼지 않도록 하기 위해 짐짓 떨어져서 그에게 물건을 감출 수 있는 시간을 주었다. 잠시 후 사부가 그와 대화를 하기 시작했다. 하지만 도둑질에 대한 이야기는 전혀 하지 않았다.
　하지만 사부가 겪은 일을 알게 된 지인들이 범인을 잡으려고 찾아다닌 끝에 이웃의 수도사가 그랬다는 것을 알게 되어 그를 감옥에 집어넣었다. 사부는 이런 사실을 전혀 알지 못하고 있다가 뒤늦게 그가 감옥에 갇혀있다는 소식을 들었다. 하지만 무슨 이유로 감옥에 있는지는 여전히 알지 못했다. 사부는 공동체 수도원장을 찾아가 빵 두 개와 계란 몇 개를 부탁했다. 원장은 사부가 손님을 대접하려고 하는 것이라고 생각하고 흔쾌히 내주었다.

선한 사부는 음식을 바구니에 담아 도시로 내려갔다. 그리고 이웃의 수도사를 만나려고 감옥을 찾아갔다. 사부를 본 그는 무릎을 꿇고 잘못을 뉘우치며 눈물을 흘리며 말했다.

"형제여, 저를 용서하십시오. 제가 지금 여기에 있는 이유는 당신 때문입니다. 당연히 제가 받아야 할 벌이지요. 제가 당신의 물건을 훔쳤습니다. 자, 여기 이것이 제가 훔친 당신 책들 중의 한 권입니다. 저를 용서하십시오."

사부는 마음이 아파 어쩔 줄을 몰랐다. 정신을 가다듬은 사부가 선하게 그에게 말을 했다.

"형제여, 오늘 내가 여기 온 것은 그 일 때문이 아니라는 것을 알아주셨으면 합니다. 또 저는 형제가 저 때문에 감옥에 갇혀 있는지도 전혀 몰랐습니다. 하지만 지금 그 사실을 말해주었으니 저는 당신을 이곳에서 꺼낼 수 있도록 애를 쓰겠습니다. 그리고 여기 바구니에 음식을 조금 가져왔으니 드셨으면 합니다."

사부는 그에게 빵과 계란을 전한 후에 그를 감옥에서 빼낼 수 있는 방법을 찾으려고 급히 그곳을 떠났다. 그리고 하느님의 도움으로 사부의 뜻이 이루어졌다.

∴

형제들이 우리에게 행한 악행을 우리가 계속해서 머릿속에 담아두고 기억하는 만큼 우리는 그만큼 하느님으로부터 멀어진다. 우리가 그것을 즉시 잊어버리면 사탄들은 우리를 함부로 괴롭히지 못한다.

∴

어느 수도사가 또 다른 형제 수도사와 다투었다. 그는 이웃에 사는 사부를 찾아가 이렇게 고백했다.

"사부님, 어떤 형제가 저에게 큰 상처를 줬습니다. 그에게 복수해야겠다는 생각이 들어 많이 힘듭니다."

"형제여, 방에 들어가서 그를 위해 밤낮으로 기도하게. 자네 안에서 끓고 있는 정욕에서 벗어날 방법은 그것밖에 없다네." 사부가 그에게 조언했다.

수도사는 사부의 조언대로 실천했고, 일주일 후에 그는 마음의 평온을 되찾았다.

· · ·

어느 사부가 말했다. "만약 누군가가 자네를 모욕한다면 자네는 그를 축복해주게. 그가 자네의 축복을 받아들인다면 그것은 둘 다에게 좋은 것일세. 하지만 그가 받아들이지 않는다면, 그에게는 모욕이 남아있겠지만, 자네는 하느님의 축복을 받을 것일세."

· · ·

마카리오스 성인이 말했다.

"좋은 말은 나쁜 사람을 좋은 사람으로 만든다. 반면에 나쁜 말은 좋은 사람을 자극한다."

언젠가 성인의 제자가 길에서 급히 걸어가고 있는 이교도 사제를 만났다. 제자는 생각 없이 그에게 소리쳤다.

"어이, 사탄아, 어디를 그렇게 달려가나?"

그 말을 듣자 그는 화가 나서 들고 있는 지팡이로 제자의 등을 내리치며 거의 반쯤 죽여 놓았다. 잠시 후 성인이 길에 나타났다. 이교도 사제는 성인을 피해 급히 달아났다. 그때 성인은 그를 불러 세워 부드럽게 말했다.

"하느님께서 그대를 축복하시길, 부지런한 사람아!"
그는 당황하며 성인에게 반문했다.
"저에게서 무슨 좋을 것을 봤다고 그렇게 말씀하십니까?"
성인이 그에게 말했다.
"그대가 열심히 달려가는 것을 보았다네. 다만 헛되게 수고하고 있다는 것을 아직 그대가 깨닫지 못하고 있다는 사실이 안타까울 뿐일세."
이교도 사제가 조용하게 대답했다.
"당신의 말은 제 영혼을 감미롭게 하는군요. 이것은 당신이 진정 하느님의 사람이라는 표시입니다. 조금 전에 어떤 나쁜 수도사가 저를 보고 이유도 없이 저를 모욕했습니다. 물론 그는 응당한 대가를 치렀지요. 의식을 잃어버릴 정도로 몽둥이로 맞았으니까요."

사부는 그가 자신의 제자라는 것을 알았다. 사부는 좀 더 아래쪽 길에서 크게 다친 제자를 찾아냈다. 사부는 그 이교도인에게 도와달라고 해서 제자를 함께 은수처로 옮겼다. 그곳에서 이교도인은 자기가 성인의 제자를 그 지경으로 만든 것을 용서해달라고 했다. 그리고 성인에게 자신이 그리스도인이 될 수 있게 해달라고 간청했다.

4. 자기 희생

파프누디오스 사부는 단 한 번도 포도주를 입에 댄 적이 없었고 물도 아껴가며 마셨다고 한다. 어느 날 광야를 걸어가다가 본의 아니게 강도들의 소굴이 있는 곳에 이르렀는데 우연찮게도 그가 도착한 시간이 강도들이 먹고 마시는 시간이었다. 사부를 익히 잘 알고 있었던 두목은 그가 포도주를 마시지 않는다는 것도 알고 있었다. 그래서 한 손으로는 큰 나무 잔에 포도주를 가득 채워서 그에게 주고 또 다른 손으로는 목에 칼을 대며 그 잔 바닥이 보이도록 다 마시지 않으면 목을 벨 거라고 협박했다. 성인은 전혀 두려움 없이 침착하게 말했다.

"나는 이 잔을 마실 것이다. 하지만 내 목숨 때문이 아니라 내가 이렇게 하면 하느님께서 현세와 내세에서 너에게 자비를 베풀어 주실 것이라 믿기에 마시는 것이다."

성인은 이 말을 하면서 잔을 깨끗이 비웠다. 그러자 두목은 자기의 무례한 행실을 뉘우치며 말했다.

"수도사님, 저를 용서하십시오. 저는 오늘부터 사람들에게 나쁜 짓을 하지 않겠다고 당신께 약속하겠습니다."

다른 강도들도 모두 같이 약속을 했다. 이웃에 대한 사랑으로 자기 자신을 희생한 거룩한 사부로 인해 강도들의 집단이 그리스도인이 된 것이다.

• • •

 언젠가 스키티의 두 사부 중에 한 사부가 병이 들었다. 그도 사람인지라 따뜻한 빵이 조금 먹고 싶었다. 하지만 허허벌판 광야에서 그런 빵을 어떻게 구할 수가 있단 말인가?
 젊은 수도사들 중 한 명이 그 소식을 듣고는 자기가 가지고 있던 말라있는 딱딱한 빵을 전부 가방에 담아 알렉산드리아로 향했다. 그 도시는 광야에서 이틀 정도 걸리는 먼 거리에 있었다. 착한 수도사는 자신이 겪을 고생은 전혀 개의치 않았다. 도시에 도착하자마자 가지고 간 딱딱한 빵을 신선한 빵과 바꿔서 최대한 빨리 스키티로 돌아왔다. 다른 형제 수도사들이 그 빵을 보고 그에게 물었다.
 "형제여, 어디서 그런 신선한 빵을 구했나?"
 "알렉산드리아에서 구했습니다." 젊은 수도사는 마치 이웃 마을에 다녀온 것처럼 아주 자연스럽게 대답했다.
 사부가 그 얘기를 듣고는 그 빵을 받는 것을 완강히 거부했다.
 "내가 그 빵을 어떻게 먹겠나? 그 빵은 형제의 피가 아닌가?"
 그러자 형제 수도사들이 모두 나서서 형제의 희생이 헛되지 않도록 그 빵을 드시라고 설득했다.

• • •

 한번은 거룩한 어느 은수자가 길에서 간질병 환자를 만났다. 그는 금식도, 기도도 할 수 없는 상태였다. 성인은 너무 마음이 아파 그를 불행에서 건져낼 수 있도록 자신이 사탄을 쫓아낼 수 있게 해달라고 하느님께 간청드렸다. 하느님께서 그의 기도를 들으시고 원하는 대로 해주셨다.
 사악한 영이 그를 고통스럽게 하는 만큼 성인도 금식과 기도를 늘려

나갔다. 그러자 하느님께서는 자기자신을 희생하는 은수자를 보시고 얼마 지나지 않아 그가 사탄의 지배에서 벗어나게 해주셨다.

5. 자선

살을 에는 추위가 기승을 부리는 어느 겨울날 니스테로 사부가 일상복 위에 두꺼운 외투를 입고 교회를 가려고 길을 나섰다. 도중에 사부를 만난 다른 은수자가 그를 괴롭히려고 물었다.

"형제여, 지금 어떤 가난한 사람이 당신께 와서 옷을 달라고 하면 당신이 입고 있는 두 벌의 옷 중에 어느 것을 주시렵니까?"

"가장 따뜻한 옷을 줄 것입니다." 사부가 대답했다.

"조금 더 내려가다가 다른 헐벗은 자가 당신을 보고 또 구걸하면요?"

사부가 하느님에 대한 절대적인 신뢰를 나타내며 말했다.

"나는 기꺼이 그에게 다른 옷도 줄 것입니다. 그리고 은수처로 돌아가서 주님께서 내 몸 가릴 것을 보내주실 때까지 기다릴 것입니다."

∴

어느 거룩한 스승이 제자와 함께 마을에서 그리 멀리 떨어지지 않은 곳에서 수행을 하며 살고 있었다. 언젠가 그 지역에 엄청난 불행이 닥쳐 가난했던 마을 사람들이 먹을 것이 없어 거의 빈사상태에 빠지게 되었다. 절망에 빠진 사람들이 은수자의 거처로 와서 도와달라고 문을 두드렸다. 인자했던 스승은 줄 수 있는 것을 찾아 마음을 다해 아낌없이 그들에게 내주었다. 하루는 제자가 그들이 먹을 빵이 줄어드는 것을 지켜보면서 스승에게 불만을 털어놨다.

"스승님, 제가 먹을 빵과 스승님께서 드실 빵을 구분해서 이제부터는 당신의 빵으로만 자선을 하시면 좋겠습니다. 이대로 가다가는 금세 우리 둘 다 굶게 될 것입니다."

선한 스승은 제자가 하자는 대로 빵을 나누었다. 스승은 이 사실을 아무에게도 말하지 않고 자기 빵을 가난한 이들에게 나눠주었다. 그의 선한 마음을 지켜보시던 하느님께서 그의 빵을 축복해주셨다. 스승이 빵을 가난한 이들에게 나눠주면 줄수록 빵은 그만큼 다시 더 불어났다.

한편 제자는 자기 몫의 빵을 먹었다. 빵이 거의 떨어질 때가 되자 제자는 스승을 찾아가 다시 함께 빵을 먹자고 청했다. 스승은 그의 제안을 순순히 받아들였다. 하지만 구걸하는 빈자들도 이미 많아졌기 때문에 제자는 다시 불평을 늘어놓기 시작했다. 어느 날 문 두드리는 소리가 들렸다. 정말 도움이 필요한 불쌍한 사람이었다. 제자는 인상을 찌푸렸다. 스승은 인상을 찌푸린 제자의 얼굴을 못 본 척하고 빵 한 덩어리를 그 사람에게 내주라고 했다. 제자는 구걸하는 사람도 들을 수 있도록 큰 소리로 말했다.

"이제 우리가 먹을 것도 없어 보입니다."

"가서 잘 찾아보게." 스승이 명령했다.

제자는 내키지 않는 마음으로 자리에서 일어나 저장소로 갔다. 그리고 문을 열어 보고는 깜짝 놀랐다. 잘 구워진 신선한 빵들이 저장소 선반 위에까지 가득 차있었던 것이다!

그날부터 제자는 스승에 대한 커다란 확신과 신뢰 속에서 기쁜 마음으로 가난한 사람들을 도와주었다.

…

페르미의 테오도로스 사부가 팜보스 사부에게 평생 마음속에 담고 살아갈 귀한 말씀을 부탁하자 거룩한 팜보스 사부가 이렇게 말했다.

"테오도로스 사부, 함께 지내는 모든 사람들에게 자비로우십시오. 그러면 하느님 앞에서 담대해질 것입니다."

· · ·

이사야 사부가 조언했다.

"그대는 가난한 형제에게 자선을 베풀 때 그대가 보여준 선의가 헛되지 않도록 도움을 받은 사람에게 그대의 일을 도와 달라고 청하지 말라."

· · ·

고백자 성 막시모스는 자선에 대해 주목할 만한 가르침을 우리에게 준다.

금전으로 행해지는 자비도 사랑의 마음을 표시하는 것이지만, 더 큰 자비는 하느님의 말씀을 전하는 것이다. 더 나아가 여러 가지 도움을 제공하는 것도 그러하다. 진정 세상적인 것에서 벗어나 진실한 사랑으로 이웃에게 도움을 베푸는 사람은 정욕에서 빨리 벗어나 하느님의 사랑과 지식에 참여하게 될 것이다. 하느님을 사랑하는 사람은 반드시 자기의 이웃도 사랑한다. 그는 자기 자신을 위해서 아무것도 소유하지 않는다. 하느님께서 기뻐하시는 방법으로 모든 것을 아껴 필요한 사람들에게 기꺼이 자선을 베푼다.

· · ·

한 사부가 말했다. "누구든지 형제에게 자선을 베푸는 사람은 마치 자기 자신에게 자선을 베풀듯 해야 한다. 이 자선은 인간을 하느님께로 가까이 가게 만든다."

· · ·

어떤 사부가 말했다. "가난한 사람들에게 기꺼이 자선을 베푸는 사람들이 있다. 그런데 사탄은 그들이 행하는 선행에 대해 보상을 받지 못하도록 그들이 사소한 것에서는 시시콜콜 따지도록 만든다."

언젠가 내가 사제 친구를 방문하게 되었는데 그가 사목하는 교회가 빈자들에게 자선을 베푸는 날이었다. 우연히 가난한 어느 과부가 교회를 찾아와 밀을 조금 달라고 청했다. 친구인 사제가 그녀에게 말했다.

"밀을 담을 자루를 가져오십시오."

여인이 자루를 가져오자 친구가 갑자기 예상하지 못한 말을 그녀에게 했다.

"여인이여, 자루가 너무 크지 않습니까?"

그녀는 창피해서 얼굴이 새빨개졌다. 아마도 처음 보는 사람인 내 앞에서 모욕을 당했다고 생각한 것 같았다. 그녀가 떠난 후에 내가 친구에게 물었다.

"형제여, 혹시 지금 자네가 밀을 과부에게 판 건가?"

"아니, 자선한 거라네."

"만약 그것이 자선이라면 어디에 쓰려고 기준을 따져가며 가난한 그녀의 마음을 아프게 하는가? '하느님께서는 기쁜 마음으로 내는 사람을 사랑'(고린토 후 9:7)한다는 복된 바울로 사도의 말을 잊지 말게나."

...

스키티의 새로운 사제, 디모테오스 사부가 피민 스승과 대화를 나누던 어느 날 알렉산드리아에서 몸을 팔아 번 돈으로 자선을 베푸는 어느 여인에 대해 말을 했다. 피민 스승이 대답했다.

"하느님께서 불쌍히 여기시니 그녀는 마침내 구원될 것일세."

얼마 후에 디모테오스 사부의 어머니가 아들을 보러 스키티를 찾아왔다. 그때 아들이 어머니에게 죄인인 그녀의 근황에 대해 물었다. 그녀가 대답했다.

"불행하게도 똑같은 생활을 계속하고 있단다. 그런데 그녀를 찾는 손님들이 많이 늘어서 그런지 자선도 이전보다 훨씬 많이 한단다."

디모테오스 사부는 어머니에게서 들은 내용을 피민 스승에게 말해주었다. 그러자 스승이 다시 말했다.

"그녀의 자선이 그녀를 구원으로 이끌 거라는 것을 믿게나."

수개월이 지난 후에 다시 디모테오스 사부의 어머니가 일 때문에 스키티를 찾았다. 그리고 아들에게 죄인인 그녀가 꼭 자기도 함께 데리고 가달라고 신신당부했다는 말을 전했다. 사부들에게 자신의 영혼을 위해 기도를 부탁드리고 싶어 그런다는 것도 말해주었다.

디모테오스 사부는 이 모든 내용을 피민 스승에게 말해주었다. 스승은 디모테오스 사부에게 직접 도시로 내려가 그녀를 바른길로 인도하라고 조언했다. 그는 스승의 말에 순종했고, 하느님 은총의 도움으로 방탕한 길에 있던 그녀를 회개로 이끌었다.

...

이미 많이 연로한 스키티의 사제, 다니엘 사부는 생전에 여러 가지 경험담을 형제들에게 이야기해주곤 하였다. 하루는 다음과 같은 교훈적인 이야기를 들려주었다.

"내가 아주 젊었을 때 그리고 경험이 없었을 때, 내 영혼을 구원한다고 처음 광야로 나가 테베 위쪽 지방에 있는 어느 호젓한 오두막에서 생활하고 있었어. 한 달에 한 번 제일 가까운 곳에 있는 마을로 내려가 손으로 작업한 물건들을 팔고 빵도 사오곤 했었어.

마을에서 멀리 떨어진 곳에는 황무지가 있었는데 그곳에 어떤 광부가 오두막을 짓고 채석장에서 일하며 혼자서 생활하고 있었지. 사람들은 그를 에블로기오스라고 불렀어. 그는 채석장에서 고되게 일을 하면서도 몇 푼 벌지를 못했어. 하지만 그는 가난했어도 자선도 하고 남을 대접할 줄 아는 사람이었어. 일이 끝나면 매일 밤 마을로 내려가 음식을 약간 사서는 사람들이 다니는 도로로 나갔어. 그리고 그곳에 서서 갈 곳이 없는 가난한 사람과 행인을 기다리다가 자기가 사는 누추한 곳으로 데리고 가서 대접을 했어. 그는 어김없이 손님의 발을 씻기고 식탁을 차려주었고 손님에게 자기 침대를 내주었어. 그리고 자신은 손님을 위해서 준비한 짚단 위에서 잠을 청했지. 그는 하루 종일 손님이 먹다 남긴 음식으로 저녁식사만 겨우 한 끼 했어. 그리고 약간의 빵이라도 남게 되면 다음날 길거리에 있는 개들에게 먹이려고 바구니에 담아 두었지. 그는 개들까지도 마음속에 품고 있는 사람이었어. 그와 가장 친한 손님들은 직접 수작업한 물건들을 팔려고 마을로 내려오던 은수자들이었어. 그는 그들을 각별히 대접했어. 그들의 얼굴에서 그리스도를 보는 것처럼 마음을 다해서 대했어. 그리고는 만족감을 느꼈지.

나 역시 에블로기오스의 오두막에서 수없이 대접을 받았어. 그가 보여준 호의와 겸손에 감탄하며 나 자신에게 이렇게 말하곤 했지. "에블로기오스는 빈궁한 처지에도 이렇게 자선을 베푸는데 그가 만일 부자였다면 좋은 일을 얼마나 많이 했을까?" 경험이 없던 나는 그 선한 광부를 부유하게 해달라고 하느님께 간청 드리기로 결심했어. 나는 3주간을 금식하며 그를 위해 정말 뜨겁게 기도를 올렸지. 나는 굶어서 완전히 쓰러질 지경이 되었어. 그리고 바닥에 쓰러져 거의 죽은 사람처럼 누워 있었지. 그때 위엄이 있는 어떤 젊은이가 나에게 다가오는 것을 느꼈어. 그리고 왜 그렇게 지쳐 쓰러져있냐고 동정어린 눈으로 나에게 물어봤지. 나는 이렇게 대답했어.

'하느님께서 에블로기오스에게 많은 부를 주셔서 그가 더 많이 자선을 할 수 있게 해주실 때까지 입에 음식을 대지 않기로 서약을 했습니

다.'

그랬더니 그분이 말했어.

"그대가 청하는 것은 옳지가 않네. 그의 영혼에 해가 될 것이야. 지금 있는 그대로가 그 사람에게 유익하다네."

'아닙니다, 그는 더 많은 것을 갖게 된다면 더 많이 베풀 것입니다.' 내가 그분께 반론했지.

'그대가 그의 영혼에 대해 보증을 하겠다는 것인가?'

'네. 주님.' 내가 큰소리로 답했어. '그에게 축복을 내려주십시오, 그의 영혼에 대해선 제가 책임을 지겠습니다.'

나는 엄청난 말을 그렇게 내뱉었어. 순간 나는 내가 예루살렘의 부활성당에 있는 것이 보였어. 그리고 성묘(聖墓)의 판석 위에 위엄 있게 앉아 있는 그 젊은이를 보았지. 그의 오른쪽에는 에블로기오스가 서 있었어. 그리고 주변에는 화려한 옷을 입은 다른 사람들이 많이 있었지. 젊은이가 나를 가리키며 그들에게 물었어.

'이 사람이 에블로기오스에 대해 보증한 사람인가?'

'네. 주님.' 그들은 머리를 숙여 예를 표하며 대답했지.

'무슨 일이 있더라도 그 보증에 대한 책임을 내가 반드시 물을 것이라는 것을 그에게 다시 상기시켜 주어라.'

'네. 주님.' 내가 그들에 앞서 먼저 대답했어. '단지 제가 요청한 것만 이루어주십시오.'

그때 나는 금화가 에블로기오스의 품으로 비처럼 떨어지는 것을 보았어. 그는 떨어지는 금화를 모두 다 받았어. 나는 내 기도가 받아들여졌다는 것을 깨달았어. 그리고 하느님께 영광을 드리며 기쁨 속에서 깨어났지.

내가 이렇게 그에게 지대한 관심을 가지고 있다는 사실을 전혀 모르고 있던 그 광부는 여느 때처럼 새벽에 채석장으로 일하러 갔지. 그는 곡괭이를 손에 들고 바위를 내리쳤어. 그때 귀가 먹먹해질 정도의 소리가 들렸어. 그는 다시 한번 곡괭이로 내리쳤어. 바위가 깨지자 그 앞에 깊은 구멍이 보였어. 가난한 광부는 깜짝 놀랐어. 그 안에는 엄청나게 많은 금화가 가득 차있는 것이 보였기 때문이야. 꿈속에서라도 보기 힘든 엄청난 양이었지. 그는 주위를 둘러보았어. 아무도 보이지 않았어. 완전히 혼자였지. 그는 조심스럽게 금화를 덮고 깊은 생각에 빠졌어. 그리고 혼자 속삭였어.

'내가 이 많은 금화를 가지고 이곳에서 계속 살아간다면 사람들은 내가 그것을 훔친 거라고 의심할거야. 그리고 소식을 들은 관리는 분명 나를 감옥에 잡아넣겠지? 그러면 나는 이 금화는 물론이고 내가 누리는 자유마저 빼앗길 테니 차라리 아무도 모르는 다른 곳으로 멀리 떠나야겠다.'

결심을 굳히자 그는 오두막에 가서 금화 담을 자루를 가져왔어. 그리고 돌을 운반하기 위한 것처럼 꾸며서 짐승도 빌렸지. 그는 그 길로 강으로 내려가 뱃삯을 주고 콘스탄티노플로 향했어.

그때는 연로한 유스티노스 황제가 제국을 다스리던 시기였어.

콘스탄티노플로 간 에블로기오스는 대저택을 구입했어. 오늘날까지도 그 저택은 '이집트인의 집'이라고 불려. 그는 종들도 거느리고 값진 의복도 입었지. 그리고 금화를 지불하고 벼슬도 샀어. 이렇게 해서 그는 짧은 기간 안에 황실과 가까운 인물이 되었어. 그리고 권세가의 명성도 얻게 되었지.

한편 그 기간에 이집트의 은수자들과 가난한 행인들은 자선을 베풀던 광부를 생각도 못하는 사이에 잃어버리고 말았지. 그의 환대도 사라졌어. 그에게 무슨 일이 일어났는지 아는 사람은 아무도 없었어.

그때부터 2년이라는 시간이 흘렀어. 한편 나는 수작업한 물건을 처리해주는 사람이 있어서 마을로 내려갈 일이 전혀 없었어. 그래서 에블로기오스에게 무슨 일이 일어났는지 알지 못했지. 어느 날 밤이었어. 나는 꿈속에서 다시 부활 성당에 있었어. 화려한 의복을 입은 젊은이도 이전처럼 주님 무덤 자리에 앉아있었지. 내가 그분을 목격하는 순간 그날 이후로 비로소 처음 광부를 머릿속에 떠올렸지. 어떻게 지낼까? 나는 궁금해지기 시작했어. 내가 생각을 채 끝내기도 전에 에블로기오스를 질질 끌고 다가오는 끔찍한 모습의 검은 환영이 나타났어. 나는 생각 없이 그를 보증하며 내뱉은 말을 떠올리며 두려움에 소리쳤지.

'아아, 죄인인 내게 무슨 일이?'

날이 밝자마자 나는 바구니를 팔 것처럼 해서 마을로 내려갔어. 하지만 속내는 내가 기대하고 있던 모습으로 있을 광부를 만나기 위한 것이었지. 나는 전에 에블로기오스가 가난한 행인들을 기다리던 그곳 주변을 오가며 밤이 되도록 그를 찾았지만 결국 찾지 못했어. 아무도 나를 환대하겠다고 나서는 사람은 없었어. 나는 혼자 그의 오두막집까지 가보기로 마음먹었어. 그곳에 도착한 나는 예전에는 항상 열려있었던 그 오두막집 문을 두드렸어. 나이가 꽤 많은 여자가 나와 문을 열었지. 나는 하룻밤을 묵어가게 해달라고 청했어. 그녀는 달갑지 않아 하면서도 나를 안으로 받아들였지. 그녀는 내게 먹을 것을 간단히 차려주고 나서 나를 쳐다보기 시작했어.

'신부님, 아직 젊으신데 밤늦게까지 마을을 돌아다니는 것은 좋지 않습니다. 젊은이들에게, 특히 수도사들에게는 세상에 유혹이 너무도 많답니다.'

'바구니를 팔아서 약간의 빵이라도 사야 생계를 유지할 수 있으니 제

가 어떻게 해야 하겠습니까?'

'말씀하신대로 생계를 위한 거라면 어쩔 수 없긴 하지만 아무튼 신부님께서 계시는 집 밖에서 밤을 지내시는 것은 좋지 않습니다.'

'그런데 이 근처에는 수도사들을 대접하는 경건한 사람이 살고 있다고 하던데…?' 나는 그의 소식을 듣기 위해 조심스럽게 물어 보았어.

'예전에 있었지요.' 그녀가 한숨을 쉬며 말했어. '지금 이 오두막집에 살았었지요. 손님들을 극진히 대접하던 착한 사람이었어요. 특히 거룩한 수도사분들을 잘 모셨지요. 하느님께서 그의 선행을 보시고 그에게 큰 보화를 선물해주셨답니다. 들리는 말에 의하면 로마제국의 수도에서 오늘날 엄청난 권세가로 지내고 있다네요.'

'그게 무슨 말씀이신지요?' 나는 당황하는 기색을 감추었지만 놀라서 그녀에게 물었다.

'신부님, 저는 그렇게 들었습니다.'

'어리석고 불쌍한 인간, 이 모든 잘못의 원인이 다 나 때문이구나.' 나는 그녀가 제공해준 잠자리에서 밤새 잠을 이루지 못한 채 이리 저리 몸을 뒤척이며 되내이고 또 되내였다. '네가 책임지겠다고 보증한 것을 기억해봐!'

다음날 나는 지체하지 않고 바로 배편을 찾아 콘스탄티노플로 향했어. 거대한 도시에서 며칠에 걸쳐 사람들에게 물어가며 에블로기오스가 사는 곳을 찾았지. 하지만 누가 나를 궁궐 같은 그의 집 안으로 들여 보내주겠는가! 금으로 장식된 복장을 갖춰 입은 수문장들이 허름한 내 옷을 보고는 가차 없이 나를 내쫓았지. 나는 영화를 누리고 있는 에블로기오스가 대저택에서 나오거나 들어갈 때 말을 걸려고 오랜 시간 문밖에서 기다렸어. 마침내 나는 상상도 할 수 없는 모습을 한 그가 밖으로 나오는 것을 보았어. 그는 황실 사람들이 입는 의복을 입고 있었지. 일단의 종들이 그를 둘러싸고 있었는데 그의 모습은 매우 도도해 보였어. 문밖에서 그를 태우려고 기다리고 있던 매우 값진 마차에 그가 오르려고 다가섰을 때 나는 두 발자국 앞으로 나아가 말을 걸어보려고 했어.

'나리, 말씀드릴 게 있습니다.'

그는 나를 구걸하는 거지로 생각하는 게 분명했어. 나에게 눈길 한 번 주지 않았거든. 종들은 나를 매우 거칠게 내쫓았어.

나는 포기하지 않았지. 다음 날 그리고 그 다음 날도 그를 만나기 위해 갔어. 꼬박 2주간을 아침부터 저녁까지 굶어가며 에블로기오스의 저택 밖에서 그를 기다렸지만 허사였지. 거만한 나리는 나에게 전혀 신경쓰지 않았어. 난폭한 그의 종들은 나를 강제로 밀어냈지. 나는 마지막으로 그의 이름을 불러보았어. 내가 그의 옛 지인이라는 것을 상기시켜 주기 위해서였지. 그러자 수문장 중에 한 명이 미친 듯이 화를 내며 나에게 달려와 몽둥이로 거의 의식을 잃을 정도로 두들겨 팼어.

정신이 들자 나는 절망하며 말했어.

'그래. 이제 그만하고 내가 있던 곳으로 돌아가자. 하느님께서 원하신다면 에블로기오스를 구원해주시겠지.'

나는 항구로 내려가 알렉산드리아로 가는 배를 탔어. 그간의 고생으로 심신이 완전히 지치고, 난폭한 수문장의 잔혹한 폭행으로 큰 상처를 입고, 또 감당할 수 없을 만큼 슬픔에 빠져 있던 나는 여행하는 기간 내내 거의 깊은 잠에 빠져 있었지. 어느 날 나는 꿈속에서 다시 거룩한 도시에 있는 그리스도의 무덤에 있었어. 그리고 익히 보았던 위엄있는 젊은이도 같은 장소에 앉아있었지. 하지만 이젠 위협적인 모습이었어. 젊은이는 매서운 눈빛으로 머리부터 발끝까지 나를 흘겨보며 나의 온몸이 두려워 떨 만큼 엄중한 목소리로 나에게 말했어.

'너는 지금 어디로 가는 것이냐? 약속을 지키지 않을 셈이냐?'

나는 너무도 두려워서 아무 말도 하지 못했어. 젊은이는 그의 곁을 지키던 두 명의 관리에게 나를 잡으라고 명령했어. 그들은 즉시 나를 붙잡았지. 그리고 팔꿈치를 뒤로 묶고는 머리를 아래로 매달았어. 그러자 다음과 같은 소리가 들렸지.

'너는 너의 능력을 뛰어 넘는 보증을 해선 안 되고, 또 하느님의 뜻을 어겨서는 안 된다는 것을 깨닫도록 하라.'

그때 나는 '내 목숨이 여기서 끝났구나'라고 확신했어. 그런데 갑자기 환희의 소리가 들렸어.

'여왕님께서 오십니다.'

상상할 수 없을 정도로 위엄을 갖춘 땅과 하늘의 여주인이 나타났어. 나는 절망 속에서 힘을 내 소리쳤어.

'세상의 여왕이시여, 이 죄인을 불쌍히 여기시고 저를 구해주소서.'

그녀의 자애로운 눈빛이 내 쪽을 향했어.

'무엇을 원하는가?'

'여왕이시여, 저는 에블로기오스를 보증한 죄로 벌을 받고 있습니다.'

'그러면 너를 위해 중보해보겠노라.' 그녀는 동정어린 눈빛으로 나에게 말했어.

그녀는 젊은이 앞으로 다가가 그의 앞에 무릎을 꿇고 간구하는 자세로 두 손을 높이 들었어. 그리고 젊은이와 대화하며 눈빛은 나를 가리켰지. 나는 무슨 대화가 오갔는지 듣진 못했지만 젊은이가 나를 풀어주라는 명령은 들었어. 그리고 즉시 나를 풀어주었지. 젊은이는 내게 이렇게 말했어.

'가거라. 그리고 내가 에블로기오스를 처음 상태로 다시 되돌려 놓는

것을 지켜보거라. 그리고 너는 두 번 다시 이런 쓸데없는 짓을 되풀이 하지 않도록 하여라.'

나는 잠에서 깨어나 안도의 한숨을 쉬었어. 그동안 나를 짓눌렀던 견딜 수 없는 무거운 압박감이 사라진 것 같았어. 나는 주님과 그분의 거룩한 어머니께 깊이 감사를 드렸어.

며칠 후 나는 은수처에 도착했어. 그동안 콘스탄티노플에서는 예기치 않았던 사건이 벌어졌어. 연로한 유스티노스 황제가 죽고 에블로기오스가 포함된 일부 세도가들이 새로운 황제에 대항하는 음모를 꾸몄던 거야. 하지만 그들의 음모는 얼마 안 가 발각되었고 에블로기오스만 빼고 모두 잡혀 죽었어. 에블로기오스는 변장을 해서 고향인 이집트로 무사히 도망을 쳤지. 그는 목숨은 부지했지만 빈털터리가 되어 옛날에 살던 채석장으로 다시 돌아왔어.

그러던 어느 날, 일이 있어 내가 마을로 내려갔지. 땅거미가 질 무렵 광야로 돌아오던 나는 익숙하게 네거리에서 대접할 손님들을 찾고 있는 광부를 보고는 깜짝 놀랐어. 그는 나를 보자마자 겸손하게 다가와서는 예전에 좋았던 시절에 했던 것처럼 그렇게 자신의 허름한 오두막에서 나를 대접하고 싶다고 청했지. 나는 그를 따라갔어. 그리고 감격의 눈물을 흘렸어. 나는 그를 따라가며 혼잣말로 진정 "주께서는 가난하게도 하시고 부자가 되게도 하시며 낮추시기도 하시고 높이시기도 하시는구나."(사무엘상 2:7 참조)라고 속삭였어. 그리고 안나 예언자와 함께 지극히 지혜로우신 하느님께 영광을 드렸지.

내가 알고 있는 그 오두막에 도착하자 그는 나의 발을 씻겨주고 음식을 차려줬어. 식사를 마친 후에 나는 물어보았어.

'에블로기오스, 어떻게 지내나?'

'신부님, 저를 위해 기도해 주십시오.' 그가 대답했어. '많이 괴롭습

니다. 생활에 필요한 많은 것들이 너무 부족합니다.'

그는 한숨을 깊게 쉬고는 상념에 잠겼어. 내가 그에게 말했지.

'자네 영혼의 평온을 앗아간 그것들이 차라리 자네에게 없었다면 참으로 좋았을 텐데.'

그는 의아한 눈빛으로 한동안 나를 바라보고 내게 물었어.

'수도사님, 무슨 이유로 그렇게 말씀하시는지요. 혹시 제가 언제 수도사님께 문제를 일으킨 적이 있었나요?'

나는 위에서 얘기했던 이야기들을 자세하게 말해주었어. 나의 말을 듣고 충격받아 그날 밤에 그가 흘린 눈물을 나는 평생 잊지 못할 것 같네. 그러고 나서 그는 콘스탄티노플에서 권세를 누리던 시절 범했던 모든 잘못을 고백했지. 아침에 내가 떠나려고 인사를 할 때 그는 이렇게 부탁했어.

'다니엘 신부님, 하느님께서 내가 살아가는 데 필요한 만큼만 주실 수 있도록 그리고 부족한 가운데서 내가 가난한 이들에게 자선을 행할 수 있도록 기도해 주십시오.'

그때부터 에블로기오스는 소박한 오두막에서 겸손하게 살았어. 먹고 살기 위해 힘들게 일하면서도 계속해서, 멈추지 않고 사랑과 선의를 베풀었어. 나는 그가 무척 행복하게 세상을 떠났다고 확신한다네."

6. 환대

팔라디오스는 이집트와 테베의 스키티와 은수처를 방문하는 손님들에게 수도사들이 보여주는 환대를 이렇게 기술했다.

"우리는 팔레스타인에서 이집트에 도착한 후 제일 먼저 아폴로 사부를 방문했다. 우리가 그곳을 방문한다는 소식을 들은 모든 수도사들이 밖으로 나와 도열한 상태로 우리를 반갑게 맞이해주었다. 그러고 나서, 다시 우리들을 가운데 세우고 연장자는 앞에, 연하자는 뒤에 도열한 상태로 우리를 그들의 기도처로 안내했다. 그곳에는 수도원장이 우리를 기다리고 있었다. 그는 우리를 보자 바닥까지 허리를 굽혀 깊이 예를 표하고 우리에게 입을 맞췄다. 그리고 우리를 그의 수도처로 데리고 가서 상황에 따른 통상적인 기도를 드린 후에 우리에게 자리를 건넸다. 원장이 직접 물을 가져오고, 우리의 발을 씻겨주고, 우리를 식사자리로 안내했다. 식탁에는 소박하지만 정성이 가득 담긴 음식이 준비되어 있었다.

수도원장은 방문하는 모든 수도사들과 서품받은 성직자들을 성조 아브라함이 한 대로 그렇게 환대했다. 그들을 통해 하느님께서 경배 받으시는 것이다.

'그대는 형제를 보았는가? 그대는 하느님을 본 것이다.'"

• • •

사부들 중 한 명이 이렇게 조언했다.

"어떤 형제가 방문할 때 그대는 얼굴에서 슬픔을 걷어내어 그가 돌아갈 때까지 마음속에 감춰두어야 한다. 그가 떠난 후에 다시 그것을 꺼내라. 그대의 이런 모습을 사탄들이 보면 두려움을 가지게 되어, 그대에게 감히 가까이 오지 못할 것이다."

• • •

또 다른 사부는 이렇게 조언했다.

"방문객들이 그대를 찾아온다는 것을 알게 되면 그들이 문을 두드리기 전에 하느님께 다음과 같이 기도하여라.

'주여, 우리 모두를 비난과 험담에서 보호하소서. 그리고 이곳을 방문하는 형제들이 이곳에서 평화와 유익을 얻고 떠나게 하소서.'"

• • •

언젠가 스키티의 스승들이 일주일간 금식하는데, 물도 입에 대지 않는 엄격한 금식을 지키도록 지시했다. 그런데 그 기간 중에 이집트에서 수도사들이 에디오피아인 모세 사부를 방문하게 되었다. 손님을 잘 대접하는 모세 사부는 그들에게 대접할 렌틸콩을 구웠다.

그의 기도처에서 연기가 피어오르는 것을 보고는 몇몇 덕이 부족한 형제 수도사들이 그들의 스승에게 이 사실을 일러바쳤다.

"모세 사부가 스승님의 지시를 무시하고 음식을 요리하고 있습니다."

주일이 되자 모든 스키티의 수도사들이 성당에 모였다. 모세 사부의 훌륭한 덕을 잘 알고 있던 사제가 안디도로를 받으러 가까이 오는 그를 보자 모두가 들을 수 있도록 큰소리로 말했다

"모세 사부, 잘했네. 그대는 인간의 계명을 거역했지만 하느님의 계

명을 지켰다네."

한 초보 수도사가 조언을 구하러 피민 사부를 찾아갔다. 때는 사순절 중간쯤이었다. 자신의 생각을 고백하고 나서 영혼의 평안을 얻게 된 그가 사부에게 말했다.

"하마터면 오늘 제가 이 자리에 오지 못해 이런 큰 유익함도 얻지 못할 뻔 했습니다."

"무슨 일 때문에 그러느냐?"

"지금 사순절 기간이라 사부께서 저를 받아주시지 않을 거라는 생각이 계속 들었습니다."

"애야, 우리는 사순절에는 저기 저 조그만 나무문이 아니라 이걸 닫는 게 익숙하단다." 피민 사부가 말했다. 그러면서 그의 손가락을 입술에 갖다 대었다.

⋯

수도생활을 사랑하는 어떤 주교가 있었다. 그는 1년에 한 번 자신의 관구에 속해있는 수도원들과 스키티를 방문했는데 한번은 긴 여정에 지쳐서 어느 은수자의 거처에서 잠시 쉬어가기를 청했다. 은수자는 주교의 발을 씻긴 후 그를 대접하려고 음식을 준비했지만 주교에게 내줄 것은 그가 주로 먹는 빵과 소금밖에 없었다. 그는 그의 소박한 식탁에 대해 미안해하며 말했다.

"주교님, 저를 용서하십시오. 주교님께 드릴 음식이 이것밖에 없습니다."

수도사들의 놀라운 절제를 높이 사는 주교는 은수사에게 말했다.

"내년에 내가 다시 여기를 방문할 때는 소금도 볼 수 없게 되었으면 좋겠네."

⋯

교회의 공식적인 축일 날 스키티의 모든 수도사들이 식사를 함께 하려고 공동식탁에 앉았다. 그때 한 형제가 식탁을 준비하는 형제에게 말했다.

"저는 빵과 소금만 먹고, 다른 요리된 음식은 먹지 않습니다."

식탁을 준비하던 형제가 그를 도와주는 다른 형제가 들을 수 있도록 큰소리로 말했다.

"이 형제는 요리된 음식은 먹지 않는다네. 그러니 그에게 소금을 가져다주게."

그때 큰 스승들 중 한 명이 근엄하게 그 형제에게 말했다.

"오늘 자네는 여기 모든 형제들 앞에서 이런 소리를 듣는 것보다 자네의 수도처에서 고기를 먹는 것이 더 유익했을 걸세."

· · ·

어느 초보 수도사가 앞으로 빵을 먹지 않겠다고 자기 자신에게 서약을 했다. 어느 날 그는 한 훌륭한 사부를 방문했다. 사부의 기도처에는 이미 다른 방문객들이 많이 있었다. 사부는 손님들을 위해 음식을 요리했다. 모두가 식탁에 앉아 식사를 하는데 초보 수도사는 자기가 가지고 온 젖은 과자를 꺼내 그것을 먹고 있었다. 그를 지켜본 사부는 식사가 끝난 후에 그를 따로 불러 이렇게 조언했다.

"애야, 네가 다른 형제들과 식사를 함께 할 때는 네가 절제하고 있다는 것을 최대한 감추는 것이 좋다. 왜냐하면 너의 수고를 빼앗아 갈 허영이 도사리고 있기 때문이다. 만약 결심이 확고해서 네가 한 서약이 훼손되는 것을 용납할 수가 없다면 너는 방문하지 말고 수도처에 그대로 있는 것이 더 낫겠다."

· · ·

다음은 어느 지혜로운 스승의 가르침이다.

"그대가 다른 사람들과 함께 있을 때에는 그대의 수행을 과시하지 말아야 한다. 일례로, 그대는 기름이나 생선 또는 요리된 음식은 먹지 않는다고 말하지 말아라. 포도주를 마시지 않는 것만으로 육욕과 전쟁을 치르는 것은 아니다. 만약 어리석은 누군가가 이것에 대해 그대를 비난한다면 그 비난에 대해 그대는 전혀 개의치 말아라."

제 2 장

하느님에 대한 희망

아래 이야기는 수도원장이었던 테오도시오스 성인의 삶에서 경험담을 기록한 것이다.

팔레스타인에 테오도시오스 성인의 수도원이 처음 설립되었을 때 경제적으로 너무 어려워서 수도사들의 생계에 꼭 필요한 생필품조차 부족하기 일쑤였다.

때는 성 대 토요일 오후였다.

수도사들은 거룩한 부활절 축일을 맞을 준비를 하고 있었다. 그들은 수도원 이곳저곳을 뒤지며 거의 체념한 상태에 있었다. 그들이 찾는 것은 뭔가 큰 것이 아니었다. 더 이상 어떤 대화도 오가지 않았다. 수도원에는 먹을 것이 조금도 없었다. 수도사들은 거룩한 성찬예배를 드리지 못하는 경우가 생기지 않게 봉헌물을 조금이라도 찾으려고 분주히 뛰어 다녔다. 하지만 찾는 것은 불가능했다. 아, 봉헌물도 없구나. 그들은 생각에 잠겼다. 그리고 원장인 테오도시오스 성인에게 말했다. 원장은 마치 다른 곳에서 일어나는 일처럼 평온한 상태에서 그들의 말을 들었다. 천상의 그 사람에게는 걱정을 수도사들과 함께 나눌 기미가 보이지 않았다. 그리고는 부활절 밤 예배를 위해 지성소를 준비하고 또 부활절 저녁식탁도 준비하라고 지시했다. 일부 수도사들은 "헛된 위로"를 한다고 속삭였다. 성인은 못 들은 척했다.

"광야에서 만나로 이스라엘 백성을 먹이고 빵 다섯 개로 수천의 사람들을 배부르게 하신 그분께서 오늘날 능력이 약해지셨거나 베푸는 게 인색해지셨겠는가?"

수도사들은 원장의 신념에 감탄을 금치 못했다. 하지만 그의 신념을 함께할 수는 없었다.

해가 지고 어둠이 찾아왔을 때 어떤 모르는 사람이 수도원의 대문을 두드렸다. 그의 곁에는 짐을 가득 실은 두 마리의 낙타가 함께 있었다. 그리고 수도원 문을 두드리게 된 이유를 설명하기 시작했다.

"여기 수도원에서 조금 떨어진 곳에 있는 스키티에 음식을 약간 드리려고 가던 길이었습니다. 그런데 동물들이 이곳에 이르자 더 이상 앞으로 나아가려고 하질 않았습니다. 제가 아무리 애를 써도 아무 소용이 없었습니다. 그래서 속으로 '하느님께서 여기 수도원에 이 음식을 주기를 원하시나 보다'라고 생각하게 되었습니다."

약간의 음식이라니! 이 정도면 오순절은 물론 그 이후까지도 먹을 수 있을 충분한 양이었다. 전혀 예상하지 못했던 선물 속에는 성찬예배에 필요한 봉헌물도 들어있었다.

"하느님에 대한 희망은 참으로 놀랍구나!" 테오도시오스 성인의 수도사들이 서로 말을 주고받았다. 그리고 하느님에 대한 희망으로 가득한 그들의 스승을 존경했다.

...

수도사들의 훌륭한 스승이신 시리아의 에프렘 성인이 조언했다.

"형제여, 그대가 몸이 아플 때 가족이나 지인이나 친구에게 편지를 써서 그대에게 약이나 양식을 보내달라고 하지 말아라. 그렇게 하다보면 그대는 인간의 보호, 달리 말해 '죽은 도움'에 점차 의지하게 될 것이다. 그대는 하느님께 희망을 걸어라. 그분의 자비를 기다리면서 모든 것에 있어서 그분께서 그대를 다스리실 때까지 참고 인내하여라. 그대 영혼의 유익을 위해 그대가 아픈 것을 그분께서 허락하셨다면 분명 그대를 위한 섭리가 있을 것이라는 확신을 가져라. 성서가 기록한 대로 하느님께서는 그대가 감당할 수 없는 무게보다 더 큰 시련을 겪게끔 허락하지는 않으실 것이다. 그러니 그대를 보살피는 그분께서 기뻐하시는 것에 관심을 기울여라."

…

에프렘 성인이 말했다.

"내가 언젠가 한 형제를 알게 되었다. 그는 병이 나서 무척 고생하고 있었는데 다른 형제 수도사들은 그에게 일을 하도록 강요했다. 육체적 고통이 너무 심했으므로 그는 자신의 수도처에서 눈물을 흘리며 건강을 주실 것을 하느님께 간구했다.

'나의 주님, 저의 육체적인 병이 제 영혼의 치유를 위해 주어진 것임을 압니다. 하지만 제가 다른 형제들에게 짐이 되지 않도록, 자비로우신 이시여, 저의 영혼과 육체를 낫게 해주소서.'

그는 매일 같은 기도를 드렸다. 그리고 어떤 불평도 없이 고된 일을 묵묵히 해나갔다. 당신에 대한 희망을 잃지 않는 경건한 수도사를 지켜보신 하느님께서는 그가 다시 건강을 찾게 해주셨다."

…

스승들 중 한 명이 말했다.

"성인들은 언제나 하느님을 그들 마음속에 두고 있기 때문에, 이곳에서는 무정욕으로 하느님의 나라를 누리고 그곳에서는 하느님의 나라를 상속받는다. 왜냐하면 이곳과 그곳 모두 하느님께 속하기 때문이다. 따라서 하느님을 소유하고 있는 사람은 그분의 모든 것을 갖는다.

반면에 세상, 즉 죄의 정욕을 그들 마음속에 두고 있는 사람들은 온 세상을 다 얻었다 하더라도 실제로는 그들을 지배하는 정욕 말고는 아무것도 가진 것이 없다."

・・・

에프프레피오스 사부가 조언했다.
"만약 그대가 진정 하느님께서 전능하시고 참된 분이시라고 믿는다면 오직 그분에게만 희망을 걸어라. 그리고 그대가 그분의 선물을 상속받게 될 것이라는 확신을 가져라."

・・・

언젠가 모세 사부가 쉽게 접근하기 어려운 가파르게 돌출된 산기슭에 있는 동굴에서 생활하기로 결심을 했다. 그는 그곳을 오르며 이런 저런 생각에 잠겼다.
"다른 건 다 그렇다 치겠는데, 그처럼 메마른 곳에서 어떻게 물을 찾지?"

그는 생각하고 또 생각하면서 마음이 흔들리기 시작했다. 그때 그에게 음성이 들려왔다.
"그것은 나에게 맡기고 너는 걱정하지 말고 그대로 나아가라."

모세 사부는 그 음성에 용기를 얻어 동굴을 그의 거처로 삼았다. 얼마 지나지 않아 스키티의 형제 수도사 두 명이 그를 보려고 찾아왔다. 그런데 그에게는 그들을 대접하기 위해 약간의 렌틸콩을 끓일 정도의 물밖에 없었다. 그는 마음이 불편해지기 시작했다. 그리고 눈에 띄게 초조한 모습으로 동굴을 들어왔다 나갔다 하며 물을 달라고 하느님께 간구했다.

그런데 누구도 예기치 못했던 일이 벌어졌다. 갑자기 바람에 밀려 구름 하나가 동굴 있는 곳으로 오더니 그 위에 멈추고는 모세 사부가 가지고 있는 물 주전자를 채우는 데 필요한 양만큼 비가 내린 것이다.

모세 사부가 초조해 하던 모습을 지켜봤던 형제 수도사들이 식사를 마친 후에 그에게 물었다.

"형제여, 아침에 무슨 일이 있었기에 그렇게 초초하게 동굴에서 들어왔다 나갔다를 반복한 건가?"

"하느님께 투정하고 있었다네." 에티오피아 사람인 그가 천진난만하게 대답했다. "하느님께서 물을 책임져주시겠다고 나에게 하신 약속을 상기시켜드렸지. 하느님께서는 당신의 종들이 마실 물을 어떤 일이 있어도 해결해주셔야만 했어. 그렇게 우리의 선하신 군주께서는 어쩔 수 없이 물을 보내주셨다네."

· · ·

수도생활을 동경하는 어떤 그리스도인이 영적인 조언을 듣기 위해 정기적으로 광야에 있는 사부들을 방문했다. 언젠가 매우 연로하고 병든 은수자를 발견한 그는 마음이 아파서 그에게 필요한 것을 구입하라고 가지고 있던 돈을 주려고 했다.

"수도사님, 이 돈을 받아주십시오." 그가 은수자에게 간청하듯이 말했다. "연로하시고 몸도 안 좋으셔서 더 이상 일을 하실 수가 없으십니다."

"나는 60년이라는 세월을 이 병으로 고통받고 있지만 하느님의 도우심으로 부족한 것이 하나도 없었다네. 나를 쉬지 않고 돌보시는 그분께서 언제나 나에게 필요한 것을 보내주시지. 그런데 지금 자네가 나를 부양하는 분을 내쫓겠다는 것인가?" 연로한 은수자가 그에게 대답했다. 그리고는 끝내 돈을 받지 않았다.

· · ·

실루아노스 사부는 하느님의 영광을 위해 이렇게 고백했다.

"나는 종이다. 그리고 나의 주인은 나에게 명령하신다.

'너는 나의 일을 하거라. 그러면 내가 너를 먹여 살리리라. 그 방법에 대해서는 알려고 하지 말아라.'

따라서 내가 일을 한다면 수고비, 즉 하느님의 자비로 먹고 사는 것이다."

・・・

시골마을에 어떤 그리스도인이 자그마한 밭을 가지고 살고 있었다. 그는 밭을 경작해서 거기서 나오는 수확물 중 자신이 소박하게 먹고 살 수 있을 만큼만 가지고 나머지는 다 가난한 이들에게 자선을 베풀었다. 그러던 어느 날 그의 선행을 방해하기 위해 사탄이 그의 영혼에 잡초를 뿌리기 시작했다. 사탄은 그에게 이렇게 속삭였다.

"너의 노년을 생각해서라도 약간의 돈은 모아야지. 갑자기 병이 찾아와 일을 못하게 될 수도 있잖아."

그는 사탄의 속삭임에 넘어갔다. 조금씩 조금씩 자선을 줄여가며 자신의 노년을 대비해 나갔다. 세월이 흐르자 그가 가지고 있던 작은 주머니는 금화로 가득 찼다. 그는 만족감을 느끼며 밭에 판 구덩이에 그 돈을 묻었다. 그런데 갑자기 그에게 심한 병이 찾아와 그만 발이 썩게 되었다. 그는 노년에 쓰기 위해 모은 돈을 밭에 얼마 묻어두지도 못한 채 의사에게 지불하고 약을 사는 데 사용했다. 하지만 그의 병은 호전되지 않았다. 다리 상태는 악화되었고 결국 의사들은 그의 다리를 절단하기로 결정했다.

고통스런 수술이 있기 전날, 그는 돈주머니를 침대 옆에 두고 그렇게 아껴 모았던 돈을 그의 다리를 절단할 의사들에게 주려고 세고 또 세었다. 그는 그제 서야 주님보다 금화에 더 큰 희망을 걸고 살았던 것에 대해 통렬히 참회했다. 그리고 온 마음을 다해 하느님께 용서를 빌었다. 그가 울며 기도하고 있을 때, 거룩한 천사가 그의 앞에 나타났다. 그리고 엄중하게 물었다.

"가난한 사람들에게 베푸는 자선을 줄여 모은 돈이 너에게 도움을 주었느냐?"

"아닙니다, 나의 주여, 제가 잘못했습니다. 제가 용서받을 길만 있다면 두 번 다시 같은 잘못을 범하지 않겠습니다. 오직 하느님께 거는 희망만이 확고부동함을 고백합니다." 불행에 빠진 그는 온 영혼의 고통을 담아 그렇게 소리쳤다.

그때 선한 천사가 그의 아픈 다리를 만졌다. 그 순간 그의 다리는 예전처럼 성해졌다. 아침이 되자 의사들이 다리를 절단할 수술 도구를 챙겨 찾아왔지만, 그는 건강해진 다리로 자신의 조그마한 밭을 파고 있었다.

제 3 장

1. 믿음

　니트리아의 산에서 수도생활을 하던 은수자 베냐민 성인은 하느님을 향한 헌신과 믿음이 무척 깊었다. 그는 광야에서 80여년이라는 세월을 기도와 수행으로 보냈고, 그 모습을 지켜보신 하느님께서 그에게 영적인 은사를 내려주셨다. 그렇게 그는 사악한 영들을 내쫓고 모든 병을 고치는 은사를 갖게 되었다.

　성인이 세상을 떠나기 몇 달 전 부종을 앓게 되었다. 그의 몸이 얼마나 부풀어 올랐는지 눈으로는 차마 보기 힘들 정도였다. 그를 찾아온 형제 수도사들은 성인의 얼굴을 차마 쳐다보지 못하고 고개를 돌렸다. 오히려 성인을 위로하기 위해 병문안을 갔던 형제 수도사들이 그에게서 용기를 얻어 돌아오곤 했다.

　"형제들이여, 사람 안에 부종이 생기지 않도록 기도하시게나. 이 몸은 성할 때 영혼에 전혀 유익을 주지 못했지만, 병중에 있는 지금은 영혼을 해롭게 할 어떤 힘도 갖지 못하고 있다네."

　여기서 매우 주목할 점은 성인 자신이 견디기 힘든 고통을 겪고 있으면서도 그는 숨을 거두는 순간까지 그를 찾아온 병자들의 병을 낫게 해주었다는 것이다.

・・・

한 초보 수도사가 고백성사를 하기 위해 사부를 찾아갔다. 그가 사부에게 한 질문들 중에는 다음과 같은 질문이 있었다.

"사부님, 왜 저는 자주 나태해질까요?"

"그건 자네에게 어디서나 하느님을 볼 수 있는 그런 믿음이 결여되어 있기 때문일세. 그래서 자네의 구원에 관심을 기울이지 않고 나태해질 수 있는 거지."

• • •

어떤 스키티의 수도사들이 영적인 말씀을 들으려고 사부들 중 한 분 주위에 모였다. 그리고 한 수도사가 그에게 물었다.

"왜 영혼은 하느님의 약속에 이끌리기보다 세상의 속임수에 더 쉽게 휩쓸리는 것입니까?"

"믿음이 없기 때문일세. 믿음을 통해 영혼이 천상의 것을 맛본다면 세상의 헛된 것에 휩쓸리는 것은 불가능하다네."

• • •

시리아의 현자 이사악이 가르쳤다.

"겁이 많은 사람은 주로 두 가지 영적인 병을 앓는다. 하나는 나약한 믿음이고, 또 하나는 육체를 사랑하는 마음이다. 누구든지 이 두 가지 악을 극복하기 위해 투쟁하는 사람은 온 마음을 다해 하느님을 믿는 사람이며, 혹시 하느님께서 그에게 시련을 허락하실 때라도 그것을 받아들일 준비가 되어있는 사람이다.

반면에 지나친 자신감이나 위험에 대한 경시는 하느님에 대한 깊은 믿음이나 인간의 완악한 마음에서 기인한다. 그리고 완악한 마음은 반드시 교만이 뒤따르지만 참된 믿음은 겸손이 뒤따른다."

• • •

롯 사부가 수도생활을 시작한 지 얼마 되지 않은 젊은 시절에 그의 사부였던 요셉은 그에게 자주 이런 조언을 해주었다.
"만약에 네 가슴속에 믿음의 불꽃을 유지하지 못한다면 너는 결코 좋은 수도사가 되지 못할 것이다. 이 믿음의 불꽃은 세상의 명예나 안락을 무시할 수 있게 너를 비춰줄 것이며, 너의 의지를 끊고 하느님의 모든 계명을 지키게 해줄 것이다."

...

어느 사부가 말했다.
"믿음 있는 그리스도인은 끊임없이 자기 자신을 재촉해 악을 피하고 선을 행하게 하면서 하느님의 길을 걸어가는 사람이다. 그는 '믿음의 고백자'가 된다."

2. 인내

　매우 열성적으로 영적 투쟁의 길에 들어선 어떤 젊은 수도사가 있었다. 그런데 그는 기도만 시작하면 몸이 떨리고, 심한 두통이 생기고 열이 나는 것이었다. 그는 자신에게 속삭였다.
　"내가 몸이 아파서 죽을 수도 있겠구나. 그러니 주님께서 나를 부르실 때 언제든지 떠날 수 있도록 혼신의 힘을 다해서 나의 기도를 완수해야겠다."
　그는 이런 생각으로 자신을 재촉하며 매일 드리는 예식을 끝냈다. 그런데 매번 기도가 끝나면 몸에 나타났던 아픈 증상들이 싹 사라져버렸다. 그는 뭔가 뿌듯함을 느꼈다. 기도시간이 오자 다시 몸이 아파왔다. 그는 다시 죽음을 염두에 두고 자기 자신을 재촉하고 수도사의 책무를 게을리 하지 않았다. 하느님께서는 그의 놀라운 인내를 지켜보시면서 그를 고통의 유혹에서 구해주셨다.

· · ·

　어느 사부가 아킬라스 사부를 방문하러 갔는데 아킬라스 사부가 입에서 피를 뱉어내고 있는 것을 보았다. 그가 물었다.
　"형제여, 무슨 일인가?"
　그러자 인내의 사람이 대답했다.

"형제가 본 것은 조금 전 내 마음을 아프게 했던 어떤 형제의 말 때문이라네. 나는 반박하지 않기 위해서 내 자신과 처절하게 싸웠다네. 그리고 내 영혼의 상처를 거둬달라고 하느님께 요청했지. 그 결과 말이 내 입 속에서 피가 되었고, 나는 입에 있는 피를 뱉어내면서 내 마음속의 슬픔도 함께 빼냈다네."

• • •

한 은수자가 어느 날 아침 허기를 느꼈다. 그는 자신에게 말했다.

"수도사들은 아침을 먹지 않지. 그러니 적어도 9시까지는 기다려 봐야겠다."

9시가 되자, 그는 다시 12시까지 미뤘다. 12시가 다가오자 딱딱한 빵 조각을 물에 적셨다. 그리고 머릿속으로 생각했다.

"조금만 더 참자. 이제 곧 3시가 될 거야."

그렇게 해가 기울었다. 그는 식사기도를 하려고 자리에서 일어났다. 그때 아침부터 배고픔을 불러 일으켰던 사탄의 에너지가 더러운 연기처럼 그의 입에서 나가는 것을 보았다. 그는 즉시 욕망에서 자유로워졌다. 물론 그는 식사를 하지 않았다.

• • •

어떤 스승이 제자들에게 말했다.

"오늘날 우리는 완덕을 향해 나아가지 못한다. 또한 옛 스승들의 경지에도 결코 이를 수가 없다. 왜냐하면 우리는 시작한 일을 완수하는 인내심을 가지고 있지 못하기 때문이다. 우리는 수고 없이 하느님의 은사를 성취하고 싶어한다. 그렇기 때문에 악으로 쉽게 미끄러진다. 그리고 마치 사탄이 없는 곳을 찾기를 원하는 것처럼 이유 없이 기도처를 자주 옮긴다."

언젠가 다시 제자들에게 말했다.

"한동안 본인의 한계를 넘어선 투쟁과 수고를 하다가, 그후에 태만에 빠지고, 또 다시 격렬한 투쟁을 하다가 급속히 약화되는 사람은 결코 인내를 가질 수 없다. 그런 사람은 영적 발전을 이룰 수가 없다."

• • •

나는 대 안토니오스의 제자였던 크로니오스 사부로부터 바울로의 이야기를 들었다. 팔라디오스는 자신의 전기에서 바울로가 악이 없고 순박한 성품을 가지고 있어서 "순박한 사람"으로 불렸다고 기록했다.

바울로는 시골농부였다. 그는 제법 늦은 나이에 젊고 예쁜 여자와 결혼했다. 하지만 부인은 믿음도 없었고 도덕적이지도 않았다. 그녀는 오랜 기간 같은 동네 남자와 함께 바울로를 농락했다. 어느 날, 그는 한 번도 의심을 한 적이 없었던 그녀의 불륜을 보게 되었다. 다른 사람이 그의 입장이라면 분명 거칠게 행동했을 텐데 그는 그들에게 그런 막된 행동을 하지 않았다. 그는 입술에 공손한 미소를 머금은 채 불륜을 저지른 남녀에게 말했다.

"하느님이 나의 증인입니다. 당신들의 행위에 저는 전혀 관심이 없습니다. 그리고 이 여자는 더 이상 나의 부인이 아닙니다. 그러니 이제 나도 나의 길을 갈 것입니다."

바울로는 더 이상 아무 말도 하지 않고 집을 나와 광야로 가는 길에 들어섰다. 열대지방의 강렬한 태양볕 아래에서 심신이 지치도록 많은 날들을 여행한 끝에 마침내 그는 대 안토니오스가 수행을 하는 산에 도착했다. 그리고 얼마 안 가 대 안토니오스가 수행하는 동굴을 찾아냈다. 그는 조심스럽게 문을 두드렸다. 위대한 은수자가 문을 열었다. 바울로는 그에게 거기까지 온 이유를 간략하게 설명했다.

"스승님, 수도사가 되고 싶습니다."

위대한 수행자는 눈살을 찌푸렸다.

"너무 늦게 결심했습니다. 당신의 나이로는 수도사가 될 수가 없습니다. 특히 이런 험한 광야에서는 더욱 그렇습니다. 그러니 집으로 돌아가서 하느님께 감사드리며 생계를 위해 열심히 일하시는 것이 좋겠습니다."

"스승님, 저를 받아주십시오." 바울로는 간청했다. "당신께서 저에게 말씀하시는 것은 다 하겠다고 약속드리겠습니다."

"잘 이해를 못하시는 것 같으니 다시 한번 말씀드리겠습니다. 당신께서는 나이가 많아서 광야에서 겪어야 하는 고통을 견뎌낼 수가 없습니다. 정말 수도사가 되고 싶으시다면 여기보다 수행이 좀 더 수월한 수도원으로 가보십시오. 당신께서 보시다시피 여기는 나 혼자서 수행을 하는 곳입니다. 이곳에서는 5일에 한 번만 식사를 하고 그것도 배부르게 먹지 않습니다. 굶어죽지 않을 정도로만 먹지요."

안토니오스 스승은 여러 가지 말로 그를 설득해서 자신을 귀찮게 하는 방문객으로부터 벗어나려고 노력했다. 하지만 그는 간청을 멈추지 않았다. 성인은 말로는 그를 설득할 수 없다고 생각하고 시골노인을 밖에 둔 채 동굴로 들어가 문을 닫아 버렸다. 그리고 생각했다.

"이렇게 하면 그도 어쩔 수 없어 떠나겠지."

은수자 안토니오스는 동굴 안에서 3일간 머물렀다. 바울로도 밖에서 바위 위에 그렇게 3일간 앉아 있었다. 마침내 위대한 수행자가 동굴 문을 열었다. 그리고 포기하지 않고 그곳에서 기다리고 있는 바울로를 보고 깜짝 놀랐다. 성인은 감탄했고 그를 존경하게 되었다. 하지만 그 즉시 자신이 물러서는 모습을 보이고 싶지 않았다.

"더 이상 제 마음을 불편하게 하지 마시고 이제 그만 돌아가십시오. 나는 당신을 받아들일 수가 없습니다."

그런데 이제는 시골노인의 결심도 더욱 확고해졌다.

"저는 아무데도 가지 않을 것입니다. 당신께서 나를 받아들이시든지 아니면 맹수들이 잡아먹을 때까지 여기 밖에 놔두시든지 알아서 하십시오. 그리고 스승님, 이 모든 결과에 대해 하느님 앞에서 당신이 책임지십시오."

대 안토니오스는 시골노인에게서 이렇게 굳은 결심이 나올 거라고는 전혀 예상하지 못했다. 성인은 그가 3일 동안 꼬박 굶고 물도 마시지 못했다는 것을 한눈에 알아보았다. 그가 들고 온 것이 아무것도 없었기 때문이었다. 성인은 그가 굶어 죽을까봐 걱정이 되기도 했고 한편으론 마음도 무거웠다. 성인은 그를 동굴 안으로 들였다. 그리고 한쪽 구석에 세워두고 그에게 골풀을 엮으라고 시켰다.

배고프고 지치고 잠도 못 잔 가엾은 노인은 그곳에서 선 채로 매우 힘들게 계속 골풀을 엮었다. 그 일은 그에게 전혀 익숙하지 않은 일이었다. 그렇게 그는 15완척(腕尺)까지 엮었다. 하지만 성인은 아직 그를 받아들일 생각이 없는 것처럼 했다. 성인은 소리쳤다.

"아니 지금 이걸 엮은 거라고 하는 겁니까? 당신은 어디에도 쓸 데가 없군요. 제가 잘 보았어요. 뭘 그렇게 서서 기다리십니까? 엮은 것을 다 풀어서 다시 만드십시오."

바울로는 입을 열지 않았다. 어떤 변명도 하지 않았다. 그는 힘겹게 엮은 것을 다시 차례로 풀어냈다. 그리고 다시 새로 애쓰기 시작했다. 하지만 한번 엮었던 골풀은 이미 쭈글쭈글해져서 다시 엮는 일은 전보다 훨씬 더 어렵고 힘들었다.

안토니오스 성인은 이렇게 해서 그를 시험하고 있었다. 하지만 몰래 그를 지켜보며 그가 놀라운 덕을 가진 사람이라는 것을 확신하게 되었다. 시골노인은 불편한 기색도, 소심해서 하는 불평도, 조급한 마음도 전혀 드러내지 않았다. 바울로는 그의 놀라운 성정으로 인해 처음부터 위대한 안토니오스의 각별한 호의와 평가를 받을 수 있었다.
어둠이 지자, 안토니오스 성인이 그에게 물었다.
"할아버지, 빵을 좀 드시겠습니까?"
성인은 약 올리는 투로 그를 자주 "할아버지"라고 불렀다.
"스승님께서 정하시는 데로 하십시오."
그는 며칠 동안 아무것도 먹지 못했는데도 굶고 있는 내색을 나타내지 않았기 때문에 안토니오스 사부는 의아하게 생각했다.
"식탁을 차리십시오." 안토니오스 사부가 지시했다.
바울로는 식탁을 차렸다. 안토니오스 사부는 딱딱하게 굳은 빵조각 네 개를 가져왔다. 그리고 하나는 자신의 몫으로 하고, 나머지 세 개는 새로 온 제자의 몫으로 주었다. 음식을 먹기 전에 안토니오스 사부는 최대한 느리게 —시험은 계속 되고 있었다— 12편의 시편을 읽었다. 그러면서 바울로를 지켜보았다. 그는 열심히 기도하고 있었다.
식탁에 앉은 시간은 이미 늦은 밤이었다. 스승은 딱딱한 빵을 빨리 먹고 나서 느리게 먹고 있는 바울을 기다렸다. 그런데 제자는 하나만 먹고 더 이상 먹지 않았다.
"할아버지, 나머지도 드십시오." 성인이 말했다.
"스승님께서 드신다면 저 역시 먹겠습니다."
"저는 하나면 족합니다. 저는 수도사가 아닙니까?"
"그렇다면 저도 하나면 족합니다. 저 역시 수도사가 되길 원하니까요."
식사를 마친 후 스승은 늘 하던 대로 12편의 시편과 12개의 기원문을 읽고 나서, 잠시 휴식을 취하러 갔다. 자정에 일어나 아침까지 계속 드릴 기도를 준비하기 위해서였다.
성인은 시골노인에게서 자신이 젊었을 때 가졌던 열정 등 모든 면에서 닮아있는 모습을 보았다. 몇 주가 지난 후 성인이 그에게 말했다.

"형제여, 이곳 광야에서 내가 어떻게 생활하는지 이제 잘 알게 되었을 거라고 생각합니다. 만약 형제께서 나와 같이 생활할 수 있다면 여기 나와 함께 있읍시다."

"사부님께서 나중에 더한 것을 보여주실지 모르겠지만 지금까지 제가 본 것이라면 쉽게 해낼 수 있겠습니다."

마침내 성인은 그를 수도사로 삼았다. 그리고 자신의 동굴에서 조금 떨어진 곳에 묵을 수 있도록 갈대로 오두막을 만드는 데 도움을 줬다.

"이제 형제는 하느님의 도움으로 수도사가 되었습니다. 그러니 새로 지은 형제의 은수처로 가서 악령들의 유혹을 받으며 수련하십시오. 그러면 형제는 영적 투쟁에서 더 용맹스러워지고 더 많은 경험을 얻게 될 것입니다."

순박한 노인은 진정 치열한 투쟁을 했다. 그리고 그의 인내와 겸손은 그를 높은 경지의 덕에까지 올렸으며 하느님으로부터 많은 은사를 받게 했다. 그렇게 그는 영육의 병을 치료하는 은사와 악령을 쫓아내는 은사를 입게 되었다.

언젠가 악령에 사로잡혀 고통받고 있던 젊은이를 부모가 데리고 대 안토니오스의 동굴로 찾아와서 낫게 해달라고 간절히 청했다. 성인은 그를 바울로 수도사에게 보내면서 부모에게 이렇게 말했다.

"그 수도사는 하느님으로부터 악령들을 쫓아내는 은사를 받은 분입니다."

성인은 바울로 수도사가 거부하지 못하도록 직접 그의 은수처를 찾아가 말했다.

"바울로 형제, 사탄의 권세에서 신음하는 하느님의 피조물이 평생 주님께 감사를 드리며 살아갈 수 있도록 악마의 손아귀에서 그를 벗어나게 해주게나."

"스승님, 왜 당신께서 치료해주시지 않는지요?" 바울로 형제가 의아하게 생각하며 물었다.

"난 지금 그럴 시간이 없다네." 스승은 그렇게 변명하고 나서 급히 그곳을 떠났다.

순수한 바울로 수도사는 연민에 찬 눈빛을 통해 고통받고 있는 젊은이를 바라보았다. 그는 속으로 뜨거운 기도를 하고, 악령에게 말했다.

"안토니오스 사부가 너에게 명령하니 이 사람에게서 나가 두 번 다시 괴롭히지 말아라."

악령은 사나워졌다. 그리고 공포스런 괴성을 지르며 안토니오스를 욕했다. 바울로는 성인이 자신에게 선물한 양가죽 옷을 꺼내 그것으로 아픈 젊은이의 등을 가볍게 두드리며 악령에게 계속해서 말했다.

"나의 스승이 너에게 명하니 이 사람에게서 나가거라."

사악한 영은 그의 말에 순종할 생각은커녕 오히려 더 공격적이 되었다. 악령은 괴성을 지르고 소란을 피우며 세상을 뒤집어 놓았다.

바울로 수도사도 격렬하게 그와 맞섰다. 바울로 수도사는 큰 바위 위로 올라갔다. 그리고 견디기 힘든 한여름 낮의 강렬한 햇볕 아래에서 짧지만 굳건한 믿음을 보여주는 다음과 같은 말로 하느님께 기도를 드렸다.

"주여, 당신께서 당신의 피조물을 사탄의 권세로부터 벗어나게 해주실 때까지 제가 이 바위에서 내려가지 않을 거라는 것을 당신께서는 잘 알고 계실 것입니다."

바울로 수도사의 기도는 효과가 있었다. 사악한 영은 보이지 않는 힘에 의해 채찍질을 당하는 것처럼 소리쳤다.

"나가겠습니다. 나가겠습니다. 바울로의 기도가 나를 이겼습니다."

사탄의 외침과 함께 젊은이는 사탄이 주는 고통의 권세로부터 자유로워졌다.

・・・

시리아의 에프렘 성인은 나이가 든 사람들이 진심으로 수도사의 삶을 갈망할 때 그들을 의기소침해지지 않게 하라고 영적 아버지들에게 조언했다.

"그들이 수도사의 고행의 길을 기쁜 마음으로 걸어가고자 하면 그들의 의지를 약하게 만들지 말게나. 주님께서도 11시에 온 일꾼을 무시하지 않았다네. 그리고 그들 중 누가 하느님께서 선택하신 그릇이 아니라고 장담할 수가 있겠는가?"

・・・

어떤 청년이 수도사가 되고픈 갈망에 불타올랐다. 그는 세상을 등지고 영적 인도자를 찾기 위해 깊은 광야로 들어갔다. 마침내 그는 광활한 광야에서 저 멀리 탑 같이 생긴 은수처를 발견했다. 그는 혼자 말했다.

"저 탑에서 누구를 발견하든 그와 함께 살며 내 평생 그를 섬기며 살리라."

청년은 사력을 다해 그곳에 이르렀다. 문을 두드리자 한 노 수도사가 문을 열었다.

"형제여, 여기 무슨 일인가?" 노 수도사가 물었다.

"제가 맹세한 게 있습니다. 그래서 이곳까지 오게 되었습니다." 청년이 대답했다.

때는 이미 깊은 어둠이 내린 밤이었기에 어쩔 수 없이 노 수도사는 청년을 거처 안으로 들여놓았다. 인적 없고 삭막한 광야에 그대로 두었다가는 위험에 빠질 수도 있었기 때문이었다.

"영적 스승을 찾고 있는 건가?" 노 수도사가 그에게 간단히 먹을 음식을 차리며 물었다.

"아닙니다. 저는 여기에 당신과 함께 살려고 온 것입니다."

청년의 단호한 대답이 노 수도사를 당황케 했다. 이건 완전히 노 수도사의 거처에 침입한 거나 다름없었다. 하지만 노 수도사는 오래 전부터 죄짓는 여인과 함께 살며 잘못된 길을 걷고 있었다. 그는 자신을 귀찮게 하는 방문객을 쫓아내기 위해 주저하지 않고 말했다.

"젊은이, 내 조언을 귀담아 듣기 바라네. 자네가 살 수도원을 찾아보게나. 나는 자네를 받아들일 수가 없어. 나에겐 함께 사는 여자가 있다네."

"수도사님, 여자이든, 자매이든 그것은 당신의 일이라고 생각합니다. 저는 그런 것에 관심이 없습니다. 단지 저는 여기 오면서 수도사님 곁에서 살면서 죽을 때까지 수도사님을 섬기기로 나의 주님과 약속을 했습니다." 젊은이가 그에게 설명했다.

그렇게 해서 청년이 원하는 대로 되었다. 제법 오랜 기간 그는 순수한 마음으로 정성을 다해 불법적인 부부를 섬겼다. 그런데 젊은이가 자신의 영혼을 가꾸어 가면 갈수록 그들의 양심은 점점 더 요동쳤다.

두 사람은 서로 말했다.

"이 정도 죄를 지었으면 됐다. 이제는 우리가 이 청년의 영혼에 대해 책임을 져야 할 지경에까지 이르렀으니 우리 그만 여기를 떠나세."

그렇게 그들은 어느 날 밤에 몰래 그곳을 떠났다. 그런데 멀리 도망가기도 전에 숨을 헐떡이며 청년이 그들에게 달려왔다. 그들이 떠난 것을 알고 따라온 것이다. 그가 그들에게 가까이 오자 그들은 당황해서 말했다.

"언제까지 자네의 존재로 우리를 단죄할 셈인가? 그 기도처는 자네가 갖게나. 그리고 자네의 구원을 위해 살아가게. 또 우리를 가만히 좀 놔두시게."

"수도사님, 저는 이곳에 올 때 기도처 때문에 온 것이 아닙니다." 청년은 슬픈 모습으로 수도사에게 말했다. "주님께 약속한 것처럼 당신을 섬기기 위해 온 것입니다. 그러니 저는 당신께서 가시는 곳이라면 무조건 따라갈 것입니다."

젊은 형제의 대답은 잘못된 길을 걷는 노 수도사에게 커다란 경종이 되었다. 젊은이의 모습을 통해 자신이 얼마나 더러운 오물통 같은 데에 빠져있었는지를 극명하게 깨닫게 해주었다. 그는 즉시 죄인인 여인을 떠나보냈다. 그녀도 이미 회개를 시작한 터였다. 그리고 그는 완전히 새로운 사람이 되어 수도처로 돌아왔다.

청년은 그의 인내로 두 사람의 영혼을 구원한 것이다!

• • •

아직 수도생활에 있어서 경험이 없는 초보 청년 수도사 나타나엘이 처음으로 광야로 나갔다. 그는 가파른 바위에 있는 동굴을 발견했다. 수행에 대한 열의로 가득 찬 그는 영적 투쟁을 하기 위해 그곳에 홀로 머물렀다. 하지만 험준한 지형에는 결핍된 것이 많다보니 그는 곧바로 지치고 말았다. 빵과 물이 없는 상태에서 몇 주간을 보낸 그는 마침내 동굴을 포기하고 좀 더 환경이 좋은 곳으로 가 머물기로 결정했다. 그는 형제 수도사들과 좀 더 가까운 곳에서 지내기 위해 스키티 근처에 오두막을 세워 은수처로 삼았다.

그가 새로운 은수처에 정착한 첫 날 밤 그는 오두막 지붕에서 나는 익숙하지 않은 소란스런 소음에 정신이 사나워졌다. 세상이 떠나갈 듯이 무언가를 두드리는 소리였다. 그는 걱정이 되어 무슨 일인지 보려고 밖으로 나왔다. 끔찍한 모습을 한 누군가가 앞에 서 있었다. 그는 수도 없이 누빈 옛 군복을 입고 있었고 손에는 엄청나게 큰 도끼를 들고 있었다. 아마도 그 도끼로 이 모든 소란을 일으킨 것처럼 보였다. 나타나엘 수도사가 그에게 물었다.

"당신은 누구신데 이 시간에 이토록 시끄럽게 하시는 겁니까?"

"나를 아직 알아보지 못하겠느냐?" 그는 소름끼치도록 역겨운 웃음을 지으며 말했다. "내가 바로 네가 머물던 동굴에서 너를 쫓아낸 장본인이다. 이곳에서도 너를 쫓아내는 데는 내가 최고지."

나타나엘 수도사가 생각했다.

"이런 일이 나에게 일어나다니, 내가 사탄의 놀림감이 되었구나."

다음 날 아침 그는 지체하지 않고 바로 옛 거처인 동굴로 돌아갔다. 그리고 거칠고 험난한 지형뿐만 아니라 날마다 받는 적의 공격들을 인내로 견뎌내면서 생을 마치는 날까지 그곳에서 살았다.

• • •

언젠가 사탄이 알렉산드리아 사람인 마카리오스 사부를 은수처에서 끌어내어 세상 속으로 들여보내려고 꼬드겼다. 사탄이 그에게 속삭였다.

"너는 모든 병을 고칠 수 있는 은사를 하느님으로부터 받았으면서도 왜 로마에 가서 사람들에게 좋은 일을 하지 않는 건가?"

하느님의 사람은 즉시 허영의 가라지를 구분하고는 그것을 뽑으려 노력했다. 하루는 여느 때보다 훨씬 더 강하게 그를 괴롭혔다. 사부는 은수처 문 앞에 대자로 누워 사탄과 싸우며 말했다.

"사악한 영아, 나는 결코 이 은수처 밖으로 한 발자국도 움직이지 않을 것이니 네가 권세가 있다면 어디 완력을 써서라도 나를 끌어내봐라."

또 어떤 때에는 마카리오스 사부는 유사한 생각을 몰아내기 위해 모래가 가득 든 모래주머니를 등에 매고 광야에서 밤새도록 오고 갔다. 우연히 이웃에 있는 테오세비오스 사부가 그 모습을 보고 물었다.

"형제여, 지금 그것을 가지고 무엇을 하는 건가?"

"나를 비웃으려고 애쓰는 자를 비웃고 있다네." 그가 대답했다. "나는 이곳에서 평온을 찾았는데 자꾸 이곳을 떠나라고 부추기지 않겠나."

마카리오스 사부는 치열한 투쟁과 인내로 마침내 그를 괴롭히던 생각을 완전히 몰아낼 수 있었다.

• • •

나태에 빠진 한 초보 수도사가 고백성사를 하려고 은수자 마르코 사부를 찾아갔다.

"사부님, 생각이 자꾸 저보고 네가 이룰 것은 아무것도 없으니 그만 기도처를 떠나라고 합니다."

분별의 은사를 가진 사부가 그에게 조언했다.

"그에게 이렇게 답하여라. 나는 그리스도를 위해 평생을 이곳에서 살 것이며 또한 사방으로 벽을 칠 것이라고 말이다."

• • •

어느 지혜로운 사부가 젊은 수도사에게 조언했다.

"그대가 머무는 곳에서 시작한 영적인 일을 그대가 끝까지 마치지 못한다면 그대는 다른 곳에서는 성공할 수 있을 것이라는 생각에 놀아나지 않도록 해야 한다."

• • •

한 수도사가 영적 투쟁을 처음 시작한 장소에서 많은 유혹을 받았다. 언젠가 인내심을 잃은 그가 조용한 곳을 찾아 멀리 떠나기로 마음 먹었다. 그가 길을 나서려고 신발 끈을 묶고 있는데 맞은편에서 다른 누군가도 자기의 신발 끈을 묶고 있었다. 그래서 수도사가 그에게 물었다.

"당신은 누구십니까?"

"여기서 너를 몰아낸 장본인이지. 지금 네가 피신처로 삼으려는 그곳에 너보다 앞서 가려고 준비를 하는 중이다."

바로 수도사를 내쫓으려고 시도한 사탄이었다. 하지만 사탄의 계략은 성공하지 못했다. 왜냐하면 그 일 이후에 수도사가 그곳을 떠나지 않고 유혹을 이겨낼 때까지 인내하며 영적 투쟁을 했기 때문이다.

∴

어느 경험 많은 사부가 말했다.

"자주 옮겨 심은 나무는 열매를 맺지 못한다. 수도사도 인내하지 못하고 계속해서 기도처를 바꾸면 덕으로 나아가지 못하게 된다."

∴

어느 수도사가 수도원을 떠나고 싶은 생각 때문에 9년간을 고통받고 있었다. 그는 매일 밤 옷을 챙기면서 자기 자신에게 말했다.

"내일 지체 없이 떠나야지."

날이 새고 나면 이렇게 생각했다.

"오늘 하루는 그리스도의 사랑을 위해 한번 참아보고 내일 떠나자."

주님께서는 9년간을 치열하게 투쟁하며 유혹에 굴복하지 않은 그를 보시고는 마침내 그에게서 그 유혹을 거둬주셨다.

∴

다른 수도원에 있는 또 다른 형제 수도자도 수도원을 떠나고 싶은 생각과 전쟁을 벌였다. 하지만 그는 그 유혹에 결연히 맞서고 있었다. 고통을 견디기 힘들 정도로 유혹이 심했던 어느 날, 그는 종이를 집어 수도원을 떠나고 싶은 이유들을 전부 적었다. 그리고 제일 밑에 자기 자신과 약속하듯이 다음과 같이 썼다.

"너는 이 모든 것을 인내할 것인가?"

"그렇다. 우리 주 예수 그리스도의 이름으로 인내할 것이다."

그는 문서에 서명을 하고 조심스럽게 접어서 자신의 허리띠에 숨겼다.

그때부터 그는 수도원을 떠날 마음이 생기는 이유가 생길 때마다 한쪽 구석으로 가서 허리띠에 감춰둔 종이를 꺼내서 자신의 손으로 적은 '우리 주 예수 그리스도의 이름으로 인내할 것이다.'라는 문구를 읽곤 했다. 그리고 스스로에게 이렇게 말했다.

"잘 생각해. 너는 인간에게 서약한 것이 아니라 전능하신 하느님께 서약한 거야."

즉시 그의 영혼은 평온해졌다. 그는 이렇게 해서 매우 강력한 유혹 앞에서도 평온을 유지했다.

알 수 없는 종이를 꺼내 은밀하게 읽고 있는 그의 모습을 자주 보게 된 다른 형제 수도사들은 의구심이 들었다. 그리고 점차 그를 의심하기 시작했다. 물론 여기에는 그에 대한 시기도 일조했다. 왜냐하면 그가 인내 속에서 영적으로 크게 발전하고 있었기 때문이다. 형제 수도사들은 주저 없이 수도원장에게 가서 그를 일러바쳤다. 그들은 마치 성스런 분노인 것처럼 그에게 말했다.

"스승님, 그는 분명 마법사가 틀림없습니다. 오랜 기간 그를 쭉 지켜보고 확인했습니다. 그의 허리띠에는 마법서가 감춰져 있습니다. 우리는 이제 더 이상 그를 용인할 수 없습니다. 그를 즉시 수도원에서 내쫓으시지 않으신다면 오늘 우리가 이곳을 떠나겠습니다."

그 수도사에 대해 잘 알고 있던 수도원장은 형제 수도사들의 비난과 저주를 보고는 사탄이 수도사들에게 덫을 놓으려는 계략을 꾸몄음을 즉시 간파했다. 원장은 아주 침착하게 그들에게 말했다.

"그 형제 수도사를 위해 기도해주게. 나 역시 그를 위해 기도하겠네. 그리고 3일 후에 결론을 내도록 하지."

그날 밤, 형제가 평온하게 잠자고 있을 때 수도원장이 소리 없이 들어왔다. 그리고는 허리띠에 있던 종이를 꺼내 읽고 다시 그 자리에 넣었다. 3일이 지난 후 수도원장이 모든 수도사들을 소집했다. 물론 비난받고 있는 형제 수도사도 그 자리에 함께했다. 수도원장은 모든 수도사들이 있는 자리에서 그에게 엄중하게 소리쳐 말했다.

"왜 그대는 다른 형제 수도사들에게 추문을 일으키는 것인가?"

겸손한 형제는 무릎을 꿇고 부끄러워하며 겨우 목소리가 들릴 정도로 대답했다.

"제가 죄인입니다. 저를 용서해 주십시오. 그리고 그리스도께서 저를 불쌍히 여길 수 있게 기도해주십시오."

"그대들도 이 형제에 대해 할 말이 있는가?" 수도원장은 다른 수도사들에게 물었다.

"스승님, 그는 마법사입니다. 그의 허리띠에는 마법서가 감춰져 있습니다." 그들은 모두 한목소리로 외쳤다.

"그렇다면 왜 그를 쳐다만 보고 있는 것인가? 그에게서 그 마법서를 뺏어 오너라." 수도원장이 명령했다.

그러자 모두 미친 듯이 그 형제에게 달려들어 그의 허리띠를 풀려고 했다. 그 형제는 반항을 해봤지만 많은 이들을 당해낼 수가 없었다. 승산 없는 싸움 속에서 허리띠가 끊어졌다. 그리고 감춰져 있던 종이가 바닥에 떨어졌다. 수도원장은 즉시 그 종이를 들어 보제에게 주고는 성당의 설교대에서 큰 소리로 그 내용을 읽으라고 지시했다.

그를 시기하고 모략하던 이들은 보제가 그 종이를 읽어 내려가자 혼란에 빠졌다. 특히 마지막 감동적인 글귀인 '우리 주 예수 그리스도의 이름으로 인내할 것이다'를 듣고는 창피해서 쥐구멍에라도 들어가 숨고 싶은 심정이었다.

그들은 수도원장과 그 형제에게 용서를 구했다. 그리고 그때 이후로 그 형제를 성인처럼 존경했다. 실제로 그 형제 수도사는 인내하는 가운데 높은 덕을 이루었다.

...

스승들 중 한 명이 의아해했다.

"우리는 매일 주님의 십자가를 바라보고 그분의 수난을 공부한다. 그런데도 왜 우리에게 일어나는 사소한 무시조차도 인내를 하지 못하는 것인가?"

...

언젠가 한 사부가 너무도 가난한 한 수도사를 만났다. 그는 살아가는 데 필요한 최소한의 것들, 즉 음식과 옷조차도 제대로 없었다. 혹독한 추위가 맹위를 떨치던 겨울에도 그는 꽁꽁 얼은 수도처에서 골풀로 만들어진 긴 짚단으로 반은 자신이 누울 바닥의 매트로 삼고 반은 자신이 덮는 데 사용했다. 당연히 그는 밤새 추위에 떨며 밤새도록 고생하며 지낼 수밖에 없었다.

한번은 사부가 가난한 수도사가 스스로에게 용기를 북돋우며 혼자 속삭이는 소리를 들었다.

"나의 하느님, 저에게 주신 것들에 대해 감사드립니다. 얼마나 많은 사람들이 이 순간에 쇠사슬과 형벌의 나무에 발이 묶인 채 감옥에 갇혀 미동하기도 힘든 처지에 놓여있는지요. 반면에 저는 이 두 다리를 뻗고 누울 수 있고, 임금처럼 휴식을 취할 수 있습니다."

...

은수자 이사야 사부가 조언했다.

"형제여, 나태에 빠지지 않도록 자신을 성찰하여라. 나태는 그대가 일궈온 모든 영적인 열매를 갉아먹고 없애버리는 좀과 같기 때문이다. 그대는 끊임없이 괴롭히는 정욕을 끊으려 투쟁할 때, 물러서지 말고 하느님께 도움을 구하여라. 그대의 온 영혼을 실어 예수님께 이렇게 고하여라.

'나의 주님, 저 혼자서는 이 정욕에 맞설 수가 없습니다. 이 죄인을 도와주십시오.'

그대는 이 기도를 통해 평안을 얻게 될 것이다."

• • •

은수자 이사야 사부가 또 다른 유익한 조언을 수도사들에게 해줬다.

"형제 수도사들의 기도처를 기웃거리지 말고 하느님에 대한 두려움을 마음에 품고 자신의 기도처에 머물며 기도와 학습과 수작업에 집중하라. 수다를 멀리하고 다른 형제들이 무엇을 하는지 살피지 말아라. 그리고 자신보다 더 많은 일을 하는지 또는 적게 하는지도 개의치 말아라."

• • •

대 안토니오스가 수련을 시작한 지 얼마 되지 않은 젊은 초보자였을 때 언젠가 나태에 빠진 적이 있었다. 그를 이끌어줄 인도자 없이 깊은 광야에서 홀로 투쟁을 해나갔던 그는 머리가 혼란스러워지기 시작했다. 하지만 그는 하느님에 대한 믿음을 잃지 않고 무릎을 꿇고 다음과 같이 기도했다.

"주님, 저는 구원 받기를 원합니다. 하지만 생각이 저를 한 순간도 가만두지 않고 있습니다. 나의 주님, 저는 당신밖에는 아무도 없습니다. 그러니 제가 어떻게 해야 하는지 가르쳐주십시오. 저를 절대 버리지 말아주십시오."

기도는 그에게 평온을 가져다주었다. 그리고 즉시 기도의 응답을 받았다. 그가 자리에게 일어나자 수도처의 맞은 편 구석에 또 다른 한 명의 안토니오스가 등받이 없는 작은 의자에 앉아 골풀을 엮고 있는 것이 보였다. 안토니오스는 당황해서 그를 지켜보았다. 잠시 후 그는 수작업을 멈추고 손을 하늘로 높이 들고 기도를 드렸다. 그러고 나서 다시 수작업을 하려고 의자에 앉았다. 그리고 또 다시 자리에서 일어나 기도를 드렸다. 마침내 그가 안토니오스 자신을 돌아보며 말했다.

"너도 이렇게 하라. 그러면 구원받을 것이다." 그리고 한순간에 사라져버렸다!

안토니오스는 하느님께서 자신을 가르치시려고 천사를 보냈다는 것을 깨달았다. 그리고 용기를 얻어 놀라운 인내와 의지로 수행에 전념했다.

· · ·

한 젊은 수도사가 어떤 사부에게 물었다.

"사부님, 저는 오랜 시간 기도하는 방에 있다 보면 나태에 빠지게 되는데 왜 그런 걸까요?"

"아마도 의인들의 영원한 안식과 나태한 자들의 형벌에 대해 아직 깊이 생각해보거나 공부를 시작하지 않아 그런 것처럼 보이네. 만약 자네가 이것들을 깊이 사색하고 규칙적으로 탐구했었다면 자네의 수도처가 구더기로 가득 차서 자네 목까지 차오른다 해도 인내를 잃거나 나태에 빠지지 않았을 것일세."

· · ·

영적 투쟁에 매진하는 한 수도사가 한번은 자신에게 사순절 시작부터 부활절 밤까지 수도처에서 절대 나가지 않기로 서약했다. 그러자 사탄이 방해에 나섰다. 사탄은 시작하는 첫 날부터 이미 그의 수도처를 빈대로 가득 채워버렸다. 바닥, 벽, 천장 등 모든 것이 성가신 기생충으로 뒤덮였고, 심지어 빵은 물론 물까지도 빈대로 가득 찼다.

수도사는 그 유혹을 결연한 인내로 견뎌내고 있었다.

"빈대가 나를 삼켜버린다 해도 나는 성대한 축일 때까지 밖으로 나가지 않을 것이다."

고통은 3주간 내내 이어졌는데, 어느 날 아침 엄청난 수의 개미들이 수도처로 몰려 들어오더니 미친 듯이 빈대들에게 달려들었다. 비로소 그들 사이에 치열한 전투가 벌어졌다. 마침내 작은 개미 군단들이 이기기 시작했다. 개미들은 잔인하게 빈대들을 죽여서 수도처 밖으로 끌고 나갔다. 이렇게 수도사는 전혀 예기치 못한 가운데 자신을 괴롭힌 유혹에서 벗어나게 되었다.

• • •

한 초보 수도사가 피민 성인에게 고백했다.

"제가 혼자 수도처에 머물 때면 저는 인내심을 잃고 나태에 빠지는데 어떻게 해야 제가 그 상황을 벗어날 수 있겠습니까?"

성인이 그에게 권면했다.

"다른 형제 수도사를 무시하는 일이 없도록 조심하거라. 그리고 이웃을 비난하거나 험담하지 말아라. 그러면 하느님의 은총이 너를 감싸주실 것이다. 그러면 너는 기도처의 고요 속에서 평온과 안식을 얻는 데 익숙해질 것이다."

• • •

나태를 야기하는 사탄으로부터 수시로 고통받고 있던 어느 은수자가 사탄이 세상으로 내려가 사람들과 함께 지내라고 그에게 속삭일 때마다 자기 자신에게 이렇게 말했다.

"불쌍한 사람아, 왜 너는 인내심을 잃고 여기저기를 헛되게 돌아다니려고 하느냐? 네가 그 어디에도 쓸모가 없는 존재라면 적어도 이곳에 살면서 너의 동료인간들에게 추문이나 상처를 주지 말고 하느님께 영광을 돌려라. 너 또한 그들로 인해 슬픔을 겪거나 스캔들에 휩싸이지 말아라. 하느님의 선이 악에서 너를 보호하고 계심을 생각하여라. 너는 쓸데없는 말을 하지 말아라. 네 귀에는 쓸데없는 말이 찾아오지 않게 하여라. 그리고 너의 눈은 유해한 이미지를 보지 않게 하여라. 너와 전쟁하는 단 하나 나쁜 것은 나태이다. 하지만 너의 주님은 전능하신 분으로 너의 나약함에서 너를 건져주실 것이며, 너의 능력을 넘어서는 유혹의 시련을 결코 허락하지 않으실 것이다."

은수자는 이런 말로 자신을 가르치며 하느님께서 그의 인내를 지켜보시고 마침내 나태함으로부터 그를 완전히 벗어나게 해주셨던 그 순간까지 적의 공격에 완강히 대항했다.

・・・

언젠가 제자들이 한 훌륭한 스승에게 어떻게 그렇게 강력한 유혹 앞에서도 한 번도 인내심을 잃지 않고 이겨낼 수 있느냐고 물어봤다. 그러자 스승이 대답했다.

"나는 매일 매일을 살면서, 확신을 가지고 죽음을 맞이한단다."

・・・

수도공동체의 초석을 놓은 위대한 파코미오스 성인의 전기에서 우리는 성인이 병들고 매우 늙었어도 계속해서 다른 형제 수도사들과 똑같이 일하고 수고했음을 볼 수 있다. 언젠가 성인이 형제 수도사들과 함께 수확을 하고 있었는데 열을 동반한 몸살이 찾아왔다. 제자들은 스승이 쉴 수 있도록 밀짚으로 만든 매트를 가져와 눕기를 청했다. 파코미오스 성인은 사소한 편의에도 불편을 느꼈는지 잠시 후 테오도로스를 가까이 불러 말했다.

"여기에 있는 이 매트를 치우고 다른 형제 수도사들처럼 골풀로 엮은 매트를 가져 오거라. 내가 수도원장이라고 해서 도대체 왜 익숙하지 않은 안락을 나 자신에게 허용해야 한다는 것이냐?"

• • •

아모이스 사부는 오랜 기간 지병으로 고통받으며 병석에 누워있었다. 그런데 그는 병석에 있는 기간 내내 단 한 번도 옆에 있는 그의 기도처에 눈길을 두지 않았다. 그곳에는 형제 수도사들이 애정을 가지고 가져온 약간의 음식들이 있었는데 그의 제자가 그것을 관리하고 있었다. 제자가 음식을 가져오면 사부는 그 음식이 무엇인지를 보지 않으려고 일부러 눈길을 피했다. 그렇게 그는 식탐에서 자기 자신을 지켜내고 있었다. 그는 자기가 먹고 싶은 것을 한 번도 요청한 적이 없었다. 그는 제자가 가져오는 어떤 음식도 매우 감사하는 마음으로 받았다. 심지어는 그가 전혀 먹을 수 없는 음식조차도 감사하게 여겼다.

• • •

지나칠 정도로 수행을 하며 광야에서 지내던 한 은수자가 언젠가 주교가 되었다. 그는 세상에서도 광야에서 했던 것과 똑같은 수행을 계속하려 했다. 하지만 그의 노력에도 불구하고 그것을 이룰 수가 없었다. 그는 눈물을 흘리며 이렇게 기도했다.

"주여, 이 직책 때문에 저에게서 당신의 은총을 거둬 가신 것입니까?"

그때 하느님께서 그에게 알려주셨다.

"홀로 광야에서 영적 투쟁을 하던 시기에는 나태에 빠지지 않도록 더 큰 조력과 격려가 필요했지만, 세상에서 사람들의 위로를 받는 지금은 스스로 그것과 싸워나가야 한다."

• • •

매우 연로한 어느 은수자가 고통스런 병 때문에 자주 고생했다. 그런데 언젠가 일 년 내내 단 하루도 아픈 적이 없는 때가 있었다. 그때 은수자가 슬픔에 젖어 눈물을 흘리며 주님께 말했다.

"나의 하느님, 왜 저를 버리셨나이까? 왜 저를 아프게 하지 않으시고 죄인인 저를 찾아오지 않으시나이까?"

・・・

피민 성인은 병의 고통을 인내하는 사람과 순수한 마음으로 아픈 병자를 돌보는 형제를 훌륭한 은수자와 똑같이 가치가 있다고 보았다.

・・・

언젠가 어떤 연로한 은수자가 병을 심하게 앓았다. 그런데 그에게는 돌봐주는 사람이 한 명도 없었다. 그는 자신에게 찾아온 시련에 대해 하느님께 감사드리면서 홀로 힘겹게 조금씩 음식을 해먹었다. 그렇게 한 달의 시간이 지났다. 하지만 여전히 그를 위로해 줄 사람은 나타나지 않았다. 하느님께서는 그의 인내를 보시고 그를 도와줄 천사를 보내주셨다. 한편 노 은수자가 생각난 형제 수도사들이 그가 어떻게 지내는지 보려고 기도처를 찾아왔다. 그들이 문을 두드리자 순식간에 천사가 자취를 감춰버렸다. 은수자가 안에서 간청하듯 외쳤다.

"형제들이여, 하느님의 사랑을 생각해서 그만 가주시게."

하지만 그들은 억지로 문을 열고 안으로 들어갔다. 그리고 무슨 일이 있기에 그렇게 큰소리를 쳤는지 물었다.

"내가 30일 동안 혼자 아파서 고통받고 있었을 때는 아무도 나를 찾아와 주지 않았다네. 그래서 주님께서 천사를 보내시어 나를 돌보게 하셨는데 형제들이 와서 천사를 쫓아냈다네."

은수자는 이렇게 말하면서 편안한 모습으로 눈을 감았다.

・・・

지혜로운 스승이 조언했다.

"만약 그대에게 육체의 병이 찾아오면 그대는 인내심을 잃거나 불평을 하지 말아라. 만약 그대의 육체적 고통이 하느님의 뜻이라면 무엇 때문에 짜증을 부리는가? 그분이 그대를 돌보지 않는다고 생각하는가? 혹시 그분의 뜻 없이 그대가 한 순간이라도 살 수 있다고 생각하는가? 인내하라. 그리고 그대의 영혼에 유익한 것을 하느님께서 베풀어 주시도록 기도하라. 하느님께서는 그대에게서 이것을 원하신다.

형제 수도사들이 병중에 있는 그대에게 애정의 표시로 선물을 베푼다면 감사하는 마음으로 그것을 받고 그들을 위해 기도하라."

...

우리는 엘레누폴리의 팔라디오스를 통해 당시 수도사들과 은수자들의 초인적인 인내와 놀라운 영적 투쟁에 대해 많은 것을 배우게 된다. 그의 이야기에는 생동감이 있다. 왜냐하면 그가 아프리카와 팔레스타인의 수도원들과 은수처들을 순례하며 직접 본인의 눈으로 보고 또 그곳에 있는 거룩한 인물들과 직접 나눈 대화를 담은 것이기 때문이다. 팔라디오스는 마카리오스 성인의 영적인 삶을 다음과 같이 기술하고 있다.

"알렉산드리아 사람 마카리오스 성인-이집트의 마카리오스 성인과 구분 짓기 위해 널리 사용됨-은 여러 수도사들에게 배우고 깊이 수련했다. 어떤 수행자가 영적 투쟁을 한다는 이야기를 들으면 그는 온 힘을 다해 즉시 그를 닮으려고 노력했다. 그리고는 놀라운 정도로 영적 투쟁을 해서 그들을 뛰어넘었다. 언젠가 타베니 사람들[4]이 사순절 내

---

4) 파코미오스 수도사들을 이렇게 불렀는데 그들의 수도공동체가 테베의 타베니에 위치하고 있었기 때문이다.

내 조리된 음식을 먹지 않는다는 것을 알고는 7년 동안 조리된 음식은 입에 넣지 않겠다고 자기 자신에게 서약했다. 그는 익히지 않은 채소나 물에 불린 콩을, 그것도 있을 때만 먹곤 했다.

언젠가 한 은수자가 하루에 0.5리터의 빵만 먹는다는 소식을 듣고는 즉시 딱딱하게 굳은 빵을 작은 조각들로 나눈 후 물병에 넣었다. 그리고 손으로 집을 수 있는 만큼만 꺼내 먹었다. 그러고서 형제 수도사들에게 농담조로 말하곤 했다.

'나는 허기 때문에 최대한 많이 빵 조각들을 손바닥에 담으려고 애썼다네. 그런데 물병의 입구가 많이 좁아 어쩔 수없이 손바닥에 쥐고 있던 빵을 어느 정도 비워내야만 손으로 꺼낼 수가 있었어. 못된 세관인 배는 완전한 배고픔을 나에게 허용하진 않았어.'

언젠가 그는 잠을 완벽하게 극복하려고 시도했다. 그는 그것을 이루기 위해 20일간을 밤낮으로 바깥에서 지냈다. 낮에는 아프리카의 이글거리는 태양열로 몸이 타들어갔고 밤에는 습기로 온 몸이 흠뻑 젖었다. 그는 후에 이렇게 말했다.

'이미 나의 뇌가 마비되어 가고 있었기 때문에, 마지막 날을 내가 무사히 넘기지 못했다면 나는 거처로 돌아가지 못하고 이성을 잃고 말았을 것이다.'

그는 자신이 할 수 있는 한 최대한 잠을 극복해갔다. 그리고 이후에는 자연의 순리에 맡겼다. 하루는 그가 기도처에 있는데 큰 모기가 날아와서 물었다. 그는 얼마나 아팠는지 즉시 손으로 모기를 내리쳐서 죽여 버렸다. 하지만 그는 모기에게 복수한 자신에 대해 곧바로 후회했다. 그리곤 복수에 대한 벌로 광야 깊은 곳에 있는 습지로 갔다. 그곳에서 그는 6개월간 머물며 모기에게 자신의 몸을 내어줬다. 그곳의 모기는 벌처럼 컸고 야생 멧돼지의 가죽을 뚫을 정도의 강한 침을 가지고 있었다. 그가 수도처로 돌아왔을 때 형제 수도사들은 그의 목소리를 듣고서야 겨우 그가 마카리오스 수도사인 줄 알 수 있었다. 그만큼 그의 몰골은 모기에 물려 알아 볼 수 없을 정도였다.

타베니 사람들이 매우 영적인 삶을 산다는 말을 자주 듣던 마카리오스 성인은 어느 날 그들을 직접 방문해 눈으로 확인하기로 했다. 그는 자신이 수도사인 것을 드러내지 않기 위해 세속적인 옷으로 갈아입었다. 그리고 15일에 걸친 긴 여정을 걸어서 마침내 테베에 도착했다. 그리고 저명한 수도공동체를 찾아갔다. 마카리오스 성인은 수도원장을 찾아갔다. 파코미오스 원장을 만나자 허리를 깊이 숙여 예의 바르게 인사한 후 자신이 수도사가 될 수 있게 수도원에서 받아달라고 간청했다. 파코미오스 원장은 호의적인 눈빛으로 그를 유심히 지켜봤다. 하지만 자신의 생각을 드러내지는 않았다.

'하느님의 사람이여, 당신은 이미 연로해서 기력이 쇠했습니다. 수도사의 삶의 무게를 어떻게 감당할 수 있겠습니까? 여기 있는 형제들은 아주 젊을 때부터 이곳에 와서 이미 어렵고 힘든 일에 익숙해져 있는 사람들입니다. 하지만 이제 당신은 그것에 익숙해질 수가 없습니다. 쉽게 지쳐서 세상으로 돌아가게 될 것입니다. 그리고 수도원과 수도사들을 험담하기 시작할 것입니다. 그러면 당신의 영혼에도 해가 되고 또 당신을 신뢰하던 사람들에게도 해가 될 것입니다.'

파코미오스 원장은 이런 저런 말로 그가 수도원에 있을 수 없겠다고 설득했지만 마카리오스 성인은 그곳을 떠나지 않았다. 그는 수도원의 정원 문밖에서 7일간을 먹지도 마시지도 않고 기다리면서 자신을 받아달라고 간청했다. 파코미오스 원장은 그를 불러서 똑같은 말을 반복했다.

'당신은 이미 연로합니다. 지금은 수도사가 될 수가 없겠습니다.'

'원장님, 저를 받아주십시오.' 마카리오스 성인이 계속 간청했다. '다른 형제들처럼 제가 금식을 하지 않거나 일을 열심히 하지 않으면 저를 내쫓으셔도 좋습니다.'

그의 끈질긴 고집 앞에 수도원장이 물러섰다. 파코미오스 원장은 그를 수련생으로 받아들여 초보 수도사들과 함께 지내도록 조치했다.

그때 그 수도원에는 1400여명의 수도사들이 생활하고 있었다. 그들은 파코미오스 원장이 정한 규칙에 따라 여러 그룹으로 나뉘어 생활하고 있었다. 그들의 주된 활동은 기도였고, 그 다음으로는 수작업이었다.

몇 주 후, 사순절이 찾아왔다. 마카리오스 성인은 형제 수도사들이 다양하게 영적 수련을 하는 것을 지켜봤다. 가장 초보인 수도사들은 하루에 한 번, 해가 진 후에만 식사를 했다. 영적 수련을 좀 더 한 이들은 이틀에 한 번 식사를 했다. 그리고 영적 수련을 가장 많이 한 이들은 5일에 한 번 식사를 했다. 많은 이들이 밤새 서서 철야기도를 했고 낮에는 앉아서 수작업에 종사했다. 결론적으로 말하면 각자가 자기 자신의 영적, 육적 역량에 맞춰 수행을 하고 있었다.

마카리오스 성인은 어느 정도 되는 양의 야자수 잎을 물에 적셨다. 그리고 그가 아는 방법으로 준비를 해서 정원의 한 쪽 구석으로 갔다. 그곳에서 그는 선 채로 골풀을 엮기 시작했다. 그는 사순절 내내 빵을 입에 대지 않았으며 물도 마시지 않았다. 그리고 등받이 없는 의자에도 앉지 않았고 잠을 자려고 눕지도 않았다. 주일에서 다음 주일 사이에 아주 약간의 채소를 날 것으로 먹곤 했을 뿐이었다. 그것도 금식에 대해 교만한 생각을 사탄이 일으킬 것을 대비해서 그렇게 한 것이었다. 또 그 누구와 잠깐의 대화도 나누지 않았다. 그는 선 채로 절대적인 침묵을 지키면서 수작업에만 몰두했다. 그리고 그의 머릿속에서는 한 순간도 기도가 멈추지 않았다.

　타베니 사람들은 곧 바로 그의 경이로운 수행을 알아챘다. 처음에는 의문이 들었지만 나중에는 수치심도 느꼈다. 어떻게 연로한 노인이, 그것도 수도사의 삶에 들어선 지 얼마 되지 않은 사람이 그들의 영적 수련을 이렇게 쉽게 뛰어넘을 수 있단 말인가? 그들은 생각하고 또 생각했다. 하지만 답을 찾을 수가 없었다. 결국 그들은 수도원장을 찾아갔다. 그리고 말했다.

　'스승님, 우리를 수치스럽게 하기 위해 이곳에 뼈밖에 없는 노인을 데려오신 것입니까? 그를 수도원에서 내쫓으시든가 아니면 우리가 당신을 버리고 이곳을 떠나겠습니다.'

　파코미오스 원장은 노인의 도달할 수 없는 영적 투쟁을 듣고는 놀라움을 금치 못했다. 그리고 뭔가 비밀이 있음을 알아차렸다. 원장은 그 비밀을 알려달라고 하느님께 기도를 드렸고 하느님께서는 그에게 비밀을 알려주셨다. 파코미오스는 흥분한 상태로 마카리오스 성인이 선 채로 수작업을 하고 있는 구석으로 갔다. 그리고 그의 손을 잡고 성당으로 데려갔다. 그리고 그를 포옹하고 뺨에 입을 맞추고는 경탄하며 말했다.

　'수도사여, 더 이상 숨기지 마십시오! 저는 당신을 보고서, 모범적인 당신을 통해서, 유익을 얻고자 했던 나의 소망을 해결해주신 하느님께 영광을 바칩니다. 나는 당신께 큰 빚을 졌습니다. 왜냐하면 진정 수행이 무엇인지를 보여주어서 나의 영적 자녀들을 겸손하게 해주었기 때문입니다. 이제 충분히 우리를 가르쳐 주셨으니 흡족한 마음으로 이제 그만 당신이 있던 곳으로 돌아가셔도 됩니다. 또 한 가지 더 바라는 것이 있는데, 우리를 위해 멈추지 말고 기도해주십시오.'

　마카리오스 성인은 파코미오스 원장과 그의 영적 자녀들을 위해 축원해준 후에 자기의 은수처로 돌아갔다.

팔라디오스가 계속 말을 이어갔다. 언젠가 지상의 천사인 그가 연속해서 5일 동안 세상적인 것에서 완전히 떠나 오직 하느님과 천상의 것만 생각하려고 시도했었다. 그는 그렇게 하기 위해 밖에 있는 문을 잠궈서 방해하는 사람이 없도록 하고 자기 기도방에 틀어 박혔다. 그는 두 손을 높이 들고 기도 자세를 한 후 자신의 생각에게 말했다.

'하늘로 올라가서 그곳에 있는 것들을 누리자. 너는 천사들, 대천사들 그리고 천상의 모든 능력들, 헤루빔과 세라핌, 그리고 모든 것 위에 계신 창조주, 조물주 하느님을 만나게 될 것이다. 그 지고한 곳에서 헛되고 사멸할 이곳으로 내려오지 말아라.'

그의 정신은 이틀 동안 거룩한 관상 속에 평온히 머물렀다. 하지만 분노에 가득 찬 사탄이 그가 관상 속에 계속 머물러 있는 것을 방해하려고 불을 질러서, 그가 딛고 있던 짚단을 포함해 수도처의 모든 것을 불태웠다. 성인은 할 수 없이 관상을 멈출 수밖에 없었다. 하지만 그것은 사탄이 일으킨 화재가 두려워서가 아니라 혹시 자만하게 될지 모르는 위험에 빠지지 않기 위해서였다."

...

한번은 페르미 산에서 오랫동안 수도생활을 한 수행자가 마카리오스 성인을 찾아갔다. 그리고 자신의 생각을 고백했다.

"사부님, 제 마음이 매우 안 좋습니다."

"형제여, 무슨 일 때문에 그러는가?"

"도시 근처에 한 여자 수행자가 살고 있는데 지금까지 30여 년 동안 날 채소만, 그것도 토요일과 주일에만 먹는다고 합니다. 또한 매일 700개의 기도문을 읽는다고 합니다. 사부님, 그 말을 듣는 순간 저는 절망에 빠지고 말았습니다. 그리고 '여자보다 육체적으로 더 강인한데도 나는 그 여자수행자만큼 금식하지도 못하고 기도문은 300개도 읽지 못하는구나'라는 생각에 빠졌습니다."

그러자 분별의 은사를 가진 마카리오스 성인이 그에게 말했다.

"형제여, 나는 지금 60여 년을 광야에서 수행하고 있다네. 그런데 교부들이 정해놓으신 것처럼 하루에 100개의 기도문밖에 읽지 못하네. 빵을 사기 위해 수작업을 하고 이곳을 찾아 조언을 구하는 형제들에게 유익한 가르침을 주려고 노력하는 것이 내가 하는 일이라네. 하지만 나의 양심은 내가 나태하다고 질책하지 않는다네. 하지만 형제는 기도문을 300개나 읽으면서 가책을 느끼고 있다니 혹시 제대로 그 기도가 드려지지 않은 것인지 살펴볼 필요가 있을 듯하네. 그리고 기도의 양에 관심을 갖지 말고 기도의 질에 관심을 갖기 바라네."

• • •

언젠가 대 안토니오스가 수행을 하던 산에 사냥꾼이 나타났다. 그는 광야의 은수자 대 안토니오스가 제자들과 함께 휴식을 취하면서 장난을 치는 모습을 보고 깜짝 놀랐다. 그는 당황하며 그들을 유심히 지켜봤다. 성인은 그가 의아스럽게 쳐다보는 것을 눈치 채고 이렇게 말했다.

"여보시게 사냥꾼, 그 화살을 잡아당겨보게나."

사냥꾼은 성인의 말을 듣고 그대로 했다.

"조금 더 세게 당겨보게."

그가 줄을 최대로 당겼다.

"조금 더 해보시게." 성인이 계속 요구했다.

"안 됩니다, 사부님. 조금만 더 당기면 줄이 끊어질 겁니다."

"우리 수행자들도 이와 똑같다네." 그때 지혜로운 스승이 그에게 말했다. "우리의 영적, 육적 한계를 뛰어 넘도록 우리 자신을 계속 몰아

대면 결국은 무너지고 말걸세. 그래서 때로는 이렇게 풀어줘야 할 때도 있는 걸세."

• • •

하루는 요셉 사부가 친구인 피민 사부를 만나러 갔다. 피민 사부는 며칠간 선 채로 수행을 하고, 잠시 발을 물에 담그고 휴식을 취하고 있었다. 요셉 사부 눈에는 그 모습이 엄격한 수행자의 모습과 좀 괴리가 있어 보였다. 그래서 피민 사부에게 물었다.

"일부 수행자들은 그들의 몸을 혹독하게 다뤘는데 어떻게 가능했던 건가?"

"형제여, 우리는 육체를 죽이는 것이 아니라 정욕을 죽이는 것을 배웠다네." '분별의 성인'이 말했다.

• • •

실루아노스 성인의 옛 제자였던 네트라스 사부는 자기 자신에게 매우 관대했다. 그가 시나이 산에서 수행을 하고 있었을 때에도 무리한 수행은 피했다. 하지만 그가 파란의 주교가 되자 매우 엄격하게 수행을 하며 생활했다. 그의 모습을 지켜본 제자가 용기를 내어 그에게 물었다.

"스승님, 시나이 산에 계실 때는 왜 이렇게 수행을 하지 않으셨습니까?"

"얘야, 그곳은 광야였고 한적하고 부족한 것이 많았단다. 그래서 병들지 않도록 몸에 나름의 휴식을 주었지. 그리고 그곳에서 쉽게 구할 수 없는 것들을 어쩔 수 없이 요청해야만 했어." 지혜로운 스승이 대답했다. "그런데 이곳 도시에서는 죄를 유발할 수 있는 것들이 많이 도사리고 있단다. 그래서 엄격한 수행이 꼭 필요하지. 그리고 여기엔 내가 아플 때 나를 돌봐줄 사람들도 있단다. 이곳에서 내가 주교로만 머물지 않고 수도사로서도 살아가려면 나는 더 많은 영적 투쟁을 해야만 한단다."

• • •

코프리스 사부는 자주 이런 가르침을 주었다.
"하느님께 감사를 드리면서 수고와 시련을 참고 견뎌내는 수도사는 참으로 행복하다.
언젠가 사부가 심한 병을 앓게 되었는데 형제 수도사들이 그의 놀라운 인내심을 보며 경탄하지 않을 수가 없었다. 그는 자기에게 필요한 것은 사소한 것이라도 단 한 번도 요청한 적이 없었을 뿐만 아니라 기도가 그의 입술에서 잠시도 떠난 적이 없었다."

• • •

어떤 형제가 9년이라는 세월을 나쁜 생각에 시달리고 있었다. 그는 매일 눈물을 흘렸다. 그리고 자신을 비난하며 말했다.
"내가 그런 생각을 불러온 장본인이야. 나는 영혼을 잃고 말거야."
그는 유혹과 격렬하게 맞섰지만 허사였다. 고통에서 벗어날 수가 없었다. 마침내 그의 격렬한 저항이 꺾였다. 그리고 절망의 늪에 빠졌다. 그는 생각했다.
"이미 나는 영혼을 잃었어. 이제 여기 광야에 머물 이유가 있을까? 차라리 세상으로 돌아가자."
그렇게 그는 도시로 향했다. 그가 무거운 마음으로 길을 걷고 있을 때, 뒤에서 음성이 들려왔다.
"어리석은 이여, 네가 9년간 인내하며 엮은 영원히 마르지 않는 화관(花冠)을 발로 짓밟을 셈인가? 다시 돌아가서 그 일을 마저 끝내라."
슬픔에 젖어있던 수도사의 마음에 위로의 향유가 흘렀다. 그리고 그는 다시 광야로 굳건한 발걸음을 내딛었다. 또한 선하신 하느님께서는 그를 괴롭혀 왔던 생각을 거둬주셨다.

∙ ∙ ∙

한 지혜로운 사부가 말했다.

"만약 우리가 죄를 지을 때도 하느님께서 관용을 베풀어 주신다면 우리가 선을 위해 영적 투쟁을 할 때 그분의 자비는 얼마나 우리를 북돋워 주시겠는가?"

∙ ∙ ∙

대 안토니오스가 말했다.

"하느님께서는 오늘날 사람들에게 커다란 유혹을 허락하지 않으신다. 왜냐하면 오늘날의 사람들은 옛날 사람들보다 병약해서 그분들의 그런 인내심을 발휘할 수가 없기 때문이다."

∙ ∙ ∙

한 은수자가 모든 스키티 수도사가 물을 길어오는 샘으로부터 12마일 떨어진 오두막에 살고 있었다. 그는 어쩔 수 없이 물을 길으러 자주 고되고 먼 길을 다녀야만 했다. 폭염이 기승을 부리던 어느 날 그는 인내심을 잃고 말았다. 그리고 속으로 생각했다.

"내가 꼭 이렇게까지 해야 하나? 샘과 좀 더 가까운 곳으로 가서 살면 어떨까?"

그가 이런 생각을 하며 걷고 있는데 뒤에서 누군가가 걸어오고 있는 것이 느껴졌다. 뒤를 돌아보았더니 환하게 빛나는 잘생긴 젊은 사람이 보였다. 은수자가 궁금해서 그에게 물었다.

"당신은 누구십니까?"

"주님께서 그대의 발걸음을 세라고 보내셔서 왔네. 그대의 인내에 대한 보상을 제대로 해주려고 그런다네." 그는 이렇게 대답하고 나서 사라졌다.

천사의 말은 은수자에게 엄청난 힘과 용기를 불어넣어줬다. 그는 샘 가까이 가 서 머무르지 않았을 뿐만 아니라 그 정도의 거리를 더 걸어 들어가야 하는 깊은 광야에 오두막을 세웠다.

• • •

사람들은 헤리몬 사부에 대해 이렇게 기술했다.

"사부가 수행을 하던 동굴에서 성당까지는 40마일이나 떨어져 있었다. 그리고 모든 형제 수도사들이 물을 길어오는 강까지는 다시 40마일 정도 더 떨어져 있었다. 더 나아가 그가 엮을 풀을 공급해주는 습지는 12마일이나 더 멀리 있었다. 하지만 사부는 그에게 꼭 필요한 것들을 얻기 위해 자주 해야만 했던 이 모든 여정을 꿋꿋이 인내했다. 또 혹독하게 추운 겨울과 무더운 여름에도 주일예배를 한 번도 빠진 적이 없었다."

제 4 장

1. 회개

　리코스의 요한 사부의 말씀에 의하면 한 젊은이가 세상의 쾌락에 휩쓸려 방탕의 늪에 빠져 지내고 있었다. 그러던 어느 날 젊은이는 성서에 나오는 탕자처럼 정신을 차리고는 다시 아버지의 집으로 돌아가기로 마음먹었다. 그는 죄를 짓게 하는 원인으로부터 멀리 떨어진 광야에서 자신의 구원을 찾으려 세상을 버리고 길을 떠났다. 그는 아주 오래된 무덤을 거처로 삼았다. 그리고는 자발적으로 이 유별난 감옥에 갇혀 지내면서 온갖 죄의 상처로 뒤덮여있는 자신의 영혼에 대해 통렬히 눈물을 흘렸다.
　천사들은 젊은이의 모습을 보고 기뻐하였다. 반면에 악의 영들은 자기들의 손아귀에 있던 포로가 갑자기 달아나는 것을 보자 즉시 그를 공격하기 시작했다. 분노에 찬 악령들은 밤마다 무덤을 배회하며 말했다.
　"불쌍한 인간아, 어디에 숨었지? 우리와 그렇게 재밌게 지내더니 왜 갑자기 우리를 버렸지? 배가 터지도록 모든 좋은 것을 다 누리더니 왜 갑자기 성인이 되겠다고 결심한 거지? 하지만 네가 현자처럼 굴면서 하느님의 자비를 기다리기에는 이미 너무 늦었단다."
　"어리석은 자야, 밖으로 나와라." 다른 악령들이 소리쳤다. "네 친구들이 너를 기다리고 있단다."

"불쌍한 인간 같으니라구." 가장 악독한 영들이 그에게 속삭였다. "너에겐 구원이 없어. 네가 저지른 짓 때문에 너는 곧 죽고 말거야. 그리고 영원히 단죄를 받을걸."

악령들은 그를 절망의 늪에 빠뜨리려고 발악을 멈추지 않았다! 하지만 용맹스러운 투사는 과거로 돌아가서 다시 그렇게 사느니 차라리 죽음을 택하겠다는 결연한 자세를 굽히지 않았다. 그는 환영으로 나타난 사탄을 무시하면서 하느님께 간절히 도움을 청했다.

다음 날 밤, 사탄은 더 위협적으로 그를 협박했다.

"지금 당장 밖으로 나오지 않으면 넌 내 손에 죽는다." 청년이 못들은 척 무시하자 사탄이 그를 공격했다. 그를 두들겨 패서 거의 송장처럼 만들어버렸다. 악령들이 복수를 한 것이다.

한편 젊은이의 가족들은 갑자기 그가 사라지자 사방팔방으로 찾아다녔다. 그리고 마침내 무덤 안에서 험한 꼴을 당하고 누워있는 그를 찾았다. 하지만 젊은이는 가족들이 함께 돌아가자고 설득해도 요지부동이었다. 그 어떤 방법으로도 그의 마음을 되돌릴 수가 없었다.

또 다음날 밤이 되었다. 사탄들은 미친 듯이 그에게 달려들어 죽이려는 듯이 잔인하게 두들겨 팼다. 하지만 사탄에게는 젊은이의 목숨을 거둬갈 권한이 없었다. 투사는 흔들리지 않았다. 그는 이미 회개했고 자신의 육체와 영혼을 다시 죄라는 병균에 오염시키기보다는 차라리 한순간인 삶을 잃는 것이 더 낫다고 생각했다.

그러자 악령들은 결국 패배를 자인했다.

"우리가 졌다, 졌어." 그들은 통탄하면서 이렇게 외쳤다. 그리고 사라졌다. 더 이상 그를 괴롭힐 엄두를 내지 못했다.

이 혹독한 시련에서 벗어난 청년은 삶을 마치는 마지막 날까지 무덤에서 살았다. 그리고 과거에 탕자였던 그는 진정한 회개의 능력이 얼마나 큰지를 보여주는 증거로 기적을 행할 수 있는 은사까지 입었다.

...

우리는 팔라디오스의 기록을 통해서, 과거에 죄지은 사람들이 다시 새롭게 일어서는 주목할 만한 사건들과 유익한 사례들을 볼 수 있다.

의인은 그가 쌓아온 덕의 열매를 사탄이 몰래 훔쳐가지 못하도록 철저히 감시하기만 하면 된다. 하지만 죄의 길을 걷던 자가 성성(聖性)의 길을 찾으려면 초인적인 투쟁이 필요하다! 그럼에도 하느님의 은총이 감싸주신다면 인간이 해내지 못할 일은 아무것도 없다.

팔라디오스는 자신의 느낌을 이렇게 기술했다. '나는 아프리카 광야의 저명한 수행자인 이집트인 모세가 옛날에는 강도의 두목이었다가 성덕이 높은 수도사로 변화되었다는 말을 듣고 오랜 시간 경이로운 느낌에 빠지게 되었다.'

아래는 모세의 경우에 관한 간략한 이야기이다.

"검은 대륙에서 태어나고 성장한 모세는 어떤 부자에게 종으로 팔렸다. 그는 성정이 거칠었고 다루기가 힘든 사람이었다. 매일 다른 종들과 싸우고 소란을 일으켰기 때문에 주인에게는 문제아였다. 그를 더 이상 감당할 수 없었던 주인은 결국 그를 집밖으로 내보내고 말았다. 그러자 모세는 강도소굴로 들어가 살게 되었다. 그는 괴력을 지니고 있었다. -그는 검은 악마였다. 그를 보는 사람들은 두려움에 몸이 굳어버렸다- 그는 곧 다른 강도들을 압도하며 두목의 자리를 차지했다. 그는 잔인했는데, 다음과 같은 일도 있었다.

언젠가 모세가 한밤중에 강도짓을 하려다가 근처에서 양떼를 지키는 개들이 짖는 바람에 실패한 적이 있었다. 화가 끝까지 난 그는 즉시 양떼를 돌보는 목동을 죽이려고 했다. 하지만 목동이 묵고 있는 오두막으로 가기 위해서는 나일강 건너편 강둑으로 가야만 했다. 그는 물이 불어나기 시작해 건너기가 무척 힘든데도 물속으로 뛰어들었다. 그는 머리에는 옷을 묶고 입에는 살육을 자행하던 거대한 양날 칼을 물고 강을 헤엄쳐 건넜다. 하지만 목동은 그가 도착하기 전에 이미 도망쳐 사라져버렸다. 목동을 놓치자 화가 난 두목은 대신 그의 앞에 있는 양들을 모두 죽여 버렸다. 살육의 피를 본 그는 그제서야 분이 풀렸다. 그는 제일 좋은 숫양 네 마리의 꼬리를 서로 묶어 어깨에 짊어지고는 다시 헤엄쳐서 나일강을 건넜다. 그리고 잡아온 숫양을 불에 구워 가장 맛있는 부위의 고기를 먹고 포도주도 25리터나 마셨다. 그리고는 50마일을 쉬지 않고 걸어서 자기 소굴에 도착했다.

하지만 인간의 모습을 한 그 짐승은 결국엔 자기가 저지른 수많은 범죄들로 인해 관리에게 쫓기게 되었다. 그는 몸을 피하기 위해 깊은 광야로 들어갔다. 당시 깊은 광야에서는 이집트의 출가자들 중 가장 명성이 높은 수행자들이 수련을 하며 살아가고 있었다. 모세는 그곳에 있는 성인들과 자주 만나게 되었고 또 그들의 사랑과 호의를 받으면서 야만적인 본능이 서서히 부드러워지기 시작했다. 그리고 죄인이 죽기를 원하시는 것이 아니라 회개하기를 원하시는 하느님께서 당신의 구원의 은총으로 모세의 영혼을 감싸주셨다. 야만인은 그렇게 자신의 마음이 누그러지는 것을 느꼈다. 그리고 회개했고 구원을 찾았다.

이 엄청난 은총의 역사가 사실 보이지 않는 어떤 성인의 겸손한 기도로 이루어진 것인지 과연 누가 알았겠는가?

모세는 근본적으로 변화되었다. 그는 아무도 예견하지 못할 정도로 빠르게 변했고 광야의 위대한 스승들의 높은 경지에까지 이르렀다. 그는 덕과 성성의 표본이 되었고 부드러운 반죽이 되어 조물주의 날인이 새겨지길 소망하는 까다로운 인물의 훌륭한 예가 되었다.

언젠가 옛날에 한패였던 네 명의 강도들이 수행을 하던 모세의 오두막을 침입했다. 그들은 안에서 누구를 만나게 될지 전혀 예상하지 못했다. 그들이 안으로 들어가서 예전에 자기들의 두목이었던 모세를 발견하자 말 그대로 소스라치게 놀랐다. 옛 두목은 쉽게 그들을 붙잡아 묶어서 사부들이 있는 곳으로 데려갔다.

'나에게 강도짓을 하러 온 이들을 어떻게 하면 좋겠습니까? 이제 저는 이 사람들을 벌 줄 수 없습니다.'

사부들은 그들이 무사히 떠날 수 있도록 놔주라고 조언했다. 그런데 강도들이 오히려 떠나지 않겠다고 했다. 옛 두목의 변한 모습이 그들에게 엄청난 충격을 준 것이었다. 그렇게 그들도 올바른 길을 걷기 위해 옛 두목 주변에 머물게 되었다.

에디오피아인 모세는 훌륭한 덕을 가졌으므로 사제로 서품을 받았다. 그리고 그가 세상을 떠났을 때에는 약 70여명의 제자들이 있었다고 한다. 정교회는 모세를 성인으로 추앙해 8월 28일을 축일로 기념하고 있다."

...

하느님의 길로 들어선 지 얼마 되지 않아 아직 자기 양심과 씨름하고 있던 한 젊은 장교가 사람들이 말하는 것처럼 실제로 하느님께서 인간의 회개를 그렇게 쉽게 받아주시는지 고백사제에게 물었다. 그러자 사제가 젊은 장교에게 말했다.

"얘야, 네 외투가 우연치 않게 어딘가가 찢어지면 너는 그것이 못 쓰게 되었다고 바로 버리겠느냐?"

"아닙니다. 고칠 수 있다면 수선해서 다시 입을 것입니다."

"너도 네 옷을 생각할 때 그것을 쉽게 버리지 못하는데 하느님께서야 당신의 피조물을 얼마나 생각하시겠느냐? 하실 수만 있다면 최선을 다해 고치려 하시지 않겠느냐?" 고백사제의 대답에 그의 마음이 평안해졌다.

⋯

마음이 불편했던 초보 수도사가 피민 사부를 찾아가 고백을 했다.
"사부님, 제가 큰 잘못을 저질렀습니다. 적어도 3년은 회개를 해야 할 것 같습니다."
"너무 길구나." 사부가 대답했다.
"그러면 3달이면 되겠습니까?"
"그것도 역시 길단다." 사부가 대답했다. "네가 진실로 회개하고 두 번 다시 같은 잘못을 하지 않겠다고 확고하게 결단한다면 나는 3일 안에 선하신 하느님께서 너를 받아주실 것이라고 생각한단다."

⋯

또 다른 형제 수도사가 하느님께서 인간의 죄를 쉽게 용서해주시는지에 대해 피민 사부에게 물었다.
"애야, 인간에게 관용을 가르치신 그분께서 어떻게 용서를 안 할 수가 있겠느냐? 그분께서 베드로에게 잘못한 이를 일곱 번씩 일흔 번, 다시 말해 무한히 용서해 주라고 하시지 않았느냐?"

⋯

또 다른 누군가가 회개가 정확하게 무엇인지를 설명해달라고 요청했다. 그러자 피민사부가 말했다.
"똑같은 죄를 반복하지 않는 것이다."

⋯

어느 형제가 시소이스 사부에게 고백했다.
"사부님, 제가 죄를 지었습니다. 이제 어떻게 해야 하나요?"
"일어서게." 사부가 그의 성격대로 단순하게 대답했다.

"사부님, 일어섰습니다. 그런데 다시 저주받을 죄를 짓고 말았습니다." 그가 슬픔 속에서 다시 고백했다.

"자네가 다시 일어나지 못할 이유가 무엇인가?"

"그런데 언제까지 그래야 합니까?" 형제가 다시 물었다.

"쓰러지든 일어서든 목숨이 다하는 그 순간까지라네. '네가 있는 그곳에서 너를 심판할 것이다'라고 하지 않는가?" 사부가 설명했다. "그러니 자네는 그대가 맞이할 생의 마지막 순간에 거룩한 회개로 일어서 있게 해달라고 하느님께 기도를 드리게."

• • •

어느 젊은 수도사가 자신이 세상으로 다시 돌아가라고 유혹하는 생각 때문에 몹시 고통받고 있다고 스승들 중 한 명에게 고백했다.

"스승님, 제가 광야에 머무는 것이 아무 의미가 없는 것 같습니다. 아무 것도 할 수가 없습니다. 분명 저는 구원을 받지 못하게 될 것입니다."

"얘야." 지혜로운 스승이 그에게 대답했다. "비록 우리가 죽어 약속의 땅에 들어가지 못한다 해도 이 광야에 뼈를 묻는 것이 이집트의 노예로 돌아가는 것보다는 더 유익하단다."

• • •

매우 경건하고 덕이 깊은 한 수도사가 있었다. 도시에는 그의 여동생이 살고 있었는데 방탕한 생활을 하며 많은 젊은이들을 죄의 늪에 빠뜨렸다. 광야의 형제 수도사들은 그 수도사에게 도시로 가서 잘못된 길을 걷고 있는 여동생을 만날 것을 자주 권했다. 수도사는 처음에는 주저했다. 젊은 수도사들을 위험에 빠뜨리는 세상의 유혹에 대한 걱정이 앞섰기 때문이다. 하지만 나중에 그는 순종하는 자세로 도시로 내려가기로 결심했다.

그가 아버지의 집에 가까이 이르자 이웃사람들이 그를 먼저 알아보고 그의 여동생에게 소식을 전했다. 죄의 길을 걷던 소녀는 예상하지 못한 소식에 마음이 들떴다. 그녀는 사랑하는 오빠를 만날 날을 오랜 세월 학수고대하고 있었다. 집안에 있던 그녀가 옛 단짝을 보자 머리도 가리지 않은 채 맨발로 그를 맞으러 길 밖으로 뛰어 나갔다.

오빠는 눈으로 직접 대면하게 된 그녀의 추악한 모습에 마음이 심란했다. 그래서 마음속으로 눈물을 흘렸다. 그는 슬픔에 젖은 채 여동생에게 말했다.

"동생아, 네 자신과 너로 인해 죄의 길을 걷게 된 이들이 가엾지도 않니? 인생이 다 끝난 후에 무엇이 너를 기다리고 있을지 생각해봤으면 좋겠구나."

오빠의 순결한 얼굴, 겸손한 자태, 진심으로 동생을 아끼는 마음에서 흘러나오는 연민의 눈물, 그리고 그의 정당한 지적이 죄인의 마음을 휘저었다.

"나에게도 구원이 있을까?" 그녀의 입술이 속삭였다.

"그럼, 진심으로 네가 원하기만 한다면."

"그러면, 나를 데려가줘. 나 혼자 성난 죄의 파도와 싸우게 하지 마."

"그럼, 가서 신발도 신고 머리도 가리고 오렴. 그리고 나와 함께 가자꾸나." 수도사가 단호하게 말했다.

"오빠, 지금 이 모습 이 상태로 가면 안 될까? 왜냐하면 사탄의 소굴에 다시 들어갔다가는 내가 다시 나올 수 있을 거라고 장담할 수가 없을 거 같아."

수도사는 그녀의 확고한 신념이 마음에 들었다. 두 남매는 지체 없이 도시 밖으로 나가서 광야로 향하는 길에 들어섰다. 오빠는 잘 알고 있는 여자 수도원에 동생을 데려다 줄 생각을 가지고 있었다. 그들이 걸어가는 동안 멀리서 그들쪽으로 다가오는 한 대의 마차가 눈에 띄었다. 수도사가 여동생에게 말했다.

"저쪽 덤불 뒤로 가서 잠시만 숨어 있으렴. 왜냐하면 네가 내 여동생이라는 것을 모르는 사람들이 우리가 함께 있는 것을 보면 추문에 휘말릴 수도 있을 것 같구나."

그녀는 즉시 그렇게 했다. 마차가 지나간 후 오빠가 가던 길을 계속 가자고 동생을 불렀다. 하지만 그녀는 들은 기척을 전혀 보이지 않았다. 그는 그녀 가까이 가서 다시 말했다. 그리고 그녀를 흔들어보았다. 살아있는 느낌이 없었다. 그녀가 이미 죽은 것이다. 그 순간 수도사의 눈에는 길가의 돌과 가시로 참혹하게 찢겨 피로 물들어 있는 그녀의 맨발이 보였다.

동생의 급작스러운 죽음을 접한 수도사는 견디기 힘든 슬픔을 안고 자신의 수도처로 돌아왔다. 의구심이 그를 좀먹고 있었다.

"동생은 회개를 하지 못하고 떠났으니 구원받지 못하겠지." 그는 생각했다.

수도사는 광야의 스승들에게 그간 있었던 일을 자세히 말해주었다. 그들은 그녀의 영혼을 위해 금식하고 기도하기로 했다. 그러자 하느님께서 성성이 높은 한 은수자에게 당신께서는 죄인의 회개를 받아들이시어 그녀를 의인들 속에 들게 했다고 알려주셨다. 그녀가 모든 것을 버리고 자기 자신의 몸을 혹사하면서까지 자기 자신을 희생하고 헌신한 것을 높이 보셨던 것이다.

• • •

어느 수도사가 시편에 나오는 "너 따위는 하늘마저 버렸다."(시편 3:2)는 말의 의미가 무엇인지 설명해달라고 한 사부에게 부탁했다. 그러자 사부가 설명했다.

"그것은 사악한 영이 인간에게 절망적인 생각을 심어놓는 것을 의미한단다. 죄를 진 이상 더 이상 구원이 없으니 회개해서 하느님께 돌아가려 해도 다 부질없는 짓이라고 끊임없이 속삭이며 인간을 절망의 구덩이에 빠뜨리려 안간힘을 쓰지. 그러니 구원을 갈망하는 영혼은 그 생각을 쫓아내기 위해 격렬히 싸워야 한단다."

그런 후에 사부는 다음과 같은 이야기를 들려주었다.

"아주 오래 전에 테살로니키의 교외에 한 여자 수도원이 있었어. 어느 날 수녀원장이 일 때문에 어느 젊은 수녀를 도시로 심부름을 보냈지. 그런데 그 수녀가 사탄의 계략에 넘어가서 큰 잘못을 저지르게 되었어. 절망에 빠진 그녀는 수도원으로 돌아가지 않았어. 세상에 머물며 쾌락의 삶에 빠졌지. 하지만 얼마 안 가 그녀는 죄를 경멸하고 타락한 자신을 진심으로 회개하며 다시 수도원으로 되돌아갔어. 난 아직도 왜 하느님께서 그녀를 동정의 상태로 그대로 두시지 않았는지 잘 모르겠어. 아무튼 그녀는 수도원 문 앞에 도착하자마자 죽음을 맞았단다.

이 사건은 그 주변에서 수행을 하고 있던 수도사들과 수녀들에게 깊은 인상을 남겼어. 그리고 모두가 그녀의 구원을 의심하고 있었지. 그런데 산 정상에 있는 한 동굴에 머물며 수행을 하고 있던 성스런 은수자가 자신이 기도 중에 회개한 수녀가 죽은 바로 그 순간에 보게 된 환영에 대해 말해줬어. 천상에서 천사가 그녀의 영혼을 데려가기 위해 내려오고 있었는데 사방에서 몰려든 수많은 악령들 역시 그녀의 영혼을 강탈하기 위해 모여들었지. 그러자 선한 영과 악한 영 사이에 엄청난 다툼이 일어났어. 사탄들은 한동안 죄에 빠져 지냈던 영혼을 가져가야 한다고 요구했고 거룩한 천사들은 그녀가 참회를 했으니 구원을 받을 자격이 있다고 주장했지. 그러자 사악한 영들이 반박했어.

'그녀가 회개했다는 증거가 어디 있지? 수도원에 들어가지도 못하고 문 밖에서 죽음을 맞이하지 않았나?'

'지극히 선하신 하느님께서 올바른 길로 다시 가려는 그녀의 의지를 보시고 그녀의 회개를 받아주셨다.' 천사들이 대답했다. '그리고 영혼은 그녀 의지의 주인이지만, 삶과 죽음의 주인은 만물의 창조주 그리고 주권자인 하느님이시지.'

결국 싸움에서 진 악령들이 떠나갔다. 그리고 거룩한 천사들은 기쁨 속에서 그녀의 영혼을 하늘로 데려갔다.

⋯

대 안토니오스는 제자들에게 회개가 이룰 수 있는 것에 대해서 가르치면서 이렇게 말했다. "인간이 진심으로 원한다면 해가 동쪽에서 떠서 서쪽으로 지는 동안 성성에 이를 수 있다."

⋯

이집트에 수도주의가 꽃피우던 시절, 알렉산드리아에 타이시아라는 이름을 가진 고아 소녀가 살고 있었다. 그녀의 부모는 선한 사람들이었는데 세상을 떠나면서 그녀에게 대저택과 많은 돈과 함께 가난한 사람들과 방문객들에 대한 사랑과 경건함을 유산으로 남겨주었다.

광야의 수도자들에게 깊은 공경심을 가지고 있던 소녀는 그녀의 집을 수도사들의 숙소로 만들었다. 그리고 그들이 수작업한 물건을 팔러 도시로 내려올 때면 성심성의를 다해 그들을 돌보았다. 하지만 세월이 흐르면서 가지고 있던 돈이 부족해지기 시작했고 그녀 자신의 삶도 궁핍해지기 시작했다. 그러자 악하고 타락한 사람들이 접근했다. 그들은 그녀의 어려운 처지를 이용해서 교활한 수법으로 그녀를 타락의 삶으로 내몰았다. 아름다운 타이시아가 유명한 창녀로 추락한 것이다.

후에 광야의 수도사들은 고아였던 그녀가 죄의 길로 떨어졌다는 것을 알게 되자 그녀가 구원 받을 수 있도록 그들이 할 수 있는 모든 것을 하기로 결심했다.

"그녀가 모든 것을 다 가지고 있었을 때 우리에게 얼마나 많은 동정과 도움을 베풀었던가? 그녀의 영혼이 위험에 처해있는 지금 우리가 그 빚을 꼭 갚아야 하겠네." 수도사들은 서로 말을 주고받았다.

수도사들은 요한 사부에게 섬세하면서도 어려운 사명을 맡겼다. 처음에 요한 사부는 주저했다. 제대로 사명을 완수할 수 없을 것 같았다. 하지만 형제 수도사들에게 순종하기로 마음먹고 그 사명을 맡았다. 요한 사부는 도시로 내려가 죄인의 집으로 갔다. 그리고 문지기에게 자신을 주인에게 안내해 달라고 청했다. 그러자 문지기가 화를 내며 요한 사부에게 소리쳤다.

"이 못된 수도사 같으니라고. 여기서 꺼져. 예전에 그녀의 재산을 다 탕진하게 해놓고 여전히 그녀를 괴롭히려고 온 거냐?"

요한 사부는 좌절하지 않았다. 그는 매우 좋은 일이 생길 것이니 타이시아를 만나게 해달라고 계속해서 요청했다. 요한 사부의 끈질긴 고집 앞에 문지기 할멈은 한 발 물러섰다. 그리고 이 소식을 전하려고 주인에게 갔다.

"여기 있는 수도사들이 자주 홍해에 가서 고기를 잡다가 진주를 발견하곤 한다네." 타이시아가 할멈에게 말했다. "그 수도사를 이리로 데리고 오게."

그녀는 거울 앞에 앉아 머리를 손질하고 옷매무시를 가다듬었다. 그리고 향수를 몸에 뿌려 수도사를 만날 준비를 마친 후 여느 몸 파는 여자들이 취하는 자태로 길고 낮은 소파에 누워 기다렸다.

요한 사부는 비탄에 잠긴 채 그녀의 방으로 안내되었다. 그리고 그녀 앞에 섰다. 그는 아무 말 없이 슬픈 눈으로 그녀를 오랜 시간 바라보았다. 그러고 나서 그녀에게 자그마한 소리로 말했다.

"타이시아, 그리스도께서 너에게 어떤 잘못을 했기에 그렇게 잔인하게 그분을 욕되게 하는가?"

요한 사부는 말을 멈췄다. 슬픔이 북받쳐 올라 말을 계속할 수가 없었다. 움푹 들어간 그의 눈에서는 뜨거운 눈물이 하염없이 흘렀다. 그녀는 몸이 움츠려지는 것을 느꼈다. 그녀는 자극적인 음란한 자태를 풀고 불편한 기색으로 사부에게 물었다.

"수도사님, 왜 우십니까?"

"애야, 네 모습 안에서 놀고 있는 사탄이 내 눈에 보이는데 어찌 내가 울지 않을 수가 있단 말이냐?"

그녀는 충격을 받았다. 그녀의 온몸이 떨렸다.

"그런데 수도사님, 당신께서 여기 오시기엔 이미 너무 늦었습니다. 제 안에는 지금 온전한 것이 하나도 없습니다. 모든 것이 다 진흙탕 속으로 들어가 버렸지요." 혼란에 휩싸인 그녀가 작은 소리로 중얼거렸다.

그녀는 뭔가 더 말하려다가 멈추었다. 사부는 팔짱을 낀 채 그녀를 기다리며 속으로는 마치 하늘을 뒤흔들려는 듯 그녀의 구원을 위해 격정적인 기도를 드렸다.

"수도사님, 아직도 제게 구원이라는 것이 있을까요?" 그녀는 의심을 품으며 속삭였다.

"그럼, 애야, 당연하지." 사부가 초조한 마음에 외쳤다. "회개는 구원을 가져다준단다."

사부의 격렬했던 기도가 그 순간 기적이 되었다.

타이시아가 무너져 내리는 심정으로 그의 발 앞에 엎드리며 눈물로 간청했다.

"수도사님, 저를 이곳에서 빼내주세요. 저에게 구원의 길을 보여주세요."

"애야, 나를 따라오렴."

그녀는 아무런 말없이 즉시 자리에서 일어나 수도사의 뒤를 따랐다. 사부는 어떤 미련도 보이지 않고 따라오는 그녀에게서 깊은 인상을 받았다. 둘은 광야로 향했다. 하지만 얼마 못 가 어둠이 내렸다. 둘은 가던 길을 멈췄다. 요한 사부는 덤불을 잘라 임시로 그녀가 누울 수 있게 자리를 마련했다.

"날이 샐 때까지 이곳에서 잠을 청해 보거라. 아직도 우리가 갈 길이 멀구나."

사부는 그녀에게서 어느 정도 떨어진 곳에서 기도를 드린 후에 휴식을 취하려고 단단한 돌을 베게삼아 땅바닥에 몸을 뉘었다. 그는 잠시 잠을 잔 후에 기도를 하려고 자정에 다시 일어났다. 그때 그의 눈앞에 엄청난 광경이 펼쳐졌다. 타이시아가 누워있던 자리에서 하늘까지 이어져 있는 환하게 빛나는 길이 열린 것이다. 그리고 빠른 날개짓을 하는 천사들이 하얀 비둘기와 같은 한 영혼을 하느님 옥좌로 데리고 올라갔다. 요한 사부는 그 광경에 사로잡혀 오랜 시간을 그렇게 서서 지켜보았다. 그런 후에 타이시아가 누워있는 곳으로 가서 그녀를 깨우려고 불렀다. 그녀에게서 아무런 반응이 없었다. 그는 살며시 그녀를 흔들었다. 하지만 생기가 없었다. 이미 죽은 것이다.

슬픔에 젖은 은수사 요한 사부는 그녀의 주검 옆에 무릎을 꿇고 뜨거운 기도를 드렸다. 그때 그에게 감미로운 목소리가 들려왔다.

"진정 절실하게 회개하는 이는 비록 그 회개의 시간이 짧다 해도 영혼은 구원의 길을 걷게 된다."

・・・

바울로 성인이 언젠가 한 수도원을 방문했다. 그날은 주일이었다.

수도사들은 성찬예배를 드리려고 성당으로 모여들고 있었다. 성인은 성당 한쪽 구석에 서서 성당 안으로 들어오는 형제 수도사들을 지켜보았다. 그는 우리가 동료인간들의 면모를 읽듯이 하느님으로부터 사람들의 영혼을 읽을 수 있는 은사를 받은 사람이었다.

대다수의 형제들은 그들의 내면의 상태를 드러내는 기쁜 얼굴을 하고 있었다. 각 형제 옆에는 각자의 수호천사가 함께 하고 있었는데 수호천사도 기쁨으로 빛났다. 이 모든 것은 그들의 성성과 완덕의 경지를 보여주었다! 바울로 사부는 진심으로 하느님께 감사들 드렸다.

한 수도사가 매우 늦게 성당에 도착했다. 그런데 그는 다른 형제 수도사들과는 무척 달랐다! 그의 얼굴은 어두웠고 사나웠다. 많은 악령들이 그의 뒤를 따랐고 각 악령들이 그를 서로 자기 쪽으로 데려가려고 애를 썼다. 불행에 빠져 있는 그 수도사는 마치 모든 것을 포기한 것처럼 보였다. 그의 수호천사는 슬픔에 젖은 채 그와 거리를 두고 서 있었다. 수호천사가 다가가는 것을 뭔가가 방해하고 있는 것 같았다. 성인은 깊은 한숨을 내쉬었다. 그리고 고통을 겪고 있는 형제 수도사의 영혼을 함께 아파하며 눈물을 흘렸다.

거룩한 성찬예배가 끝났다. 수도사들은 질서 있게 성당에서 나오기 시작했다. 성인은 다시 그들을 지켜보았다.

그들은 더 환히 빛났다. 그들의 천사들도 더욱 빛이 났다. 바울로 사부는 그가 있는 곳에서 미동도 하지 않았다. 그는 자신이 성찬예배 내내 기도해 주었던 그 형제를 보려고 기다리고 있었다. 얼마 안 가 그가 나타났다. 놀라운 변화였다! 그의 얼굴이 환하게 빛을 내고 있었다. 악령들은 사라지고 없었다. 수호천사는 날개로 그를 덮고 있었다. 성인은 진심으로 너무 기뻤다!

"하느님이시여, 당신께 영광을!" 자신도 모르게 하느님에 대한 찬양이 성인의 입에서 흘러나왔다.

형제 수도사들이 사부를 이상한 눈빛으로 바라보았다. 그러자 사부가 아침에 성당에서 보았던 일들을 말해주었다. 그리고 나서 그 형제에게 어떤 마음상태에서 성찬예배에 갔으며 끝나고 나올 때는 어땠는지 채근하며 물었다. 그는 모든 형제 수도사들 앞에서 용기 있게 고백했다.

"오늘날까지 저는 나태하게 지내왔습니다. 정욕과 악한 생각들이 완전히 저를 지배해서 저 혼자 힘으로는 변할 수 없는 상태였습니다. 하지만 오늘 하느님께서 저를 불쌍히 여겨주셨습니다. 저는 오늘 성경말씀에 각별히 주의를 기울였습니다. 저는 예언자, 아니 하느님께서 직접 당신의 입을 통해 나와 같은 죄인들에게 하신 말씀을 들었습니다. '몸을 씻어 정결케 하여라. 내 앞에서 악한 행실을 버려라. 깨끗이 악에서 손을 떼어라. 착한 길을 익히고 바른 삶을 찾아라. ··· 너희 죄가 진홍같이 붉어도 눈과 같이 희어지며 너희 죄가 다홍같이 붉어도 양털같이 되리라.'(이사야 1:16-18) 제 가슴은 무너져 내렸습니다. 눈물을 흘리며 예언자의 입을 통해 약속하신 것을 참담한 이 죄인에게도 이루어지게 해달라고 하느님 아버지께 간구했습니다. 그리고 나태함을 버리고 나의 잘못을 힘써 고쳐나가겠다고 약속했습니다. 저는 이러한 마음의 상태와 내가 한 약속을 굳게 지키겠다는 결심 속에서 성당을 나왔습니다."

성인과 수도사들은 그의 고백을 듣고 감탄하며 서로 이렇게 말했다.

"회개의 가치는 참으로 헤아릴 수가 없구나."

· · ·

수행자 마르코스 사부는 이렇게 적었다.

"'죽을 죄'(요한 I 5:16)는 회개하지 않는 모든 죄이다. 선하시고 자비로우신 하느님께서도 회개하지 않는 죄인은 용서하지 않으신다. 대다수의 사람들은 그들의 죄에 대해 슬픔이나 혐오를 느끼지만, 오히려 죄를 짓게 하는 요인은 쉽게 받아들인다."

• • •

나쁜 습관에 완전히 사로잡혀 있는 한 젊은이가 자주 큰 잘못에 빠지곤 하였다. 그럼에도 그는 투쟁을 멈추지 않았다. 그는 무너질 때마다 뜨거운 눈물을 흘리며 처절한 심정으로 하느님께 기도를 드렸다.

"주여, 제가 원하든 원하지 않든 저를 구해주소서. 흙으로 빚어진 이 죄인은 죄의 진흙탕 속으로 쉽게 빠지곤 합니다. 그러나 당신께서는 저를 멈춰 세우실 수가 있습니다. 나의 하느님, 당신께서 의로운 사람이나 덕스런 사람을 불쌍히 여기시고 자비를 베푸신다면 그것이 어찌 놀라운 일이라 할 수 있겠습니까? 그들은 당신의 복을 맛보기에 합당한 이들이 아니겠습니까? 주여, 이 죄인에게 당신의 자비와 자애를 보여주십시오. 그리고 당신의 놀라운 방법으로 저를 구해주십시오. 참담한 상태에 있는 불행한 이 죄인이 피할 곳은 오직 당신밖에 없기 때문입니다."

청년은 그가 정욕으로 시달릴 때나 평온한 상태에 있을 때나 처절한 심정으로 이 기도를 드리곤 했다. 언젠가 그가 죄에 맞서 투쟁했음에도 불구하고 또 다시 무너진 적이 있었다. 그는 즉시 무릎을 꿇고 눈물을 펑펑 흘리며 똑같은 기도를 드렸다. 포기하지 않고 하느님의 자비에 끝까지 기대는 그의 모습에 사탄이 화가 났다. 사탄이 광기에 찬 모습으로 그에게 나타나 소리쳤다.

"불쌍한 인간아, 너는 수치라는 것도 모르는가? 그렇게 참담히 무너졌으면서도 어떻게 하느님의 이름을 입에 담으며 기도를 드릴 수 있단 말인가? 너에겐 구원이 없어. 영원히 끝났다고."

하지만 용맹스런 투사는 사탄이 기대했던 것과는 달리 두려워하지도 희망을 접지도 않았다. 청년은 용기 있게 사탄에게 대답했다.

"너도 제대로 알아야 할 것이다. 나의 이 방은 쇠로 만들어진 곳으로 네가 망치질을 한번 하면 그대로 받을 뿐이다. 나는 죄를 지을 때마다 회개와 기도로 네가 전쟁을 포기하는 그 순간까지 너와 끊임없이 싸워 나갈 것이다."

"정녕 그렇게 하겠다는 것인가?" 약이 바짝 오른 사탄이 소리쳤다. "나는 이제 너에게 인내의 상만 받게 해주는 그런 전쟁을 벌이지 않을 것이다." 그리고 이 말을 마친 사탄이 사라졌다.

그 순간 젊은이의 전쟁이 멈췄다. 하지만 그는 한 순간도 자신을 돌아보는 일을 소홀히 하지 않았다. 그리고 그의 옛 잘못들을 회상하면서 자주 눈물을 흘렸다. 그러던 언젠가 사탄이 다시 그에게 속삭였다.

"축하한다! 완전히 하느님께 심취했구나." 적은 이제는 그에게 자만을 불러 일으켜 그를 무너뜨리려 했다.

"그런 감언이설에 저주가 있기를." 청년이 사탄의 말을 무시하며 말했다. "혹시 너는 하느님께서 인간이 더러운 행위로 자기 영혼의 순결을 잃고 뒤늦게 앉아서 눈물을 흘리는 것을 좋아하신다고 생각하느냐?"

∴

이집트의 한 공동체 수도원에 보제로 서품을 받은 덕이 깊은 수도사가 있었다. 언젠가 어떤 정치인이 온 가족을 데리고 수도원으로 도망쳐 와서 보호를 요청했다. 이것은 사탄이 꾸민 계략이었다. 인솔 가족 중의 젊은 처녀를 이용해 보제를 죄에 빠뜨리려고 했던 것이다. 악은 얼마 안 가 모습을 드러냈고 많은 양심 있는 사람들에게 추문을 일으켰다.

하지만 잘못을 범한 그는 즉시 잘못을 뉘우쳤다. 한시도 지체하지 않고 바로 이웃에 있는 거룩한 은수자를 찾아가 자기 죄를 처절한 심정으로 고백했다. 은수자의 오두막 내부에는 동굴이 하나 있었는데 보제도 그것을 알고 있었다. 보제는 용서받지 못한 죄를 지은 자신이 그 속에서 살면서 죽을 때까지 눈물을 흘리며 회개할 수 있게 해달라고 은수자에게 간청했다. 그렇게 죄인인 보제는 어두운 동굴 속에 자신을 가두었다. 은수자는 매일 밤 조그만 구멍을 통해 그에게 약간의 빵을 들여보내주었다.

오랜 세월이 흘렀다. 사람들은 보제의 흔적을 잊어갔다. 스캔들을 일으킨 그에 대해 말하는 것도 시간이 지나면서 흐려졌다. 마침내 사람들의 기억 속에서 그의 존재는 완전히 잊혀졌다.

언제부터인가 나일강이 가뭄으로 신음했다. 수심이 얕은 강은 갈증으로 타들어가는 이집트 평야에 물을 공급하기에는 수량이 턱없이 부족했다. 들판은 불모지로 변해가고 있었고 곡식은 서서히 말라 들어갔다. 심각한 불행의 전조가 나타난 것이다. 절망에 빠진 사람들이 수도원과 성당을 뛰어 다니며 기도와 행렬의식을 요청했다. 하지만 모든 노력이 허사였다. 강물은 전혀 불어날 생각을 하지 않았다.

성성이 지극한 어느 지역 주교도 세상의 불행을 위해 오랜 기간 기도를 드리고 있었다. 언젠가 주교가 잠에 들었을 때였다. 그는 꿈속에서 어느 은수자의 오두막에 숨어 있는 보제가 기도를 하지 않으면 강물은 불어나지 않을 것이라는 음성을 듣게 되었다.

다음날 경건한 주교가 그의 성직자들을 대동하고 은수자의 오두막을 찾아가 그곳에 숨어있던 보제를 강제로 나오라고 해서 기도를 재촉했다.

그 보제가 하늘을 향해 손을 들고 작은 소리로 속삭이며 기도하자 수심이 낮았던 강물이 불어나서 메말라 있던 들판을 흠뻑 적셨다.

보제의 잘못으로 추문에 휘말렸던 사람들은 참된 회개로 성취한 그의 담대한 모습을 지켜보며 그를 공경하게 되었고 하느님께 영광을 드렸다.

・・・

한 수도사가 수작업한 물건을 팔기 위해 도시로 내려가다가 우연히 길에서 이교도 사제의 딸인 어여쁜 처녀를 만나게 되었다. 그 순간 그는 자기 자신을 내려놓았다. 잘못된 욕망에 완전히 사로잡힌 그는 정조와 순결을 지키겠다고 그리스도께 서약한 것도 팽개친 채 그녀의 아버지인 이교도 사제에게 결혼하고 싶으니 딸을 달라고 간청했다. 그러자 이교도 사제가 수도사에게 말했다.

"내가 먼저 나의 신에게 물어보기 전에는 자네에게 그런 약속을 해줄 수가 없네."

그렇게 그는 신에게 신탁을 받으러 갔다.

"수도사에게 그의 수도서원과 세례성사를 부정하도록 요청해라." 신, 아니 사탄이 그에게 답을 주었다.

"두 가지 다 부정합니다." 비이성적인 욕망에 눈이 먼 불행한 수도사는 함부로 말을 뱉었다. 그 순간 그의 입에서 새하얀 비둘기가 나오더니 아득히 먼 곳으로 사라졌다.

하지만 처녀의 아버지는 그것에 만족하지 않았다. 그는 두 번째 신탁을 받았다.

"그에게 딸을 주지 말아라." 신이 그에게 말했다. "아직 그의 하느님이 그를 완전히 버리지 않았다."

하느님을 부정했던 수도사는 그 말을 듣는 순간 충격을 받고 가슴이 무너져 내렸다.

"어리석은 내가 하느님을 부정했으나 하느님께서는 당신의 손으로 빚으신 나를 버리지 않으셨구나." 그가 외쳤다.

수도사는 마치 베드로처럼 자기가 범한 엄청난 죄를 한탄하면서 광야로 돌아갔다. 그는 즉시 거룩한 스승들 중 한 명을 찾아가 깊이 회개하는 가운데 고백성사를 받았다.

스승은 그의 이야기를 듣고 이해하고 그를 위로하며 격려했다. 하지만 동시에 무거운 보속도 내렸다.

"저 가파른 동굴에 들어가거라." 스승이 그의 오두막 위에 있는 동굴을 가리키며 말했다. "3일에 한 번 딱딱한 빵만 조금 먹고 뜨거운 눈물로 기도하며 하느님께 자비를 구하기를 멈추지 말거라. 나 역시 널 위해 똑같이 할 것이다. 그러다보면 자비의 주님께서 어느 순간 너의 회개를 받아주셨다는 것을 우리에게 알려주시지 않겠느냐?"

수도사는 거룩한 사부의 조언을 그대로 따랐다. 그의 영적 아버지도 회개하는 수도사와 똑같이 금식을 하며 노고를 아끼지 않았다.

"나의 주여, 저에게 자비를 베푸시어 형제의 영혼을 불쌍히 여기시고 그의 회개를 받아주소서." 형제에 대한 연민에 가슴 아파하던 스승이 그를 위해 기도했다.

지극히 선하신 하느님께서는 그 둘의 탄식을 들으셨다. 일주일이 지난 후에 사부가 형제 수도사를 방문해서 어떻게 지내는지를 살폈다. 사부를 만난 수도사가 그에게 말했다.

"하느님을 부정했을 때 입에서 나갔던 비둘기가 저 하늘 높은 곳에 있는 것을 보았습니다."

"형제여, 계속해서 투쟁을 이어가게. 그리고 하느님의 자비에 희망을 걸게." 사부가 그에게 조언하고는 수도사를 홀로 두고 다시 그의 수도처로 돌아왔다.

다시 일주일이 지났다. 형제 수도사는 좀 더 많은 위로를 받았다. 그는 애타게 기다리던 비둘기가 그의 머리 가까이 와 멈춰 있다고 사부에게 말했다.

"잘하고 있구나. 그렇게 계속 회개를 이어가거라." 사부가 흡족해하며 그에게 말했다.

세 번째 주가 지났다. 다시 선한 영적 아버지가 그가 책임지고 있는 영혼을 찾았다. 그리고는 기쁨에 젖어 눈물을 흘리고 있는 형제 수도사를 발견했다.

"스승님, 비둘기가 다시 돌아왔습니다." 그가 스승을 보자마자 말했다. "당신께서 이곳에 모습을 보이기 바로 전에 제 머리 위에 비둘기가 앉았습니다. 그래서 제가 너무 기쁜 나머지 다시는 나에게서 떠나가지 못하게 손을 뻗어 비둘기를 잡으려 했더니 비둘기가 내 입으로 날아 들어왔습니다."

"하느님이시여, 당신께 영광을 바치나이다." 사부가 감격에 젖어 말했다. "하느님께서 너의 회개를 받아주셨다고 우리에게 알려주셨구나. 이제 너의 기도처로 돌아가거라. 그리고 너는 세례성사를 통해 받았고 교회의 다른 성사들을 통해 끊임없이 새롭게 해주시는 성령의 은총을 다시는 쫓아내지 않도록 네 자신을 조심스럽게 잘 살피거라."

그런데 형제 수도사는 거룩한 사부와 헤어지고 싶지 않았다. 그는 사부에게 순종하며 지혜로운 사부의 인도 아래 완덕을 향한 영적 투쟁을 하며 생을 마치는 날까지 살았다.

• • •

어떤 사부가 말했다. "망각하며 살아가는 사람에게 이 말은 명령조로 들린다. '오늘 (하느님께) 돌아와라.'"

• • •

또 다른 사부가 말했다. "오늘날 사람들은 회개를, 오늘이 아니라 내일 하겠다고 한다."

...

사람들이 전하는 말에 따르면, 어떤 형제가 있었는데 그는 자신의 생각들이 자신을 비웃으며 오늘 말고 내일 회개하라고 말할 때마다 이렇게 대답했다고 한다. "오늘 나는 행동으로 회개의 모습을 보여줄 것이다. 그리고 내일은 하느님의 뜻에 맡길 것이다."

...

우리는 수도주의의 위대한 스승 시리아의 이사악 성인의 『수행』에서 다음과 같은 가르침을 볼 수 있다.

"그대가 선을 잃었으면, 잃었던 그 방법대로 다시 노력해서 되찾아야 한다. 하느님께 금을 빚졌는가? 하느님께서는 그대에게서 진주를 원하지 않는다. 그대는 지혜를 잃었는가? 하느님께서는 그대에게 자비를 찾지 않으시고 육체의 성화(聖化)를 요구하신다. 그대가 시기의 정욕에 빠져 사랑의 계명을 거역했는가? 그렇다면 무슨 이유로 지나친 금식으로 그대의 육체를 쇠약하게 만들며 무리한 철야기도로 잠과 전쟁하고 있는 것인가? 이런 것들은 그대에게 어떤 도움도 되지 않으며 시기를 치유하지 못한다. 영혼의 모든 병은 육체의 병처럼 거기에 맞는 약과 치료가 필요한 법이다."

...

한 경건한 청년이 수도사가 되려고 성지를 방문했다. 그는 여러 장소를 순례했으며 기도하기 위해 올리브 산에서 여러 날 머물렀다. 그의 영혼은 하느님에 대한 신심과 사랑으로 넘쳤다. 예루살렘으로 돌아온 그는 총대주교에게 자신이 지은 모든 죄를 고백했다. 그리고 자신에게 무거운 벌을 내려달라고 청했다. 하지만 벌을 내릴만한 이유를 찾지 못했던 총대주교는 오히려 그의 겸손에 감탄하며 이렇게 말했다.

"애야, 이미 지극히 선하신 하느님께서 너를 용서하셨는데 다시 내가 너를 단죄한다는 것은 옳지 못하구나."

하지만 자신을 매우 큰 죄인으로 여기고 있던 청년은 올리브 산 위에 오두막을 짓고 안으로 들어가 자신의 발과 목에 무거운 쇠사슬을 묶었다.

지나가는 사람들이 그것을 보고 물었다.

"형제여, 누가 그대에게 쇠사슬을 채웠는가?"

"제가 범한 죄 때문에 저의 주인께서 그랬습니다." 그는 눈물을 흘리며 대답했다.

실제로 많은 사람들은 그가 살인자라고 믿고 있었다. 세월이 흘렀다. 하지만 청년은 계속해서 무거운 쇠사슬을 견디고 있었다. 그러던 어느 날 그의 앞에 거룩한 천사가 나타났다.

"너의 모든 죄가 용서되었으니 이제 더 이상 그렇게 하지 않아도 된다." 천사가 쇠사슬을 가리키며 말했다.

그 즉시 무거운 쇠사슬이 풀렸다. 그리고 청년의 몸이 자유로워졌다. 지나가는 사람들이 다시 그에게 물었다.

"누가 그대의 쇠사슬을 풀어줬나?"

"저의 죄를 용서해주신 분이 그랬습니다." 형제는 기쁨에 넘쳐 대답했다. 그리고 그는 며칠 후에 세상을 떠나 안식했다.

・・・

그릇된 길을 걷고 있던 또 다른 청년이 있었다. 그는 우연히 어떤 설교를 듣게 되었는데 그때 하느님의 은총이 그에게 임했다. 그는 진심으로 회개한 후 세상을 등지고 수도사가 되었다. 광야에 오두막을 짓고는 그가 저지른 죄를 가슴 아파하며 매일을 눈물로 보냈다. 그를 위로할 수 있는 것은 아무것도 없었다.

어느 날 밤이었다. 천상의 빛으로 둘러싸인 예수님께서 그의 꿈에 나타났다. 다정스러운 모습으로 그의 옆에 가신 예수님께서 감미로운 목소리로 물었다.

"무슨 일이기에 그리 서글피 우는가?"

"주여, 제가 죄에 빠졌나이다. 그래서 울고 있습니다." 죄인은 절망감에 사로잡혀 말했다.

"그렇다면 일어나면 되지 않느냐?"

"주여, 저 혼자서는 할 수가 없습니다."

그러자 사랑의 임금께서 거룩한 손을 내밀어 그가 일어날 수 있도록 도와주셨다. 하지만 그는 여전히 눈물을 멈추지 않았다.

"왜 아직도 울고 있느냐?"

"나의 그리스도시여, 당신을 슬프게 한 것이 너무 마음 아픕니다. 저는 당신께서 베풀어 주신 은사들을 방탕한 곳에다 탕진했습니다."

그러자 자비의 임금께서 고통받고 있는 죄인의 머리에 사랑스럽게 손을 얹고 부드럽게 말했다.

"네가 나를 위해 그렇게 아파하니, 내가 더 이상 과거에 대해 슬퍼하지 않겠노라."

청년은 구세주께 감사를 드리려고 눈을 들었다. 하지만 이미 그분은 거기에 계시지 않았다. 그리고 그분께서 발을 딛고 있던 자리에는 환히 빛나는 큰 십자가가 새겨져 있었다. 죄의 무게에서 벗어난 청년은 엎드려 그분께 경배했다.

그 광경 이후에 청년의 영혼은 하느님에 대한 감사로 가득하게 되었다. 그리고 회개의 열정적인 설교가가 되어 그릇된 길에서 방황하는 많은 이들을 그리스도께 이끄는 인도자로서 다시 도시로 내려갔다.

∴

어느 사부가 말했다.

"만약 그대가 참된 회개로 타락에서 다시 일어서게 된다면 생을 마치는 그날 까지 자신의 죄에 대한 슬픔과 한숨을 멈추지 않도록 해야 한다. 그렇지 않으면 그대는 똑같은 죄에 다시 빠질 위험에 빠질 것이다. 하느님을 향한 슬픔은 영혼에게 울타리가 되어 많은 죄를 지을 위험에서 영혼을 지켜준다."

• • •

함께 수행을 하던 두 명의 수도사가 있었는데 둘 다 나태에 빠졌다. 하지만 그들은 자신들의 잘못을 고치려 노력하기보다 광야를 버리고 세상으로 돌아갔다. 그곳으로 간 그들은 얼마 못 가 여러 가지 방탕한 일들에 휩쓸렸다. 시간이 흐르자 그들은 난잡한 생활에 회의를 느꼈고 죄를 미워하게 되었다. 처절하게 회개한 두 수도사는 서로 이렇게 말했다.

"천사의 삶을 경멸하고 진흙탕에서 굴러서 결과적으로 우리가 얻은 것이 무엇인가? 영혼과 육체를 손상한 것은 물론 앞으로는 우리가 누려야 할 영생 또한 잃게 만들지 않겠는가? 광야로 돌아가 참된 회개를 하며 우리의 삶을 다시 시작하세."

두 사람은 자신들이 말한 것을 실천에 옮겼다. 광야로 돌아가 참회하는 마음으로 자신들의 죄를 고백했다. 그리고 스승들이 내리는 벌을 겸손하게 받아들였다. 그 벌은 1년 동안 각자의 기도방에서 해가 진후에 약간의 딱딱한 빵만 먹으면서 사람들과 일체 대화 없이 지내는 것이었다.

1년이라는 시간이 지났다. 스승들이 벌을 풀어주기 위해 그들을 찾아갔다. 거의 동년배였고 외모에서도 비슷한 부분이 많던 두 수도사는 1년이 지난 후 서로가 완전히 다른 모습을 하고 있었다. 한 형제는 뼈만 남은 앙상한 몸으로 창백하고 슬픈 모습이었다. 반면 또 다른 형제는 기력은 쇠했지만 매우 밝은 모습이었다.

두 사람에게 똑같은 벌을 내렸는데도 너무도 다른 둘의 모습에 스승들은 의아함을 감추지 못했다. 스승들은 그 기간 동안 어떻게 지냈는지 그들에게 물었다. 첫 번째 형제가 말했다.

"저는 밤낮으로 저의 죄와 또 그 죄로 인해 영원한 형벌이 저를 기다린다는 생각을 하며 지냈습니다. 불안과 두려움이 저의 육신을 좀먹어 제 몸은 메말라갔고 피골은 상접하게 되었습니다."

두 번째 형제가 겸손하게 말했다.

"저는 영원한 지옥의 형벌을 받지 않도록 저에게 회개할 수 있는 기회를 주시고, 탕자를 받아주신 것처럼 아버지의 품에 저를 받아 주신 지극히 선하신 하느님께 온 마음을 다해 매일 감사를 드리며 지냈습니다. 이러한 생각은 제 영혼을 하느님에 대한 감사로 가득 채웠고 제 마음속에서는 기쁨이 넘치게 되었습니다."

스승들은 두 사람의 이야기를 다 들었다. 그리고 두 사람의 회개는 하느님께서 기쁘게 받아들이시는 회개였다고 말했다.

∴

어떤 청년이 무거운 마음으로 영적 아버지를 찾아가 고백성사를 했다.

"사부님, 자꾸 제 생각이 저에게 영적 투쟁을 포기하라고 괴롭힙니다. 제가 그리스도께로 돌아오고 회개를 했는데도 아직도 저는 나약함을 떨쳐 버리질 못하고 있습니다."

영적 아버지가 그에게 말했다.

"네 말을 듣고 나니 예전에 농부였던 내 친구에게 있었던 일이 떠오르는구나. 얘야, 여기 가까이 와서 앉거라. 내가 너에게 그 친구에 대한 짧은 이야깃거리를 하나 말해주마."

청년은 언제나 그랬던 것처럼 선한 사부가 지어낸 흥미로운 일화에 귀를 기울였다.

"내 친구는 마을 가장자리에 밭을 가지고 있었단다. 오랜 세월 개간하지 않아서 가시덤불과 잡초가 우거졌지. 하지만 적당한 때가 되자 친구는 그곳에다 농사를 지을 생각을 했어. 하지만 먼저 황무지를 깨끗하게 정리해야만 했지. 그는 큰 아들을 보내 일을 시켰어. 그런데 그 아들은 엄청나게 무성한 가시덤불과 잡초들을 보자 절망에 빠졌어. 그리고 스스로에게 되뇌고 또 되뇌었지."

'이 밭은 개간이 불가능해. 이렇게 많은 잡초를 어떻게 다 뿌리 뽑는단 말이야?'

그는 도저히 불가능한 일이라고 여겨서 스스로 타협을 했지. 그는 덤불바닥에 누워 잠을 잤어. 잠에서 깨어보니 이미 정오가 다 되었어. 그는 졸린 눈으로 황무지를 다시 바라봤어. 그래도 일할 엄두가 안 났어. 그는 그렇게 밤늦게까지 아무것도 하지 않고 그냥 그 자리에 있었어. 다음 날도 또 그 다음 날도 똑같았어. 하품만 하고 여기저기 귀찮은 듯이 어슬렁거리다가 잠에 빠졌다가 깨어나곤 했지. 마치 일만 안 하기로 작정한 것 같았어. 그러던 어느 날 아버지가 그곳을 방문했다가 잡초 하나 뽑지 않은 아들을 보게 되었지. 아버지는 화가 나서 그에게 말했어.

'며칠 동안 아무 일도 안 한 거냐?'

'아버지, 제 마음이 무겁습니다.' 아들이 말했다. '제가 해야 할 엄청난 일을 생각만 해도 도저히 시작할 엄두가 나지 않습니다.'

'아들아, 네가 자는 시간에 네 키만큼만이라도 잡초를 뽑아 정리를 했다면 지금쯤은 거의 일이 끝나지 않았을까 싶구나.'

아버지의 말씀을 듣자 아들은 게으른 자신의 모습이 부끄러웠다. 그는 즉시 아버지의 조언을 실행에 옮겼다. 그리고 얼마 안 가 그는 황무지 땅을 깨끗이 다 정리하는 것이 불가능하지 않다는 것을 눈으로 직접 확인했다.

'애야, 너도 이 아들을 닮으렴. 그리고 다음에 나를 찾아올 때에는 진정 네 영혼의 정욕을 뿌리 뽑는 것이 그렇게 어려운 것인지 나에게 말해주렴.'

청년은 고백성사와 영적 아버지의 조언에서 새로운 힘을 얻었다. 그리고 선한 투쟁을 계속하겠다는 마음을 굳건히 한 채 그곳을 떠났다."

2. 죽음에 대한 기억

아가톤 사부가 말했다.

"만일 그리스도인이 죽음이 수반되는 심판을 매 순간 염두에 두었있다면 그렇게 쉽게 죄를 짓지는 않았을 것이다."

· · ·

요르단 광야에서 수행을 하던 한 은수자가 오랜 세월 사탄의 유혹을 받았다. 하지만 이것은 그에게 용기를 불어넣어줬다. 그래서 그는 적들은 투사를 유혹할 엄두를 내지 못해 오직 나태하고 게으른 자들에게만 간다고 자주 말하곤 했다.

언젠가 사탄이 그의 앞에 나타나 불평을 털어놓았다.

"내가 너에게 무엇을 잘못했다고 이렇게 나를 업신여기는 것이냐?"

"사악한 영아, 당장 이곳에서 꺼져라." 은수자가 용감하게 소리쳤다. 그리고 악령을 때리려고 지팡이를 들었다 "너는 그리스도의 종들을 괴롭힐 권리가 없어. 그러니 너를 찾는 부주의하고 나태한 자들에게나 가라고."

"그렇게 생각한단 말이지?" 악의에 찬 사탄이 말했다. "앞으로 네가 40년은 더 살 텐데 그 동안 내가 널 유혹에 빠뜨릴 수 없다고 생각한다 이거지?"

하지만 미끼는 이미 성공적으로 던져졌다. 사탄은 소름이 끼치는 웃음을 허공에 남기며 사라졌다. 그 순간 은수자의 정신이 흐릿해지기 시작했다.

"아직도 40년을 더 살아야 한다고! 아, 너무 긴 세월이 아닌가!" 은수자는 계속해서 혼잣말을 되뇌었다. 그리고 얼마 후에 이런 생각이 들었다.

"가족들도 만나보고 수행에 지친 심신도 쉬게 해 줄 겸 잠시 속세에나 내려갔다 올까? 돌아와서 다시 수행에 정진하자. 아직도 40년이라는 시간이 있지 않은가!"

결심을 굳힌 그는 어느 날 아침 지팡이를 들고 속세로 길을 향했다.

하지만 자비의 하느님께서는 그의 오랜 세월의 노고를 생각하시어 천사를 보내 그를 막았다. 천사가 그가 가던 길을 막으며 물었다.

"어디로 가는 것인가?"

"도시로 갑니다." 은수자가 다급하게 대답했다.

"하느님의 축복을 받은 사람이여, 생의 마지막이 얼마 남지 않았는데 사악한 영의 장난질에 그냥 놀아날 것인가? 더 늦기 전에 빨리 은수처로 돌아가 그대의 어리석음을 슬퍼하게."

정욕에 빠진 자신의 모습이 수치스러웠던 노 은수자는 그길로 자신의 은수처로 돌아갔다. 그리고 3일 후에 영원한 안식에 들었다.

・・・

어느 사부가 유익한 말씀을 청하는 젊은 형제 수도사들에게 말했다.

"언제나 눈앞에 죽음을 떠올릴 수 있는 사람은 소심함을 이겨내지."

그리고 그들을 쭉 둘러본 후에 다시 이렇게 확인시켜 주었다.

"나는 여기 이 직조용 축이 지금까지 회전했던 수만큼이나 죽음을 생각하며 살아왔단다."

∙ ∙ ∙

어떤 사부가 조언했다.

"그대가 어떤 일을 시작하려할 때 먼저 자신에게 이 질문을 의식적으로 하거라.

'나의 주님께서 지금 이 순간 나를 찾아오신다면 어떻게 될까?'

그리고 나서 양심이 그대에게 대답하는 소리를 주의 깊게 들어라. 만약 양심이 탐탁찮아 하면 그대는 즉시 하고자 했던 일을 그만두고 양심이 마음에 들어 하는 다른 일을 시작하고 그것을 포기하지 말고 끝까지 해서 마치거라.

덕의 일꾼은 매 순간 침착하게 죽음을 직면할 준비가 되어 있어야 한다.

그대는 잠을 자기 위해 자리에 눕거나 잠에서 일어날 때, 식사를 하거나 일을 할 때, 서 있거나 길을 걸을 때, 언제나 계속해서 머릿속으로 생각해야 한다.

'이 순간 주님께서 나를 부르신다면 난 준비가 되어 있을까?'

그리고 나서 다시 그대의 양심이 이끄는 소리를 유심히 듣고 양심의 안내에 따라 행동해라. 그대의 마음은 하느님께서 그대에게 자비를 베풀어 주셨다는 것 또한 그대에게 확인시켜줄 것이다."

∙ ∙ ∙

대 아르세니오스 사부가 병이 들었다. 그는 지상의 삶이 얼마 남지 않았다는 것을 느끼고 눈물을 흘리기 시작했다.

"사부님, 두려우십니까?" 그의 제자들이 의아해하며 물었다.

"얘들아, 이 두려움은 내가 수도사가 된 이래로 내 마음속에서 단 한 번도 떠난 적이 없었단다." 하느님의 위대한 친구가 대답했다. 그리고 나서 그의 지혜의 입술은 영원한 침묵에 잠겼다.

• • •

출가자 이사야 사부는 이렇게 썼다.

"그리스도인이 성취하기가 너무 힘든 세 가지가 있는데, 그것은 애도, 눈물, 그리고 죽음에 대한 끊임없는 기억이다. 하지만 이 세 가지는 다른 모든 덕들을 지탱해준다."

특히 이사야 사부는 죽음의 기억에 대해 이렇게 기록했다.

"'오늘이 내 생의 마지막 날이구나'라고 매일 자기 자신에게 말할 수 있는 사람은 의지적으로 절대 하느님께 죄를 짓지 않게 될 것이다. 하지만 아직도 살아갈 날이 많이 있다고 여기는 사람은 의심의 여지없이 죄의 고리에 엮이고 말 것이다. 하느님께서는 자신이 한 행위에 대해 책임질 준비를 하는 영혼을 성화시키신다. 그리고 하느님의 심판을 망각하는 이는 누구나 죄의 종으로 살아가게 된다."

• • •

에바그리오스 사부가 조언했다.

"그대는 자주 미래에 올 심판을 기억해야 한다. 그대가 이곳 세상에서 떠날 것이라는 사실을 잊지 않는다면 그대의 영혼은 잘못을 범하지 않을 것이다."

• • •

어떤 사부가 조언했다.

"그리스도인이여, 정신을 바짝 차리고 그대의 죽음의 시간을 기억하라. 주검이 되어 있는 그대의 육체의 모습을 생생하게 떠올려라. 떠나가는 영혼의 아픔을 느껴보도록 노력하라. 물질적 세상의 헛됨을 자주 사색하라. 그대의 생각을 지옥의 형벌들이 있는 곳으로 보내 돌아보게 하라. 그대는 그곳에 있는 영혼들이 어떤 상태에 있는지 깊이 사유해

보았는가? 어떤 탄식, 어떤 두려움, 어떤 공포, 어떤 고통스런 침묵에 놓여 있는지, 그들이 얼마나 깊은 절망감 속에서 최후의 심판 때 받을 그 끔찍한 형벌을 기다리고 있는지 생각해 보았는가?

온 인류가 부활하는 두려운 그 날을 머릿속에 깊이 각인하여라. 그 때 온 인류는 그리스도의 심판대 앞에 서게 될 것이다. 전율이 흐르는 두려운 법정과 어리석은 죄인들을 영원한 수치의 무게로 덮을 냉혹한 판결을 떠올려라.

그리스도인이여, 그대가 이 모든 것을 기억하고 살아간다면, 그대는 악한 생각과 사악한 행실을 피하게 될 것이고 덕의 길로 더욱 정진하게 될 것이다."

· · ·

일리아스 사부가 말했다.

"내 마음을 심란하게 하는 세 가지가 있다네. 육체로부터 영혼이 분리되는 것, 냉엄한 심판관 앞에 서는 것, 그리고 나를 단죄하는 판결이라네."

· · ·

라이토에 어떤 은수자가 수행을 하며 살고 있었는데 한 번도 그의 은수처 밖으로는 나간 적이 없었다. 그는 뭔가를 만들다가 멈추고는 슬픔에 잠긴 채 땅을 내려다보곤 하였다. 그리고 고개를 천천히 움직이며 깊이 탄식하고 중얼거렸다.

"어떻게 될까?"

그는 오랜 시간 침묵하고 움푹 파인 눈에서 강물처럼 흐르는 눈물을 닦아내고 또 다시 같은 일을 시작하였다. 그에게 약간의 음식을 가져다주던 형제 수도사들이 그의 이런 모습을 목격하고 그에게 물었다.

"사부님, 무엇을 생각하시길래 그렇게 비탄에 잠겨있으신지요?"

"오늘이 내 생의 마지막 날인데 애통하게도 내가 떠날 준비를 다 마치지 못한 것을 생각하고 있었다네." 사부가 대답했다.

• • •

이페레키오스 사부가 우리에게 말했다.
"천상의 왕국에 대한 갈망이 촛불처럼 그대의 영혼 안에서 타고 있다면 그대가 곧 천상의 왕국의 상속자가 된다는 것을 믿어 의심치 않아도 될 것이다."

• • •

어느 사부가 젊은 수도사에게 말했다.
"사람들이 인간인 자네에게 천사가 될 수 있게 영적 투쟁을 하라고 말해도 놀라서는 안 되네. 전능하신 하느님께서 영적 투사들에게 천사와 같은 영광을 약속하셨다는 것을 기억하게."

• • •

언젠가 제자들이 젊은 시절의 열정으로 영적 투쟁을 계속 이어가고 있는 매우 연로한 사부에게 그의 쇠약해진 육체에 약간의 휴식을 주는 게 좋을 것 같다고 권유했다.
"얘들아, 내 생각에는 아브라함 성조도 인간의 머리로는 해득하기 어려운 하느님의 은총들을 보면서 왜 지상에 있을 때 더 열심히 투쟁하지 않았을까 하고 후회할 것 같구나." 사부가 열정적으로 대답했다.

• • •

지상에서 찬란한 유성처럼 살다가 빛의 자취를 남기고 영원의 무한으로 날아간 거룩한 영혼들의 복된 삶의 마지막 모습은 우리의 심금을 울린다.

대 안토니오스의 산에서 수행하던 수많은 수도사들은 시소이스 사부가 마지막 순간에 있음을 알고 그의 축복을 받기 위해 시소이스 사부의 오두막 은수처로 모였다. 사부에 대한 그들의 칭송은 끝이 없었다. 그들은 그를 "광야의 다이아몬드"로 불렀는데 그것은 매우 적절한 표현이었다. 그가 살아온 기나긴 모든 세월은 성성을 향한 하나의 투쟁이었으며 죽음에 이른 지금 그 삶은 찬란하게 빛났다.

그의 경건한 모습에는 평온한 행복이 나타나 있었다. 승리자로 생의 마지막 순간을 맞게 된 시소이스 사부가 주변에 "선한 투쟁"에 함께 동참했던 그의 동료이자 형제인 수도사들이 있음을 느끼고는 뭔가 말을 하고 싶은 듯 입술을 천천히 움직였다. 노 수도사들, 젊은 수도사들, 존경하는 스승들, 초보 제자들 모두 깊은 슬픔으로 눈물을 흘리며 신비의 순간 앞에 경건하게 서 있었다. 절대적 침묵이 주변을 휘감고 있었다. 그들은 위대한 성인의 마지막 말을 성스런 유물처럼 보존하기 위해 성인이 입을 열기만을 기다렸다. 하지만 정신이 고양되어 있는 그는 오직 하늘만을 쳐다보고 있었다.

"나의 스승께서 오신다." 그가 속삭이는 소리가 들였다.

수도사들의 가녀린 몸이 떨렸다. 수도사들은 그들의 영적인 눈으로, 비록 순간이었지만, 성인의 독특한 삶의 가장 섬세한 부분까지도 그대로 답습했던, 제자들 중 가장 아꼈던 제자 시소이스를 그의 곁에 앉히기 위해 축복된 손을 내미는 "수도사들의 대부" 안토니오스 성인을 위대한 사부의 모습 속에서 보았다.

"아, 사도들과 예언자들이 보입니다!"

이 말을 속삭이는 동안 죽음을 목전에 둔 그의 얼굴이 천상의 빛으로 빛났다. 그의 입술은 마치 자신의 눈에 보이는 존재와 대화를 하는 것처럼 여전히 천천히 움직이고 있었다.

"사부님, 누구와 말씀을 나누시는지요?" 노 수도사들이 물었다.

"거룩한 천사들이 나를 데려가려고 한다네. 그래서 내가 좀 더 회개할 시간을 달라고 청하고 있다네." 그가 힘겹게 말했다. 그리고 그의 축 처진 눈꺼풀 뒤로는 두 줄기의 눈물이 흘렀다.

"복되신 시소이스 사부님, 당신께 무슨 회개가 더 필요하겠습니까? 당신의 온 생애가 회개의 삶이 아니었습니까?" 스승들은 그의 겸손에 경탄을 금치 못하며 대답했다.

"형제들이여, 나는 회개를 아직 시작조차 못했는지도 모른다네."

그가 이 말을 할 때 갑자기 그의 얼굴이 태양을 보는 것처럼 환히 빛났다. 순간 그곳에 모여 있던 이들이 모두 경이와 두려움에 사로 잡혔다.

"나의 주님, 나의 하느님! 당신께 영광을!"

그의 마지막 말이었다. 그의 영혼은 이 말과 함께 하늘로 날아올랐다. 그는 마음속 깊은 곳에서부터 예배해왔던 예수님을 본 것일까? 누구도 그것을 말할 순 없지만 모든 정황이 그것을 확인시켜주고 있었다. 그의 모습 속에서 본 범상치 않은 빛, 겸손한 그의 오두막 은수처에 감도는 초세상적인 평온함, 형용할 수 없는 향기, 이 모든 것은 천상의 임금께서 그 선택된 친구를 방문했음을 증거하고 있었다.

∴

하루는 한 노 사부가 수작업한 바구니를 팔러 도시로 내려갔다. 오랜 시간 길을 걷다 지친 노 사부는 길가에 있던 대 저택의 계단으로 가서 잠시 앉아서 쉬려고 했다.

그때 대 저택의 부자 주인은 생사의 갈림길에 있었다. 노 사부는 집 안에서 어떤 일이 일어나는지를 전혀 모른 채 휴식을 취하고 있었는데 갑자기 검은 말들을 타고 달려오는 흉악하게 생긴 검은 무리들을 보았다. 집 문 앞에 도착하자 그들은 검은 말에서 내려 집 안으로 성급히 들어갔다.

노 사부는 뭔가 일이 있음을 눈치 채고는 죽음을 앞둔 주인의 방까지 그들을 따라갔다. 죽음을 앞둔 주인이 검은 무리들을 보자 공포에 질려 외쳤다.

"하느님, 저를 구해주소서."

그러자 검은 무리들이 그를 비아냥거리며 차갑게 말했다.

"해가 진 지금에 와서야 하느님이 생각나느냐? 그러기에는 이미 때가 늦었지. 왜 동이 틀 때부터 그를 찾지 않았느냐? 이제 너는 우리 손에 달려있다." 그들은 잔인하게 이런 말을 하면서 강제로 그의 영혼을 갈라놓았다. 그리고 승리의 함성을 지르고 사라졌다.

노 사부는 이 광경을 보고 슬픔과 두려움에 사로잡혀서 마치 죽은 사람처럼 되었다. 한참 시간이 흐른 뒤에 정신이 든 노 사부는 다른 이들에게 하느님께서 자신에게 일깨워주신 이 모든 것에 대해서 그들의 유익을 위해 말해주었다.

...

한 청년이 자신의 삶을 광야에서 수행하며 하느님께 헌신하기를 갈망했다. 하지만 어머니는 아들이 그 길을 가는 것을 반대했다. 그래서 할 수 있는 한 그가 가고자 하는 길을 가로막았다. 아들은 자주 어머니에게 이렇게 말했다.

"어머니, 갖가지 방해물로 하느님의 길을 가로막는 것은 하느님께 죄를 짓는 겁니다. 저는 이곳을 떠나 제 영혼을 구원하고 싶어요."

마침내 아들은 각고의 노력 끝에 어머니를 설득시키는 데 성공했다. 그리고 즉시 광야로 떠났다. 그곳에서 오두막 한 채를 발견하고 홀로 수행을 하기 위해 그 집에 머물렀다. 얼마 후 그의 어머니가 세상을 떠났다. 그녀는 결코 좋은 그리스도인은 아니었다.

청년 은수사는 처음에는 영적 투쟁도 하며 잘 생활해 나갔다. 하지만 시간이 흐르면서 초심 때 품었던 열정이 식어가기 시작했다. 혼자 지내는 것도 귀찮아졌고 수도사로서 지켜야 할 책무도 소홀해졌다. 결국에는 그의 구원에 대해조차 의미를 두지 않게 되었다.

언젠가 그가 중병에 걸리게 되었다. 죽음이 얼마 남지 않아 보였다. 그를 아끼던 한 형제 수도사가 그를 보살펴보러 오곤 했었는데, 그가 방문했을 때 청년 은수사는 사경을 헤매고 있었다. 후에 청년 은수자가 직접 말한 것처럼, 그는 자기 몸에서 영혼이 강제로 분리되어 지옥의 어두운 심연 속으로 깊이 들어가는 것을 느꼈다. 그는 지옥에서 신음하고 있는 다른 많은 이들 사이에서 그의 어머니를 발견했는데 불행한 그녀 역시 그를 보고 당혹감을 감추지 못했다.

"아들아, 너도 희망이라고는 없는 이 저주받은 곳으로 단죄 받아 온 것이냐? 네가 영혼을 구원하겠다고 내게 그토록 힘주어 말했던 그 말들은 다 어디로 간 것이냐? 수도사가 되었는데도 자기 영혼을 구원하지 못하다니."

그는 어머니의 올바른 지적에 부끄러워 고개를 들 수 없었고 그 어떤 변명도 할 수가 없었다. 그 순간 그는 어머니의 책망을 듣기보다 지옥의 문이 더 깊숙이 열려 자신을 삼켜주길 더 바랬다. 어려운 처지에 있던 그에게 어떤 명령이 들렸던 것 같았다.

"그를 다시 데리고 돌아가라. 그가 잘못을 고칠 수 있는 기간을 좀 더 주겠노라."

그 일이 있은 후 그가 다시 의식을 찾았다. 두려움에 사로잡힌 그는 자기가 보고 들은 모든 것을 형제 수도사들에게 말해주었다. 며칠 후 그는 건강을 되찾았다. 영적으로도 거듭났다. 그는 오두막에 들어앉아 두려움과 무서움 속에서 자신의 영혼 구원을 보살폈다. 지나온 과오에 대해 깊이 회개하며 매일 쓰디쓴 눈물을 흘렸다.

"형제여, 그렇게 하지 말게." 사부들이 그에게 말했다. "슬픔이 너무 지나치면 다시 병이 날 수도 있어."

"제가 어머니가 책망할 때 수치스러움을 감당하지 못했는데 심판관께서 천사들과 의인들과 그리고 동료인간들 앞에서 저를 엄하게 책망하시기라도 한다면 제가 어찌 그것을 견뎌낼 수 있겠습니까?"

이전에 나태했던 청년 은수자는 이렇게 변화된 삶의 자세로 마침내 성성에 이르렀다.

• • •

수도공동체 조직의 위대한 스승 파코미오스 성인이 그가 설립한 많은 수도원들 가운데 한 수도원에서 머무르고 있었다. 그런데 키노보스키온의 수도원에 있는 어느 형제 수도사가 중병에 걸려 성인을 찾고 있다는 소식이 갑자기 그에게 전해졌다. 그는 뭔가 심각한 일이 벌어졌다는 것을 느끼며 서둘러 노 수도사들 중 두세 명과 함께 그곳으로 향했다.

성인이 무아지경에 빠졌을 때는 그들 일행이 여정의 중간에도 채 이르기 전이었다. 대기는 아름다운 성가의 선율로 가득했다. 하느님의 사람은 시선을 하늘로 향했다. 천상의 아름다운 성가를 부르는 천사단이 앞장서고 형제의 영혼이 뒤따라 하늘로 오르고 있는 것이 보였다.

성인과 동행한 수도사들은 이런 뭔가 이상한 것을 듣지도 보지도 못했다. 그래서 그들은 왜 성인이 길 한 가운데 그렇게 서 있는지 의아스러웠다.

"사부님, 형제 수도사가 죽기 전에 빨리 움직여야 할 것 같습니다." 일행이 그에게 상기시켰다.

"그럴 필요없네." 그가 대답했다. "그의 모습에는 만족감이 넘쳤어. 우리의 형제가 이 순간 복된 길에 들어서고 있다네."

• • •

언젠가 대 마카리오스 성인이 광야에서 사색하며 길을 걷다가 해골을 발견했다. 그는 지팡이로 그 해골을 살짝 흔들어보고는 마치 살아있는 사람처럼 그것에게 물었다.

"자네는 누구인가?"

"이시스(이집트의 여신)의 사제입니다." 그가 보이지 않는 신비의 힘에 의해서 대답을 강요받는 것처럼 말했다. "당신은 마카리오스이시군요. 그렇지 않나요? 그렇다면 제 말을 들어보십시오. 지옥에 있는 이들은 당신이 그들을 동정하며 기도를 드릴 때마다 조금 위안을 받는답니다."

성인은 그의 말을 기회삼아 지옥의 형벌들과 또 그곳에 갇혀 고통받고 있는 이들에게 주어지는 위안에 대해 물었다. 해골이 설명했다.

"거기는 하늘과 땅의 거리만큼 멀리 떨어진 곳까지도 고통의 불이 미치는 곳입니다. 우리는 그 거리의 중간 정도에 머무르고 있지요. 그리고 우리는 서로 얼굴을 마주 보는 것이 불가능합니다. 왜냐하면 서로 등을 지고 있기 때문입니다. 하지만 세상에 살고 있는 경건한 사람이 우리를 위해 기도를 하면 그때 우리는 몸을 돌려 서로 얼굴을 보고 조금의 위안을 얻습니다."

비참한 죄인이 세상에 태어난 것이 저주의 시간이로다, … 그리스도께서 유다에 대해 말씀하신 것처럼 그 역시 세상에 태어나지 않은 것이 더 좋았을 것을, … 성인이 깊은 한숨을 내쉬었다. 그러고 나서 성인이 다시 해골에게 물었다.

"그곳에 더 고통스러운 곳이 있는가?"

"물론입니다. 우리들이 있는 곳보다 더 안 좋은 곳입니다."

"어떤 사람들이 그곳으로 가는가?"

"참된 하느님을 결코 알지 못했던 우리는 그 나름의 자비를 얻고 있습니다." 혼령이 된 해골이 말했다. "하지만 그분을 알고 있었으면서도 행위로 그분을 부정한 이들은 무자비한 고통을 겪고 있지요."

하느님께서 허락하셔서 이 모든 것을 알게 된 성인은 해골을 땅에 잘 묻어주었다. 그리고 회개하지 않은 죄인들, 특히 그리스도인들을 한탄하면서 그가 가던 길을 계속 갔다.

...

사랑하는 친 형제 둘이 수행의 삶을 살기로 뜻을 모았다. 그들은 광야로 나가 자신들 사이에 적당한 거리를 두고 각자 짚으로 오두막을 지었다. 그리고 스스로 엄격한 규율을 정했다. 각자 오두막 밖으로 나오지 않고 또 생각이 속세로 흐르지 않도록 서로 만나지 않으면서 오직 하느님의 나라를 위해 투쟁하고 끊임없이 기도하며 침묵 속에서 수작업에 전념하기로 했다.

몇 년이 흐른 후에 두 형제 중 동생이 중병에 걸렸다. 주변의 은수자들이 소식을 듣고 방문했을 때 그는 무아지경에 빠져 있었다.

"형제여, 무엇을 보았는가?" 그가 정신이 들자 사람들이 놀라 물었다.

"거룩한 천사들이 내 형과 나를 데리고 하늘로 올라가고 있었습니다." 이미 속세의 삶이 끝난 그가 말했다. "그런데 어둠의 세력들이 우리를 방해하려고 공격했습니다. 하지만 우리를 둘러싸고 있는 수호자들이 있어서 우리는 무사히 그들의 손을 벗어났습니다. 그러자 수치스러워 하던 어둠의 세력들이 외쳤습니다. '순결은 진정 놀라운 힘을 지니고 있구나 ….'"

그는 모여 있던 수도사들에게 본 것을 말하는 도중에 영원한 안식에 들었다. 수도사들은 그의 혈육인 형에게 동생의 소식을 알리려고 사람들을 보냈다. 그런데 이미 형도 세상을 떠난 뒤였다.

...

아래 이야기는 동정녀로 하느님께 헌신한 한 여성이 그의 영적 아버지께 말한 내용이다. 영적 아버지는 그녀가 직접 입으로 말한 이야기를 듣고 다른 많은 이들을 영적으로 고양시키기 위해 기록으로 남겼다.

"저를 낳아주신 부모님은 성격도 서로 전혀 안 맞았고 삶의 방식도 정반대였습니다. 아버지는 매우 선한 분이었습니다. 온유하고 겸손하고 자선도 많이 행했고 지혜로웠으며 절제하는 분이었습니다. 하지만 건강은 그리 좋지 못했습니다. 제가 자라서 기억할 수 있는 나이가 되고난 후에 지켜본 아버지는 늘 병상에 누워계셨습니다. 하지만 놀라울 정도로 고통을 잘 견디며 지내셨습니다. 아버지는 병마의 고통에 대해 단 한 번도 원망이나 불만을 나타내지 않으셨습니다.

건강이 잠시 호전되었을 때 자신의 재산을 살펴보시고 그 대부분을 가난한 이들에게 나눠주시고 나서 나머지 얼마 되지 않은 돈으로 몇 안 되는 가족들 곧 어머니와 저를 부양하셨습니다.

그분의 여러 덕들 중에는 침묵이 있었습니다. 착하신 아버지는 말씀이 거의 없으셨습니다. 그래서 많은 사람들이 벙어리가 아닌가 생각할 정도였습니다. 그런데 아버지께서 침묵하고 계신 이유는 마음과 정신을 모아 끊임없이 하느님을 향해 기도를 드리고 있었기 때문이었습니다.

반대로 저의 어머니는 전형적으로 세상적인 사람이었습니다. 안락을 좋아했고 즐기고 꾸미고 옷 사 입는 것도 아주 좋아했습니다. 소비가 과해서 언제나 경제적으로 힘들었습니다. 어머니는 화도 자주 내고 끊임없이 집 안과 밖에서 사람들과 다투었습니다. 수다에 오지랖도 넓어서 살고 있는 마을의 소식은 물론 마을 밖에서 일어나는 일까지 전부 꿰고 있었습니다. 이기적이고 자기애가 강해서 자신을 먼저 신경 쓰고 가족은 그 뒷전이었습니다. 남편에 대해서는 전혀 애정이 없었으며 오히려 적대감을 가지고 있어서 아버지의 고통을 키웠습니다. 어머니는 이런 모든 결점과 절제 없는 생활에도 불구하고 매우 건강했습니다. 어머니가 아픈 것은 본 기억이 없습니다.

아버지께서는 제가 아직 어렸을 때 고통스러운 병으로 세상을 떠나셨습니다. 아버지께서 돌아가신 후에 일어난 일들은 저에게 두려움으로 각인되어 있습니다. 아버지께서 돌아가신 날은 처음으로 겪어본 최악의 날씨였습니다. 바람이 불고, 비가 내리고, 번개가 치고, 아버지를 매장하기 위해 도저히 집밖으로 나갈 수가 없었습니다! 그렇게 우리는 장례도 지내지 못하고 3일 동안 주검을 집안에 둘 수밖에 없었습니다. 더 이상은 집에 주검을 두지 못하게 되자 친지들 중 두 분이 어쩔 수 없이 아주 힘들게 주검을 장지로 옮겨 임시로 매장했습니다. 착한 아버지께서는 그렇게 죽어서 제대로 된 장례도 치르지 못하는 수모를 겪으셨습니다. 몇몇 못된 이웃들은 아버지의 비참한 말로를 보고 악담을 퍼붓기까지 했습니다.

'하느님께서 장례도 제대로 지내지 못하게 하시는 것을 보면 그가 어떤 죄를 지었는지 누가 알겠어?'

아버지가 돌아가신 후에 어머니는 완전히 자유의 몸이 되어 도덕적으로 내리막길을 걷기 시작했고 집을 방탕한 소굴로 만들었습니다. 그런데 그토록 건강했던 어머니도 그리 오래 살지는 못했습니다. 아버지께서 남겨놨던 재산을 탕진하다가 갑자기 세상을 떠난 것입니다. 하지만 어머니의 친구들은 그녀를 위해 성대하게 장례를 치러줬습니다. 날씨도 아주 정말 좋았습니다. 저는 특별히 이 사실이 놀랍습니다.

어린 시절이 지나고 청년으로서의 고민들이 저를 짓누르기 시작했습니다. 세상에 홀로 남아 어떤 길로 가야 할지 막막했습니다. 머릿속은 복잡했고 힘들었습니다. 저는 혼자 이렇게 말했습니다.

'나를 지켜줄 사람 하나 없는 세상에서 이제 나는 내 스스로 앞길을 개척해야해.'

하지만 어떤 길을 택해야 할까요? 제 앞에는 어머니와 아버지의 서로 다른 두 모습이 있었습니다. 착했지만 불행하셨던 아버지, 생전에서뿐만 아니라 죽어서도 시달리며 고통받았던 아버지, -아버지의 주검이 제대로 매장되지 못했던 것을 저는 결코 잊을 수가 없습니다. 만약 하느님께서 마음에 드셨다면 어떻게 아버지를 그런 고통 속에 두셨을까요? 반면에 어머니는 윤리적인 삶을 살지 않았습니다- 전 그것을 분명히 알고 있습니다. 그럼에도 어머니는 남들이 부러워하는 부유, 건강, 안락, 수많은 인맥, 누구라도 인정할 만큼의 모든 것을 누리고 이 세상을 떠났습니다.

저의 작은 머리로 두 분의 삶을 비교해가며 생각하면 할수록 저의 생각은 점점 더 어머니의 삶으로 기울어졌습니다. 그런데 자비의 하느님께서 저에게 자비를 베푸셔서 범상치 않은 방법으로 저를 바른 길로 이끌어주셨습니다.

제가 다시 같은 생각을 하면서 잠을 자려고 누웠던 어느 날 밤, 저는 계시몽을 꾸었습니다. 갑자기 제 방문이 열리는 것이 느껴졌고 방안으로 형용할 수 없는 위엄을 지닌 얼굴이 빛나는 한 젊은 사람이 들어왔습니다. 그는 가까이 다가와 내 마음속 깊은 곳에 감춰져 있는 것까지 들여다보는 듯이 꿰뚫어보는 눈빛으로 저를 내려다 봤습니다.

'무슨 생각을 하고 있느냐?' 그분은 감미로운 듯하면서도 엄격한 목소리로 제게 물었습니다.

깜짝 놀란 저는 두려움에 말문이 막혔습니다. 그분은 재촉했습니다.

'빨리 말하거라.'

알지 못하는 조사관이 엄격하게 하면 할수록 그만큼 두려움으로 온 몸이 마비되었습니다. 그분께서는 대답을 듣지 못하자 저를 그토록 짓누르며 힘들게 했던 제 생각들을 드러내주셨습니다. 그분께서는 제가 머릿속으로 생각했던 전부와 제가 알고 있는 모든 것을 정확하게 말씀하셨습니다. 그래서 저는 그 말을 부정할 수도 제 자신을 변명할 수도 없었습니다. 그때 저는 죄인처럼 그분의 발 앞에 엎드렸습니다. 그리고 저를 용서해 달라고 울며 간청했습니다. 그분께서는 저에게 연민을 보이셨습니다. 바로 그분의 태도가 바뀌었습니다.

'나를 따라오너라.' 그분이 저에게 명령했습니다.

그분이 제 손을 잡고 번개처럼 빠르게 빛과 아름다움이 가득한 끝이 보이지 않는 광활한 평원으로 저를 데리고 갔습니다. 그곳에 대해서는 더 말하지 않겠습니다. 왜냐하면 말로 표현할 수 없기 때문입니다. 그곳에는 행복에 겨운 존재들이 평화로이 천상의 아름다움을 누리고 있었습니다. 그들 사이에서 저는 아버지를 알아볼 수 있었습니다. 아버지 역시 저를 보았습니다. 아버지께서는 제 곁으로 오셨습니다. 그리고는 저를 당신의 품에 안았습니다. 저는 그 품안에서 평온과 행복을 느꼈습니다! 아버지와 떨어지기 싫었습니다. 저는 아버지를 꽉 안고서 그곳에 머물러 있게 해달라고 아버지께 간청했습니다.

'사랑하는 아버지, 제가 당신 곁에 영원히 있게 해주세요.'

'지금은 네가 바라는 대로 할 수가 없구나.'

아버지의 목소리가 좀 더 진지해졌습니다.

'네가 내 삶의 흔적을 따르고 싶다면 네가 이곳에 머물 곳을 마련하면 된단다. 그것은 너의 의지에 달려있어.'

아버지는 저를 온화한 눈빛으로 바라보았고, 흐르는 눈물을 닦아주시려고 눈에 입을 맞추셨습니다. 저를 그곳으로 데려 왔던 분이 이제 그만 자신을 따라오라고 눈짓하셨습니다. 하지만 저는 아버지의 품에서 떠나고 싶지 않았습니다. 그때 그분이 와서 손으로 저를 잡아당기셨습니다. 그리고 제게 말했습니다.

'너의 어머니도 보아야 하지 않겠니?'

행복에서 떨어져 나온 저는 슬퍼하며 그분을 따라갔습니다. 우리는 아래로, 아래로 내려갔습니다. 어둡고 불결하고 갑갑한 곳으로 점점 더 깊이 내려갔습니다. 더러움과 두려움에 숨을 쉴 수조차 없었습니다. 괴물과도 같은 형상들이 도처에서 돌아다니고 있었습니다. 불행한 영혼들은 꺼지지 않는 불꽃으로 무자비하게 고통당하고 있었습니다. 저는 그들 사이에서 어머니를 보았습니다. 어머니는 더러운 용암 같은 곳에 몸이 목까지 깊이 잠겨 있었습니다. 그녀는 견딜 수 없는 고통 때문에 울부짖었고 한숨은 끝이 없었으며 이를 갈아서 내는 끔찍한 소리는 가슴을 찢었습니다. 그녀는 나를 알아본 것 같았습니다. 왜냐하면 참을 수 없는 한탄을 터뜨렸기 때문입니다.

'아, 이 무슨 애통한 일인가. 조금의 쾌락 때문에 내가 얻은 것이 무엇이란 말인가. 끝이 없는 고통과 절망이네.'

그녀의 말은 절망스러웠습니다. 그녀의 슬픔으로 해서 저는 거의 죽을 지경이 되었습니다. 불행한 어머니는 돌아서서 저를 보았습니다.

'애야, 널 낳아주고 키워준 나를 불쌍히 여겨주렴.' 그녀는 절망적으로 소리쳤습니다. '네 손을 뻗어 이 고통 속에서 나를 건져다오.'

제가 무엇을 할 수 있었을까요? 저는 슬픔 때문에 가슴이 찢어지듯 아팠습니다. 저를 세상에 데리고 온 그분을 도울 수 있을 거라 믿으며 손을 뻗었습니다. 그런데 용암에 제 손이 닿자 엄청난 통증이 느껴졌습니다. 저는 엄청나게 큰 소리를 질렀습니다. 주변에 사는 이웃 사람들이 깜짝 놀라 소란스러워졌습니다. 그리고 잠시 후 저의 집은 사람들로 가득 찼습니다. 많은 사람들이 제가 좋지 않은 상태에 있는 것을 발견하고, 정신을 잃었다고 생각했습니다. 저는 제게 일어났던 일을 설명할 수가 없었습니다. 저는 화상을 입은 끔찍한 상처가 있는 손을 그들에게 보여주며 어머니 때문에 생긴 상처라는 것을 납득시키려고 했습니다. 저는 심하게 아팠으므로 오랜 기간을 병상에 누워 지냈습니다. 그리고 하느님의 은총으로 건강을 되찾은 다음에는 주저하지 않고 아버지의 길을 따랐습니다. 그리고 주님께서 당신의 자비로 저를 구원하시고 당신의 복에 동참할 수 있게 해주실 것이라는 희망을 가지고 살아가고 있습니다."

...

속세에는 단 한 번도 내려가 본 적이 없는 어느 사부 수도사가 있었다. 그에게는 도시에 살면서 그를 도와주는 착한 그리스도인이 있었다. 그는 사부의 바구니를 팔아 빵을 사서 그에게 가져다주었다.

착한 그리스도인이 살고 있는 그 도시에는 엄청난 부자도 살고 있었는데 그는 성질이 못되고 불경스런 사람이었다. 그런데 어느 날 갑자기 그 부자가 죽음을 맞았다. 그의 일가친척들은 과시하려고 장례식을 성대하게 치러줬다. 온 도시 사람들이 함께하고 주교는 모든 성직자들을 데리고 장지까지 운구행렬에 동참하였다. 주검은 대리석으로 마련된 무덤에 안장됐다. 성대한 장례를 치르기 위해 엄청나게 많은 돈이 들어갔다.

부자의 장례식이 모두 끝난 후에 그 착한 그리스도인은 광야에 있는 사부 수도사에게 가기 위해 길을 나섰다. 그런데 그의 동굴 밖 조금 떨어진 곳에서 맹수에게 잡아먹힌 어떤 수도사의 주검을 발견했다.

그리스도인은 당혹스러웠다. 그는 세상에서 벌어지고 있는 이해되지 않는 사건들에 대해 생각했다. 불경스런 부자는 고통도 없이 평안하게 죽음을 맞아 사람들의 칭송과 영예를 받으며 장사를 지냈고, 반면에 하느님께 헌신한 거룩한 하느님의 사람은 이렇게 비참한 죽음을 맞다니. 나의 하느님, 어찌 이런 일이 일어날 수 있는 것인지요?

그가 이렇게 생각하고 있을 때 누군가가 말하는 소리가 들렸다.

"하느님의 정의는 한계가 있는 인간의 머리로는 불가해한 것이다. 불경스러웠던 그는 생전에 어떤 착한 일을 했었다. 그는 지상에서 그 일에 대한 보상을 받은 것이다. 하지만 내세에서는 형벌만이 그를 기다리고 있다. 수도사는 인간적인 작은 결함을 지니고 있었다. 그는 창조주 앞에 완전한 모습으로 서기 위해 지상에서 그것에 대해 빚을 갚은 것이다."

3. 하느님에 대한 두려움

어느 경건한 청년이 에프프레피오스 사부에게 "영혼이 어떻게 해야 하느님에 대한 두려움을 가질 수 있습니까?"라고 물었다. 사부가 그에게 대답했다.

"영혼이 하느님에 대한 두려움을 갖는 방법에는 두 개의 안전한 길이 있지. 무소유와 겸손이라네."

· · ·

야고보스 사부가 말했다.

"등불이 어두움을 쫓아내듯이 하느님에 대한 두려움은 인간의 마음속에 있는 어둠을 몰아내고, 마음속에 하느님의 계명을 심어준다."

· · ·

어떤 지혜로운 사부가 조언했다.

"그대는 형제가 한 행위를 지적하는 일에 익숙해지지 말고 본인의 행위에 대해서 자신을 성찰하는 일에 능숙해져라. 그리고 본인의 행위에 대해 책임을 져야 한다는 것을 매 순간 기억해라. 그러면 하느님에 대한 두려움이 그대의 영혼에 자리 잡게 될 것이다."

· · ·

4. 하느님을 향한 슬픔

몹시도 자신의 결점을 끊어버리고 싶었던 한 초보 수도사가 지혜로운 바르사누피오스 사부에게 어떻게 해야 혀를 제어하고 말을 직설적으로 하지 않을 수 있을지 가르침을 달라고 청했다. 그러자 사부가 그에게 말했다.

"슬픔을 너의 친구로 삼으면 그것이 너를 가르칠 것이다."

"사부님, 제가 사람들을 보살펴야 하고 그들과 함께 지내야 하는데 어떻게 제 마음속에 슬픔을 간직할 수 있을까요?" 젊은 수도사가 다시 물었다.

"하느님과 이웃의 뜻에 너의 의지를 매일 희생하고, 너의 잘못이 아닌 다른 이들의 잘못에 절대로 관심을 갖지 않는다면, 너는 사람들 속에서 생활하면서도 슬픔을 간직할 수 있게 될 것이다." 사부가 대답했다.

"눈물이 없는 슬픔이 있을까요?" 그가 궁금해서 물었다.

"눈물이 슬픔을 만드는 것이 아니라, 슬픔이 눈물을 일으키는 것이다. 네가 생각을 집중해서 네 죄로 하느님을 아프게 했다는 것을 기억하게 되면, 그때 슬픔은 네 마음속으로 찾아올 것이고 네 눈에서는 신심의 눈물이 흐를 것이다."

동료 수도사들에 따르면, 대 아르세니오스는 가슴에 오래된 천 조각 하나를 지니고 있었다고 한다. 그 천은 그가 몸을 숙여 수작업에 몰두하는 동안 눈에서 하염없이 눈물이 흘러서 그것을 닦아내기 위한 것이었다.

언젠가 피민 성인이 하염없이 눈물을 흘리는 그를 보고 감탄하며 말했다.

"아르세니오스, 그대는 참으로 행복한 사람일세. 현세에서 그렇게 슬퍼하니 내세에서는 무한한 기쁨을 누리지 않겠는가."

또한 수도사들이 전하는 말에 의하면, 알렉산드리아의 테오필로스는 돌아가시면서 이렇게 속삭였다고 한다.

"복된 아르세니오스, 그대는 한없는 슬픔과 끝없는 눈물 속에서 인생에서 가장 소중한 이 순간을 결코 잊지 않고 살았다네."

어느 사부가 구원을 받을 수 있는 길을 알려달라고 요청하는 청년에게 이런 조언을 해주었다.

"애야, 사형을 받고 감옥에 갇혀있는 죄인들이 하는 것처럼 너도 그렇게 해야 한단다. 죄인들은 초조한 표정으로 계속해서 '왕이 어디에 계실까요? 언제쯤 오시나요? 혹시 형을 감면해 주시지는 않았나요?'라고 물어보지. 그들은 형장으로 끌려갈 순간을 기다리며 두려움에 떨고 눈물로 날을 지새운단다. 너도 그들처럼 네 자신에게 말하거라. '내가 죄를 지어 단죄 받은 몸인데 어떻게 정의로운 심판관을 대면할 수 있지? 내가 무슨 변명을 할 수 있을까?' 네가 구원받고자 한다면 그렇게 너의 죄에 대해 슬퍼하고 눈물을 흘려야 한단다."

롱기노스 사부가 말했다.

"금식은 육체를 겸손하게 만들어준다. 철야기도는 정신을 맑게 해준다. 고요는 마음속에 슬픔을 가져다준다. 슬픔은 인간을 깨끗이 씻어주고 죄를 짓지 않게 해준다."

· · ·

롱기노스 사부는 영적 심취에 깊이 빠지곤 했다. 그가 기도할 때나 성가를 부를 때면 눈물이 강물처럼 흘렀다. 언젠가 초보 수도사가 그에게 물었다.

"사부님, 기도할 때 꼭 눈물을 흘려야만 하나요?"

"그렇단다." 사부가 대답했다. "오늘날 하느님께서 우리에게 그것을 원하신단다. 물론 하느님께서 처음 인간을 창조하실 때는 슬픔이나 눈물이 아니라 천사들처럼 깨끗한 마음으로 창조주께 영광 돌리며 기쁘게 살라고 하셨지. 하지만 죄가 인간에게서 기쁨을 앗아간 오늘날 슬픔과 구원의 눈물은 타락한 인간에게 꼭 필요한 것이 되었단다. 타락이 없는 곳에는 눈물도 슬픔도 필요가 없단다."

· · ·

언젠가 마카리오스 성인이 말했다.

"내가 어렸을 때의 일이야. 나는 다른 아이들과 함께 소를 돌보는 목동일을 했지. 어느 날 아이들이 무화과를 서리하러 갈 때 나도 데리고 갔어. 그런데 소떼에게로 돌아오는 길에 바구니에 담았던 무화과 열매 하나가 바닥에 떨어졌어. 나는 그것을 집어서 먹었지. 백발이 성성해진 지금 그때 저지른 그 죄가 마음에 걸려 슬픔을 감출 수가 없다네."

· · ·

모세 사부가 그의 제자들에게 말했다.

"만약 우리가 육적인 죄에 빠지게 된다면 두려운 심판의 슬픔이 우리를 지배하기 이전인 지금 회개하고 슬퍼하자."

· · ·

언젠가 모세 사부가 또 다른 가르침을 주었다.

"덕은 눈물로 만들어지며 덕을 통해 죄 사함이 주어진다. 우리가 눈물을 흘릴 때는 다른 이들이 듣지 않게 한숨 소리를 낮춰야 한다. 우리의 오른손 즉 마음의 슬픔이 어떤 일을 하는지를 우리의 왼손 즉 허영이 알지 못하게 해야 한다."

・・・

머릿속에 사악한 생각이나 유혹 같은 것이 일어날 때 어떻게 해야 하는지 물어보는 형제에게 모세 사부가 대답했다.

"울면서 하느님의 선하심으로 달려가 네 영혼의 온 힘을 다해 도움을 구하고 외쳐라. 하느님께서는 성서에 기록된 것처럼 당신을 부르는 이들 곁에 계실 것이다."

・・・

언젠가 피민 사부가 알렉산드리아로 내려가던 길에 우연히 어떤 도시의 묘지 밖을 지나가게 되었다. 사부는 이집트의 유명한 수도로 발을 내딛기에 앞서 세상의 헛됨을 직시하기 위해 무덤 안으로 들어갔다. 대리석 무덤 근처에 검은 상복을 입은 여인이 풍성한 머리카락을 쥐어 잡고는 슬픔을 가누지 못하고 슬피 울고 있었다. 그녀의 울음은 듣는 이의 가슴을 에었다.

"세상에 있는 어떤 좋은 것도 지금 이 순간 그녀의 한없는 아픔을 거둬주거나 덜어주지를 못하는구나. 우리 수도사들도 가슴속에 저런 슬픔을 담아 우리의 죄를 끊임없이 애통해 한다면 얼마나 좋을까."

・・・

어떤 젊은이가 피민 사부에게 물었다.

"사부님, 제가 어떻게 해야 낙원에 들어갈 수 있을까요?"

"성조 아브라함은 약속의 땅에 정착했을 때 자신을 위해 무덤을 샀단다. 그리고 그 무덤으로 땅을 물려받았지." 사부가 그에게 대답했다.

"무덤이라니 무슨 말씀인가요?" 젊은이가 궁금해서 다시 물었다.

"무덤은 슬퍼하고 눈물 흘리는 곳이라네." 성인이 설명했다.

• • •

다른 어떤 형제가 같은 사부에게 어떻게 구원을 받을 수 있는지 물었다.

"애야, 주님께서 너를 방문한다는 소식을 갑자기 듣게 된다면 제일 먼저 무얼 신경 쓰겠느냐?"

"저의 죄에 대해 신경 쓸 것입니다." 형제가 말했다.

"그렇다면 지금부터 너의 기도방에 들어앉아 하느님께서 너에게 자비를 베풀어 주실 때까지 그 죄에 대해 슬퍼하거라." 성인이 그에게 조언했다.

• • •

이사악 사부가 친구인 피민 사부에 대한 일화를 그의 형제 수도사들에게 이야기해줬다.

"언젠가 나와 피민 사부가 함께 앉아 바구니를 엮고 있었지. 그런데 피민 사부가 갑자기 하던 일을 멈추고는 정신이 멀리 떠나 있는 사람처럼 허공을 쳐다봤어. 그의 얼굴은 슬픈 모습이었고 그의 눈에서는 눈물이 흘렀지. 당혹스러웠던 나는 오랜 시간 그를 지켜보고만 있었어. 감히 그에게 말을 걸거나 무아지경으로부터 그를 떼어낼 수가 없었지. 나중에 그에게 의식이 돌아왔을 때 그 동안에 있었던 일을 말해달라고 간곡히 부탁했어. 그는 나지막한 목소리로 예수님의 십자가 밑에서 슬픔을 가누지 못할 정도로 슬피 울고 있는 동정녀 성모님에 대해 말했지. '오, 나 또한 성모님처럼 그렇게 울기를 얼마나 갈망했던가!'"

• • •

바울로 사부는 겸손하게 말했다.

"나는 죄의 진흙 수렁 속에 목구멍까지 빠져 있음을 끊임없이 느낀다. 그래서 눈물을 흘리며 내 온 마음을 다해 예수님께 '주여, 나를 불쌍히 여기소서'라고 외친다."

• • •

실루아노스 사부는 끊임없이 슬픔을 마음속에 담고 살았다. 그래서 그는 광야의 은수처 밖으로 나가길 원치 않았다. 피치 못해 밖에 나가야할 경우에는 가림막으로 얼굴을 가렸다.

"내가 아직도 죄의 어둠 속에서 살고 있는데 어찌 빛을 볼 자격이 있겠는가?" 왜 눈을 고집스럽게 가리느냐고 질문하는 이들에게 사부가 대답했다.

• • •

영적인 고양과 눈물은 영혼의 아름다운 향기이다. 그것은 하느님께서 베푸시는 은사이다. 그렇다면 하느님께 헌신한 이들은 그 은사를 어떻게 배가시킬까?

어느 형제 수도사는 마음속에 하느님을 향한 슬픔을 간직하고 있었기에 기도드릴 때 영적으로 깊이 심취하곤 했다. 어느 날 너무도 많은 눈물이 흐르자, 본인도 의문이 생겨 생각에 젖었다.

"혹시 내가 생을 마감할 때가 되었다는 징조인가?"

죽음에 대한 생각은 눈물을 증가시키고 영혼을 더 높이 고양시켜 천사 같은 존재가 되어 하느님만 바라보며 살게 해준다.

• • •

페르미의 테오도로스 성인에게 형제 수도사들이 물었다.

"사부님, 어떤 때는 기도드릴 때 눈물이 많이 흐르고, 또 어떤 때는 눈물이 마르는 경우가 있는데 왜 이런 일이 생기는 걸까요?"

"영적 고양의 눈물은 비와 매우 닮았단다." 지혜로운 사부가 설명했다. "어떤 때는 순식간에 엄청난 비가 내리고, 또 어떤 때는 오랜 기간 비가 오지 않아 심한 가뭄이 들기도 하지. 지혜로운 농부는 비가 올 때 빗방울 하나라도 헛되게 하지 않도록 신경을 기울이며 밭을 가꾼단다. 많은 경우 단 하루의 비가 1년간 필요한 양을 공급해주고 농부에게 풍성한 수확을 가져다주지. 경건한 사람도 현명한 농부처럼 눈물이 흐를 때면 가뭄에도 영적 열매를 수확할 수 있도록 그의 영혼의 밭을 신경써서 잘 가꾸고 보살펴야 한단다. 축복된 눈물의 비를 앞으로 또 언제 만날 수 있을지 누가 알 수 있겠느냐?"

...

어떤 사부가 조언했다.

"그대의 마음속에서 영적 고양이 느껴지면 그대는 하던 일을 멈추고 스스로에게 물어보아야 한다.

'혹시 내가 죽을 날이 가까워져서 하느님께서 나를 구원하시려고 슬픔과 눈물을 보내주시는 것인가?'

생이 끝날 때가 되면 사탄이 그 사람을 악에 빠뜨리려고 더 발악하듯이 하느님께서는 그를 구원하시기 위해 다양한 수단과 방법과 보내주시기 때문이다."

...

이집트에 두 형제가 있었다. 그들은 세상을 등지고 수도생활을 하러 니트리아 산으로 갔다. 그곳에서 성스러운 어느 은수자의 제자가 되어 영혼 구원을 위해 영적 투쟁에 매진했다. 그들이 가지고 있던 여러 덕들 중에는 하느님을 향한 슬픔도 있었다. 그들은 매일 많은 눈물을 흘리며 지냈다.

하루는 사부가 그들을 위해 기도하다가 특이한 환영을 보았는데, 둘이 각자 글이 가득 적혀 있는 종이를 손에 들고 무릎을 꿇은 채로 기도를 드리고 있었다. 그들의 입술은 마음속에서 나오는 말을 작게 속삭이고 있었고, 그들의 눈에서는 많은 눈물이 흘러나와 들고 있던 종이 위에 떨어지고 있었다. 떨어지는 눈물 때문에 한 형제의 종이에 적혀 있던 글은 전부 지워져 하얀 백지가 되었다. 그런데 다른 형제의 종이는 그가 아무리 눈물을 흘리고 열심히 노력해도 인두로 각인 되어 있는 것처럼 글이 지워지지 않았다.

사부는 이 환영을 보고 깜짝 놀랐다. 그리고 그 형제의 수고를 떠올리며 마음이 슬퍼졌다.

"하느님, 무슨 뜻인지 알려주십시오."

주님께서는 그 사부에게 '두 형제가 각자 들고 있던 종이에 기록된 글들은 그들이 지은 죄'라고 알려주셨다. 한 형제의 죄는 인간의 나약함과 부족함으로 범한 소소한 잘못들이어서 눈물에 쉽게 지워졌다. 하지만 다른 형제의 죄는 뿌리가 깊은 정욕, 아주 무겁고 죽을 죄였기에 그 뿌리를 뽑기 위해서는 매일 투쟁과 수고가 필요했다.

이 일이 있은 후 사부는 매일 그 형제를 불러 고백성사를 하도록 했다. 그리고 그의 마음속 깊이 뿌리박혀 있는 가시를 빼내는 데 함께 투쟁하며 그 형제들을 도와주었다.

"형제여, 수고를 아끼지 말고 열심히 노력하게. 불로 새겨진 것이라 쉽게 지워지지가 않네."

하지만 사부는 그의 의지를 꺾지 않기 위해서 하느님의 도움과 형제의 영적 투쟁으로 말미암아 종이에 기록된 그의 죄들이 지워졌다는 계시를 다시 하느님으로부터 받은 후에도, 그때까지 꿈에서 본 환영을 형제에게 말하지 않았다.

...

함께 영적 수행을 하는 두 명의 수도사가 있었다. 둘은 매일 드리는 예식서를 함께 읽었는데 영적으로 깊이 심취된 한 명은 흐르는 눈물 때문에 예식서를 읽다가 자주 멈추곤 했다. 그러자 다른 동료 수도사가 궁금해서 그에게 물었다.

"형제는 기도할 때 무슨 생각을 하길래 그렇게 눈물을 흘리며 슬퍼하는가?"

"형제여, 이 시간에 나는 그리스도의 심판대 앞에 서있다고 생각한다네. 그런데 내가 지은 많은 죄에 대해 변명의 여지가 없다보니 두려워서 말문이 막히고 읽던 구절이 자주 끊긴다네. 형제에게 폐를 끼쳐 정말 미안하네. 형제 마음이 불편하면 각자 예식서를 읽도록 하세나."

"아닐세, 형제여, 난 아무렇지도 않네. 오히려 나에게 많은 도움이 된다네. 형제처럼 영적 고양과 눈물의 은사가 없는 나는 형제를 지켜보면서 감화되고 또 나의 완고함을 질책하게 된다네."

하느님께서는 이렇게 겸손한 모습을 지닌 그 형제에게도 금세 눈물의 은사를 베풀어 주셨다.

• • •

어떤 사부가 한 청년 수도사에게 말했다.

"자네가 기도할 때나 하느님의 말씀을 공부할 때 영혼의 영적 고양을 느껴보지 못했다면 자네는 허영이나 쾌락에 병들어 있다는 것을 알아야 하네. 이 두 짐승은 사람에게서 영적 고양을 쫓아낸다네."

• • •

한 은수자 사부가 자기 제자와 함께 도시로 내려갔다. 둘은 일 때문에 피치 못하게 며칠을 도시에서 묵게 되었다. 아침에 밖으로 나가자 남자 여자 할 것 없이 많은 사람들이 묘지를 오가면서 어떤 사람은 잠시, 또 어떤 사람은 오래 무덤 앞에 서서 울며 비통해 했다. 얼마나 많은 심적 고통을 그들 각자는 내면에 숨기고 살아가는 걸까! 사부가 제자에게 말했다.

"애야, 저 많은 사람들이 얼마나 많은 눈물을 흘리고 있는지 보았느냐? 하지만 그들의 슬픔은 하느님을 향한 것이 아니구나. 자신들의 죄를 슬퍼하는 것이 아니란다. 그런데 만약 우리가 지은 죄에 대해 저렇게 눈물을 흘리지 않는다면 과연 우리가 구원받을 수 있을지 모르겠구나."

광야로 돌아온 두 사람이 제일 먼저 한 일은 각자의 무덤을 나란히 만드는 일이었다. 그때 이후로 둘은 하루에 많은 시간을 마치 무척 아끼던 사람의 주검 앞에 있는 것처럼 각자의 무덤 앞에서 자신들의 영혼에 대해 눈물 흘렸다. 제자가 철야기도를 드리고 난 후에 깊이 잠이 든 경우에는, 사부가 도시에 사는 사람들은 이미 무덤에서 울고 있으리라는 것을 상기시키기 위해 제자를 깨우곤 했다. 제자는 가끔 사부에게 이렇게 말했다.

"스승님, 오늘은 제 마음이 돌처럼 굳어 눈물이 나지 않습니다."

"애야, 영적 투쟁을 좀 더 하거라. 그러면 하느님께서 너의 노고를 보시고 너에게 자비를 베풀어 주실 거다. 심장이 화살을 맞아 깊이 부상을 입으면 치료가 어렵듯이 하느님을 향한 슬픔도 이와 똑같단다. 그 통증은 마음에서 사라지지 않아 죽는 순간까지 상처 입은 채로 남아 있게 된단다."

언젠가부터 다시 젊은 제자가 음식을 지나치게 먹기 시작하자, 사부는 모든 것에 있어 절제를 사랑해야 한다고 조언했다.

"애야, 너는 자주 마음이 굳어 눈물이 나지 않는다고 불만을 가지지 않았느냐? 슬픔은 불이 붙어 있는 등잔과 같아 신경을 제대로 쓰지 않으면 한순간에 그 불이 꺼진단다. 지나치게 먹는 것과 지나치게 자는 것은 슬픔을 시들게 만들고 비난과 수다는 그것을 완전히 사라지게 만든단다. 예수님을 사랑하고 하느님을 향한 슬픔을 마음속에 끊임없이 담고 살아가길 갈망하는 경건한 사람은 그분을 위해 일상생활 속에서 희생을 해야만 한단다."

"어떤 식의 희생을 말씀하시는 것인지요?" 젊은 제자가 궁금해하며 물었다.

"소소한 희생들이란다. 우리는 그 희생이 무엇이었는지 들어도 깊은 인상을 받지 않겠지만 그것들은 우리의 특성을 그리스도의 특성으로 닮아가게 만들어준단다." 사부가 설명했다. "예를 들어보마. 네가 신선한 빵을 가지고 있다면, 다른 사람이 그것을 먹게 해주고 너는 그리스도의 사랑을 위해 딱딱한 빵에 만족해야 한단다. 누군가가 너에게 좋은 포도주를 선물한다면 너는 너의 사랑을 위해 십자가 위에서 초와 쓸개를 맛보신 그분을 위해 받은 포도주에 초를 섞거나 아니면 아주 조금만 마시고 대부분은 이것이 그리스도의 몫이라고 말하며 남겨두어라. 만약 네가 부드러운 베개를 가지고 있다면 한쪽 구석에 두고 그리스도를 위해 돌을 베개로 삼아라. 덮을 것이 없어 추위에 잠을 깨면 불평하지 말고 그리스도께서도 벌거벗은 채 십자가 위에서 너를 위해 추위에 떨었다는 것을 생각하여라. 잘 차려진 상을 바라지 말고 그리스도께서 너를 위해 배고팠으며 목말랐음을 생각하여라. 그리스도께서 지상에서 사셨던 것처럼 너도 네가 하는 모든 것에 소소한 슬픔을 섞어 겸손하게 살아가거라. 그러면 너는 하늘나라에서 영원한 안식을 얻게 될 것이다."

제 5 장

1. 기도

대 아르세니오스의 전기에 따르면 "성인은 해가 지면 기도할 때 치켜들었던 손을 내리고, 해가 다시 그의 얼굴을 비추게 되면 또 다른 한 명의 모세처럼 기도하기 위해 손을 하늘로 치켜들었다"고 한다.

• • •

키프로스의 주교였던 에피파니오스 성인이 세운 어느 수도원의 원장이 언젠가 성인을 방문해서 흡족한 모습으로 성인에게 말했다.

"주교님, 축복하소서, 저희는 당신께서 지시하신 기도규정을 잘 지키고 있습니다. 1시과, 3시과, 6시과, 9시과를 열심히 드리고 있습니다."

"다른 시간들은 무엇을 하는가?" 성인이 놀라 물었다. "기도에 전념하지 않는다는 말인가? 만약 그렇다면 그대들은 수도사라고 할 수가 없네."

성인은 의아해 하는 수도원장을 보며 이렇게 설명했다.

"수도서원을 한 이들은 끊임없이 기도와 찬양을 드려야 할 책무가 있다네. 예언자 다윗은 전사이자 왕이었음에도 불구하고 저녁에 기도를 드렸다가 잠시 휴식을 하고 –다윗 자신이 고백했듯이– 천사들과 함께 하느님을 찬양하기 위해 자정에 다시 자리에서 일어났다네. 동이 트기 전에 기원을 시작했고 동이 트자마자 그의 마음은 자신의 조물주에 대한 감사로 향해 있었으며 아침에, 낮에, 저녁에, 무릎을 꿇고 하느님께 간구하고 탄원했었다네. 이렇게 그는 하루에 7번씩 주님을 찬양했다고 알려져 있네."

••••

스승들 중 한 명이 말했다.
"정해진 기도시간에 이르러서야 하느님과 대화하는 것을 기억하는 그리스도인은 아직 기도가 무엇인지 제대로 배우지 못한 것이다."

••••

어떤 사부가 말했다.
"영혼에게는 '하느님의 심판을 두려워하는 것, 죄를 미워하는 것, 덕을 사랑하는 것, 그리고 끊임없이 기도하는 것' 이 네 가지가 매우 절실하다."

••••

스키티의 사제였던 이시도로스 사부가 형제 수도사들에게 말했다.
"젊었을 때 나는 정해진 기도시간이 없었다. 하루 종일 끊임없이 기도했고 밤에도 대부분의 시간을 기도로 보냈다."

••••

테오도로스 사부가 말했다.
"기도할 때 드러나는 우리의 나태함과, 찬양 드릴 때 나타나는 우리의 분심을 하느님께서 일일이 따지신다면 우리의 구원은 멀기만 할 것이다."

••••

어느 스키티의 젊은 수도사들이 영적 조언을 구하러 스승들 중 한 명을 방문했다. 스승은 그들을 반갑게 맞이했다. 그리고 늘 하던 대로 기도를 드리고 나서 함께 자리에 앉아 그들이 하는 모든 질문에 답을 해주었다. 떠날 시간이 된 수도사들이 자리에서 일어나며 스승에게 기도해주시기를 청했다. 그러자 스승이 의아해하며 말했다.

"우리가 기도를 드리지 않았느냐?"

"스승님, 우리가 여기에 왔을 때는 기도를 드리고 대화를 시작했습니다."

"얘들아, 미안하지만 나는 우리들 중 누군가가 대화하는 동안에 백 번의 기도를 드린 것으로 안단다."

・・・

필루시오스의 사제 이사야 사부는 식사할 때 대화하는 형제 수도사들을 꾸짖었다.

"식탁에서는 대화하지 말거라. 수도사의 식탁은 두 번째 교회가 되어야 한단다. 언젠가 어느 가난한 사람이 이곳에서 다른 모든 사람들과 함께 식사를 하고 있었는데, 그의 기도가 불기둥처럼 하늘에 닿아 있는 것을 본 적이 있단다."

・・・

언젠가 루키오스 사부의 기도처에 기도에만 전념하는 수도사들이 찾아왔다. 사부는 그들과 잠시 대화를 나누었다.

"형제들이여, 그대들이 하는 일은 무엇인가?" 사부가 그들에게 물었다.

"우리는 물질적인 것과 관련되는 일은 전혀 하지 않습니다." 그들이 대답했다. "우리는 사도 바울로의 가르침에 따라 끊임없이 기도하는 일에 매진합니다."

"전혀 식사를 하지 않는가?"

"먹습니다."

"잠은 자는가?"

"아주 조금 잡니다."

"그대들이 잠들어 있을 때는 누가 그대들을 위해 기도해주는가?"

"..."

"그렇다면 그대들은 그대들이 말하는 그것을 정확하게 지키지 않는 걸세. 우리는 다른 이들에게 부담을 지우지 않기 위해 또 '끊임없이 기도하라'는 것을 실천하기 위해 수작업을 한다네.

우리는 아침에 일을 시작할 때 각자 '하느님 선한이여, 나를 불쌍히 여기소서. 어지신 분이여, 내 죄를 없애주소서'[5]라고 말한다네. 이것이 기도 아닌가?

생각이 기도하는 동안 내 손은 작업을 하지. 그리고 이 수고를 통해 어느 정도의 돈을 번다네. 그리고 내가 살아가는 데 필요한 빵을 사는 데 최소한으로 쓰고 대다수의 돈은 가난하고 일할 수 없는 병든 형제들을 위해 자선을 행하지. 다른 형제 수도사들도 나와 똑같이 행한다네. 따라서 우리가 먹거나 수면을 취할 때면 가난한 이들이 우리를 위해 기도를 해주지. 우리 마음은 사도 바울로의 가르침을 이렇게 실천하고 있다고 우리에게 알려주고 있다네."

∴

형제 수도사들이 아가톤 사부에게 어떤 덕에 노고가 많이 필요한지 물었다. 사부가 대답했다.

"기도란다. 영혼이 그의 창조주와 자주 대화하려는 마음을 품으면 악의 영들은 그것을 방해하려고 엄청난 전쟁을 걸어온단다. 왜냐하면 그들을 상대할 수 있는 것으로 기도만큼 강력한 무기는 없음을 잘 알고

---

5) 공동번역 시편 51

있기 때문이지. 영혼이 어떤 다른 덕을 성취한 다음에는 휴식을 취할 수 있지만, 기도다운 기도를 하기 위해서는 온 생애를 수고해야만 한단다."

∴

어떤 거룩한 사부가 기도를 하고 있을 때 전갈 한 마리가 나타나 그의 발을 물었다. 사부는 참기 힘든 통증을 느꼈지만 기도를 중단하지 않고 꼿꼿이 선 채 기도가 끝날 때까지 그대로 서 있었다.

∴

하루는 스키티의 젊은 수도사들이 마카리오스 성인을 둘러싸고는, 어떻게 기도하는지 가르쳐달라고 간청했다. 그러자 성인이 그들에게 이렇게 대답했다.

"우리가 기도에서 가장 크게 하는 실수는 쓸데없이 말을 많이 하는 것이다. 정신을 하늘로 모으고 온 영혼을 다해 '당신께서 알고 계시는 것처럼, 그리고 당신께서 원하시는 것처럼 저를 불쌍히 여기소서'라고 말하는 기도로 충분하단다.

또 사탄의 공격이 심하게 느껴질 때 또는 밑바닥에 있는 정욕이 올라올 때는 믿음을 가지고 하느님 아버지께 달려가거라. 그리고 입이 아닌 가슴으로 '주여, 저를 도와주소서'라고 외치거라. 하느님께서는 믿음으로 당신에게 가까이 다가오는 영혼을 도와주는 법을 알고 계신단다."

∴

시리아의 에프렘 성인이 말했다.

"정신을 집중해서 기도하고 그 기도문에 주의를 기울이는 사람은 기도의 불꽃으로 악령들을 몰아내지만, 기도할 때 이런 저런 분심에 놓여있는 사람은 악령들의 놀잇감이 된다."

∴

낭떠러지 바위 아래에 있는 동굴 안에 들어앉아 오랜 세월 수행을 한 거룩한 은수자가 있었는데 그가 신경 쓰며 하는 일은 오직 기도였다. 천상의 아버지께서는 그 모습을 지켜보시고 하늘의 새들을 돌보시는 것처럼 기적적인 방법으로 그에게 양식을 공급해 주셨는데, 해가 석양으로 지고 난 저녁에 방금 오븐에서 나온 것 같은 따끈따끈한 빵을 동굴 입구에 가져다 놓는 것이었다. 이것은 오랜 세월동안 계속되었다!

그러던 어느 날 어느 동료 수도사가 은수자를 보러 왔다. 대화를 나누던 중 동료 수도사가 그에게 일을 하지 않고 가만히 있는 것은 옳지 않다고 말하며 습지에서 가져온 갈대를 잘라 바구니 엮는 법을 가르쳐 주었다.

저녁이 되자, 수작업에 피곤도 하고 배도 고팠던 사부가 빵을 가지러 동굴 입구로 갔다. 얼마나 큰 위안을 느끼며 빵을 먹었던가! 그런데 그곳에는 아무것도 없었다. 그렇게 그는 배고픈 가운데 잠이 들었다. 다음날 다시 열심히 수작업을 했다. 하지만 그날 저녁에도 하느님께서 오랜 세월 공급해 주셨던 축복된 빵은 그 자리에 없었다. 그러자 마음이 상한 그가 기도를 해서 자신이 무엇을 잘못했는지, 그 잘못을 더 이상 계속하지 않게 이유를 알려달라고 하느님께 간청 드렸다. 그러자 그에게 하늘의 음성이 들려왔다.

"네가 오직 나에게만 집중했을 때는 내가 너에게 양식을 제공했지만, 지금은 수작업을 배웠으니 그 일이 너에게 양식을 제공하는 것이 맞는 것이다."

∙ ∙ ∙

사막의 위대한 스승들 중 한 명이 시나이 산에서 수도생활을 하는 수도사들을 방문하기 위해 시나이 산으로 길을 떠났다. 그런데 여정 중에 시나이 산에서 수도생활을 하는 한 수도사를 우연히 만나 천천히 걸어 올라가며 대화를 나눴다. 수도사가 한숨을 내쉬며 스승에게 말했다.

"사부님, 저희가 지금 어려운 상황에 놓여 있습니다. 벌써 수개월째 비가 오지 않아 물이 하나도 없습니다."

"비를 보내달라고 왜 하느님께 간청하지 않았는가?" 사부가 물었다.

"매일 기도를 하고 있지만 들어주시지 않습니다."

"그것은 제대로 기도를 하지 않아서 그런 걸세." 사부가 말했다. "형제여, 나와 함께 기도를 드리세, 나는 자비로우신 하느님께서 그 기도를 들어주실 거라 믿네."

거룩한 사부는 하늘을 향해 손을 치켜들었다. 그리고 주님께 고통받고 있는 당신의 피조물들을 가엾이 여기셔서 은혜로운 비를 보내달라고, 짧지만 뜨거운 기도를 드렸다.

기도가 채 끝나기도 전에 하늘에서는 거대한 먹구름이 생기더니 엄청난 비가 쏟아지기 시작했다. 눈앞에서 순식간에 펼쳐지는 놀라운 기적에 당황한 형제 수도사는 마치 돌처럼 오랜 시간 그 자리에 멈춰 서 있었다. 후에 형제는 사부에게 허리를 굽혀 예를 다한 후 그의 발에 입을 맞춰 경의를 표했다. 사부는 인간의 칭송을 피하기 위해 가던 길을 멈추고 다시 그의 은수처로 돌아갔다.

・・・

하루는 롯 사부가 그의 스승인 요셉 사부에게 물었다.

"매일 예식을 드리고 육체적 능력이 허용하는 최대한으로 금식을 하며 하느님의 말씀을 탐구하고 기도하며 고요 속에서 지내고 인간적인 면에서 최대한 좋은 생각을 가지려 노력합니다. 스승님, 저의 영혼이 구원받기 위해서 제가 무엇을 더 해야 하는지요?"

스승은 주의 깊게 그의 말을 경청했다. 그리고 자리에서 일어나 손을 하늘로 치켜들고 기도를 드렸다. 그때 스승의 손가락들이 열 개의 촛불처럼 타올랐다. 롯 사부는 그 모습에 깜짝 놀랐다.

거룩한 스승은 놀라워하는 그를 보며 이렇게 말했다.

"얘야, 네가 활활 타는 불꽃이 될 것인지 여부는 너의 손에 달려있단다."

∴

하루는 모세 사부가 물을 가지러 스키티의 우물가로 갔다. 그리고 그곳에서 기도에 심취되어 있는 젊은 수도사 자카리아를 발견했다. 그런데 하느님의 성령이 그를 감싸주시는 것을 보았다.

∴

한 초보 수도사가 시소이스 성인에게 조언을 구했다. 그러자 성인이 그에게 대답했다.

"얘야, 내가 하느님 마음에 들고 싶다면 먼저 영적으로 네 자신을 세상에서 멀리 떼어놓아야 한단다. 네 생각을 세상적인 것과 결부시켜선 안 되고 피조물에서 창조주께로 올라가야 한단다. 그리고 기도와 영적 고양의 눈물이 너와 조물주 사이에 강력한 유대를 형성하도록 해야 한단다. 그러면 네 영혼은 한 순간인 현세와 영원 속에서 안식을 누리게 될 것이다."

∴

사람들은 티토이스 사부에 대해 이렇게 말했다.

"그는 손을 치켜들고 기도할 때 손을 내려야 할 순간을 놓치게 되면, 어느새 무아지경에 빠져 정신이 하늘에 올라가 있곤 했다."

∴

한번은 팜보 사부가 다른 형제 수도사들과 함께 도시로 내려가고 있었는데 일을 하지 않고 길가에 누워 쉬고 있던 시골 농부들을 만났다.

그러자 사부가 그들에게 말했다.

"형제들이여, 자리에서 일어나 수도사들에게 인사를 하고 그들의 축복을 받게나. 봐서 알겠지만 그들은 계속해서 하느님과 대화를 나누어서 거룩하게 된 입을 가지고 있다네."

・・・

하루는 어떤 수도사가 아르세니오스 성인을 찾아갔다. 그는 성인이 있는지를 확인하기 위해 문 틈새로 방을 들여다보았더니, 빛나는 불꽃에 둘러싸여 기도를 드리고 있는 성인이 모습을 보였다. 그 수도사는 분명 그런 놀라운 광경을 눈으로 목격할 수 있는 합당한 자격이 있는 사람이었을 것이다. 수도사는 조심스럽게 문을 두드린 후 기다렸다. 성인이 그에게 문을 열어주었다. 그리고 아직 놀라움을 감추지 못한 그를 보고 그곳에 오래 있었는지, 혹시 뭔가를 보았는지 물어보았다. 하지만 그 수도사는 성인의 마음을 다치지 않기 위해 그가 목격한 놀라운 광경에 대해서 말하지 않았다.

・・・

이집트의 아래 지방에서 수행을 하는 오래된 은수자가 한 사람이 있었다. 그는 단순하면서 순박해서 뭐든지 별 의심 없이 쉽게 믿는 경향이 있었는데, 멜기세덱이 하느님의 아들이라고 말하곤 했다.

그 지역의 주교가 그 사실을 알게 되자 그를 주교관으로 불러 멜기세덱은 하느님의 사제이자 임금이었지만 인간이었다고 설명해주었다.

하지만 은수사는 그것을 쉽게 받아들이지 못했다. 그가 주교에게 말했다.

"제가 하느님께 그것을 물어볼 수 있게 저에게 3일간의 시간을 주십시오."

3일이 지난 후 그가 다시 주교를 찾았다. 그리고 기뻐하며 말했다.

"주교님, 이제 저는 멜기세덱이 인간이었다는 것을 확신합니다."

"어떻게 그렇게 자신하는가?" 주교가 궁금해하며 그에게 물었다.

"제가 금식하고 기도하며 주님께 진실을 알려달라고 간청 드리고 있었는데 아담에서부터 멜기세덱까지 구약의 모든 성조들과 선조들이 끝없이 줄을 지어 제 앞을 지나가는 것이 보였습니다. 그리고 멜기세덱이 제 앞을 지나가는 순간 저에게 말하는 음성이 들렸습니다."

"이 사람이 멜기세덱이다. 그러니 너는 이 진리를 받아들여라."

· · ·

어느 날 아침, 실루아노스 사부의 제자인 자카리아스 수도사가 어떤 일을 시작하기에 앞서 축복을 받으러 사부의 방을 찾았다. 문을 두드리고 기다렸지만 아무런 기척이 없자 사부가 안에 있는지 문을 살짝 열어서 살펴보았다. 그는 성인이 하늘을 향해 팔을 높이 든 채 영적 무아지경의 상태에 있는 것을 보았다. 자카리아스 수도사는 그를 방해하지 않으려고 소리 없이 그 자리를 떠났다. 정오때쯤 그가 다시 사부를 찾아갔다. 하지만 스승은 여전히 똑같은 상태에 있었다. 오후에도 마찬가지였다. 밤이 되자 그제서야 가슴에 십자가 형태로 팔을 포갠 채 낮은 의자에 앉아 깊은 생각에 잠겨 있는 성인을 볼 수 있었다. 자카리아스 제자가 물었다.

"스승님, 오늘 무슨 일이 있으신지요?"

"약간 무기력하구나. 아무것도 아니니 걱정하지 말거라."

하지만 자카리아스는 사부가 안심시키는 대답을 했지만 물러날 생각이 전혀 없었다. 그는 스승의 발 앞에 무릎을 꿇고 간절히 청했다.

"스승님, 제가 본 것을 말씀해주시지 않으면 저는 여기서 일어나지 않을 것입니다."

스승은 그의 고집에 어쩔 수 없이 자신이 기도할 때 정신이 지극히 높이 고양되어 하느님의 영광을 관상하게 되었다는 것을 고백했다.

...

비사리온 성인의 제자인 둘라스 사부가 형제 수도사들에게 그에게 있었던 일화를 전해주었다.

"언젠가 스승님과 내가 사해 바닷가를 걷고 있었는데 심한 갈증에 내 목이 타들어가고 있었지. 그래서 내가 스승님께 말했어.

'스승님, 목이 탑니다.'

그러자 스승님이 내게 말했지.

'바닷물을 마시거라.'

나는 의심스런 눈빛으로 스승님을 바라봤어. 소금과 유황으로 가득한 물을 마실 수 있다고? 하지만 스승님은 기도를 올리고 축복된 손으로 물 위에 십자성호를 그었지. 그리곤 나에게 다시 말했어.

'마시거라.'

나는 스승님의 말씀에 순종했어. 손바닥으로 물을 담아 마셨지. 사해의 쓰디 쓴 물이 어느새 꿀보다 더 달콤한 물로 변해있었던 거야.

이 기적을 본 나는 내가 가지고 있던 작은 물병에 물을 담으려고 했어. 그랬더니 스승님이 나에게 이렇게 물었어.

'왜 병에 물을 채우려고 하느냐?'

'제가 다시 목이 마를 때 마시려고 그럽니다, 스승님.'

그러자 스승님이 엄한 눈빛으로 나를 바라보시며 말씀하셨어.

'나약한 믿음 같으니. 여기에 계시는 하느님께서 저 아래에도 계신다는 것을 모르느냐?'

또 언젠가 강을 건너야 했는데 나룻배를 찾을 수가 없었지. 그때 급하셨던 스승님께서 기도를 하셨어. 그리고 물 위를 건너 강 건너편으로 건너가셨지.

'어떤 느낌이셨습니까?' 나중에 내가 스승님께 여쭤봤어. 그랬더니 스승님께서 이렇게 대답했지.

'발목까지만 물이 느껴졌단다. 그래서 그 다음부터는 땅처럼 걸었지.'"

· · ·

하루는 암모나스 사부가 안토니오스 성인을 만나러 길을 나섰다. 그런데 초행길이던 암모나스 사부는 산을 오르던 중에 그만 길을 잃고 말았다. 오랜 시간을 헤매면서 위대한 은수자의 동굴을 찾았지만 허사였다.

그는 길을 잃은 것을 알고는 이렇게 기도를 드렸다.

"주여, 당신의 피조물이 이 험한 광야에서 길을 잃지 않게 보호하소서."

그러자 즉시 하늘 높은 곳에 손이 나타나 그에게 길을 가리켰고 그는 무사히 대 안토니오스의 동굴을 찾아갔다.

· · ·

모세 사부는 수시로 젊은 수도사들에게 이렇게 강조했다.

"우리의 기도가 행위와 일치되지 않으면 그 기도는 헛된 수고에 그치고 말 것이다."

"어떻게 해야 그런 일치를 성취할 수 있을까요?" 하루는 그들 수도사들이 모세 사부에게 물었다.

"우리가 기도에서 바라는 그것을 실천하면 될 것이다." 성인이 설명했다. "그리고 영혼 속의 모든 악한 의지들을 한쪽 구석으로 몰아낼 때 그때에 비로소 영혼은 그의 창조주와 화해를 할 수가 있을 것이고 영혼의 기도는 받아들여질 수 있을 것이다."

· · ·

어느 스승이 말했다.

"듣는 것은 듣는 것으로 답한다." 그리고 이렇게 설명했다. "하느님께서는 당신의 뜻을 듣고 순종하는 이의 기도를 들어주신다."

• • •

스키티의 어떤 수도사는 기도에 있어서는 열성적이었지만 다른 모든 것에 있어서는 나태했다. 하루는 사탄이 스키티의 스승들 중 한 명을 찾아가 비아냥거리며 말했다.

"너희 인간들은 참으로 이상한 족속들이군."

"왜 그러지?" 스승이 물었다.

"누구 수도사를 봐라. 그는 갑자기 자신의 겨드랑이 속으로 나를 잡아채고는 내 모든 뜻을 행하면서 내가 떠나지 못하도록 나를 꽉 조이지. 그런 후에는 오랜 시간 서서 하느님께 이렇게 기도를 드리지 않는가. '나를 악에서 구하소서'라고."

• • •

출가자 이사야 사부는 이렇게 기록했다.

"그대의 가치 없음을 깊이 인식하는 가운데 겸손하게 기도를 드린다면 하느님께서는 즉시 그대의 기도를 받아들이실 것이다. 하지만 그대가 기도하는 가운데 누구 형제는 이 시간에 잠을 잔다거나, 또 누구 형제는 나태하다거나 하는 생각에 빠져 비난을 하기 시작한다면 그대의 수고는 완전히 의미를 잃고 말 것이다."

• • •

이집트인 마카리오스 성인이 자신이 경험했던 일화를 전해주었다.

"내가 스키티에 머물던 시절이었어. 하루는 두 청년이 내 거처의 문을 두드렸지. 둘은 서로 닮은 것으로 보아 형제로 보였어. 형은 수염이 갓 나기 시작했고 동생은 아직 수염이 없었지. 둘은 존경과 예를 다해 마카리오스 사부의 거처가 어디에 있는지 알려달라고 부탁했어. 나는 예기치 않은 상황이어서 그들에게 물었지.

'무슨 일로 그를 찾는 것인가?'

'그분에 대해서 훌륭한 이야기를 많이 들었습니다. 그래서 그분을 직접 뵙고 싶습니다.' 형이 나에게 대답했어.

나는 그들이 찾고 있는 사람이 바로 나라고 말했어. 그러자 그들은 허리를 굽혀 예를 표한 후 내 곁에서 머물 수 있게 해달라고 간청했지. 수도사가 되고 싶다고 했어. 나는 그들이 아직 많이 젊었을 뿐만 아니라 학식도 갖춘 예의 바른 부잣집 자제들로 보여 이 험한 곳에서 생활하는 것이 불가능하다고 말했지. 그러자 형이 다시 나에게 이렇게 대답했어.

'사부님, 만약 저희를 거두어주시지 않는다면 저희는 더 깊은 광야로 들어갈 각오입니다.'

동생은 땅에 시선을 둔 채 그 어떤 말도 하지 않았지. 한편 나는 이런 생각이 들었어. 내가 그들을 내쫓아 그들의 마음을 아프게 할 필요가 있을까? 그들을 거두는 것이 좋겠다. 아마도 얼마 안 가 이 거칠고 험한 곳의 힘든 생활을 견디지 못하고 스스로 떠나겠다고 하겠지.

'만약 여기서 그대들이 생활해 낼 수 있다고 생각한다면 그대들이 머물 오두막을 짓게나.'

그들은 나에게 감사하다고 하고, 자기들의 거처를 어디에 지어야 하는지 물었어. 나는 그들에게 곡괭이와 오래된 딱딱한 빵이 들어있는 바구니 하나를 준 후에 그들을 데리고 가파른 바위 꼭대기로 데리고 올라갔어.

'이곳을 깨끗이 청소하게. 그리고 습지에서 갈대를 가져와서 그대들의 거처를 만들게나.'

'사부님, 여기서는 어떤 수작업을 하는지요?' 형이 물었지.

'바구니를 만든다네.'

나는 그들이 야자수 입을 찢어 작업할 재료를 준비할 수 있게끔 알려주었어.

'물건을 만들면 내가 보내는 사람에게 전해주면 된다네. 그러면 그 사람이 그대들에게 빵을 가져다 줄 걸세.' 나는 그들에게 설명해줬어.

그리고 기도, 공부, 금식할 때의 규칙을 알려주고 나서 그들과 인사를 나눈 후 돌아왔지. 그렇게 둘만 그곳에 남았어. 그리고 그들은 내가 알려준 것을 철저하게 지키며 생활하는 것으로 보였어.

3년이라는 시간이 흘렀어. 그런데 그들은 단 한 순간도 나에게 와서 귀찮게 하는 일이 없었지.

나는 이상하다고 생각했어. 왜냐하면 수많은 형제들이 먼 곳을 마다 않고 매일 나를 찾아와 조언을 구하는데 그들은 여기서 겨우 두어 발자국 떨어진 곳에 있으면서도 한 번도 나를 찾지 않았기 때문이지.

그렇다고 그들이 다른 곳으로 간 것도 아니었어. 우리는 매 주일 그리고 큰 축일에 성당에서 진지하게 침묵하고 있는 그들을 만났어. 그들은 누구와도 말을 섞지 않았지. 주님의 몸과 피를 받아 모시고는 바로 자신들의 거처로 돌아갔어. 어떤 비밀 같은 것이 감춰져 있다는 느낌을 받은 나는 그들을 위해 일주일간 금식을 하고 그들의 영적 상태에 대해 알려달라고 하느님께 간절히 기도를 드렸어. 하느님께 서약한 기간이 끝난 후 나는 그들이 무엇을 하는지 보려고 그들의 거처로 갔어. 그들은 침묵 속에서 문을 열어주었고, 허리를 굽혀 내게 예를 표했지. 나는 일상적인 기원을 한 후 자리에 앉았어. 그때 형이 동생에게 자리를 피해 달라고 손으로 표시를 했어. 동생은 바로 그곳을 떠났지. 형은 아무 말도 하지 않은 채 놀라운 정도의 능숙한 솜씨로 바구니를 엮는 일을 계속 이어나갔어.

9시과 때가 되자 형이 나무종을 울렸어. 그러자 동생이 나타났지. 그는 식탁을 준비한 후 물에 젖은 쿠키, 딱딱하게 굳은 세 개의 빵, 그리고 물을 식탁에 올려놨어. 모든 준비가 끝나자 동생은 침묵하는 가운데 구석으로 가 팔을 가슴에 십자가 형태로 포갠 후 기다렸지. 나는 그들에게 식탁에 앉으라고 가리키면서 식사를 하자고 말했어. 우리는 기도를 하고 침묵 속에서 밥을 먹었지.

식사가 끝난 후에 우리는 나무컵에 약간의 물을 담아 마셨어. 그리고 식사 후에 하는 기도를 마쳤어. 그들은 다시 수작업을 하러 갔지. 해가 진 후에 형이 내게 물었어.

'사부님, 거처로 돌아가시겠습니까?'

'아닐세. 오늘은 여기에 묵겠네.'

그들은 내가 누울 수 있도록 구석에 짚단 하나를 깔았어. 그들을 위한 짚단도 하나 깔았지. 우리는 함께 저녁기도를 드렸어. 그들은 나에게 허리를 굽혀 예를 표한 후에 그들의 허리띠를 조금 풀고는 자리에 누웠지. 나 역시도 그렇게 했어. 나는 온종일 그들의 비밀스런 일을 보여 달라고 하느님께 끊임없이 간청 드렸지.

내가 깊이 잠들었다고 생각한 그들은 누웠던 자리에서 일어났어. 그리고 하늘을 향해 손을 치켜들고 기도를 드리기 시작했지. 나는 눈을 반쯤 뜨고 그들의 일거수일투족을 놓치지 않으려 주의를 기울이며 그들을 지켜봤어.

갑자기 파리떼처럼 수많은 악령들이 동생의 입 주변에 날아다니는 게 보였어. 그것은 기도하는 동생에게 하품을 일으키기 위한 것이라는 것이 분명했지. 하지만 하느님의 천사들이 불칼로 그들을 내쫓고 있었어. 형에게는 감히 접근 조차 못했어.

동이 트기 시작하자 그들은 잠자리에 누워 잠을 청했어. 그때 나는 잠에서 깨어난 것처럼 했지.

'사부님, 12편의 시편을 읽을까요?' 형이 나에게 물었어.

'읽도록 하세.' 내가 대답했지.

동생이 시편을 읽기 시작했어. 그때 그의 입에서 촛불이 나와 하늘로 올라가는 것이 보였어. 형이 시편을 읽기 시작하자 불기둥이 그의 혀와 하늘을 연결하는 것이 보였지. 내가 그곳을 떠날 준비를 마쳤을 때는 이미 하루의 시간이 꽤 지난 뒤였어. 나는 그들에게 죄인인 나를 위해서 기도해줄 것을 부탁하며 작별 인사를 했지. 그들은 아무런 말도 하지 않은 채 나에게 허리를 굽혀 예를 표했어. 나는 매우 깊은 인상을 받은 채 그곳을 떠났지. 두 청년은 기도와 침묵으로 진정 놀라운 경지의 덕까지 올랐어.

내가 그들을 방문한 지 얼마 안 되었어. 주님께서 형을 당신 곁으로 데려가셨지. 그리고 3일 뒤에 동생도 데려가셨어."

・・・

한 초보 수도사가 불결한 생각과 전쟁을 치르고 있었다. 그는 자신이 구원받지 못할 것이라고 생각하며 깊은 슬픔에 빠졌다. 하루는 사부를 찾아가 고백성사를 받고 이 유혹에서 자신이 벗어날 수 있도록 하느님께 기도해 달라고 눈물로 호소했다. 그러자 사부가 그에게 말했다.

"애야, 그것은 네게 도움이 되지 않는단다."

하지만 지속되는 요청에 사부는 하는 수 없이 그를 위해 기도를 드렸다. 사부가 손을 들어 기도를 시작하자 젊은 초보 수도사와 전쟁을 벌였던 불결한 생각이 멈췄다. 그런데 오래 지나지 않아 그가 다시 사부를 찾아왔다. 그는 무릎을 꿇은 채 다시 예전의 전쟁상태로 되돌아가서 자신이 겸손해질 수 있도록 기도해달라고 간절히 청했다. 영적 투쟁이 없다보니 교만한 생각에 빠지게 된 것이다.

· · ·

어떤 사부가 조언했다.

"그리스도인이여, 절대로 형제를 부당하게 대하지 않도록 유의해라. 그렇게 하면 하느님께서 그대의 기도를 받아들이실 것이다. 만약 그대가 형제를 불의하게 대한다면 그대의 기도는 받아들여지지 않을 것이다. 왜냐하면 억울한 자의 한숨은 그대의 기도가 하늘로 오르는 것을 가로막을 것이기 때문이다. 만약 누군가가 그대를 험담한다는 것을 알게 되었는데, 어느 날 그가 그대를 찾아오게 된다면 그대는 모든 것을 다 알고 있으며 그에 대해 안 좋은 감정을 가지고 있다는 내색을 나타내지 말거라. 오히려 온화한 얼굴과 부드러운 태도로 기쁘게 그를 맞이하여라. 그러면 그대의 기도가 하느님 앞에서 당당해질 수 있을 것이다."

· · ·

기도에 대한 모세 사부의 가르침을 살펴보자.

"그대는 하느님께서 그대의 기도를 받아들일 수 있도록 그대가 죄의 상태에 있음을 마음속 깊이 인식하고 있어야 한다. 그리고 그대의 죄에 온 신경을 기울인다면 다른 이들의 잘못을 지켜볼 겨를이 없을 것이다."

· · ·

지논 사부는 이렇게 말했다.

"하느님께서 그대의 기도를 즉시 들어주시길 원하는가? 그대는 하늘을 향해 손을 들고 기도할 때 마음속으로 제일 먼저 그대의 적들을 위해 기도하여라. 그러면 하느님께서 그대가 원하는 다른 모든 것을 속히 주실 것이다."

...

스키티의 형제 수도사들이 한 사부에게 물었다.

"사람들이 자신들을 위해 기도해달라고 다른 사람들에게 부탁했을 때 실제로 그들의 기도가 부탁한 이들에게 유익을 가져다주는 것인지요?"

"의인의 기도는 매우 큰 유익이 되지. 하지만 기도를 부탁한 사람의 자세도 중요하지."

"그렇다면 성인들의 기도가 의식적으로 자신의 구원을 소홀히 하는 이에게 어떤 유익을 가져다주는지요?"

그러자 사부가 형제 수도사들에게 다음과 같은 이야기를 들려주었다.

"어떤 공동체 수도원장이 있었어. 경건하고 덕이 많은 사람이었는데 그는 매일같이 이런 기도를 드렸지.

'주여, 내세에서 저와 저의 영적 자녀들을 갈라놓지 마시고 우리 모두가 함께 천상의 복을 누릴 수 있게 해주소서.'

그런데 언젠가 하느님께서 각자의 행실에 따라 각자의 미래가 정해진다는 것을 다음과 같은 방법으로 그에게 알려주셨어.

이웃에 있는 수도원에서 크게 기념하는 한 성인의 축일이 다가오고 있었지. 이웃에 있는 수도원은 공동체의 수도원장을 비롯해 모든 수도사들을 축일예배에 초대했어. 하지만 수도원장은 거기 가지 않기로 마음을 먹었어. 그곳에서 흔히 하던 자신에 대한 송찬을 피하고 싶었지. 그런데 축일 전날 꿈속에서 알 수 없는 음성이 수도원장에게 들려왔어. 먼저 그의 제자들을 이웃 수도원으로 보내고 난 다음 뒤따라서 이웃 수도원의 축일에 꼭 참여하라는 것이었지. 수도원장은 하느님의 명령에 순종했어.

　동이 트자마자 제자들에게 이웃 수도원으로 즉시 떠나라고 지시했어. 제자들이 길을 가던 중에 길바닥에 누워 신음하고 있는 불쌍한 노인이 방치되어 있는 것을 보게 됐어. 제자들은 노인에게 무슨 일이 있었냐고 물었어. 그랬더니 노인이 아주 힘들게 대답했어. 그리고 끊임없이 한숨을 내쉬었지.

　'내가 몸이 아파서 가축 등에 타고 의사에게 가던 중이었소. 그런데 이 오솔길에 들어서자 그 동물이 나를 내팽겨 치고는 도망갔다오. 왜 그랬는지 무슨 일이었는지 아직도 잘 모르겠소. 그리고 여기 이곳에서 나는 도움을 줄 만한 사람을 한 명도 만나보지 못했다오.' 노인은 매우 불만스럽게 말했다.

　그러자 수도사들이 노인에게 말했다.

　'어르신, 우리가 지금 당신에게 무엇을 할 수 있겠습니까? 우리는 지금 길을 가고 있는데 급하게 가야하는 사람들입니다.'

　수도사들은 축일예배에 늦지 않기 위해서 아무 도움도 주지 않고 불쌍한 노인을 그대로 길에 놔둔 채 길을 재촉했다.

　얼마 후 수도원장도 그곳을 지나가게 되었다. 그는 안 좋은 상태에 있던 노인을 발견하고 안타까움에 몸을 숙여 그에게 가까이 갔다. 노인의 아픔을 들은 후에 사부는 눈에 띄게 놀라워하며 그에게 물었다.

　'혹시 조금 전에 이곳으로 젊은 수도사들이 지나가지 않았습니까? 왜 그들에게 도움을 청하지 않으셨습니까? 분명히 당신을 보았을 텐데요.'

　'물론 저를 보고 물어봤답니다.' 노인이 슬퍼하며 말했다. '하지만 그들도 길 가는 사람이고 바쁜 일이 있어 저에게 해 줄 수 있는 것이 아무것도 없다고 하더군요.'

제자들의 행실에 창피를 느낀 수도원장은 깊이 한숨을 내쉬었다.
'제가 부축할 테니 걸을 수 있겠습니까?'
'수도사님, 도저히 못 움직이겠습니다.'
'그러면 제 어깨에 태우겠습니다.' 나이 많은 수도원장이 단호하게 말했다. '하느님께서는 당신이 가고자 하는 곳까지 갈 수 있게 우리를 도와주실 것입니다.'
'어깨에 저를 태우고 그 먼 길을 간다는 건 불가능합니다. 수도사님은 청년이 아니지 않습니까? 그러니 저 때문에 쓸데없이 시간 낭비하지 마시고 가던 길을 가십시오. 그저 하느님께서 저를 불쌍히 여기실 수 있도록 기도해주십시오.'
'이런 상태에 있는 당신을 그대로 두고 갈 수는 없습니다.' 하느님의 사람이 반발했다. '도시까지 제가 당신을 데리고 가겠습니다.'
노 수도원장은 무척 힘들게 그의 힘없는 어깨 위로 아픈 노인을 들어 올렸다. 그 무게는 감당하기 힘들 정도였다. 그는 아주 힘겹게 발을 떼는 데 성공했다.
그런데 이상한 일이 일어나는 게 아닌가!
점점 그의 어깨가 가벼워지더니 어느 순간 무게감이 갑자기 사라져 버린 것이었다. 수도원장은 무슨 일인지 보려고 고개를 들었다. 그런데 불쌍한 노인은 온데간데없고 대신에 잘생긴 천사가 그의 앞에 서있는 것이 아닌가. 천사가 천상의 음악처럼 감미로운 음성으로 그에게 말했다.
'주님께서 그대에게 알려주라고 해서 왔네. 그대의 제자들이 하느님의 나라에서 그대와 함께 복을 누리려면 그대의 발자취를 따라야 할 걸세. 그렇지 않으면 그들을 위한 그대의 수고와 기도가 헛된 일이 되고 말 것이야. 그리고 하느님께서는 각자의 행실에 맞게 보상을 하실 걸

세.'

천사는 순식간에 하늘로 사라졌다. 사색에 잠긴 노 수도원장은 새로운 영적 투쟁을 시작하기 위해 수도원으로 되돌아왔다. 수도원장에게는 여전히 제자들이 수도사적인 성품을 가꾸어 나가게 해야 하는 힘든 작업이 남아있었던 것이다."

• • •

어느 거룩한 사부가 수도사들에게 조언했다.

"그대들은 수작업을 하고 있다가 기도시간이 되었을 때 '남은 일을 마저 끝내고 가야지, 또는 조금 남은 바느질을 다 마치고 가야지'라고 스스로에게 말하지 말거라. 다른 모든 책무를 뒤로하고 하느님께 그대의 빚을 갚아라. 그렇지 않으면 그대는 기도와 예배를 주업이 아닌 부업처럼 여기게 될 것이다. 그렇게 되면 그대는 영적 양식을 영혼에게 제대로 공급해주지 못하게 될 것이고 육신에게도 물질적인 음식을 제대로 공급해주지 못하게 될 것이다. 왜냐하면 하느님의 축복 없이는 수작업의 능률이 오를 수 없기 때문이다. 영적인 것과 육적인 것에 대한 그대의 의욕은 동이 트는 아침부터 드러나게 될 것이다."

• • •

평범한 사람들이 육적인 눈으로 볼 수 없는 것을 마카리오스 사부는 영적인 눈으로 꿰뚫어 볼 수 있는 은사를 하느님으로부터 받았다. 주일날 여느 때와 같이 주일예배를 드리기 위해 스키티의 성당으로 향하던 그는 사악한 영들이 어느 수도사의 거처 주변을 배회하고 있는 것을 보게 되었다. 아이들의 모습을 한 악령들은 난장판을 만들었고 상스러운 여자 같은 모습의 다른 악령들은 뛰고 춤추고 여러 가지 어리석은 짓들을 벌였다. 그러자 그가 생각에 잠겼다.

"형제 수도사가 완전히 나태해졌구나. 그렇지 않고서야 악령들이 저렇게 함부로 그에게 다가갈 수는 없지."

성찬예배가 끝난 후 사부가 그 형제 수도사를 찾아 방문을 두드렸다. 그리고 이렇게 말했다.

"자네에게 부탁할 것이 있어 왔네."

"제가 할 수 있는 일이라면 당연히 해드려야죠, 사부님."

"내가 지금 마음이 많이 안 좋은 상태라네. 그러니 내 마음이 안정을 찾을 수 있도록 주님께 나를 위해 기도해주게나."

"사부님, 제가 당신을 위해 기도를 드린다는 것은 가당치 않습니다." 수도사가 송구스러워하며 말했다.

"자네가 매일 저녁 나를 위해 기도해 주겠다고 약속할 때까지 나는 이곳을 떠나지 않을 걸세." 성인이 그에게 말했다.

수도사는 어쩔 수 없이 약속했다. 그날 밤 그는 성인을 위해 기도를 드린 후 자문했다.

"어리석은 자여, 그런 성인 같은 분을 위해 하느님께 간청하면서도 네 자신을 위해서는 간청 드릴 것이 없다는 것이 말이 되는가?"

그렇게 그는 성인을 위한 기도에 자신을 위한 기도 하나를 더했다. 다음날 저녁, 또 그 다음날도, 그렇게 기도를 드렸다. 그는 일주일 내내 두 번의 기도를 드리며 지냈다.

주일날 성인은 다시 수도사의 거처를 지나갔다. 악령들은 여전히 그곳에 있었지만 기분이 상한 채로 있었다. 성인은 형제 수도사의 기도가 효과를 보기 시작했다는 것을 즉시 알아챘다. 성인은 수도사의 거처로 들어가 자신을 위해 기도 하나를 더 드려달라고 부탁했다. 형제 수도사는 기꺼이 성인의 청을 받아들였다. 그는 이제 성인을 위한 두 번의 기도에다가 자신을 위한 기도 두 번을 더 드리기 시작했다. 다시 일주일이 지나 주일날 성인이 그를 보러 갔을 때 악령들은 아무 말도 없고 의기소침해 있었다. 성인은 하느님께 감사를 드렸다. 그리고 형제 수도사에게 자신을 위해 세 번째 기도를 드려달라고 요청했다. 그러면서 그에게 용기를 주려고 이렇게 말했다.

"형제여, 자네의 기도가 나에게 큰 힘이 된다네."

이전의 나태했던 수도사는 이제 성인을 위한 세 번의 기도에 더해 자신을 위해 또 다른 세 번의 기도를 드리면서 밤 대부분의 시간을 보내게 되었다.

여느 때처럼 주일날 교회로 향하던 마카리오스 사부에게 악령들이 달려들었다. 그리고 그를 위협하며 심한 욕설을 퍼부었다. 왜냐하면 수도사의 잘못을 고칠 수 있도록 계기를 제공했기 때문이었다. 하지만 악령들은 수도사의 거처에서 아주 멀리 떨어져있었다. 수도사의 기도가 악령들이 가까이 접근하지 못하도록 한 것이었다.

성인은 형제 수도사의 변화를 보고 진심으로 하느님께 감사를 드렸다. 그리고 나서 그 형제에게 사탄이 인간을 파멸로 이끄는 덫에 쉽게 걸리지 않도록 기도하는 일을 소홀히 하지 말 것을 권고했다.

· · ·

파코미오스 성인의 사부 팔라몬 성인은 젊은 제자가 밤에 기도드릴 때 조는 것을 볼 때마다 그를 데리고 근처에 있는 모래언덕으로 올라갔다. 그리고 한 곳에서 다른 곳으로 모래를 옮기곤 했다. 졸음을 이겨내고 기도에 더 열중할 수 있도록 그를 가르치기 위해서였다. 성인은 그에게 계속 이렇게 말했다.

"애야, 언제나 깨어있어야 한단다. 그렇지 않으면 유혹이 잠에 빠져있는 너를 발견하고서 너의 모든 수고를 훔쳐가게 될 거야."

파코미오스는 기도가 시작되는 밤에 하늘을 향해 손을 높이 들고 동이 트면 손을 내리는 것에 서서히 익숙해졌고 깨끗한 마음과 순결한 몸을 가지게 되었다.

・・・

에바그리오스 사부는 이렇게 적었다.

"사람이 기도의 말에 온 정신을 집중하면서 기도한다면 그것은 놀라운 성과이다. 하지만 일체의 분심 없이 찬양을 드릴 수 있다면 그것은 훨씬 더 큰 성과이다."

・・・

한 형제 수도사가 영적 체험이 많은 실루아노스 성인에게 물었다.

"사부님, 어떻게 해야 제가 기도드릴 때 영적 고양에 이를 수 있을까요? 그리고 저는 예식을 드릴 때 저를 괴롭히는 졸음을 이겨내기 위해 성가를 아름답게 부르려고 노력을 많이 합니다."

"애야, 영혼은 성가의 선율보다는 가사에서 더 깊은 감명을 받는단다." 성인이 설명했다. "만약 네가 선율에 치중한다면, 허영에 빠지고 네 마음이 더욱 굳어지는 위험에 빠질 수도 있어. 그리고 기도를 드리든 성가를 드리든 언제나 네가 거룩하신 하느님 앞에 있다는 깊은 인식이 필요하구나. 네 생각이 여기저기 배회하지 않도록 하고, 영적 고양을 불러오는 겸손을 사랑하며, 너의 지혜와 지식을 드러내려고 하지 말거라. 그리고 가르치기보다는 배우려는 자세를 가지거라. 그러면 위에서 말한 이 모든 것 말고도 너희의 선한 마음을 보시는 하느님께서 너에게 영적 고양의 은사를 베풀어주실 것이다."

・・・

이집트의 테베 지역 사람인 시소이스 성인은 예배가 끝나자마자 자신의 거처로 달려갔다고 한다. 수도서원을 한 지 얼마 되지 않아 아직 시소이스 성인에 대해 잘 모르던 스키티의 일부 수도사들은 성인을 보면서 그가 악령에 걸려 추종하고 있는 거라고 말하곤 했다. 하지만 오랜 수도생활을 통해 시소이스 성인에 대해 잘 아는 수도사들은 성인이 기도 속에서 분심을 일으키지 않으려고 대화를 피하기 위해 그렇게 하는 것이라고 설명해주었다.

• • •

마카리오스 사부는 성찬예배의 마지막에 성당 문 앞에 서서 나가는 수도사들에게 다음과 같이 속삭이는 것이 일상화되어 있었다.

"형제들이여, 떠나시는가?"

"사부님, 우리가 어디로 가기를 원하십니까?" 젊은 수도사들이 물었다. "혹시 더 깊은 광야 말씀이신지요?"

그러자 성인이 그의 손가락을 입에 갖다 대며 대답했다.

"여기 이것에서 떠나라는 말일세."

성인은 대화를 뜻한 것이었다. 왜냐하면 대화는 생각을 흩뜨려 놓을 뿐만 아니라 기도로 얻은 좋은 생각들을 잃게 할 수 있기 때문이다.

• • •

어떤 사부가 말했다.

"그리스도인의 기도는 평화로운 마음이 선행된 후에 고요와 품위 속에서 드려져야 한다. 다른 사람들과 함께 성당에서 기도를 드리게 될 경우에는 자신의 경건함이 밖으로 나타나지 않도록 해야 하고 본인은 물론 타인에게도 혼란을 일으키게 되는 큰 소리를 내지 않도록 해야 한다.

기도는 마음의 내적 아픔 속에서, 또 하느님께 헌신하는 평온의 정신 속에서 드려져야 한다.

육체적인 병으로 고생하는 사람들 중에는 병을 치료하기 위해 수술을 받거나 상처를 불로 지지는 참기 힘든 고통을 겪으면서도 소리를 지르거나 소란을 피우지 않고 묵묵히 그 고통을 견뎌내는 사람도 있지만, 고통을 참지 못하고 마치 세상이 무너지는 듯이 소리를 지르는 사람도 있다. 소리를 지르고 소란을 피우면 과연 아픔이 사라지는 것인가? 오히려 아픔은 더욱 커질 것이다.

기도도 이와 비슷하다. 영성이 깊은 사람들은 소리 없이, '말없는 한숨'으로 기도를 드리며 영적인 평온을 유지한다. 그렇지 못한 사람들은 자기 자신을 통제하지 못하고 다른 사람들에게 종종 문제를 일으킬 정도로 큰 소리로, 또 밖으로 나타내며 기도를 드린다. 진정한 그리스도인은 무질서나 겉으로 드러내는 외식을 피하고, 질서, 고요, 겸손을 추구해야 한다. 하느님께서도 예언자의 입을 통해 이것을 요구하셨다. '내가 누구를 굽어보겠느냐? 겸손한 자와 평온한 자, 그리고 나의 말을 두려워하는 자가 아니겠느냐?'(이사야 66:2 70인역 참조)

이 길을 택한 그리스도인은 하나같이 다른 많은 사람들에게 빛이 되고 귀감이 되었다."

...

어느 사부가 말했다.

"다른 사람들과 함께 교회에서 공동으로 예배를 드리면서, 입과 마음의 문을 닫고 찬양과 기도를 드리지 않는 그리스도인은 사탄을 닮은 것과 같다. 더러운 악령은 교회에서 하느님께 바치는 찬양을 들으면 견딜 수가 없기에 인간의 생각을 찬양과 기도에서 흩뜨려 놓으려 안간힘을 쓴다."

2. 하느님에 대한 기억

테오나스 사부가 말했다.
"정신이 하느님에 대한 생각을 멈추는 순간, 인간은 저 밑바닥의 정욕에 지배 될 것이다."

· · ·

언젠가 다니엘 사부와 그의 제자가 광야에서 여러 날 동안 계속해서 걷기만 했다. 긴 여정에 지친 젊은 제자가 불만어린 목소리로 사부에게 말했다.
"언제쯤 우리의 누추한 오두막에서 머물 수 있을까요?"
"얘야, 누가 여기 이곳에서 우리가 하느님을 보는 것을 방해하겠느냐? 우리가 오두막에 있든 오두막 밖에 있든 하느님께서는 언제나 우리를 보살펴주신단다." 하느님을 언제나 머릿속에 담고 살아가는 사부가 대답했다.

· · ·

아르세니오스 성인은 유익한 조언을 구하는 어느 수도사에게 이렇게 답을 했다.
"너의 정신이 하느님을 끊임없이 볼 수 있다면, 그리고 그러한 통찰력으로 너의 내면을 가꾸어 나간다면, 그때 너는 악과 영적으로 싸워 승리하게 될 것이다."

...

이페레키오스 사부는 이렇게 말했다.
"수도사의 삶은, 계속해서 하느님 아버지의 얼굴을 본다는 점에서 천사들의 삶과 비슷하다."

...

어떤 사부가 말했다.
"누가 임금의 총애를 받는 사람을 해칠 수 있겠는가? 당연히 없을 것이다. 이처럼 사탄도 하느님과 결합된 영혼은 해치지 못한다.
하느님께서는 거룩한 성서를 통해 그분께 가까이 오라고 우리를 부르신다. 그것은 당신께서 우리에게 더 가까이 다가오시기 위함이다. 하지만 불행하게도 인간의 정신은 세상적인 생각으로 계속 흩어져있기에 사탄에 의해 쉽게 죄에 빠지게 된다."

...

어떤 사부가 말했다.
"누구든지 인간을 참으로 특이한 존재라고 여길 것이다. 왜냐하면 인간은 하느님은 현존하시고 또 자신의 기도를 들어주신다는 것을 의식하며 기도하면서도 동시에 마치 자신이 저지르는 불의를 지켜보는 하느님이 존재하지 않는 것처럼 너무나 쉽게 죄를 짓기 때문이다."

...

또 다른 사부가 말했다.
"언제나 그대의 눈앞에 하느님을 두고 살아갈 수만 있다면 잠을 자기 위해 눕든, 자리에서 일어나든, 또 어떤 일을 하든지 간에 사탄은 감히 그대를 괴롭힐 용기를 내지 못할 것이다. 그대의 정신이 하느님과 하나로 결합되어 있는 한 하느님의 은총이 그대를 감싸주실 것이기 때문이다."

어떤 사부가 우리 인간이 저지르는 행위를 비통해했다. 왜냐하면 우리는 사람들 앞에서 하는 나쁜 행위는 창피해하면서도, 우리 마음속 깊은 곳까지도 들여다보시는 하느님 앞에서 저지르는 불경과 죄에 대해서는 두려워하거나 창피해하지 않고 있기 때문이다.

• • •

영혼의 영적 전쟁을 깊이 탐구한 스승들의 결론은 이랬다.
"사탄은 하느님의 피조물을 죄의 나락으로 떨어뜨리기 위해 세 가지 방법을 쓴다. 망각, 나태, 그리고 나쁜 욕망이다.
망각이 영혼을 지배하게 되면 즉시 나태를 만들어낸다. 그리고 나태는 다시 나쁜 욕망을 만든다. 만약 우리가 그렇게 쉽게 하느님을 망각하지 않고 또 현세에서 우리가 가야할 목적지를 그리 쉽게 잊지 않는다면 하느님의 은총은 우리 안에 둥지를 트는 비이성적인 욕망들에 우리가 휩쓸리도록 결코 가만 놔두지 않으실 것이다."

• • •

대 아르세니오스가 조언했다.
"수도사여, 하느님을 찾아라. 하느님께서는 그대에게 당신 자신을 드러내주실 것이다. 그러면 그대는 생을 마치는 그 날까지 그분이 그대 곁에 머물 수 있도록 그분을 꼭 붙잡아야 한다."

• • •

언젠가 형제 수도사들이 실루아노스 사부에게 물었다.
"생전에 사부님께서는 어떤 선한 일을 하셨기에 하느님께서 그러한 분별의 은사와 지혜를 주셨을까요?"
"하느님의 마음을 상하게 하는 생각이 내 머릿속에 들어오는 것을 허락하지 않았단다." 사부가 겸손하게 그들에게 대답했다.

3. 영적 열매

　어느 날 어느 형제 수도사가 경험이 많은 사부에게 인간이 어떻게 내면의 세계를 가꾸어 나가야 영적 열매를 맺을 수 있는지 물었다. 사부가 이렇게 대답했다.
　"영혼을 가꾸는 데 필요한 요소는 세 가지다. 첫 번째로 고요, 두 번째로 기도, 그리고 세 번째로 자각이다. 마지막에 언급한 자각은 다른 이의 잘못에 관심을 두지 않고 오직 자신의 잘못에만 주의를 기울일 때 가능하다. 이 세 가지에 집중한다면 얼마 가지 않아 영혼은 다른 모든 덕에서 열매를 맺게 될 것이다."

· · ·

　피민 사부가 말했다.
　"말이 많은 것과 다툼, 불안, 혼란을 피하면 성령은 그 사람의 영혼을 감싸주신다. 그러면 그가 아무리 메말라 있는 영혼이라 할지라도 영적 열매를 맺게 된다."

· · ·

　어느 초보 수도사가 시소이스 사부에게 자신이 깨끗한 마음을 유지하려 노력하지만 언제나 실패하고 있다고 고백했다. 그러자 지혜로운 사부가 그에게 말했다.

"얘야, 혀의 문을 열어두는 한 우리가 깨끗한 마음을 가질 수 없다는 것을 아직 모르겠느냐?"

...

고백자 막시모스 성인의 가르침.

"성서가 말하는 것처럼 하느님께서는 정의의 태양으로서 그의 선한 빛으로 만유(萬有)를 아름답게 만드신다. 영혼은 자신의 뜻에 따라 하느님을 향한 초가 될 수도 있고, 물질을 사랑하는 진흙이 될 수도 있다. 태양에 노출되면 진흙은 말라서 굳어지지만 초는 부드러워지듯이 영혼도 마찬가지다. 세상과 물질에 던져진 영혼은 하느님과 만나도 파라오처럼 마음이 완고해져서 구원의 희망을 전부 잃는다. 반대로 하느님 사랑의 타오르는 빛에 노출된, 하느님을 향한 영혼은 부드러워지고 성인들의 특징을 새겨 하느님의 거처가 된다. 이처럼 영혼은 '하느님의 모습에 따라' 지어진 자연적인 미에 '하느님을 닮아가는' 신화(神化)가 더해진다."

...

어느 스승이 조언했다.

"그대가 어떤 영적 은사를 받았다면 그것에 대해 자랑하지 말라. 그대가 가지고 있는 모든 것은 다 하느님으로부터 온 것이지 그대의 것이 아니다. 따라서 그대가 하느님의 뜻에 맞게 살아가지 않는다면 하느님께서는 그 은사를 그대에게서 거두어 더 겸손하고 선한 이에게 넘겨주실 것이다."

...

어느 사부가 7년간을 영적 은사를 달라고 하느님께 기도드렸다. 마침내 간절히 바라던 은사를 받자 이웃에 있는 사려 깊은 스승에게 이 사실을 말하려고 갔다.

"노고가 많으셨네." 스승은 고개를 흔들며 말했다. "이제 돌아가 그 은사를 거둬달라고 7년간 하느님께 기도드리시게. 그대에게 유익하지 않다네."

사부는 스승의 말씀에 순종해서 그가 그토록 추구했던 은사를 다시 하느님께서 거둬 주실 때까지 기도를 드렸다.

∴

어느 날 어떤 동료 수도사가 은수자를 방문했다. 식사시간이 되자 은수자는 손님을 대접하기 위해 제자에게 약간의 렌틸콩과 물에 불린 딱딱한 빵을 준비시켰다. 제자는 스승의 지시대로 모든 준비를 마쳤다. 그런데 대화를 시작한 두 사부들은 영적 대화에 심취된 채 배고픔도, 졸음도, 어떤 피곤도 느끼지 못한 채 다음날 정오 때까지 그 자리에서 대화를 이어나갔다. 그러고 나서 스승이 다시 제자에게 말했다.

"얘야, 손님이 드실 수 있도록 약간의 렌틸콩을 준비하거라."

"스승님, 어제부터 모든 것이 식탁에 준비되어 있답니다." 제자가 대답했다.

그때서야 비로소 그들은 식사를 하려고 식탁에 앉았다.

∴

어떤 사부가 스승들 중 한 명을 방문했다. 그는 손님을 대접하기 위해 약간의 콩을 구웠다. 해가 지자 식탁에 앉기 전에 스승이 손님에게 기도를 요청했다. 그는 기꺼이 그 제안을 받아들였다. 이렇게 기도는 시작되었다. 한 명은 외우고 있는 모든 시편을 낭송했고, 또 다른 한 명도 외우고 있던 두 편의 위대한 예언서를 낭송했다. 그렇게 둘 다 식탁에 차려진 음식은 잊은 채 날이 새도록 기도를 했고 손님은 기도를 마친 후에 그곳을 떠났다.

∴

아주 겸손한 어떤 수도사에게 사탄이 빛나는 천사처럼 나타났다. 그리고는 그를 교만에 빠뜨리려고 이렇게 말했다. "나는 가브리엘이다. 네가 많은 덕을 쌓았기에 너에게 인사를 하러 온 것이다."

"혹시 잘못 찾아온 것이 아닌지 잘 살펴보십시오." 겸손한 수도사는 평정심을 잃지 않고 대답했다. "저는 아직 죄 속에서 살고 있어 천사를 볼 자격이 없습니다."

・・・

언젠가 사람들이 악령에 사로잡힌 사람을 롱기노스 사부에게 데려가 고쳐달라고 간청했다.

"나는 그런 은사가 없다네." 사부가 겸손하게 대답했다. "지노나스 사부에게 데려가시게. 그가 기도로 악령을 쫓아낼 수 있을 걸세."

사람들이 그를 지노나스 사부에게 데려갔다. 사부는 그를 보고 측은한 마음이 들었다. 지노나스 사부는 고통 속에 있는 하느님의 피조물에게서 악령을 내쫓는 퇴마의식을 시작했다.

악령은 난폭해지기 시작했다. 그러다가 갑자기 사부에게 소리쳤다. "네가 너의 기도 때문에 떠나간다고 생각하느냐? 롱기노스 사부의 기도 때문이야. 지금 그가 드리는 기도 때문에 내가 이곳에 더 이상 머물 수가 없는 것이지 너 때문이 아니야."

・・・

암으로 고통받고 있는 한 여자가 롱기노스 사부의 명성을 듣고는 병을 치유 받으려고 그 사부를 찾아 길을 떠났다. 그녀는 광야에서 그를 찾아 헤매던 중 우연히 나무를 자르고 있는 한 늙은 수도사를 만났다. 그에게 다가간 그녀가 롱기노스 사부가 어디에 있는지 물었다.

"무슨 일로 그를 찾고 계신지요?" 노 수도사가 그녀에게 물었다. "그에게는 가지 않는 것이 좋을 것입니다. 그렇게 좋은 사람이 아니랍니다. 그런데 혹시 어디 아픈 데라도 있으신지요?"

고통 속에서 살아가는 그녀는 견디기 힘든 악취를 풍기는 상처를 보여주었다. 노 수도사는 그녀의 상처에 십자성호를 했다. 그리고 그녀에게 말했다.

"집으로 돌아가십시오. 하느님께서 당신을 낫게 해주실 것입니다. 롱기노스는 당신을 도울 수 있는 게 아무것도 없답니다."

그녀는 알지 못하는 노 수도사의 말을 믿고 그곳을 떠났다. 그런데 그녀가 집에 도착하는 사이에 고통스러웠던 상처의 통증이 사라졌다. 그녀는 뒤늦게 다른 형제 수도사들을 통해 그녀에게 그런 독특한 방법으로 상처를 치료해준 노 수도사가 롱기노스 사부였다는 사실을 알게 되었다.

...

어느 초보 수도사가 한 사부에게 어떻게 누구는 계시를 보아 천상의 비밀을 알게 되는 은사를 받느냐고 물었다. 그러자 지혜로운 사부가 대답했다.

"그들만 복되다고 부러워하지 말거라. 오히려 그들보다는 끊임없이 자신의 죄를 돌아보고 나약함을 찾아내고 자기 자신을 잘 살피는 사람들이 더 복되다고 생각해야 한단다."

"사부님, 며칠 전에 어떤 수도사가 병자에게서 악령을 쫓아내는 것을 보고 경탄하지 않을 수 없었습니다." 초보 수도사가 다시 사부에게 말했다.

"나는 한 번도 악령을 내쫓거나 병을 치유하는 것을 바란 적이 없었단다." 사부가 대답했다. "단지 나는 하느님께 내가 사탄의 놀잇감이 되지 않도록, 그리고 사악한 생각에서 나의 생각을 깨끗하게 해달라고 기도를 드린단다. 만약 내가 이것을 성취할 수만 있다면 그때는 나도 경탄의 대상이 될 수 있겠지. 누구든지 자기 영혼을 죄에서 깨끗이 할 수 있고 하느님과 이웃을 사랑할 수 있다면 그는 기적을 행하는 스승들과 함께 영원한 생명을 물려받게 될 거야."

• • •

어떤 경건한 그리스도인이 세상을 등지고 자신의 작은 아들을 데리고 광야로 들어갔다. 오랜 세월이 흘러 덕의 높은 경지에까지 이른 아버지는 기도로 악령에 사로잡힌 사람을 정상인으로 돌려놓았다. 그러자 그의 아들이 명성 있는 사부를 찾아가 불만을 토로했다.

"스승님, 저의 아버지는 저보다 훨씬 영성이 깊어 사탄도 내쫓습니다."

"얘야, 그것만이 영적 성숙의 표시가 아니란다." 사부가 대답했다. "기적을 행하는 것은 인간이 아닌 하느님의 능력이고, 거기에는 병자나 가족의 믿음이 있어야 된단다. 많은 사람들이 이것을 깨닫지 못하고 교만에 빠져 자기 영혼에게 해를 입혔지. 인간에게 가장 큰 영적 성숙은 마음의 겸손이란다. 누구든지 그것을 성취하는 사람은 악과 죄에 휩쓸릴까 두려워하지 않는단다."

• • •

안토니오스 성인의 제자인 피티리온 사부가 "형제여, 악령을 내쫓고 싶은가?"라고 물었다. "그렇다면 지금 그대의 정욕을 복종시키는 것을 배우게. 그대의 내면에서 정욕을 내쫓을 때 정욕을 유발하는 악령도 함께 내쫓기게 되는 걸세. 왜냐하면 갖가지 정욕은 그것의 악령을 함께 가지고 있기 때문이지. 정욕을 이겨낸다면 그것을 부추기는 사탄도 함께 내쫓는 것이네."

• • •

어느 은수자가 자기 오두막 앞에 심어져 있는 야자수의 열매만 먹으면서 30년을 광야에서 살았다. 하지만 언젠가 사탄이 그의 머릿속에 잡초를 심었고 그래서 그는 자신이 그 오랜 세월을 헛되게 낭비했다는 생각에 빠지기 시작했다.

"내가 이곳에 와서 얻은 게 무엇이란 말인가?" 그는 스스로 자문했다. "하느님의 계시를 본 적도 없고 옛 수도사들처럼 기적도 행한 적이 없어. 차라리 세상으로 돌아가자. 오히려 그곳이 영적 발전에 더 도움이 될 거야."

그는 거의 마음을 굳히고는 떠날 채비를 하고 있었다. 하느님께서는 그가 그동안 쌓아온 노고를 안타깝게 여기시어 천사를 보내 그의 길을 막았다.

"하느님께서 그대에게 주신 인내와 담대함으로 오랜 세월을 홀로 이 거친 곳에서 나무의 열매만을 먹으며 사는 것보다 어떤 더 큰 기적을 원하는가?" 천사가 그에게 말했다. "그대는 조금 더 인내하고 하느님께 더 많은 겸손을 구하라."

은수자는 천사를 보내 자신을 격려해주신 하느님께 감사를 드리며 그곳에 그대로 머물렀다.

4. 거룩한 감사

아래의 이야기는 아르세니오스 성인이 자신의 제자들에게 말해준 가르침으로, 그의 제자들이 성인의 다른 가르침과 함께 기록으로 남겨 우리에게 전해준 것이다.

"어떤 출가자가 있었다. 그는 너무 무지해서 우리가 받아 모시는 축성된 거룩한 빵이 주님의 그 몸이라는 것을 절대 받아들이려 하지 않았다. 그것은 무지 그 이상이었다. 사부들은 그 사실을 알고 그를 불러 흠 없는 신비에 대한 교회의 바른 가르침을 설명하고 오류를 바로잡아 주려고 노력했다. 하지만 그 어떤 방법으로도 그의 마음을 돌릴 수는 없었다. 사부들은 그를 설득하는 것을 포기하는 대신 그동안 그가 쌓아온 수고를 잃지 않도록 그에게 진리의 빛을 비춰달라고 그를 위해 하느님께 기도했다.

어느 주일이었다. 출가자는 다른 두 사부와 함께 스키티의 성당에서 거행되는 거룩한 성찬예배에 참례하고 있었다. 사제가 봉헌물을 옮기기 위해 손으로 드는 순간 그들은 놀랍게도 거룩한 제단 위에 누워있는 한 아기를 목격하게 되었다. 사제가 봉헌된 빵을 자르기 시작할 때 손에 칼을 든 거룩한 천사가 제단 위에 모습을 드러냈다. 천사는 사제와 함께 동시에 거룩한 아기를 자르기 시작했다. 아기의 피가 성작에 흘렀다.

자신의 오류를 고집하던 출가자는 그 끔찍한 광경을 보고 충격에 빠졌다. 하지만 그 충격은 곧 두려움으로 바뀌었다. 얼마 후에 주님의 몸과 피를 받아 모시러 나간 그가 성작 안에 피 범벅이 된 육체를 본 것이다. 그는 울면서 자신의 잘못을 고백했다. 그리고 주님의 몸과 피를 받아 모실 수 있게 당신의 은총으로 거룩한 신비를 덮어줄 것을 주님께 간절히 청했다. 그리고 그는 그의 간청대로 다시 성작 안에서 거룩한 빵과 포도주를 보게 되었다."

...

아폴로 사부의 제자 이사악은 다른 여러 덕 외에도 흠 없는 신비에 대한 각별한 경외심을 가지고 있었다. 그가 성체성혈을 받아 모실 때면 여러 날 전부터 특별한 기도와 영적인 탐구에 매진하였다. 교회에서 거룩한 성찬예배가 거행되는 동안에는 아무리 급하고 중요한 일이 있더라도 그에게 말을 거는 것을 용납하지 않았다. 성찬예배가 끝나면 그는 누구에게 쫓기는 것처럼 급히 자신의 거처로 달려갔다.

당시 스키티에는 성찬예배가 끝나면 형제들에게 봉헌물의 한 조각과 포도주 한 잔을 주는 관례가 있었다. 그런데 이사악은 그것을 단 한 번도 받지 않았다. 자신의 거처 밖에서 시간을 낭비하는 것과 또 자기 생각이 분산되는 것이 싫었기 때문이다.

"사부님, 성당에 오시면 왜 우리를 피하시는 겁니까?" 언젠가 젊은 형제 수도사들이 그에게 물었다.

"형제들이여, 나는 그대들을 피하는 것이 아니라 사탄의 사악함을 피하는 것일세." 그가 대답했다. "촛불을 들고 오랜 시간 밖에 서있으면 예외 없이 그 불은 꺼지고 말 것일세. 정신도 마찬가지라네. 촛불은 성당의 신비의 은총에 의해 밝게 빛나지만 각자의 거처 밖에서 산만하게 움직이다 보면 오지랖의 바람에 꺼지고 만다네."

· · ·

대 에프티미오스 성인의 전기 작가들이 전하는 바에 따르면 성인은 하느님으로부터 받은 여러 은사들 중에서 다음과 같은 은사도 가지고 있었다고 한다. 그것은 성인이 성찬예배를 거행할 때 지성소 안에서 거룩한 천사의 도움을 받는 것이었다. 성인의 제자들 중 영안이 있는 제자들은 그 광경을 자주 목격했다고 한다.

성인의 또 다른 은사는 형제 수도사들이 성체성혈을 받아 모시러 다가올 때 누가 준비되고 누가 준비가 되지 않았는지, 또 누가 합당치 못한 상태에서 나오는지 등을 그들의 얼굴에서 읽고는 즉시 그들을 가로막았다고 한다. 성인은 이후에 고백성사를 받아 자신들의 영혼을 깨끗이 할 것을 그들에게 권면했다.

· · ·

스승들이 성스런 어느 주교에 대해 이렇게 전했다.

"교인들에게 주님의 몸과 피를 주려고 지성소 밖으로 나온 주교의 눈에 성체성혈을 받으러 나오는 교인들의 모습이, 어떤 사람은 아주 검은 얼굴로, 또 어떤 교인들은 툭 튀어나오고 자극적인 눈으로, 또 어떤 교인들은 새하얀 옷을 입고 환히 빛나는 얼굴로 보였다. 매우 조심스럽고 경건한 마음으로 주님의 거룩한 몸을 받아 모시는 이들에게는 주님의 거룩한 몸이 그들을 더욱 빛나게 해주었다.

주교는 자기가 본 신비가 무엇인지 알려달라고 하느님께 간청 드렸다. 주님의 천사가 그를 찾아와 알려주었다. '밝은 얼굴과 하얀 옷을 입고 성체성혈을 받아 모시러 나온 교인들은 순결하고 슬기롭게 살아가는 이들로서 의로운 사람이고 다른 이들을 동정하는 자애로운 이들이다. 그들은 깨끗한 양심으로 거룩한 신비에 다가왔기에 하느님의 은총이 그들을 감싸주셨다. 검은 얼굴을 한 교인들은 육체적인 욕망의 진흙탕 속에 깊이 빠져있는 이들이다. 툭 뛰어나오고 자극적인 눈을 가진 교인들은 사악하고 불의하고 시기하고 탐욕스런 자들이다. 그들에게 성체성혈을 받아 모시는 것은 전혀 유익하지 않을 뿐만 아니라 오히려 그들에게 단죄가 된다. 왜냐하면 회개나 준비 없이 그런 무거운 양심으로 감히 주님의 몸과 피에 다가서기 때문이다.'

착한 목자는 그때부터 주님께서 자신에게 맡겨주신 양떼들에게, 회개하고 그릇된 삶의 방식을 고치라고 설교를 했으며 합당치 못한 이들이 성체성혈에 나올 때는 그들이 주님의 몸과 피를 받아 모시지 못하게 막았다.

...

엘레누폴리의 팔라디오스는 그의 기행문을 통해 당시 시대의 수도사들의 영적인 삶을 우리가 들여다 볼 수 있게 해준다. 언젠가 아프리카 광야를 순례하던 팔라디오스는 500명 이상의 제자들을 거느린 저명한 아폴로 사부를 알게 되었다. 그들의 일상적인 생활은 대략 이러했다. 그들은 9시과 즉 오후 세시까지 금식을 하며 절대적인 침묵 속에서 일에 매진했다. 수작업이 끝난 후에는 모두 스키티의 성당으로 가서 질서 있게 그리고 신심을 다해 거룩한 성찬예배에 참례했다. 마지막에는 매우 경건한 자세로 흠 없는 신비를 받아 모셨다. 이어서 그들의 소박한 식탁이 차려졌다. 빵과 생채소 또는 불린 콩이 그들의 일상적인 양식이었다. 식사가 끝나면 그들의 영적 아버지인 스승 주변에 모여 앉아 심오한 지혜로 해석해주시는 하느님의 말씀을 주의 깊게 들었다. 그렇게 밤이 찾아왔다. 그들은 몇 시간 휴식을 취했다. 그리고 다시 자정에 일어나 동이 틀 때까지 하느님께 기도와 찬양을 드렸다.

그들의 이런 삶의 모습은 그들을 완전히 무형의 존재로 만들어 주었다고 그리스도인 순례자는 우리에게 알려주고 있다.

• • •

팔라디오스는 다른 곳에서 다시 이렇게 기술했다.

"우리가 은수자들을 순례하다가 언젠가 1000명이 넘는 수도사들이 수행을 하고 있는 오르 사부의 스키티를 방문한 적이 있었다. 그들은 오르 성인을 자신들의 영적 아버지, 자신들의 인도자로 모시고 있었다. 우리가 그곳에 도착하자 사부는 진심을 다해 우리를 반갑게 맞아주었다. 형제의 포옹을 나눈 후에 사부는 상황에 맞게 드리는 일상적인 기도문으로 기도를 드렸다. 그리고 혼자서 우리 일행의 발을 씻겨주었다. 그러고 나서 우리를 곁에 가까이 앉게 한 다음 성서의 유익한 말씀을 우리에게 들려주었다. 그는 학식이 뛰어난 사람이었고 성령의 은총이 가득한 사람이었다. 그는 다른 모든 손님들에게 했던 것처럼 우리에게도 다른 형제들과 함께 흠 없는 신비를 받아 모시기 전까지 육적 양식을 취하지 않는 게 좋겠다고 권면했다. 우리는 거룩한 성찬예배에 참례했고 그들과 함께 주님의 몸과 피를 받아 모셨다. 이후에 그는 우리를 식탁으로 안내했고 우리 옆에 앉아 풍성한 가르침으로 -또한 소박한 음식과 함께- 우리를 배부르게 해주었다."

• • •

다음은 대 바실리오스가 어느 귀족 파트리키아에게 보낸 편지에서 발췌한 것이다.

"매일 그리스도의 거룩한 몸과 피를 받아 모시는 것은 그대에게 매우 유익하고 좋은 것입니다. 왜냐하면 주님께서 손수 우리에게 이렇게 말씀하셨기 때문입니다. '내 살을 먹고 내 피를 마시는 사람은 영원한 생명을 누릴 것이다.' 그런데 누가 생명에 지속적으로 참여하는 것이 다양한 현실적인 생활보다 의미가 없다고 말할 수 있습니까? 우리는 여기에서 일주일에 네 번, 즉 매 주일, 수요일, 금요일 그리고 토요일 주님의 몸과 피를 받아 모시며 살고 있습니다. 또 성인의 축일을 기념할 때도 그렇게 합니다."

제 6 장

1. 고요

　어느 초보 수도사가 루포스 사부에게 고요가 무엇인지 또 인간에게 어떤 도움을 주는지 가르침을 달라고 청했다.
　"고요는 네가 기도하는 방에 들어 앉아 복수심과 교만심을 영혼으로부터 멀리 몰아내고 하느님에 대한 인식과 두려움 속에서 지내는 것이란다. 이 고요는 많은 덕을 이루어내고 사악한 영의 공격으로부터 영혼을 지켜주지. 그리고 죽음에 대한 잦은 기억은 네가 그 고요를 성취하는 데 도움을 준단다. 또한 고요는 네가 구원을 찾을 수 있도록 확실하게 너를 인도해주지."

···

　한번은 형제 수도사들이 고요를 무척 사랑하는 아르세니오스 성인에게 왜 그렇게 자신들을 피해 다니시냐고 물었다.
　"우리가 사부님께 어떤 해를 입힐까봐 걱정되십니까?"
　"얘들아, 내가 너희를 얼마나 사랑하는지를, 그리고 내가 해를 입을까봐 너희를 피하는 것이 아니라는 것을 하느님께서는 아신단다. 나는 인간과 하느님 사이에서 나의 마음을 둘로 나눌 수가 없구나. 어떤 때는 너희와, 또 어떤 때는 하느님과 함께 하는 것이 불가능하단다. 내가 하느님과 지속적으로 함께 있는 것이 더 이치에 맞지 않겠니? 천사들은 어떻게 하면 끊임없이 하느님을 찬양하고 그분의 뜻을 수행할 수 있을까 하는 하나의 뜻, 하나의 목적을 가지지만 인간의 의지와 목적은 그렇지가 못한단다. 따라서 인간보다는 하느님께서 기뻐하시는 방향으로 나아가는 것이 영혼에게는 훨씬 더 유익하단다."

• • •

사람들은 아르세니오스 성인이 하느님의 권유에 따라 그토록 고요를 사랑하게 되었다고 말한다. 어느 날 성인이 기도를 하면서 자신의 구원을 확실하게 보장할 수 있는 방법을 알려달라고 하느님께 간구했다. 그러자 그에게 이런 음성이 들려왔다.

"아르세니오스, 멀리하고, 침묵하고, 고요 속에 지내라. 이것들이 죄를 짓지 않게 하는 근원이다."

• • •

페르미의 테오도로스 사부가 말했다.

"고요의 달콤함을 맛본 영혼은 언제 어디서나 고요를 추구한다. 그것은 동료 인간을 미워하고 무시하기 때문이 아니라 고요를 너무 사랑하기 때문이다."

• • •

언젠가 황제의 전령으로 로마에서 파견된 어떤 고위관료가 광야에 있는 아르세니오스 성인의 거처를 찾아와 몇 달 전에 엄청난 재산을 남기고 세상을 떠난 원로원 의원이었던 자기 친척의 상속문서를 전달하려 했다. 성인은 관심 없는 듯이 그 문서를 읽더니 찢어버리려 했다. 그러자 황제의 전령이 급히 말리며 말했다.

"안 됩니다. 제가 책임을 맡고 수행하는 일이라 그것을 훼손하면 제 자리도 위험해집니다."

그러자 성인이 그에게 문서를 돌려주며 말했다.

"나는 그 사람보다 훨씬 먼저 죽은 사람이오. 그런데 나보다 나중에 죽은 사람의 재산을 어떻게 상속받을 수 있단 말이오?"

• • •

덕이 높은 어떤 은수자가 어떤 병도 다 치유할 수 있는 은사를 하느님으로부터 받았다. 그의 명성은 콘스탄티노플에까지 이르렀다. 언젠가 황제가 축복을 받으려고 그를 황궁으로 초대했다. 은수자는 흔쾌히 초청에 응했다. 그는 황제를 만나 대화를 하고 상당한 돈도 하사 받았다. 고향으로 돌아온 그는 그 돈으로 밭을 사서 가꾸기 시작했다. 은수자는 그렇게 몇 년을 그 일에 관심을 기울이며 지냈다. 어느 날 사람들이 악령 들린 사람을 데리고 와서 치료해 줄 것을 부탁했다. 은수자는 악령을 내쫓기 위해 퇴마식을 거행했다. 하지만 악령은 전혀 그의 말에 복종할 기미를 보이지 않았다. 그러던 어느 순간 악령이 아주 오만하게 은수자에게 말했다.

"나는 더 이상 네 말을 듣지 않아, 네가 하나도 두렵지 않기 때문이지."

"왜 그렇지?" 은수자가 의아해서 물었다.

"왜 그러냐고? 너도 다른 사람들과 똑같기 때문이지." 악령이 대답했다. "너도 세상적인 것에 신경을 쓰느라 고요와 네 영혼을 가꾸는 일을 등한시했기 때문이지."

• • •

하루는 많은 수도사들을 이끄는 한 공동체의 수도원장이 알렉산드리아의 주교인 키릴로스 성인에게 오직 자신들의 영혼의 구원에만 관심을 기울이는 은수자와 서로의 영혼들을 하늘로 이끌어주는 공동체 수도사 중 어느 쪽이 하느님의 뜻을 더 잘 수행한다고 생각하는지 물었다. 그러자 성인이 대답했다.

"엘리야와 모세 사이를 구분 짓는다는 것은 불가능하다네. 둘 다 하느님께서 기뻐하셨다네."

...

어느 사부가 조언했다.

"침묵과 고요를 사랑하라. 많은 관심에서부터 자신을 자유롭게 하라. 하느님의 것에 생각을 집중하라. 하느님에 대한 두려움 속에 잠자리에 들고 일어나라. 그리고 사탄이 그대를 이길 수 있을 거라고 걱정하지 마라."

...

어느 스승이 말했다. "고요, 침묵, 은밀한 영적 작업은 성성(聖性)을 가져다준다."

...

모세 사부는 수시로 이렇게 말했다.

"수도사가 고요, 겸손, 끊임없는 기도가 없이 마음속에 그리스도를 지속적으로 담아두는 것은 불가능하다."

...

혈육을 나눈 두 형제가 수도사가 되기로 마음먹었다. 한 명은 광야 깊숙이 들어가 그곳에 있는 동굴에서 홀로 지내며 수행을 했다. 또 다른 한 명은 공동체 수도원에 들어가 몇 년을 제자로 지내다가 그곳의 수도원장이 되었다.

광야로 들어간 은수자는 하느님으로부터 어떤 병이라도 고치고 악령도 내쫓을 수 있는 은사를 받았다. 수도원장이 된 형제가 그 사실을 알고 마음이 상했다. 왜냐하면 그에게는 어떤 영적 은사도 없었기 때문이었다.

"왜 마음이 상했느냐?" 어느 날 하느님께서 그의 꿈속에 나타나 말씀하셨다. "네 형제는 나에 대한 사랑 때문에 외로움의 길을 선택했단다. 그리고 밤낮으로 자신의 죄를 돌아보고 울면서 지내지. 배고픔과 목마름, 그리고 여러 많은 어려움을 감내하며 지낸단다. 그런데 너는 사람들로부터 위로를 받으며 지내고 있지 않느냐?"

2. 침묵

모세 사부가 말했다.

"침묵을 사랑하고 번잡한 대화를 피하는 사람은 달콤한 과즙이 가득 들어있는 잘 익은 포도 같다. 반면에 말이 많은 수다쟁이는 신 포도와 같다."

...

다른 사부가 말했다.

"입으로는 침묵하면서 생각으로는 수다를 떠는 사람들이 있다. 그런데 아침부터 저녁까지 말을 하면서도 침묵을 지키는 사람들이 있다. 왜냐하면 그들이 말한 것 중에는 쓸데없거나 유익하지 않는 것이 하나도 없기 때문이다."

...

팜보 사부는 생의 마지막 순간에 그를 둘러싸고 있는 형제 수도사들에게 다음과 같은 말을 해주었다.

"애들아, 난 수도사가 된 이래로 내 입 밖으로 나온 말에 대해 단 한 번도 후회한 적이 없었단다. 그런데 지금 나는 아직 시작도 안 했다는 느낌 속에서 주님께로 가는구나."

...

사람들은 세상을 떠나 복된 삶을 누리고 있는 팜보 사부에 대해 이렇게 말했다.

"팜보 사부는 식견이 뛰어났고 성서에 능통했으면서도 자기에게 성서구절의 뜻을 묻는 사람들에게 즉시 해답을 말해주지 않았다.

'내게 먼저 생각할 시간을 주게나.' 그는 이렇게 말하며 답변하기 전에 몇 주간의 시간을 보냈다. 이렇게 오랜 숙고 끝에 답변해준 그의 해석들은 성령의 지혜로 넘쳤다. 형제 수도사들은 마치 하느님의 입에서 나오는 것처럼 경애하는 마음으로 사부의 성서 해석을 받아들였다."

• • •

어느 제자가 자신의 사부에게 어떤 말이 쓸데없는 수다인지 가르쳐 달라고 부탁했다. 사부가 그에게 설명했다.

"세상적인 것과 관련해서 이루어지는 대화는 수다가 된단다. 반면에 영혼의 구원을 위한 대화는 수다가 아니란다. 그럼에도 불구하고 가장 좋은 것은 침묵이구나. 사실 우리가 유익한 대화를 나누다가도 본질에서 벗어나 해로운 대화로 얼마나 자주 흐르는지 모른단다."

• • •

또 다른 사부가 말했다.

"그대는 답변을 해주려고 서두르기 전에 먼저 그대가 말하고자 하는 것을 깊이 고찰하기 바란다."

암모이스 사부는 매 주일 자신의 제자와 함께 성당에 갈 때 제자가 그에게 꼭 말해야 할 뭔가가 있지 않는 한 서로 어느 정도의 거리를 두고 걸었다.

"나는 길을 걸으며 대화하고 싶지 않구나." 선한 사부가 그에게 말했다. "혹시 유익한 대화를 나누다가 쓸데없는 말을 할 수도 있기 때문이란다."

⋯

젊은 초보 수도사인 암문이 조언을 구하려고 피민 사부를 찾아갔다.
"스승님, 일이 있어 제가 형제 수도사들의 거처를 방문하거나 그들이 내 거처를 방문할 때 쓸데없는 수다로 흐를까봐 대화하는 것을 피하고 있습니다."
"아주 잘하고 있네." 사부가 대답했다. "청춘기에는 각별한 주의가 더욱 필요하지."
"이런 경우에 스승님들은 어떻게 하셨습니까?" 암문 수도사가 궁금해서 물었다.
"그들은 입으로든 마음이로든 대화를 나누는 데 전혀 수다가 없었다네. 그래서 수다로 흐를 걱정을 하지 않았지."
"제가 누군가와 대화를 꼭 해야 할 경우에는 성서의 말씀과 교부들의 말씀 중 어떤 것이 더 좋을 까요?" 암문 수도사가 스승에게 다시 물었다.
"만약 자네가 침묵을 할 수 없는 상태라면 -젊은이들에게는 더 잘 맞는 방법이다- 좀 더 실천적인 교부들의 가르침이 좋다네." 성인이 대답했다. "왜냐하면 성서의 말씀은 많은 사람들이 쉽게 깨달을 수 있는 것이 아니기 때문이지."

출가자 이사야 사부는 이렇게 적었다.
"수준 높은 대화를 할 줄 아는 것이 지혜가 아니다. 지혜는 언제 말을 해야 하고 무엇을 말해야 하는지를 아는 것이다. 그대는 괜한 수고를 하지 말고 무지한 사람처럼 행동하라. 자기 자신이 지식이 많다고 여기는 사람은 전혀 유익하지 않은 골칫거리를 안고 있는 사람이다. 그대는 자신의 박식을 자랑하지 말라. 왜냐하면 그대는 알고 있는 것보다 모르는 것이 훨씬 더 많기 때문이다."

• • •

마음이 편치 않은 어떤 젊은이가 마토이스 사부에게 고백했다.

"사부님, 제 혀가 자주 저에게 큰 슬픔을 일으킵니다. 저의 형제들을 지적하고 비난하는 혀를 도저히 제어할 수가 없습니다."

"만약 자네가 혀를 다스릴 수가 없다면 형제와의 만남을 피하고 자네 자신에게 집중하게." 사부가 그에게 대답했다. "혀를 절제하지 못하는 것은 윤리적 전염병이라네. 그래서 매우 위험하지. 나는 지금 자네가 보는 바와 같이 홀로 지내고 있지만 그것이 내가 덕이 있어서 그런 것이 아니라 나약하기 때문에 그러는 것이라네. 사람들과 만남을 갖는 수도사는 매우 굳세어야 한다네."

• • •

어떤 사부가 말했다.

"만약 침묵의 덕을 성취했다 해도 그대는 뭔가 중요한 것을 이뤄냈다는 자긍심에 빠지지 말라. 오히려 말할 자격조차 없다고 자신을 설득하라. 그것이 더 유익하다."

• • •

스키티에서 수행을 하는 사부들 중 통찰의 은사를 가지고 있는 사부가 있었다. 그는 수도사들이 한 데 모여 영적인 주제를 가지고 대화를 나눌 때 천사들이 그 주변을 날며 수도사들에게 박수를 치는 모습을 보곤 했다. 그런데 그들의 대화가 세상적인 것으로 바뀔 때면 천사들은 슬픈 모습을 한 채 그들에게서 멀리 떨어져 있었다.

• • •

오르 사부와 함께 수행을 했던 동료 수도사들은 그에 대해 자주 이렇게 말했다.

"오르 사부는 입 밖으로 거짓말이나 맹세를 꺼낸 적이 없었다. 또 사람들을 비난한 적도 없었다. 정말 필요한 때를 제외하고는 그가 말하는 것을 들어 보지 못했다. 그리고 그는 젊은 제자에게 이렇게 말하곤 했다.

'바울로, 이 거처에 생소한 대화를 끌어들이지 않도록 조심하거라.'"

• • •

하루는 한 젊은 수도사가 슬퍼하며 니스테로 사부에게 말했다.
"사부님, 제 혀를 제어하는 것이 너무 너무 어렵습니다!"
"혹시 자네는 대화할 때 피곤이 풀리는가?"
"아닙니다."
"그런데 왜 대화를 하는가? 침묵을 배우게나. 유익한 대화를 나누게 될 때는 말하기보다는 다른 사람이 말하는 것에 귀를 기울이게." 지혜로운 사부가 그에게 조언했다.

• • •

피민 사부가 말했다.
"침묵을 익힌 사람은 어디에 있든지 평온을 누릴 수 있다."

• • •

아가톤 사부는 자신의 혀가 완전히 침묵에 익숙해질 수 있도록 3년 동안 입에 조약돌을 물고 있었다고 한다.

• • •

언젠가 사람들이 팜보 사부에게 누군가를 칭찬하는 일이 좋은지를 물었다. 그러자 그가 이렇게 대답했다.
"무엇보다 제일 좋은 것은 침묵이라네."

• • •

피민 사부가 말했다.

"'너의 말이 너를 의롭게 할 수도 있고 너의 말이 너를 단죄할 수도 있다'고 하는 이 생동하는 표현을 사람들이 자주 상기한다면 그들은 수천 번이라도 침묵을 선호하게 될 것이다."

3. 타향살이

어느 젊은이가 시소이스 성인에게 타향살이가 정확하게 무엇을 의미하는지 설명해달라고 요청했다.

"진정한 타향살이는 언제나 침묵하는 것, 또 자신의 것을 요구하지 않는 것을 배우는 것이다." 지혜로운 사부가 대답했다.

• • •

야고보스 사부가 말했다.

"그리스도의 사랑을 위해 손님들을 환대하는 것보다 그리스도의 사랑을 위해 타향살이하는 것이 훨씬 숭고하다."

• • •

하루는 롱기노스 사부가 그의 스승인 루키오 사부에게 자신의 영혼이 타향살이를 갈망하고 있다고 고백했다.

"만약 자네가 먼저 혀를 제어하는 것에 익숙해져 있지 않다면 세상끝 어디를 가든지 그대는 타향 사람이 될 수가 없다네. 그러니 먼저 침묵하는 것을 배우게. 그러면 이곳도 그대에게 타향이 될 수가 있다네." 지혜로운 스승이 그에게 대답했다.

• • •

어떤 사부가 말했다.

"수도사가 수도하기에 매우 적합한 장소를 찾고도 자신이 살아가는 데 필요한 것들이 결핍되어 있다면서 그곳에 거주하지 않는다면 그 수도사는 하느님이 계시다는 것을 믿지 않는 사람이다."

• • •

사람들이 어느 사부에게 어떤 것이 타향살이인지 물었다. 그러자 그는 다음과 같은 일화로써 대답을 대신했다.

"한 청년이 고향을 버리고 그리스도를 위해 타향으로 떠났다. 그는 깊은 광야에 있는 스키티를 찾아가 수도사가 되고 싶다고 간청했고 스키티는 그를 받아주었다. 당시 스키티 형제 수도사들에게는 하나의 관습이 있었는데, 주일날 성찬예배가 끝난 후 공동식탁에서 모두 함께 식사를 하는 것이었다. 스키티에서 처음 맞은 주일 성찬예배에 참례했던 청년도 그들과 함께 식탁에 앉았다. 수도사들은 처음 보는 그를 보고 서로에게 물었다.

'저 손님은 누구지? 누가 그를 이 식탁에 초대한 건가?'

그가 누구인지 잘 몰랐던 수도사들은 그에게 자리를 비켜달라고 요청했다. 청년은 순순히 자리에서 일어나 그곳을 나왔다. 하지만 수도사들은 손님에게 한 행동에 대해 곧바로 후회했고 사람을 시켜 다시 그를 데려오게 했다. 청년은 다시 그 자리로 돌아왔다. 수도사들은 그의 순수함에 감탄했다. 식사가 끝난 후에 수도사들이 그에게 물었.

'형제여, 우리가 식탁에서 나가달라고 했을 때, 그리고 다시 형제를 식탁으로 불렀을 때 무슨 생각을 하고 있었나?'

'사람들이 내쫓으면 갔다가, 다시 부르면 찾아오는 강아지보다 제가 더 나은 것이 없다고 생각했습니다.' 그가 순박하게 대답했다."

• • •

하느님으로부터 통찰의 은사를 받은 성성이 깊은 한 은수자가 다음과 같은 일화를 소개했다.

"언젠가 두 수도사가 내 거처에서 그리 멀지 않은 곳에 있던 두 개의 오래된 기도처에 머물기 위해 찾아왔지. 한 수도사는 타지인이었고 다른 수도사는 현지인이었어. 그런데 현지인은 빠른 속도로 영적 성장을 했지만, 타지인은 다소 나태해 보였어.

몇 년 후 타지인이 갑자기 아프더니 세상을 떠나고 말았지. 그때 수많은 천사들이 그의 영혼을 낙원으로 데리고 올라가는 것이 보였어. 그런데 영혼이 낙원 안으로 들어가기 전에 그 영혼이 들어갈 자격이 있는지 아닌지 조사가 이루어졌지. 그때 다음과 같은 음성이 들렸어.

'그가 어느 정도 나태했던 것은 사실이지만 타향살이를 인내하며 견뎌냈으니 그에게 문을 열어 주거라.'

얼마의 세월이 흐른 후 다른 한 명의 수도사도 중병에 걸렸어. 가족들과 친구들이 소식을 듣고 매일같이 찾아와 그를 돌보고 위로해주었지. 그러던 중 그 역시 세상을 떠났어. 그런데 그를 찾아오는 천사가 하나도 없었어. 궁금했던 나는 주님께 그 이유를 물었지.

'하느님, 나태했던 타지인 수도사는 그렇게 당신의 영광을 입었는데, 훌륭하게 영적 삶을 살았던 현지인 수도사는 왜 아무런 보상도 받지 못했습니까?'

그러자 하느님의 천사가 그 이유를 알려주었어.

'덕이 깊은 수도사가 죽을 때는 그의 친구들과 가족들이 그에게 커다란 위안이 되었지만 다소 나태했던 타지인 수도사가 죽을 때는 그 어떤 인간적인 위로도 받지 못했기에 하느님께서 그를 위로해 주신 것이다.'"

...

서로 친구였던 세 명의 경건한 청년들이 그리스도의 사랑을 위해 서로 다른 길을 걸어갔다.

한 명은 서로 반목하고 적대적인 관계에 놓여있는 이들을 화해시키는 일에 평생을 헌신하겠다고 결심했다. 평화의 중재자의 사역이 그에게 깊은 감동을 주었기 때문이다.

이웃에 대한 사랑에 모든 것을 바친 또 다른 한 명은 불행하고 고통받는 이들에게 위로를 주는 향유가 되겠다고 결심했다.

고요를 너무도 사랑하는 세 번째 친구는 광야로 나가 수도사들과 은수자들 사이에서 타지인처럼 무명인으로 살기로 결심했다.

그렇게 몇 년이 흘렀다. 첫 번째 친구는 사람들 간의 끝없는 음모, 반목, 다툼에 질려 다른 친구를 찾아가 자기가 선택한 일에 만족하고 있는지 보기로 했다. 그런데 그 친구도 역시 좌절을 맛보고 있었다. 동료 인간들의 불행과 참혹함은 너무도 처절해 자신이 생각했던 것과 달리 그들의 아픔과 고통을 위로해주고 어루만져줄 수가 없었다. 그러자 둘은 광야에서 타향살이를 하고 있는 마지막 친구를 만나기 위해 길을 떠났다. 광야의 은수처에서 만난 옛 친구들은 그에게 그동안 자신들이 겪었던 이야기를 해주었다. 그러고 나서 세상을 등지고 외딴 곳에서 생활하면서 무엇을 얻었는지 그에게 물었다. 그는 말로 대답하는 대신에 독특한 방식으로 자기 마음을 표현했다.

먼저 항아리를 하나 가지고 오더니 거기에 물을 가득 채웠다. 그리고 친구들에게 안을 들여다보라고 말했다.

"뭐가 보이는가?" 친구가 그들에게 물었다.

"흔들리는 물이 보이네."

잠시 후 물이 잔잔해 지자, 그들에게 다시 안을 들여다보라고 말했다.

"무엇이 보이는가?"

"우리 얼굴이 보이네." 그들이 대답했다.

"바로 그걸세. 광야의 고요 속에서 내가 얻은 것일세." 은수자 친구가 그들에게 말했다. "매일 내 모습을 바라보며 내 자신, 나의 결점, 나의 나약함을 점점 더 깊이 알아가고 있다네. 나의 잘못된 모습을 고쳐나가려고 투쟁하면서도 한 번도 힘들다거나 절망감을 느낀 적이 없었다네."

그의 말을 들은 옛 두 친구들은 은수자 친구가 옳다고 동의했다.

• • •

지혜로운 사부가 말했다.

"유대인들이 이집트의 종살이에서 벗어나 장막에서 살았을 때 비로소 하느님을 어떻게 예배해야 하는지를 배웠다. 선박도 바다 위에서가 아니라 정박한 항구에서 물건을 사고팔아 이윤을 남긴다. 영혼도 마찬가지다. 세상적인 것에 대한 관심을 멈추고 고요한 곳에 머물지 않는다면 하느님을 발견할 수도 덕을 성취할 수도 없다."

• • •

티토이스 사부가 말했다.

"진정한 타향살이는 자기가 어디에 있든지 혀를 제어해야 한다는 것을 아는 것이다."

• • •

한 젊은 수도사가 있었다. 그에게는 세상에 두고 온 너무나 가난한 어머니가 있었다. 언젠가 그 지역에 가뭄이 심하게 들었다. 수도사는 어머니가 걱정이 돼서 바구니에 약간의 빵을 담아 어머니가 살고 있는 마을로 향했다. 그런데 길을 가던 그에게 음성이 들려왔다.

"네가 어머니를 보살피는 것인가, 아니면 내가 보살피는 것인가?"

경건한 젊은 수도사는 즉시 자기 잘못을 깨달았다. 그는 무릎을 꿇고 자신을 용서해달라고 눈물을 흘리며 하느님께 빌었다.

"주여, 당신께서 언제나 피조물들을 보살피고 계십니다."

그는 마음의 평온을 찾아 다시 자기 거처로 돌아왔다. 3일이 지난 후 그의 어머니가 바구니에 물건을 담아 가지고 아들을 만나러 왔다.

"이틀 전에 처음 보는 수도사 한 분이 집에 찾아와서는 이 밀을 주고 갔단다. 여기 가져왔으니 빵을 조금 만들어 함께 먹자꾸나."

수도사는 눈물을 흘리며 하느님께 감사를 드렸다. 그때부터 그는 전적으로 어머니를 하느님의 밤낮 없는 보살핌에 맡겼다.

⋯

테오도로스가 파코미오스 성인이 이끄는 타베니아인 공동체의 수도사가 된 지 몇 년이 지나지 않았을 때였다. 테오도로스의 동생 파프누티오스도 형과 같은 길을 가기로 결심했다. 파코미오스 성인은 기쁜 마음으로 그를 받아주었다. 그런데 엄격한 수도사의 태도를 추구했던 테오도로스는 동생을 마치 아무 관계도 없는 사람처럼 차갑게 대했다. 파프누티오스는 형의 그런 태도에 상처를 받았지만 표현하지 않고 혼자서 눈물을 흘리며 삭였다. 파코미오스 성인은 동생이 상처받고 있는 것을 아시고 테오도로스에게 이렇게 말했다.

"얘야, 지금부터라도 처음 시작하는 사람들에게 어떻게 관용을 보여야 하는지를 배우거라. 새로 심은 나무는 제대로 뿌리를 내릴 때까지 손길이 많이 필요한 법이란다. 영적 투쟁을 처음 시작하는 이들에게도 마찬가지지. 그들이 믿음을 굳건히 하고 공동체 생활에 안착할 때까지 그런 보살핌이 필요하단다."

영적 아버지의 뜻을 한 번도 거역한 적이 없던 테오도로스는 그때부터 동생을 대하는 태도를 바꿨다.

⋯

지극히 지혜로운 아가톤 사부가 말했다.

"누구든지, 비록 내가 가장 사랑하는 사람이라 할지라도 나에게 해악을 가져온다는 생각이 들면 즉시 모든 관계를 끊을 것이다."

• • •

또 다른 사부가 말했다.

"그대가 선한 방향으로 발전하고 싶다면 질투심이 있는 사람하고는 함께 어울리지 않아야 한다."

• • •

한 초보 수도사가 분별의 은사가 있는 어느 사부에게 조언을 구했다.

"형제의 태도가 저에게 문제를 일으켰을 때 제가 그에게 용서를 빌어야만 합니까?"

"그에게 용서를 빌게." 사부가 대답했다. "하지만 그와의 관계도 끊게. 자네는 대 아르세니오스가 조언한 것을 못 들었는가? '모든 사람들을 사랑하되, 모든 사람들을 멀리하라.'"

제 7 장

1. 겸손

언젠가 롱기노스 사부에게 모든 덕목 중에 가장 중요한 덕이 무엇인지 물었다. 지혜로운 사부가 대답했다.

"하늘의 천사를 심연으로 떨어뜨리는 교만이 모든 악 중에서 가장 큰 악인 것처럼 모든 덕목 중에 가장 귀중한 덕은 겸손이다. 겸손은 나락에 빠진 죄인조차 하늘로 끌어올려 줄 수 있는 힘이 있다. 그래서 주님께서는 어떤 사람보다도 마음이 가난한 사람을 복되다고 한 것이다."

· · ·

어느 사부는 말한다.

"나는 교만으로 승리하기보다 겸손으로 패배하기를 더 좋아한다."

· · ·

사르마티아스 사부가 말했다.

"나는 자기만족을 하는 도덕적인 사람보다 자신의 잘못을 인정하고 겸손해 하는 죄인을 더 원한다."

· · ·

또 다른 사부가 말했다.

---

6) 그리스어 '끼리에 엘레이손'(주여, 불쌍히 여기소서) 두 마디.

"겸손은 큰 수고를 들이지 않고 많은 사람들을 구원했다. 세리와 탕자가 그것을 증명한다. 하느님께서는 그들의 겸손한 두 마디의 말[6]로 그들을 받아주셨다."

• • •

에피파니오스 사부가 말했다.

"가나안 여인은 말하고 귀를 기울였다. 하혈병을 앓던 여인은 침묵했고 축복을 받았다. 세리는 감히 입을 열 용기를 내지 못했지만 의인으로 인정받았다. 바리사이파 사람은 크게 외쳤지만 죄인으로 단죄 받았다."

• • •

출가자 이사야 사부는 이렇게 기술했다.

"우리에게는 그 어떤 것보다 겸손이 절실하다. 우리는 어떤 상황에서든지 즉시 우리의 형제들에게 '미안하네, 날 용서해주게'라고 말할 준비를 갖춰야 한다. 겸손은 사탄의 모든 덫을 사라지게 할 것이다."

• • •

다른 사부가 말했다.

"겸손한 사람은 악령들을 겸손하게 만든다. 교만한 사람은 악령에게 놀아난다."

• • •

이페레키오스 사부는 "겸손을 높은 곳으로 오르는 생명의 나무"라고 불렀다.

• • •

스승들은 하나같이 "겸손을 수도사의 관(冠)"이라고 말한다.

• • •

사람이 언제 겸손을 성취할 수 있는지 한 사부에게 묻자 그가 이렇게 대답했다.

"자신의 죄를 끊임없이 상기할 때이다."

• • •

어느 사부가 말했다.

"우리가 딛고 있는 땅바닥이 쓰러져 넘어질 위험이 없는 것처럼 겸손한 사람도 이와 같다."

• • •

또 다른 스승이 말했다.

"진정 겸손한 사람은 상대방이 잘못했음에도 그에게 먼저 용서를 구한다."

• • •

진정한 성숙이 어떤 것인지 스승들 중 한 명에게 물었다. 그러자 그가 주저 없이 대답했다.

"겸손이다. 영혼이 겸손 속으로 깊이 들어가면 들어갈수록 그만큼 다른 모든 덕 위로 올라서게 된다."

• • •

스승들은 말한다.

"우리와 투쟁하던 정욕들이 우리와의 전쟁을 멈추면 그때 우리는 우리의 나약함을 잘 아시는 하느님께서 우리를 감싸주실 수 있도록 겸손해져야만 한다. 그렇지 않고 영적인 평온을 자랑하려 한다면 즉시 하느님의 은총은 사라지고 다시 정욕의 지배를 받게 될 것이다."

• • •

털 외투 하나만 입고 다니는 것에 익숙한 어떤 은수자가 어느 날 암모나스 사부에게 고백성사를 받으러 갔다.

"형제여, 그것만으로는 전혀 자네에게 도움이 되지 못 할 걸세." 사부가 그의 털옷을 가리키며 말했다.

은수자가 사부에게 말했다.

"사부님, 세 가지 생각이 저를 괴롭힙니다. 더 깊은 광야로 들어가 수행하라는 생각과, 먼 타지로 가서 아무도 모르는 타인으로 살아가라는 생각, 그리고 거처에 들어앉아 사람들과 접촉하지 말고 이틀에 한 번 식사를 한다는 생각입니다. 제가 어느 것을 선택해야하는지요?"

"그 어떤 것도 그대에게 도움이 안 될 걸세." 사부가 대답했다. "내 조언을 받아들이겠다면 거처에 머물며 매일 조금씩만 음식을 들게. 그리고 생각과 마음을 모아 끊임없이 세리의 말을 되새기게. '하느님, 이 죄인을 불쌍히 여기소서.' 오직 겸손해질 때에 구원을 얻을 수 있다네."

･･･

한 젊은 수도사가 고민을 털어놓기 위해 페르미의 테오도로스 사부를 찾아갔다.

"사부님, 저는 세상에 있을 때 더 많이 금식을 했고 더 자주 밤을 새웠으며 눈물과 영적 고양 속에서 기도를 올렸습니다. 그리고 하느님께서 기뻐하시는 일에 대한 열정이 가슴속 깊이 숨어 있었습니다. 그런데 여기 광야에서 저는 이 모든 것을 잃었습니다. 이제 저는 제 영혼이 구원받지 못할 것 같은 생각에 두렵습니다."

"얘야, 네가 세상에서 했던 그것들은 인간의 칭송을 듣기 위한 허영의 일에 불과했단다. 하느님께서는 그런 것을 받아들이지 않으시는구나. 그곳에서 사탄은 너와 전쟁을 벌이지 않았어. 너의 의욕을 꺾지도 않았지. 왜냐하면 그것으로 네가 어떤 유익도 얻을 수 없다는 것을 알고 있었기 때문이야. 하지만 지금은 네가 그리스도의 군대에 정식으로 편성되었기 때문에 사탄도 너와 싸우기 위해 완전무장을 갖췄지. 그곳에서 허영 속에서 수많은 시편을 읽었던 것보다 이곳 광야에서 겸손하게 말하는 단 하나의 시편을 주님께서 훨씬 더 기뻐하시고 세상에서 네가 일주일 내내 드러나게 금식하는 것보다 여기 이곳에서 남몰래 하루치 금식을 하는 것을 주님께서 흡족해하신다는 것을 알았으면 좋겠구나."

"사부님, 지금 저는 아무것도 하는 것이 없습니다, 전 세상에 있을 때가 더 좋았습니다." 젊은 수도사가 고집을 피웠다.

"세상에 있었을 때가 더 좋았다고 생각하는 것은 교만이야." 테오도로스 사부가 근엄한 표정을 지으며 말했다. "비유에 나오는 단죄 받은 바리사이파 사람도 자기 자신에 대해 그런 생각을 가졌다. 애야, 네가 구원받기를 원한다면 의로운 일을 단 한 번도 이룬 적이 없다는 인식이 있어야 한단다. 세리는 그렇게 해서 의인으로 인정받은 거지. 하느님께서 진정 기뻐하는 사람은 통회하는 마음과 겸손한 생각을 가진 죄인이다, 자신이 무언가라도 되는 듯 우쭐거리는 도덕적인 사람이 아니란다."

사부의 경험 많은 가르침은 젊은 수도사에게 큰 깨우침을 줬다. 젊은 수도사는 그곳을 떠나며 사부에게 진심어린 감사를 드렸다. 그리고 이렇게 말했다.

"사부님, 당신 덕분에 오늘 제 영혼이 살아났습니다."

・・・

언젠가 어느 지역의 주교가 큰 죄를 짓게 되었다. 그런데 다음날이 도시의 모든 사람들이 모여 축제를 지내는 교회의 축일이었고, 주교는 축일을 맞이하는 성당에서 성찬예배를 집전해야 했었다.

다음날 주교는 성당에 들어서자마자 설교대로 올라갔다. 그리고 많은 사람들 앞에서 자기의 죄를 밝혔다. 그러고 나서 주교만이 하는 오모포리온을 벗어 보제에게 주고는 비통한 심정으로 모든 사람이 들을 수 있게 큰 소리로 말했다.

"이런 죄를 저지른 내가 주교가 될 수는 없소. 그러니 다른 합당한 사람을 주교로 세우시기 바라오."

그가 자리를 뜨려하자 그를 사랑하고 있던 백성들이 가로막고 한 목소리로 외쳤다.

"주교님께서는 당신의 자리에 그대로 계십시오. 우리가 그 죄에 대해 책임을 지겠습니다."

"합당치 못한 내가 그 자리에 있기를 원한다면 그대들은 내가 하는 말을 들어야 할 것이오."

주교는 즉시 조그만 출구 문 하나만 남기고 성당의 모든 문들을 닫으라고 했다. 그는 출구 문 앞바닥에 완전히 엎드렸다. 그리고 교인들이 모두 들을 수 있게 큰소리로 외쳤다.

"누구든지 여기서 나를 밟지 않고 밖으로 나간다면 그는 하느님 편이 아닐 것이오."

교인들은 그들의 주교를 잃지 않기 위해 그의 말에 순종했다. 한 사람, 한사람, 그를 밟고 밖으로 나갔다. 마지막 교인이 그를 밟고 지나갔을 때 하늘에서 다음과 같은 음성이 들여왔다.

"지극한 겸손으로 이 사람의 죄가 용서되었도다."

· · ·

대 안토니오스가 말했다.

"언젠가 나는 사탄이 친 덫들이 땅 위를 가득 채운 것을 본 적이 있었어. 두려움에 사로잡힌 나는 한숨을 내쉬며 이렇게 속삭였지.

'누가 이 덫을 피해갈 수 있단 말인가?'

그 순간 신비스러운 음성이 내게 들려왔단다.

'겸손한 사람은 할 수 있다.'"

⋯

피민 사부가 아직 젊었을 때였다. 그는 구원을 얻기 위해서 어떻게 해야 하는지 대 안토니오스에게 물었다.

"통회하는 마음으로 자신의 잘못을 받아들이고, 하느님 앞에서 겸허한 태도로 임하며, 자신에게 벌어지는 유혹들을 인내하며 견디거라. 그러면 구원의 확신을 가져도 될 것이다."

⋯

언젠가 심한 유혹들이 아르세니오스 성인을 찾아와 괴롭혔다. 그러던 어느 날 형제 수도사들이 우연히 성인이 다음과 같이 기도하는 것을 듣게 되었다.

"나의 하느님, 합당치 못한 제가 간구하오니 저를 이 슬픔 속에 버려두지 마소서. 지금까지 제가 살아오면서 당신께서 기뻐하시는 일을 한 적이 없음을 인정합니다. 하지만 당신의 무한한 자비가 저를 도와주신다면 저는 그 일을 시작할 수 있을 것입니다."

⋯

어느 성실한 젊은이가 암모이스 사부에게 조언을 구하려고 며칠째 굶어가며 광야를 걸어 그를 찾아왔다. 사부는 젊은이를 일주일 동안 곁에 머물 수 있게 허락했다. 하지만 그 기간 동안 사부는 그에게 어떤 말도 하지 않았다. 젊은이가 떠나려고 하자 사부가 그를 입구까지 배웅해주었다. 그리고 그때 비로소 그에게 이렇게 말을 했다.

"얘야, 내 죄들이 나와 하느님 사이를 갈라놓는 높은 벽이 되어 있구나."

경건한 젊은이는 거룩한 사부에게 감사를 드렸다. 그리고 그의 놀라운 겸손에 큰 감명을 받고 그곳을 떠났다.

⋯

알렉산드리아의 어느 부잣집 딸이 갑자기 악령에 사로잡혀 심하게 고통을 당하고 있었다. 그녀의 아버지는 많은 돈을 써가며 그녀를 고치려 백방으로 노력했지만 모두 허사였다. 딸의 상태는 점점 악화되어 갔다. 그러던 어느 날, 산에서 수행을 하는 어떤 은수자가 악령을 내쫓는 은사를 하느님으로부터 받았으나 워낙 겸손한 사람이라 그런 치료를 해달라는 요청을 받아들인 적이 없다는 소문을 부자가 들었다. 어쩔 수 없이 부잣집 주인은 은수자를 집으로 데려오기 위해 방법을 생각해냈다.

어느 날 은수자가 수작업한 물건을 팔러 도시로 내려오자 딸의 아버지는 자기 종을 시켜 그의 물건을 사게 한 후 집에서 물건값을 지불하겠으니 와달라고 은수자에게 요청했다. 은수자는 아무런 의심 없이 그의 집으로 갔다. 그런데 그가 집 안에 발을 내딛는 순간 문 뒤에 숨어 있던 악령에 사로잡힌 딸이 달려들더니 그의 뺨을 세게 때렸다. 거룩한 은수자는 당황하지 않고 침착함을 유지한 채 주님의 계명을 실천하면서 또 다른 뺨을 내주었다.

그러자 순간 놀라운 광경이 벌어졌다. 악령이 엄청 고통스러워하면서 필사적으로 고함을 치는 것이었다.

"오, 이런 엄청난 힘이! 그리스도의 계명이 나를 쫓아내고 있어. 더 이상 견딜 수가 없어. 떠나야겠어."

이 말과 함께 고통받고 있던 피조물이 비로소 자유로워졌다. 눈으로 직접 놀라운 기적을 목격한 온 가족과 이성을 되찾은 딸은 하느님께 영광을 바쳤다. 그리고 딸을 낫게 해준 거룩한 은수자에게 감사의 표시를 하려했다. 하지만 은수자는 인간의 칭송을 피해 이미 멀리 사라지고 없었다.

이러한 소식을 전해들은 광야의 스승들은 사탄의 교만을 이겨낼 수 있는 것은 겸손과 하느님의 계명에 대한 순명 말고는 그 어떤 것도 없다고 한결같이 말했다.

• • •

언젠가 모세 사부가 젊은 자카리아 수도사에게 물었다.
"형제여, 내가 어떻게 해야 구원을 받을 수 있겠는가?"
"사부님, 저같이 무지한 사람에게 물어보시는 겁니까?" 그가 겸손하게 대답했다.
"형제여, 내 말을 믿게나. 성령께서 자네를 감싸주시는 것을 보았다네. 그래서 내가 자네에게 조언을 구하고 있는 것일세."
그러자 자카리아 수도사가 그의 머리에 쓰고 있는 수도사의 모자를 바닥에 던졌다. 그리고 발로 짓밟으며 말했다.
"사부님, 수도사가 이렇게 짓밟히지 않으면 구원은 요원할 것입니다."

• • •

하느님께서 지상의 천사를 자카리아 수도사 곁으로 급히 부르셨다. 그가 마지막 임종의 순간을 맞았을 때 스키티의 많은 훌륭한 스승들이 그의 곁을 둘러싸고 있었다. 그들 중에는 사제인 이시도로스 사부, 피민 사부, 그리고 복된 자카리아와 긴밀한 영적 유대를 갖고 있었던 에디오피아인 모세 사부가 있었다.
임종을 앞둔 자카리아 수도사의 눈은 하늘을 향하고 있었다. 그는 눈에는 보이지 않는 세상만 바라보고 있는 것처럼 보였다. 모세 사부는 그의 어린 친구를 잃게 된다는 슬픔에서 쏟아져 나올 것 같은 눈물을 겨우 참으며 수시로 그에게 물었다.
"얘야, 뭘 그렇게 끊임없이 처다보고 있느냐?"
"사부님, 침묵하는 것이 더 좋지 않겠습니까?" 그가 속삭였다.

"그래, 애야. 너는 항상 겸손의 침묵을 선호했었지."

그가 숨을 거두자 순간 천사의 모습처럼 그의 얼굴이 빛났다. 그때 한쪽 구석에 아무 말 없이 서있던 이시도로스 사부가 눈물에 젖은 눈을 하늘로 향하며 속삭였다.

"자카리아, 기뻐하시게나. 지금 자네에게 영원의 문이 열리고 있네."

• • •

언젠가 알렉산드리아의 테오필로스 총대주교가 니트리아의 수도사들을 방문하기 위해 길을 떠났다. 도중에 우연히 한 늙은 수도사를 만나자 총대주교가 이렇게 물었다.

"외로운 이곳에 홀로 살면서 얻은 게 무엇입니까?"

"제 자신을 잘 알게 되었습니다. 그리고 제 자신을 훈육하는 것도 배웠지요" 노 수도사가 대답했다.

총대주교는 그의 대답을 들으며 인생에서 이보다 더 큰 것을 얻을 수는 없다고 인정했다.

총대주교가 스키티에 도착하자 사부들이 그를 환영하기 위해 나왔다. 그리고 각자 그에게 어떤 덕담을 건넬까 생각하고 있었다. 팜보 사부만 한쪽에서 침묵을 한 채 서있었다.

"자네는 총대주교님께 덕담을 건네지 않을 셈인가?" 사부들이 그에게 물었다.

"형제들, 만약 나의 침묵이 그에게 유익이 되지 않는다면 나의 말도 그에겐 도움이 안 될 걸세." 지혜로운 그가 대답했다.

• • •

에바그리오스는 이렇게 적었다.

"인간 구원의 시작은 자기 자신을 정확하게 아는 것부터이다."

･ ･ ･

어느 형제가 테오도로스 사부에게 어떻게 해야 하느님의 계명을 항상 지키며 살아갈 수 있는지 물었다. 그러자 사부가 그에게 대답했다.

"나의 동료 수도사 테오나스 사부도 똑같은 갈망을 가지고 있었다네. 그가 어떻게 했는지 들어보게."

그가 아침에 빵을 굽기 위해 화덕으로 갔지. 그런데 뜨끈뜨끈한 빵을 꺼내자마자 우연찮게 몇 명의 거지들이 그곳을 지나가게 되었어. 그는 전혀 주저하지 않고 그 빵을 그들에게 전부 나눠주었다네. 그가 거처로 돌아오던 도중에 길에서 또 다른 거지들을 만나자 나눠줄 빵이 없던 그는 가지고 있던 바구니를 그들에게 주었지. 좀 더 길을 가다 어떤 헐벗은 사람이 나타나자 가엾은 생각에 자기 옷을 벗어 그에게 입혀주었어. 그렇게 거의 벗은 채로 거처에 돌아온 그는 다시 자기 자신을 질책하며 이렇게 말했다네.

"아, 하느님의 계명을 제대로 지키며 사는 적이 없구나."

･ ･ ･

수심이 가득 찬 어느 다른 형제가 테오도로스 사부를 찾아가 간절히 말했다.

"사부님, 저 좀 도와주십시오. 제 영혼이 흔들리고 있습니다."

슬픔에 찬 사부가 고개를 흔들며 말했다.

"얘야, 나 자신이 지금 위험에 처해있는데 어찌 나에게 위로를 받으려 한단 말이냐?"

하지만 사부의 그러한 겸손은 그 형제에게 유익을 주기에 충분한 것이었다.

･ ･ ･

테오도라 성녀는 "놀라운 수행도, 초인적인 노고도, 그밖에 그 어떤 다른 시련도 참된 마음의 겸손만큼 인간을 구원해 줄 수는 없다"고 제자들에게 가르치곤 했다. 그리고 다음과 같은 이야기를 해주었다.

"어느 은수자가 악령을 내쫓는 은사를 하느님으로부터 받았단다. 한번은 그가 악령들에게 무엇이 두려워서 도망가는지를 물었어.

'혹시 금식인가?' 악령들 중에 하나에게 물었지.

'우리는 먹지도 마시지도 않아.' 악령이 대답했어.

'그렇다면 철야기도인가?'

'우리는 잠도 전혀 자지 않아.'

'세상을 등지는 것인가?'

악령이 무시하듯 웃었어.

'그게 중요한 것처럼 보이겠지만, 우리는 대부분의 시간을 광야를 돌아다니며 보내고 있어.'

'내가 너희에게 명하니, 가장 두려워하는 것이 무엇인지 밝히거라.' 사부가 집요하게 물으며 압박했다.

그러자 초자연적인 어떤 힘에 눌린 악령이 급히 대답했다.

'그것은 우리가 결코 성취할 수 없는 겸손이다.'"

•••

콜로보스 출신 요한 사부는 "모든 덕목 중에 제일 위에 있는 덕은 하느님에 대한 두려움, 그리고 겸손이다"고 가르치고 있었다.

언젠가 요한 사부는 방문객 중 한 명에게 "누가 요셉을 팔은 것 같은가?"라고 물었다.

"그의 형제들이 팔았습니다." 그가 대답했다.

"아니라네." 사부가 말했다. "그의 겸손이 팔은 것일세. 형제들이 그를 팔려고 했을 때 요셉이 반발하지 못하거나 자신이 그들의 형제라고 소리칠 수 없었을 거라고 생각하는가? 하지만 그는 침묵했고 상인들에게 팔려가면서도 묵묵히 있었다네. 그의 이 겸손이 이집트에서 그를 고관으로 만들어 준 것일세."

요한 사부가 언젠가 다시 말했다.

"우리 인간은 왜 그렇게 어리석은지! 잘못을 인정하고 '저를 용서하십시오' 하는 아주 가벼운 짐은 던져버리고 가장 무거운 변명을 짊어지니 하는 말일세."

요한 사부는 무척 겸손한 사람이었다. 그래서 스키티의 스승들은 그에 대해 이렇게 말하곤 했다.

"겸손한 콜로보스의 작은 손가락에 이 모든 스키티가 매달려 있다네."

⋯

테베 사람 요한 사부가 이 주제에 대해 어떻게 가르치는지 살펴보자.

"하느님의 사람은 모든 덕들에 앞서 겸손을 먼저 성취해야 한다. 주님께서는 '마음이 가난한 사람은 행복하다. 하늘나라가 그들의 것이다'라는 가르침으로 그 사실을 증명하셨다. 그렇다면 마음이 가난한 자는 누구인가? 당연히 겸손한 사람을 의미한다."

⋯

마토이스 사부가 말했다.

"인간은 하느님께 다가가면 갈수록 자신의 비천함을 더욱 더 처절하게 느낀다. 이사야 예언자도 영광의 주님을 뵙고는 자기 자신을 미천하고 불결한 존재라고 했다."

언젠가 마토이스 사부가 다시 형제 수도사들에게 말했다.

"내가 아주 어렸을 때에는 가끔 가치 있는 뭔가를 했다는 생각이 들곤 했었는데, 노년이 된 지금 나는 그 어떤 가치 있는 일도 하지 않았다는 것을 알게 되었다네."

어느 형제가 그에게 물었다.

"사부님, 옛 스승들 중에 몇몇은 하느님의 이 계명조차도 초월했는데 어떻게 그렇게 할 수가 있었습니까? 그들은 자기 자신보다 적들을 더 많이 사랑했다는 놀라운 얘기를 들었습니다."

그러자 마토이스 사부가 한숨을 내쉬며 말했다.

"나야말로 참으로 불쌍한 인간 아닌가! 나는 날 사랑하는 사람조차도 내 자신만큼 사랑하지 못하고 있다네."

언젠가 야고보스 사부가 마토이스 사부를 만나러 가서 광야에 있는 스승들을 방문해서 대화를 나눌 생각이라고 밝혔다.

"요한 사부를 만나게 되면 내 안부도 좀 전해주게나." 마토이스 사부가 야고보스 사부에게 부탁했다.

야고보스 사부가 요한 사부를 만나자 마토이스 사부의 안부를 전했다. 그러자 요한 사부가 기뻐하며 말했다.

"마토이스는 참으로 진실한 이스라엘 사람이라네."

얼마의 시간이 흐른 후에 야고보스 사부가 마토이스 사부를 다시 방문해 요한 사부가 그에 대해 한 말을 전해주었다.

"나는 그런 말을 들을 자격이 없는 사람일세." 그가 겸손하게 말했다. "하지만 형제여, 이것은 알아두게. 사람이 이웃을 자기 자신보다 훨씬 더 영예롭게 여긴다면 그는 덕의 높은 경지에 이른 것일세."

언젠가 마토이스 사부가 어떤 형제에게 조언을 해주면서 이렇게 말했다.

"얘야, 다음과 같은 것을 하느님께 열렬히 간구하거라. 너의 죄를 지속적으로 기억할 수 있는 구원의 슬픔, 마음속의 겸손, 네 자신이 다른 모든 사람들보다 못하다는 인식, 남에 대한 비난을 하지 않기를 간청하여라. 저주받을 용기를 피하고 최대한 너의 혀를 억제하여라. 대화에서 이기려고 하지 말고 대화에서 상대방이 옳은 것을 말하면 그의 말에 동의하고, 혹시 그의 말이 옳지 않다면 그를 반박하지 말고 단지 '그대가 알겠지'라고 말하여라. 이 모든 것들은 겸손의 특성이란다."

···

피민 사부는 자주 이렇게 가르쳤다.
"사람이 자기 자신을 책망할 줄 알게 되면 어디에 머물든지 인내할 힘을 가진다."
언젠가 피민 사부가 다시 말했다.
"'깨끗한 이들에게는 모든 것이 깨끗하다'는 격언을 제대로 깨닫기 위해서는 자신이 모든 피조물보다 더 못하다는 것을 느껴야만 된다."
그러자 한 형제가 물었다.
"어떻게 해야 제 자신이 살인자보다 더 못하다고 느낄 수 있겠습니까?"
그러자 사부가 그에게 설명했다.
"나는 매일 마음속으로 동료인간들을 죽이고 있는데 '그는 단지 그 죄만 지었구나'라고 생각해야 한단다."

···

아누브 사부는 말했다.
"자기 자신을 비판할 줄 아는 사람은 다른 사람의 잘못을 쉽게 변호할 수 있다."

···

스승들은 피민 사부의 모든 행실에서 그의 겸손을 볼 수 있었다고 증언한다. 피민 사부가 예기치 않게 다른 사부들과 대화를 하게 되면 그는 자기의 의견을 주장한 적이 없었다. 그는 자신의 의견을 내세우기보다 오히려 상대방의 의견을 치켜세웠다. 또 형제 수도사들이 조언을 구하러 그를 찾아가면 그는 먼저 그의 큰 형제인 아누브 사부에게 그들을 보냈다. 그러면 아누브 사부는 그들에게 하느님으로부터 영혼의 위안을 줄 수 있는 은사를 피민 사부가 받았다고 말해주며 다시 그들을 피민 사부에게 돌려보냈다.

피민 사부는 그의 큰 형제 앞에서 사람들에게 입을 열어 말을 한 적이 없었다. 그는 겸손과 공경의 예로 고개를 숙인 채 한쪽 구석에 서 있었다.

・・・

안토니오스 성인이 말했다.
"자신의 잘못을 받아들이고 숨을 거두는 순간까지 자신을 괴롭히는 유혹들을 인내하는 모습은 인간이 가진 강인한 능력을 보여준다."
성인은 또 언젠가 한숨을 쉬며 말했다.
"한 가지 덕만 빼고 모든 덕이 이 오두막에 들어왔는데, 이 덕 없이 불쌍한 내 영혼이 어찌 앞으로 나아갈 수 있겠는가?"
"그것이 무엇입니까? 스승님." 형제 수도사들이 물었다.
"자책이라네." 위대한 스승이 대답했다.

・・・

피민 성인은 "사탄이 단죄 받는 그곳에 자신도 가게 될 것"이라고 겸손하게 말하곤 했다. 또한 "인간에게 호흡하기 위한 공기가 필요한 것처럼 겸손과 하느님의 대한 두려움이 필요하다"고 말했다. 또 다른 때에는 "영혼에게 가장 유용한 도구는 겸손, 자기부정, 본인 의지의 경시"라고 말했다.

・・・

언젠가 어느 형제 수도사가 대 안토니오스의 제자 시소이스 사부에게 물었다.

"사부님, 사부님께서는 아직 스승님의 경지에 이르지 못하셨습니까?"

"애야, 만약 내가 대 안토니오스가 하고 있던 생각들 중에 하나만 했었어도 활활 타오르는 불꽃이 되어 있었을 거란다." 사부가 겸손하게 대답했다.

∴

언젠가 스키티의 모든 사부들이 한자리에 모여 함께 식사를 하고 있었는데 젊은 알로니오스 사부가 서서 시중을 들고 있었다. 사부들은 알로니오스 사부에 대해 칭찬의 말을 아끼지 않았다. 그는 아무런 대답도 하지 않은 채 겸손하게 고개를 숙이고 있었다. 식사가 끝난 후에 알로니오스 사부와 자연스럽게 마주친 어느 형제 수도사가 물었다.

"알로니오스 사부, 그대를 칭송할 때 왜 아무런 말도 하지 않았나?"

"만약 제가 말했다면 그들의 칭찬을 수용한 것처럼 보였을 것입니다. 그런데 사실은 제 영혼이 그것을 거부하고 있었답니다." 그가 대답했다.

∴

어느 초보 수도사가 피민 사부에게 고요 속에서 어떻게 지낼 수 있는지를 가르쳐 달라고 청했다. 그러자 성인이 그에게 말했다.

"애야, 나는 고요 속에서 내 자신을 주의 깊게 성찰한단다. 그러면 방탕의 깊은 늪에 목까지 잠겨 있고 또 감당하기 힘든 무게에 짓눌려 힘겨워하는 죄인인 내 모습을 발견하게 되지. 그때 나는 내 영혼의 온 힘을 다해 '주여, 저를 불쌍히 여기소서'라고 지극히 자비로우신 하느님께 쉬지 않고 외친단다. 하느님이 자신의 눈앞에 있음을 계속해서 인식하는 수도사는 자신의 방에 있을 때에도 겸손하고 경건한 모습으로 앉아 있고 절대 심각한 위법행위를 저지르지 않게 되지."

"만약 어느 형제 수도사가 제 기도처에 찾아 왔는데 그 만남이 저에게 유익이 되지 않는다면 제가 어떻게 해야 할까요?" 수도사가 물었다.

"네 자신을 잘 성찰해 보거라." 성인이 그에게 조언했다. "그리고 형제가 너를 방문하기 전에 네가 어떤 생각을 하고 있었는지를 살펴 보거라. 그러면 건설적이지 못한 원인이 너에게 있었음을 분명 발견하게 될 것이다. 만약 네가 참된 겸손으로 항상 이렇게 너의 내면을 들여다 본다면 너는 이웃이 아닌 네 자신만을 비판하게 될 것이다.

• • •

어느 수도사가 시소이스 사부에게 최근에 지속적으로 하느님께 몰입하는 데 성공했다고 말했다.

"애야, 그것은 큰 업적도 너의 업적도 아니고, 하느님 은총의 성과란다. 정말 놀라운 업적은 네 자신이 다른 모든 사람들보다 못하다는 것을 깨닫는 거야. 이것이 바로 겸손이란다."

• • •

시소이스 성인이 지나는 길에 어느 출가자의 오두막을 잠시 들러 인사를 나누고 어떻게 지내는지 물었다. 그러자 출가자가 대답했다.

"시간을 허비하고 있다네."

"형제여, 나도 내 시간을 그렇게 허비할 수 있었으면 좋겠네. 단, 죄를 더 더하는 것 없이 말이야." 겸손한 시소이스 사부가 한숨을 내쉬면서 말했다.

• • •

언젠가 세 명의 은수자들이 시소이스 성인을 만나 대화를 하려고 먼 길을 떠나왔다. 그들은 각자 성인을 만나서 듣고 싶은 질문을 가지고 왔다.

"사부님, 제가 어떻게 해야 불의 강을 피할 수 있겠습니까?" 첫 번째 은수자가 물었다.

시소이스 사부는 그의 질문을 듣고 아무런 답변을 하지 않았다.

"치를 떨고 영원히 죽지 않는 벌레의 고통에서 제가 어떻게 해야 벗어날 수 있겠습니까?" 두 번째 은수자가 물었다.

시소이스 사부는 이번 질문에도 아무런 답을 주지 않았다.

"사부님, 저 깊고 깊은 어둠에 대한 기억이 저를 잠시도 조용히 놔두질 않고 있습니다. 제가 어떻게 해야 할까요?" 세 번째 은수자가 물었다.

"형제들," 비로소 시소이스 사부가 말했다. "나는 그런 생각들은 전혀 하지 않는다네. 나는 단지 주님의 자비가 나를 구원해주시길 바랄 뿐일세."

궁금증을 풀지 못한 그들은 다소 낙담한 채 자리를 뜨려고 일어났다. 그러자 성인이 말했다.

"그대들은 진정 행복한 사람들일세. 솔직히 고백한다면 난 그대들이 부럽다네. 왜냐하면 그대들은 그런 생각들로 인해 죄에 휩쓸릴 수가 없기 때문일세. 그런데 나는 마음이 굳어져서 그런 지옥이 있다는 생각도 하지 못하고 부주의하게 매 순간 죄를 짓고 있으니 참으로 불쌍한 인간이 아닌가."

성인의 말을 들은 은수자들은 그의 겸손에 경탄을 금치 못했다. 그들은 허리를 굽혀 그에게 예를 표한 후 서로 이렇게 말했다.

"그에 대해 들은 모든 것이 진정 사실이었군."

...

시소이스 사부는 말했다.

"참된 겸손으로 인도하는 길은 절제, 기도, 자기희생이다."

언젠가 그가 다시 이런 가르침을 주었다.

"성서는 우상에 대해 이렇게 말한다. '입이 있어도 말하지 못하고, 눈이 있어도 보지 못하며, 귀가 있어도 듣지 못한다.' 아, 수도사도 이렇게만 될 수 있다면! 그리고 그밖에도 우상은 혐오감을 일으킨다. 수도사도 구원을 얻기 위해선 자기 자신을 혐오스럽게 느낄 수 있어야 한다."

∙ ∙ ∙

크로니오스 사부는 "하느님에 대한 두려움이 영혼을 진정한 겸손으로 인도하는 방법이 된다"고 여겼다.

∙ ∙ ∙

언젠가 성성이 높은 한 사부가 영안의 눈으로 사탄을 보자 당당하게 물었다.
"왜 그렇게 집요하게 나와 전쟁을 벌이는 것인가?"
"네가 겸손으로 계속해서 나와 맞서기 때문이다." 사탄은 대답을 한 후에 그 자리에서 사라져 버렸다.

∙ ∙ ∙

하루는 마카리오스 성인이 수작업에 필요한 야자수 잎을 가득 들고 그의 거처로 돌아오고 있었다. 그때 사탄이 나타나 그를 멈춰 세우고는 공격하려 했다. 하지만 보이는 않는 어떤 강력한 힘이 그의 공격을 가로막았다. 사탄이 사납게 소리쳤다.
"마카리오스, 너는 나를 무척이나 괴롭히는구나. 내가 오랜 기간 너와 전쟁을 벌이고 있지만 도저히 너를 쓰러뜨릴 수가 없구나. 네가 나보다 잘하는 것이 과연 무엇인가? 혹시 금식인가? 그런데 나는 아무것도 먹지를 않아. 그렇다면 철야기도인가? 나는 잠이란 걸 몰라. 그런데 넌 나를 두렵게 하는 한 가지가 있어."
"그것이 무엇이지?" 성인이 관심을 보이며 사탄에게 물었다.

"겸손이다." 사탄은 그만 어쩔 수 없이 이실직고를 하고 사라져버렸다.

・・・

형제 수도사들이 영적 사부에게 사탄이 왜 그렇게 광적으로 수도사들과 전쟁을 벌이는지, 어떻게 그런 대담함을 보일 수 있는지 물었다. 그러자 사부가 이렇게 대답했다.

"수도사들이 자신들을 방어하는 무기인 겸손, 무소유, 인내를 즉시 내세울 줄 알았다면 사탄은 감히 그들에게 접근할 수 없었을 것이다."

・・・

어떤 사부가 조언했다.

"겸손의 말에 익숙해지지 말고 겸손의 사고에 익숙해져야 한다. 겸손 없이는 영적 성장을 이룰 수 없고 하느님의 뜻을 지킬 수가 없다."

・・・

또 다른 사부가 말했다.

"겸손한 사람은 결코 분노하지 않을 뿐만 아니라 이웃을 분노하게 만들지도 않는다."

・・・

두 형제가 광야로 가서 같은 거처에서 수도생활을 하고 있었다. 사탄은 그들의 우애를 시기한 나머지 둘을 갈라놓기로 작정했다. 어느 날 저녁이었다. 동생이 등잔에 불을 붙이러 갔다가 본의 아니게 등잔대를 밀었다. 등잔이 뒤집히면서 기름이 쏟아지자 형이 화를 내며 동생의 뺨을 때렸다. 동생은 형의 행동에 당황하지 않고 허리를 굽혀 그에게 머리를 숙이고 겸손하게 말했다.

"저의 부주의를 용서해주십시오. 지금 즉시 다른 등잔을 준비하겠습니다."

같은 날 밤, 우상 신전에 있던 한 이교도 사제가 우연히 악령들이 재판받는 소리를 들었다. 악령들 중 하나가 수치스러워하며 자기 두목에게 고백했다.

"내가 수도사들 찾아가 어지럽히고 틀어지게 해도 그들 중 한 명이 다른 형제에게 용서를 구하며 내가 꾸민 일들을 무력화시킨 건데, 왜 제가 책임을 져야한단 말입니까?"

그들의 말을 듣던 이교도 사제는 즉시 광야로 달려가서 그리스도인이 되었다. 그리고 겸손한 마음으로 평생을 살았으며 "절 용서하십시오"라는 말이 그의 입에서 떠나질 않았다.

• • •

테베의 그리스도인들이 사슬에 묶여 있는 어떤 악령 들린 사람을 치유해달라고 어느 은수자 사부에게 데려왔다. 성인은 악령에게 하느님의 피조물에서 떠날 것을 명령했다. 그러자 그가 소리쳤다.

"그리스도가 말했던 염소가 누구이고, 양이 누구인지를 먼저 나에게 말하지 않는다면 나는 결코 나가지 않을 것이다."

"내가 바로 그 염소 중에 하나다." 사부가 대답했다. "그분의 양에 대해서는 그분께서 다 알고 계신다."

"너의 겸손이 나를 내쫓는구나." 두려움에 사로잡힌 악령이 그에게 소리치며 고통 속에 신음하던 이에게서 떠나갔다.

• • •

어느 한 지혜로운 사부가 겸손에 대해 말하면서 주목할 만한 이야기를 해주었다.

"그대가 형제에게 허리 숙여 예를 표하며 겸손하게 용서를 구하는 순간, 그대에게 대항하던 사탄은 모든 행위를 즉시 멈출 것이다. 제분소 주인은 맷돌을 돌리는 동물의 눈을 묶어 그 동물이 한눈팔지 않고 제가 할 일에 충실하도록 만든다. 우리도 그렇게 해야만 한다. 겸손으로 우리의 눈을 묶어 자신의 보잘것없는 선행을 스스로 보고 교만해지지 않도록 해야 한다. 그러면 우리는 수고에 따르는 보상을 잃지 않게 될 것이다.

하느님께서는 때론 우리가 교만해지지 않도록 불결한 생각이 우리를 공격하는 것을 허락하신다. 그때 우리는 자신을 성찰하고 자책해야한다. 때로는 그런 생각들이 우리가 행한 소소한 선행을 가려주는 역할을 한다. 자기 자신을 끊임없이 자책하는 사람은 보상을 받게 될 것이다."

⋯

어느 형제가 위대한 사부들 중 한 명에게 겸손이 무엇인지 물었다. 그러자 사부가 그에게 설명했다.

"겸손은 언제나 자신이 죄인이고 다른 모든 이들보다 못하다고 여기는 것이다. 이것은 놀라운 업적이며 어려운 것이다. 하지만 포기하지 않고 헌신하고 매진해 나간다면 성취할 수 있을 것이다."

"하지만 어떻게 자신이 다른 사람들에 비해 못났다고 끊임없이 생각할 수 있겠습니까?" 그가 궁금해 하며 물었다.

"다른 이들의 장점을 보고 너의 잘못을 자책하는 것을 배워라. 그리고 매일 너의 잘못에 대해 하느님께 용서를 구하여라. 그러면 그것을 이룰 수 있을 것이다." 성인이 조언했다.

⋯

어느 공동체에 사도 바울로가 하신 "서로 남의 짐을 져주십시오"라는 권고를 충실하게 따르는 매우 겸손한 수도사가 있었다. 그래서 그는 형제 수도사들 가운데 잘못한 수도사가 있으면 자신이 그 잘못에 대한 책임을 지고 자신을 자책하며 내려진 벌을 기꺼이 받아들였다.

하지만 그 형제의 덕을 제대로 보지 못한 일부 수도사들은 수작업할 때 그의 익숙하지 못한 －실제로 그는 조금 느린 편이었다－ 손놀림을 보고 자주 그를 비난했다. 그리고는 자기들끼리 서로 이렇게 말을 주고받았다.

"저기 봐, 계속해서 실수를 하네. 제대로 하는 것이 하나도 없군."

하지만 수도원장은 그가 얼마나 덕이 깊은지 잘 알고 있었기에 그를 비난하는 이들에게 이렇게 말하곤 했다.

"나는 교만으로 만든 너희들 것보다 겸손으로 엮은 그의 물건이 더 좋구나."

어느 날 수도원장은 형제의 능숙하지 못한 손놀림을 비난하고 있던 수도사들을 보자, 그들이 엮고 있던 바구니를 빼앗아 마당 가운데에 피워났던 불속에 던져 넣었다. 겸손한 형제의 바구니도 그렇게 불속에 던져졌다. 잠시 후 불속에 들어갔던 그들의 바구니가 모두 재가 되었지만, 겸손했던 형제의 바구니는 불속에서도 전혀 손상되지 않았다.

그 형제를 비난하는 것을 즐겨했던 수도사들은 이 기적을 보고 깜짝 놀랐다. 그들은 그 형제에게 허리 숙여 예를 표하며 용서를 빌었다. 그리고 그때부터 그를 영적 아버지처럼 대했다.

• • •

어떤 젊고 경건한 사람이 한 은수자 사부를 찾아갔다.

"사부님, 어떻게 지내시는지요?" 그가 물었다.

"아주 안 좋단다."

"사부님, 무슨 일이 있으신지요?"

"내가 이곳에서 40년을 지냈단다." 사부가 깊은 한숨을 내쉬며 대답했다. "그런데 나는 매일 하느님께 '당신의 계명을 어기는 거만한 자들 그 저주받을 자들을 꾸짖으소서'라고 기도하며 내 자신을 저주하는 것 말고는 하는 일이 없구나."

젊은이는 은수자가 자기 자신에 대해 말하는 것을 들으면서 그의 겸손에 경탄했다. 그리고 그를 닮아 살아갈 것을 결심하게 되었다.

• • •

언젠가 이집트인 마카리오스 성인이 수천 명의 은수자들이 거주하고 있는 니트리아의 산을 방문하자 그곳의 원로들이 나서서 성인께 형제 수도사들에게 귀한 말씀을 한 마디 해달라고 청했다.

"난 아직 수도사가 되지 못했다네." 저명한 수행자가 그들에게 말했다, "하지만 하느님께서는 내가 참된 수도사들을 만나 대화를 할 수 있는 기회를 허락해 주셨지."

그의 말이 끝나자 수도사들이 그의 주변으로 모여 앉았다. 마카리오스 성인은 그가 경험한 이야기를 하기 시작했다.

"지금으로부터 꽤 오래 전 일이지. 그때 나는 은수처에 들어앉아 수행에 전념하고 있었을 때였어. 그런데 내 머릿속에서는 더 깊은 광야에 무엇이 있는지 들어가 보라는 생각이 자꾸 나를 재촉하기 시작했어. 나는 그것이 사탄이 나를 덫에 밀어 넣기 위한 것이라 생각하고 5년 동안 버텼지. 하지만 그 생각이 멈추지 않는 것을 보고는 무슨 뜻이 있겠거니 여기게 되었어. 그렇게 나는 깊은 광야로 길을 떠나게 되었지. 미지의 장소, 거친 황야에서 여러 날을 걸으면서도 난 며칠을 걸었는지 전혀 의식하지 못했어. 단지 여정 속에서 특이하게 생긴 야생의 새들을 만나는 것에만 관심이 갔지.

어느 순간 작은 섬이 가운데에 하나 있는 큰 호수가 있는 곳에 이르렀어. 광야의 크고 작은 짐승들이 물을 마시려고 그곳으로 모였지. 난 잠시 휴식을 취할 겸 갈대숲에 앉았어. 그리고 그곳에 앉아 다양한 동물들을 지켜보고 있었는데 두 명의 벌거벗은 사람들이 동물들 사이에 보였어. 난 환영이라고 생각하고 순간 겁을 먹었지. 그런데 그들은 내가 당황한 것을 눈치 챈 것 같았어. 그들은 멀리서 나를 불렀어.

'두려워하지 마시오. 우리도 당신과 똑같은 사람이오.'

잠시 후에 그들이 나에게 다가왔어. 나는 용기를 내서 누구신데 그곳에 있느냐고 물었지.

그들은 한 명은 이집트인이고, 또 다른 한 명은 리비아인이라고 자신들을 소개하고, 아주 이른 나이에 세상을 등지고 한 공동체 수도원의 수도사가 되었다고 말했지. 그리고 40년 전에 같이 수행을 하자고 서로 약속하고 광야 아주 깊은 곳 호수가 있는 지금의 그곳에 머물게 되었다고 하더군.

그들도 나에게 세상이 어떻게 돌아가는지, 나일강물이 광야까지 자주 흘러 들어가는지 물었어. 나는 그들의 질문에 답을 해주고 난 후에 그런 험하고 외진 곳에서 오랜 세월을 견디며 지내는 것에 경탄하면서 내가 어떻게 하면 수도사가 될 수 있는지 가르쳐 달라고 청했어.

'세상과 모든 관계를 끊게나, 그러면 그렇게 될 걸세.' 그들이 나에게 말했지.

'하지만 저는 나약한 인간입니다.' 내가 그들에게 대답했어. '그래서 당신들처럼 살 수가 없습니다.'

'그렇다면 자네의 거처에 머물며 자신의 죄를 생각하며 울게나.'

오랜 세월 세상과 동떨어진 그들의 말은 다소 거칠게 느껴졌어. 하지만 그들의 얼굴에서는 온화함과 성성이 넘쳐흘렀지.

'그런데 계절의 변화는 어떻게 견디시는지요?' 다시 내가 그들에게 물었어. 왜냐하면 그들의 알몸이 나에게 강한 인상을 주었기 때문이지.

'당신의 모든 피조물들을 보살펴 주시는 하느님께서 우리에게도 당신의 섭리를 베풀어 주셨다네. 그래서 우리는 겨울에는 추위를 느끼지 않고 뜨거운 여름에도 해를 입지 않는다네.'

그때 나는 그들의 몸이 마치 양털처럼 큰 털로 보호받고 있음을 보았어.

그 순간 나는 스스로 한탄하며 이렇게 말했어.

'은수처가 있고, 매일 먹을 약간의 딱딱한 빵이 있고, 그리고 많은 형제 수도사들과의 교류가 있는 나는 아직도 수도사가 되지 못했구나.'"

...

언젠가 대 안토니오스의 머릿속에 자신이 성인의 경지에 이르렀다는 생각이 지나갔다. 그러자 하느님께서는 그가 교만해지지 않도록 어느 날 밤 그의 꿈속에 알렉산드리아의 구석진 길에 있는 작은 가게의 신발 수선공이 그보다 더 훌륭하다고 알려주었다.

안토니오스 성인은 동이 트자마자 지팡이를 들고 도시로 길을 떠났다. 성인은 신발수선공을 만나 그의 덕을 직접 눈으로 보고 싶었다. 아주 어렵게 그의 가게를 찾아낸 성인은 가게 안으로 들어가 그의 옆에 있는 의자에 앉아 그의 삶에 대해 물어보기 시작했다.

갑자기 자기를 찾아와 이것저것 물어보는 늙은 수도사가 누구인지 전혀 상상하지 못한 소박한 사람은 수선하고 있는 신발에서 눈을 떼지 않은 채 조용히 그리고 느릿느릿 대답했다.

"제가 살면서 어떤 선한 행위를 했는지는 잘 모르겠습니다. 저는 매일 아침에 자리에서 일어나면 기도를 하고 일을 시작합니다. 다만 먼저 제 머릿속으로 이렇게 말합니다. '가장 어린 아이부터 가장 나이가 많으신 어르신까지 이 도시의 모든 사람들이 다 구원을 받을 텐데 죄 많은 나만 단죄를 받겠구나.' 제가 밤에 잠자리에 들 때에도 이와 똑같은 생각에 잠깁니다.

성인은 경탄하며 자리에서 일어나 그를 포옹하고 입을 맞췄다. 그리고는 감격에 젖어 그에게 말했다.

"형제여, 자네는 뛰어난 상인처럼 큰 수고 없이도 값진 진주를 얻었다네. 그런데 광야에서 나이를 먹은 나는 땀을 흘리고 수고를 했음에도 아직 자네의 겸손에 이르지 못했다네."

...

어느 경건한 수도사가 누군가 자기에게 도움을 요청하면 기꺼이 그를 돕겠다고 스스로에게 이렇게 다짐했다.

"너의 주님께서 너에게 명령하시는 거야. 그러니 그의 부탁을 즉시 들어줘. 잠시 후 만약 다른 누군가가 온다면 그에게는 훨씬 어려운 일을 맡기실지도 몰라."

그러면서 그는 이렇게 속삭였다.

"그도 주님의 자녀야. 그러니 너는 그의 말을 들어줘야해."

언젠가는 가장 나이가 적은 형제 수도사가 그에게 명령하는 일이 있었다. 그때 그는 더 기껍게 받아들였다. 그리고 자신에게 이렇게 말했다.

"비천한 자야, 네 주님의 자녀에게 빨리 순종해."

이렇게 그는 겸손으로 모든 사람들을 섬겼고 놀라운 덕의 경지에 이르게 되었다.

...

출가자 이사야 사부는 이렇게 말했다.

"겸손을 성취한 이는 이웃을 판단하는 혀를 가지고 있지 않다. 또한 이웃의 잘못을 보는 눈도, 영혼에 유익하지 않은 것을 들을 귀도 없다. 겸손한 사람은 다른 사람과 자신이 다르지 않다고 여기며 자기 자신에게 주목하고 자신의 죄에 대해 눈물을 흘린다. 그는 평화로운 사람이고 하느님의 모든 계명을 충실하게 지킨다."

이사야 사부는 다른 곳에서 이렇게 조언했다.

"형제여, 그대가 '저를 용서 하십시오'라는 말을 어렵지 않게 하게 된다면 겸손은 그대 마음속에 금세 자리잡게 될 것일세. 이 덕을 사랑하게나. 그것은 그대를 많은 죄들로부터 보호해줄 걸세."

이사야 사부는 또한 이런 특징에 대해서도 말했다.

"수도사여, 만약 그대가 일주일에 단 한 번 식사를 하고 지나칠 정도의 수련으로 그대의 몸을 혹사시킨다 해도 거기에 겸손이 함께 하지 않는다면 그대의 모든 수고는 허사가 되고 말 것일세."

• • •

고백자 막시모스 성인이 겸손의 덕에 대해 이렇게 적었다.

"겸손은 아픔과 눈물 속에서 끊임없이 드리는 기도이다. 겸손은 언제나 하느님의 도움을 구하고 인간이 자신의 능력이나 지혜를 분별없이 함부로 드러내지 못하도록 막아준다. 또한 자기 자신을 높이거나 다른 사람들보다 자신이 더 낫다는 생각을 갖지 않게 해준다. 왜냐하면 이런 것들은 영혼의 병으로서 그 원인이 저주받을 교만에 기반하고 있기 때문이다."

• • •

수도주의의 저명한 스승인 시리아의 에프렘 성인이 언젠가 그가 그토록 갈망하는 광야에서의 고요를 잠시 뒤로 하고 도시로 내려가기로 했다. 당시 시리아의 에데사에 있던 성해에 참배하고 겸사겸사 교리적인 문제에 대해 교회 관계자들을 만나 의견을 나누고 싶었던 것이다. 성인이 살았던 시대는 이단들이 올바른 믿음을 훼손하는 일이 심각했을 때였다.

"주여, 제가 도시의 문을 지날 때 저에게 가르침을 줄 수 있는 사람을 제 앞에 보내주십시오." 성인은 출발하기 전에 이렇게 기도했다.

에프렘 성인이 수많은 사람들이 북적이는 에데사에 들어가고 있을 때 처음 길에서 만난 사람은 창녀였다. 그녀는 길 위에 서서 뻔뻔스럽게 성인을 지켜보고 있었다. 성인은 기도와는 정반대의 사람을 보내주신 것에 대해 주님께 불평했다. 잠시 후 근엄한 눈빛으로 창녀를 바라본 성인이 그녀의 태도를 일깨워주려고 그녀에게 다소 거칠게 말했다.

"어떻게 얼굴도 빨개지지 않고 부끄러움도 모른 채 나를 그런 식으로 계속 쳐다볼 수 있는지 궁금하구나."

"저는 저에게 어울리는 행동을 한 것밖에는 없습니다." 그녀가 준비한 듯이 답변했다. "당신의 옆구리에서 만들어진 내가 당신을 쳐다보는 것이 뭐가 그리 잘못된 것인지요? 오히려 흙으로 빚어진 당신이나 시선을 흙에서 떼지 말고 살아가십시오."

성인은 그녀의 올바른 대답을 듣자 하느님께 깊이 감사를 드렸다. 그리고 그녀의 가르침보다 더 유익한 가르침이 더는 필요하지 않았다고 여겼다.

・・・

파코미오스 성인은 일주일에 한 번, 또는 그 이상으로 수도공동체의 수도사들을 모아 하느님의 말씀을 가르치곤 하였다. 언젠가 성인은 본인이 가르침을 주는 대신 수도생활을 시작한 지 얼마 되지 않은 아직 한창 젊은 테오도로스에게 가르침을 줄 것을 명령했다. 성인은 이것을 통해 그의 순종을 시험해보려 했다. 착한 제자는 이의를 제기하거나 겸양의 말을 하지 않은 채 즉시 수도원장의 명령을 받들었다. 그는 자리에서 일어나 하느님의 말씀을 가르치기 시작했다. 하지만 나이가 많은 수도사들은 어린 그의 가르침이 마음에 들지 않았다. 그들은 화를 내며 보란 듯이 그 자리를 떠나서 자신들의 거처로 돌아갔다. 가르침이 끝난 후 성인은 그들을 다시 불러 모았다. 그리고 엄중히 물었다.

"왜 모임에서 떠났느냐?"

"스승님, 아이를 세워 우리를 가르치게 하셨으면서 우리가 어떻게 하길 원하십니까?" 그들이 반발하는 듯이 대답했다.

파코미오스 성인은 깊이 한숨을 내쉬었다. 어느새 그의 눈가에는 눈물이 맺혔다.

"사람들은 교만이 모든 악의 근원이고 비참한 인간이 피나게 노력하고 눈물로 이룬 모든 것을 무너뜨린다고 곧잘 말들을 하지. 너희들은 모임에서 떠난 것이 테오도로스를 무시한 것이 아니라 그를 통해 말씀하시는 성령을 욕되게 한 것임을 모르겠느냐? 너희는 내가 그토록 주의를 기울이며 보살펴왔던 영적 아버지이자 스승인 나를 보지도 않았다. 내가 분명히 말하지만 나는 그 아이가 한 것보다 더 유익한 가르침을 지금까지 들어본 적이 없다."

성인은 그들을 질책하며 그들이 잘못된 에고이즘을 참회하도록 엄격한 벌을 내렸다.

...

사람들에 의하면 파코미오스 성인의 겸손은 도달하기 힘든 높은 경지에 있었다고 한다. 그는 다른 사람들의 조언이나 제안을 기꺼이 받아들였으며 제일 어린 사람의 말도 흘려듣지 않았다.

하루는 수작업을 하고 있던 성인에게 어린 수련생이 풀을 가져왔다. 그는 잠시 앉아 성인이 작업하는 것을 지켜보고는 이렇게 지적하며 말했다.

"원장님, 틀렸습니다. 그 끈을 그렇게 돌리시면 안 되죠. 테오도로스 사부께서 원장님보다 더 잘 엮으시네요."

성인이 그때 자리에서 일어나 아이에게 부드럽게 얘기했다.

"얘야, 이리와 앉으렴, 어떻게 더 잘 엮을 수 있는지 나에게 보여줄 수 있겠니?"

아이는 천진난만하게 자리에 앉았다. 그리고 성인에게 자기가 배운 방법을 보여주었다. 자애로운 성인은 그런 아이의 모습을 지켜보며 소박하게 웃었다.

・・・

언젠가 콘스탄티노스 대제가 안토니오스 성인을 정식으로 콘스탄티노플에 초대했다. 성인은 깊은 생각에 잠겼다. 황제의 부름을 거부할 것인지 아니면 그가 사랑하는 광야의 삶을 희생할 것인지 어떤 결정도 내릴 수가 없었다. 마침내 성인은 제자인 바울로에게 물어보기로 마음먹었다.

"어떻게 생각하십니까, 할아버지?" - 성인은 그를 이렇게 부르곤 했다, 그가 노년에 수도사가 되었기 때문이다 - "내가 콘스탄티노플로 가야만 하겠습니까?"

"만약 간다면, 당신은 안토니오스가 될 것입니다." 순박함이 특징인 그 제자가 대답했다, "만약 가지 않는다면 당신은 대 안토니오스가 되겠지요."

위대한 스승은 제자의 제안을 겸허히 받아들여 그곳에 가지 않기로 결정했다.

・・・

마카리오스 사부가 형제 수도사들에게 자신의 영적 경험담을 이야기해주었다.

"나는 젊었을 때 나태함에 빠진 적이 있었어. 나는 거처에서 나와서 슬픔을 즐기듯 목적도 없이 광야를 배회했지. 난 두어 마디의 유익한 말을 해줄 누군가를 찾고 싶었어. 그런데 갑자기 내 앞에 작은 목동아이가 한 명 보였어. 아이는 좀 더 아래쪽에서 소를 돌보고 있었지. 그때 그 아이에게 물어봐야겠다는 생각이 불현듯 떠올랐어.

'얘야, 내가 배가 고픈데 어떻게 하면 좋을까?'

'왜 드시지 않았어요?' 그가 별 관심없다는 듯이 어깨를 들썩이며 나에게 대답했지.

'먹었단다. 그런데 다시 배가 고프구나.'

'그렇다면 다시 드세요.' 그가 나에게 말했어.

'먹고 또 먹었는데도 다시 배가 고프구나.'

'당신께서는 계속해서 되새김질하는 것을 보니 소와 같군요.' 그가 비웃는 듯이 웃음을 터뜨리며 말했다.

'맞는 말이군.' 난 속으로 생각했어. 그렇게 나는 가르침을 받고 나서 거처로 다시 돌아왔다네."

· · ·

어느 지혜로운 사부는 많은 사람들이 그에게 조언을 구하러 올 때 이렇게 그들에게 말하곤 했다.

"내가 다른 사람을 가르치는 선생이 아니라 가르침을 받는 제자였으면 정말 좋겠네."

· · ·

스키티의 형제 수도사들이 어느 사부에게 물었다.

"사부님, 겸손이 무엇입니까?"

"겸손은 누가 그대들에게 잘못을 했을 때 그가 용서를 구하러 올 때까지 기다리지 않고 즉시 그를 용서해주는 것이다."

· · ·

또 다른 사부가 말했다.

"하늘로 오르는 데 겸손만큼 빠른 길은 없다."

・・・

세르기오스 사부가 겸손한 사람이 얼마나 큰 것을 얻을 수 있는지를 보여주기 위해 제자들에게 다음과 같은 일화를 이야기해주었다.

"언젠가 나, 다른 두 형제 수도사, 그리고 지금 하느님 품에 안겨서 복을 누리고 계시는 사부님, 넷이서 함께 도시로 내려가고 있었지. 그런데 우리가 전혀 의식하지 못한 상태에서 남의 밭에 발을 들여 놓아 농작물을 조금 망쳤어. 약간 아래쪽에서 땅을 파고 있던 주인이 그 사실을 알게 되자 이성을 잃을 정도로 화를 냈어. 그리고는 우리에게 다가와서 아주 나쁜 말로 우리에게 욕을 하기 시작했지.

"당신들이 수도사들입니까? 당신들 안에 하느님이 계시기는 한 겁니까? 만약 하느님을 두려워하는 사람들이라면 다른 사람들의 수고가 얼마나 소중한지 알겠군요."

사부님께서는 그리스도의 사랑을 생각해서 우리에게 아무런 말도 하지 말라고 작은 목소리로 말씀하셨어. 그리고 겸손하게 밭주인을 바라보며 말했지.

"당신 말이 맞네. 만약 우리가 하느님에 대한 두려움을 가지고 있었다면 좀 더 조심했을 것이고 이런 피해를 입히지도 않았을 텐데 그렇지 못해 우리가 이런 잘못을 저질렀으니 그리스도의 사랑을 생각해서라도 우리를 용서해주면 안되겠나?"

순간 그가 진정됐어. 사부님의 겸손한 말이 그의 분노의 불을 끈 것이었지. 조금 전까지 막말을 했던 것이 부끄러웠던 그는 무릎을 꿇고 사부님께 말했어.

"하느님의 사람이시여, 저를 용서해 주십시오. 그리고 저도 수도사가 될 수 있도록 함께 데려가 주십시오."

사부께서는 기쁜 마음으로 그를 받아주셨어. 그리고 그때부터 그는 사부님께 평생 순종하며 살았지.

...

경건한 어느 청년이 마카리오스 성인을 찾아가 어떻게 해야 겸손을 얻을 수 있는지 조언을 구했다.

"인간의 칭찬을 피하고 무시당하기를 사랑하거라." 사부가 그에게 말했다.

"그건 너무 어려운 일입니다."

"젊은이, 내말을 잘 듣게나." 지혜로운 사부가 그에게 말했다. "여기서 좀 더 내려가면 무덤이 있다네. 거기까지 한 달음에 달려가게. 그리고 던질 수 있는 돌은 전부 다 무덤에 던지고 망자에게 하고 싶은 욕이란 욕은 다 하고 오게."

청년은 사부가 시킨 대로 다 하고는 사부에게 돌아왔다. 그러자 사부가 그에게 물었다.

"망자들이 자네에게 뭐라고 말하던가?"

"아무 말도 하지 않았습니다." 젊은이가 대답했다.

"그러면 한 번만 더 수고를 하게. 이번엔 그곳에 가서 그들을 칭찬하고 오게나."

청년은 다시 그곳으로 가서 최고로 좋은 말을 해서 망자들을 칭송했다. 사부가 돌아온 청년에게 다시 물었다.

"이번에는 자네에게 뭐라고 하던가?"

"아무 말도 없었습니다."

"젊은이, 겸손을 얻고 싶다면 자네도 이와 똑같이 해야 하네." 성인이 그에게 조언했다. "인간의 무시만큼이나 인간의 영예에 대해서도 그렇게 죽은 자가 되어야 한다네."

• • •

  필루시오스의 요셉 사부가 형제 수도사들에게 자신의 경험담을 이야기해주었다.

  "내가 시나이 산에서 수행을 하고 있던 때였어. 다른 지방에서 온 외모가 아주 뛰어나게 잘생긴 수도사가 그곳에 와 묵었지. 그런데 그는 주일날 예배를 드리려고 성당에 모일 때면 낡고 허름한 겉옷을 입고 들어왔어. 그래서 하루는 요셉 사부가 용기를 내서 그에게 물었지.

  '형제여, 왜 성찬예배에 이렇게 찢어지다시피 한 옷을 입고 오는 것이오? 그것은 불경입니다. 다른 형제 수도사들이 어떻게 차려입고 오는지 보이지 않습니까?'

  '사부님, 저를 용서하십시오.' 그가 허리를 바닥까지 굽혀 예를 표하며 아주 겸손하게 사부에게 대답했어. '제게는 여벌옷이 없습니다.'

  요셉 사부는 즉시 그를 자신의 방으로 데리고 가 자신이 입던 외투 하나와 몇 개의 의복을 선물했다. 주일날 형제 수도사들은 새 옷을 입고 성당에 들어오는 그의 모습을 보고 놀라움을 금치 못했다. 그의 모습이 천사 같았기 때문이었다.

  당시 시나이 산의 스승들이 황제에게 도움을 청하기 위해 몇 명의 형제 수도사들로 구성된 대표단을 구성해야 했다. 그런데 이 수도사도 그 대표단 일행에 포함되었다.

  그는 자신이 대표단 일행에 포함되었다는 소식을 접하자 스승들 앞에 무릎을 꿇고 다른 사람을 대신 보내달라고 애원했다. 그리고 그 이유를 이렇게 변명했다.

  '저는 콘스탄티노플의 어느 고관대작의 종입니다, 그런데 몰래 도망쳐 이곳에 온 것입니다. 만약 그분이 저를 알아보신다면 강제로 저를 붙잡아 다시 자기를 위해 일을 시킬 것입니다.'

이렇게 해서 그는 대표단과 함께 콘스탄티노플에 가지 않았다. 하지만 그곳에 도착한 형제 수도사들은 그가 황궁에서 높은 직위를 가지고 있던 고관이었고 그리스도의 사랑을 위해 스스로 그렇게 자신을 철저히 낮췄다는 것을 알게 되었다."

⋯

수도사의 길을 가려고 준비하던 어느 청년이 포티오스 사부를 찾아가 수도원에서 어떻게 처신해야 하는지에 대해 조언을 구했다. 지혜로운 사부는 다른 여러 가지 조언과 함께 다음과 같은 유익한 조언도 해 주었다.

"애야, 최대한 네 이름 주변에 시끄러운 일이 생기지 않도록 조심하거라. 그리고 모임에 가지 않겠다거나, 주일날 사랑의 오찬 때 공동식탁에서 다른 형제들과 함께 식사를 하지 않겠다거나, 하는 말은 결코 하지 말아라. 또 그 어떤 것에서도 다른 사람과 너를 차별화시키려고 하지 말고 가장 경건한 이들을 닮는 데에만 신경을 써라. 그러면 너는 인간의 칭송을 피하게 될 것이고 겸손을 얻게 될 것이다."

⋯

언젠가 테오필로스 총대주교와 알렉산드리아의 지방장관이 대 아르세니오스와 이야기를 나누고 싶어 그의 은수처를 찾아갔다. 그들이 성인에게 유익한 말씀을 좀 해달라고 부탁하자 대 아르세니오스가 그들에게 물었다.

"만약 제가 당신들께 어떤 말씀을 드린다면 그 말씀을 따르겠다고 약속하시겠습니까?"

"네, 약속드리겠습니다."

"그렇다면 제 말을 잘 들으십시오. 어디에서든지 아르세니오스라는 죄인이 있다는 말을 듣게 되면 그를 멀리 하십시오. 그리고 그와 말을 섞으려고 애쓰지 마십시오."

공식적으로 대 아르세니오스를 방문한 손님들은 그의 대답에 불쾌하지 않았을 뿐만 아니라 그의 놀라운 겸손에 경탄을 금치 못했다.

• • •

알렉산드리아의 경건한 지방장관이 에디오피아인 모세 사부의 명성을 듣고 그를 직접 만나보려고 스키티로 올라갔다. 그런데 그 소식을 전해들은 그는 몰래 자기 거처에서 벗어나 늪이 있는 곳으로 갔다. 그런데 도중에 그곳을 지나가던 지방장관과 그 일행을 만나게 되었다. 사부를 한 번도 본 적이 없던 그들은 사부를 멈춰 세우고 모세 사부의 거처가 어딘지 물었다. 그러자 사부가 탐탁치 않아하며 말했다.

"무엇 때문에 그를 찾으십니까? 그는 무척 어리석은 사람입니다."

지방장관은 그 말을 듣고는 괜한 고생을 했다는 생각이 들어 기분이 안 좋아졌다. 마침내 스키티에 도착한 그는 수도사들에게 말했다.

"도시에서는 모세 사부에 대한 칭송이 자자해서 내가 직접 그를 만나보려고 길을 재촉해서 왔는데 조금 전에 만난 어떤 수도사는 그를 어리석은 사람이라고 말하더군요."

"어떤 사람입니까? 누가 감히 성인에 대해 그런 말을 했단 말입니까?" 수도사들이 화를 내며 물었다.

"매우 키가 크고 누더기 옷을 입은 갈색 피부의 수도사였소."

수도사들은 속으로 웃었다.

"아, 그분이 모세 사부입니다."

지방장관은 사부의 겸손에 경탄했다. 그리고 많은 깨달음을 얻어 다시 도시로 돌아갔다.

• • •

언젠가 또 다른 고관이 시모나스 사부를 만나려고 광야로 길을 떠났다. 그 소식을 접한 사부는 언덕의 비탈길로 내려가 자신을 발견하지 못하게 하려고 야자수 잎을 찾고 있었다. 그런데 하필 고관이 그쪽으로 길을 지나게 되었다.

"출가자 시모나스 사부의 은수처가 어디에 있습니까?" 그가 사부인지 전혀 의심하지 못했던 고관이 그에게 물었다.

"여기엔 출가자가 없습니다. 길을 잘못 찾으신 것 같군요." 성인은 고개를 들지 않고 하던 일을 계속하며 대답했다.

고관은 언젠가 다시 시모나스 사부를 만나러 갔다.

"고관을 맞을 준비를 하십시오." 형제 수도사들이 그에게 말했다.

"지금 즉시 준비하겠네." 그가 대답했다.

사부는 거처에서 빵 한조각과 약간의 치즈를 손에 들고 나와 문 입구에 앉았다. 그리곤 게걸스레 먹기 시작했다. 그 순간 그의 거처에 다다른 고관이 그렇게 먹고 있는 사부를 보자 자기 일행에게 무시하듯이 말했다.

"이 사람이 그렇게 명성이 자자한 그 출가자란 말인가?"

고관은 사부에게 단 한마디의 말도 건네지 않고 다시 길을 되돌아갔다.

성인이 바라던 대로 이루어진 것이었다.

• • •

콜로보스 요한 사부는 어느 영적 사부에 대해 다음과 같은 일화를 전해주었다.

"그 사부는 도시에서 명성이 자자했지. 그래서 인간의 영광을 피하려고 광야 깊은 곳에 있는 동굴로 들어가 지냈단다. 그러던 어느 날 임종을 앞둔 사부의 친구가 고백성사를 하려고 그를 찾는다는 소식을 들었어. 그 소식을 접한 사부는 속으로 이렇게 생각했어.

'사람들이 날 보게 되면 치켜세우려 할 수도 있으니 아무도 보지 못하도록 밤까지 기다리는 것이 좋겠다.'

밤이 되자 그는 동굴 밖으로 나왔어. 그때 두 천사가 좌우에 서서 촛불을 들고 그의 모든 여정을 함께 했지. 이상한 불빛을 본 도시의 주민들은 -그들의 눈에는 천사들의 모습은 보이지 않았다- 집에서 나와 아주 반갑게 성인을 맞이해줬어.

이처럼 겸손으로 그가 인간의 영광을 피하면 피할수록 그만큼 하느님께서는 그를 영예롭게 해주셨단다."

• • •

피민 사부가 말했다.

"그대가 자신을 겸허히 낮추는 것을 배운다면 어디에 있든지 그곳에서 평온을 누리게 될 것이다."

• • •

에디오피아 사람 모세 사부가 사제로 서품을 받은 날, 사제 제의를 입는 그에게 알렉산드리아의 총대주교가 애정을 가지고 말했다.

"모세 사제, 이제 그대는 비둘기처럼 새하얘졌네."

"저의 임금께서 겉모습으로 판단하실까요? 아니면 내면으로 판단하실까요?" 그가 겸손하게 말했다.

총대주교는 그가 진정 겸손함을 갖추고 있는지를 시험해보기 위해 몰래 성직자들에게 그가 제의실로 들어오게 되면 그를 내쫓으라고 지시했다. 성찬예배가 끝난 후 모세 사부가 제의실 안으로 들어서자 모두 함께 그를 비난하듯이 말했다.

"깜둥이야, 여기 왜 들어온 건가? 밖으로 나가게."

성직자들 중 한 명은 밖으로 나간 그가 어떻게 행동하는지 보려고 몰래 그를 뒤따라갔다. 그리고 그가 독백하는 말을 들었다.

"깜둥아, 너는 사람이 아닌데 사람들과 함께 어울리려고 했으니 사람들이 널 그렇게 대한 것은 당연한 거야."

∴

어느 사부가 말했다.

"자신의 가치보다 훨씬 더 자신을 높이는 사람은 참으로 어리석다. 왜냐하면 그의 영혼이 받게 될 손상은 회복이 불가능하기 때문이다. 사람들로부터 경시를 받는 사람은 행복한 사람이다. 왜냐하면 하늘의 영광이 그를 기다리고 있기 때문이다."

∴

한 초보 수도사가 평생 교훈으로 삼을 조언을 구하기 위해 어느 사부를 찾아갔다. 사부가 그에게 조언했다.

"사람들의 무시와 모욕을 기꺼이 받아들이는 법을 배우거라. 이게 다른 모든 덕들을 뛰어넘는 겸손이란다."

∴

또 다른 사부가 말했다.

"스스로 자기 자신을 낮추는 사람은 진정 겸손하다고 말할 수 없다. 그것은 그리 어려운 일이 아니기 때문이다. 겸손은 다른 이들이 자신을 낮출 때 기꺼이 받아들이는 것이다."

사부는 또 다른 경우에 이렇게 가르쳤다.

"사람들이 그대를 칭송할 때 그 칭송을 받아들이지 말고 즉시 그대가 가지고 있는 수많은 죄들을 생각하라. 하느님께서 그대의 죄를 알고 계시는 것처럼 사람들도 그 죄들을 알고 있었다면 그들은 결코 그대를 그렇게까지 칭송하지 않았을 것이다. 그대는 사람들의 칭송으로 영혼이 손상을 입지 않도록 마음을 다해 주님의 보살핌을 간청해야 한다."

∴

스키티에 모임이 있었을 때 모세 사부가 맨 마지막에 도착했다. 스키티의 스승들은 그를 시험해보기 위해 마치 서로 얘기하는 것처럼 하면서 그가 들을 수 있도록 큰소리로 말했다.

"그 깜둥이가 왜 우리들 사이에서 서성대고 있는지 모르겠단 말일세."

모세 사부는 침묵으로 그들의 모욕을 들으며 평온하게 자기 자리에 머물러 있었다.

"모세, 전혀 동요가 없었는가?" 나중에 스승들이 그에게 물었다.

"동요가 있었습니다." 그가 겸손하게 대답했다, "하지만 아무 말도 하지 않으려고 저 자신과 싸웠습니다."

...

자신을 경멸하고 갖은 방법으로 욕되게 하는 이들을 극진히 사랑한 어떤 사부가 있었다. 그는 그들을 두고 자주 이렇게 말했다.

"그들은 우리의 친구들일세. 왜냐하면 우리를 겸손으로 이끌어주기 때문이지. 우리를 치켜세우고 칭송하는 이들은 우리의 영혼을 손상시킨다네. 성서도 그것을 말하고 있지. '우리를 복되다고 하는 이들이 우리를 그릇된 길로 벗어나게 해 망치는구나.'(이사야 3:12 참조)"

...

언젠가 사람들이 말린 무화과열매를 스키티로 가져왔다. 사제는 그것을 형제 수도사들에게 나눠줬다. 하지만 아르세니오스 성인에게는 보내지 않았다. 왜냐하면 상태가 안 좋았던 무화과열매를 보내는 것이 성인에 대한 예의가 아니라고 생각했기 때문이다. 나중에 그 소식을 듣게 된 성인은 불만을 표시했다.

"왜 나와 나의 형제들을 나누고서 나에게는 축복을 보내지 않은 것인가?" 성인이 주일날 사제에게 말했다. "혹시 내가 그것을 받을 자격이 없다는 소식을 하느님으로부터 받은 것인가?"

사제는 성인의 겸손에 감탄하며 용서를 구했다. 그리고 그때부터 스키티 방문객들이 가져온 것이 있으면 아주 형편없는 것들도 빼놓지 않고 성인에게 보내주었다.

• • •

아가톤 사부가 정말 사람들의 말대로 진정 겸손하고 온유한지 확인해보려고 하루는 스승들이 그의 거처를 찾아가 마치 화가 난 것처럼 소리쳤다.

"자네가 교만하고 부도덕하다는 아가톤인가?"

"네, 그렇습니다. 스승님들." 그가 동요 없이 대답했다.

"자네가 형제들에 대해 말이 많고 험담도 한다고 하던데?" 다른 스승들이 다시 질책했다.

"스승님들 말씀이 맞습니다. 그러니 하느님께서 저를 불쌍히 여기시도록 간청 드려주십시오." 겸손한 아가톤이 다시 말했다.

"그런데 그것으로도 부족해서 지금 이단이 되었다고?" 스승들이 말했다.

"이단이요? 아닙니다. 저는 이단이 되지 않았습니다." 아가톤 사부가 자신을 심문하던 사람들이 깜짝 놀랄 만큼 소리를 높여 대답했다.

그때 스승들이 웃으며 그에게 물었다.

"아가톤, 우리가 말한 모든 비난들은 기꺼이 받아들였으면서 왜 마지막 비난은 받아들이지 않은 것인가?"

"저를 보고 부도덕하고 말이 많고 교만하고 남을 험담하기 좋아한다고 다른 사람들이 생각하는 것은 저의 영혼에 유익할 뿐만 아니라 그 누구에게도 해가 되지 않지만, 저를 이단으로 생각하는 것은 그들의 영혼에게도 해가 될 뿐만 아니라 주님으로부터 저를 갈라놓기 때문입니다."

스승들은 그의 분별력에 경탄하며 그 말이 옳다고 인정했다.

•••

어느 사부가 말했다.

"어떤 사람 앞에서 당사자를 칭송하는 사람은 사탄에게 그를 내어주어 사탄과 전쟁을 치르게 하는 사람이다."

•••

하루는 어느 방문객이 요한 사부의 수제품을 보고 칭찬했다. 사부는 못 들은 척 자기 작업에만 몰두했다. 손님은 두 번째로 요한 사부를 칭찬했다. 이번에도 사부는 침묵으로 일관했다. 그런데 손님이 세 번째로 사부를 칭찬하려 하자, 성가심을 느끼던 사부가 작업하던 것을 멈춘 채 그에게 말했다.

"자네는 여기 이곳에 들어온 순간부터 하느님을 내쫓으려고 하고 있다네."

•••

요한 사부는 수시로 이렇게 말했다.

"겸손은 하느님의 문이다. 우리의 스승들은 이 문을 통해 하느님의 도시로 들어갔다."

•••

세라피온 사부는 "겸손의 말은 참된 겸손이 아니다"라고 말하며 다음과 같은 일화를 들려줬다.

"언젠가 한 젊은 수도사가 나에게 조언을 구하려고 찾아왔지. 난 나를 방문하는 모든 손님들에게 했던 것처럼 그의 발을 씻겨주려 했어. 그런데 그는 내가 설득해도 끝까지 받아들이지 않았지. 그는 자신이 미천한 존재라 내가 그를 만질 가치도 없다고 말했어. 식탁에서 내가 그에게 기도해줄 것을 요청하자 그는 이렇게 말했어.
'저는 죄인입니다. 식사를 축복할 만한 가치가 저에게는 없습니다.'
식사를 마친 후 그는 광야 이곳저곳을 다니며 출가자들과 대화를 나누고 싶다고 내게 말했어. 나는 그에게 이런 조언을 해주었지.
'그런 여행을 하기에 자넨 아직 많이 어리다네. 만약 자네가 구원을 원한다면 거처에 들어앉아 자신을 살피도록 하게. 광야를 돌아다닌다고 자네에게 유익한 것은 아닐세.'
나는 그가 내 말을 불쾌하게 느끼고 있음을 눈치 챘지. 그의 얼굴은 험상궂게 변하기 시작했어. 불행하게도 그는 내가 한 말이 자신을 질책하는 것으로 여겨져서 속으로 화가 났던 거였지. 그때 어쩔 수 없이 그에게 말을 해 줬어.
'지금까지 자네는 자신이 죄인이고 살아가는 데 합당치 못하다고 스스로를 비난했다네. 그런데 지금 내가 애정 어린 마음으로 자네에게 약간의 제안을 했다고 해서 동요되면 되겠는가? 자네는 말이 아닌 마음으로 겸손을 배우게나.'
젊은 수도사는 나의 지적에 대해 다행히도 자기 잘못을 깨닫고 그곳을 떠나갔다네."

2. 순종

둘라스 사부는 40년을 수도원에서 생활했다. 그리고 사람들이 말하듯 착한 제자의 본보기였다. 후에 그는 광야로 나가 은수자가 되었고 오랜 세월 축적한 수행경험으로 젊은 수도사들에게 올바른 조언을 해줄 수 있었다.

"나는 수행을 하면서 모든 방법을 다 시도해보았다. 그리고 나는 공동체 수도사들이 복종의 무게를 감당하며 영적으로 정진해 나간다면, 다른 수행자들보다 훨씬 더 많은 덕을 쌓을 수 있다는 결론에 이르게 되었다."

• • •

어느 형제가 파이시오스 성인에게 물었다.

"사부님, 제가 마음이 굳어져 하느님을 두려워하지 않게 되면 어떻게 해야 하나요?"

"하느님을 두려워하는 사부에게 가서 복종하거라." 성인이 그에게 조언했다. "그러면 너도 그의 곁에서 하느님을 두려워하는 법을 배우게 될 것이다."

• • •

대 안토니오스는 "절제와 결합된 순종은 맹수도 복종시킨다"고 가르쳤다.

・・・

모세 사부가 수도사의 길을 준비하는 청년에게 말했다.

"애야, 와서 복된 순종의 삶을 맛보거라. 그 삶 속에서 너는 겸손, 활력, 기쁨, 인내, 관용을 만나게 될 것이다. 순종은 영혼을 고양시키고 사랑이 꽃피게 해주고 착한 제자가 평생 하느님의 모든 계명을 지켜 나갈 수 있도록 도와준단다."

・・・

이페레키오스 사부는 "가치를 매길 수 없는 수도사의 보물은 순종"이라고 명명했다. 순종을 성취한 사람은 죽는 순간까지도 순종하셨던 주님께서 언제나 그의 기도를 들어주실 것이다. 또 그는 주님의 심판대 앞에서도 담대하게 서게 될 것이다.

・・・

루포스 사부는 말했다.

"광야의 고독 속에서 자신의 의지에 따라 살아가는 은수자보다는 순종을 잘하는 제자가 훨씬 더 큰 영광을 받을 것이다."

・・・

테베 사람 요셉 사부가 말했다.

"하느님께서 각별히 마음에 들어 하시는 세 가지가 있다. 인내로 얻은 병, 자랑하지 않는 업적, 그리고 오직 그리스도의 사랑을 위해 완전한 자기희생이 수반되는 영적 아버지를 향한 순종이다. 이 마지막 것은 더 큰 관(冠)을 씌어줄 것이다."

피민 사부가 조언했다.

"자신이 영적인 것을 스스로 다스릴 수 있다고 생각하는 잘못을 범하지 말고 영적 경험이 많은 사부에게 복종해서 그가 모든 일에서 그대를 다스리게 하여라."

...

또 다른 사부가 복종의 삶을 따르기로 결심한 이들에게 이런 조언을 해주었다.

"그대는 그대의 결점들을 짊어진 낙타가 되어서 그대보다 하느님을 더 잘 아는 영적 인도자가 하느님의 길로 그대를 이끌도록 하여라."

...

언젠가 네 명의 손님 수도사들이 조언을 구하러 팜보 사부를 찾아갔다. 첫 번째 수도사는 엄청난 금식주의자였고, 두 번째 수도사는 완전한 무소유자였으며, 세 번째는 스승들을 섬기는 데 자신을 헌신했고, 네 번째는 20년을 제자로 있었다.

성인은 각자의 미덕을 듣고 나서 그들에게 이런 말을 해주었다.

"여기 마지막 수도사가 그대들 셋 모두를 뛰어넘었다네. 왜냐하면 그대들이 하는 모든 것은 그대들의 의지로 행하기 때문일세. 반면에 이 사람은 매일 자신의 의지를 희생하기에 의심의 여지없이 마음의 고통이 참으로 심할 것일세. 착한 제자들이 믿음의 고백자 대열에 들어갈 수 있는 이유가 바로 여기에 있다네."

...

위대한 옛 사부들 중 한 명이 어느 날 기도하던 중에 무아지경에 빠져 그의 영이 천상의 나라로 올라갔다. 그곳에서 그는 의인들이 서로 다른 네 무리로 나뉘어져 있는 것을 보았다. 첫 번째 무리에는 육체적인 병약함으로 삶의 고통을 겪으면서도 하느님께 감사를 드리면서 그 시련을 묵묵히 견딘 사람들이 속해 있었다. 두 번째 무리에는 사랑의 덕을 실천해서 다양한 방법으로 그들의 이웃을 위로한 사람들이 속해 있었다. 세 번째 무리는 초인적인 고행과 고난 속에 살았던 출가자들과 은수자들로 이루어져 있었다. 네 번째 무리는 전체 제자들로 구성되어 있었다. 그런데 마지막 무리의 구성원들은 다른 모든 무리들의 영광보다 더 빛났다. 그리고 그 권위의 표시로 금으로 된 수대[7]를 하고 있었다.

"가장 보잘것없는 이들이 어떻게 다른 이들보다 더 큰 영광을 입을 수 있는 것입니까?" 사부는 그와 함께 있던 천사에게 물었다.

"그것은 다른 모든 사람들은 자기 의지에 따라 살아왔지만 이들은 하느님의 사랑을 위해 끊임없이 자신을 십자가에 못 박으며 매일 자신들의 의지를 희생해왔기 때문이라네."

∴

어느 젊은 수도사가 조언을 구하려고 한 영적 사부를 찾아갔다.

"저는 수도사가 지켜야 할 책무뿐만 아니라 그 이상의 것도 하고 있습니다. 그런데도 제 영혼이 평안하지가 않습니다. 하느님으로부터 어떤 위로도 받지 못하고 있습니다."

"자네의 의지로 살아서 그런 걸세. 그래서 이 모든 일들이 일어나는 거라네." 사부가 그에게 설명했다.

"그렇다면, 사부님, 제가 평안을 얻기 위해서는 어떻게 해야만 하겠습니까?"

"하느님을 두려워할 줄 아는 영혼을 가신 사부를 찾아가게. 그리고 자네 의지를 포함해 자네를 통째로 그에게 맡겨 그가 알고 있는 대로 자네를 하느님의 길로 이끌도록 하게. 그러면 자네의 영혼은 위로를 얻게 될 것일세."

---

[7] 제의에서 손목을 감싸는 띠(επιμανίκια)

젊은 수도사는 사부의 조언을 귀담아 들었고 그렇게 해서 그의 영혼은 평안을 얻었다.

• • •

마르코스 사부는 복종의 길을 걷고 싶어 하는 젊은 수도사들에게 다음과 같이 유용한 가르침을 주었다.

"자기 자신을 치켜세우는 것에 익숙한 사람의 제자가 되지 않도록 하여라. 겸손 대신에 교만을 배우게 될 것이다."

• • •

언젠가 광야의 자랑인 대 안토니오스가 슬퍼하며 말했다.

"초인적인 고통과 엄청난 영적 투쟁을 한 후에 죄에 빠지고 이성을 잃는 수도사들을 보았다. 그들이 죄로 추락한 이유는 자기가 업적을 이루었다는 생각을 하고 또 자신이 뭔가 얻었다는 생각을 했기 때문이었다. 불행하게도 그들은 성서의 슬기로운 가르침을 망각했다.

'너희 아비에게 물어보아라. 그가 가르쳐주리라. 노인들에게 물어보아라. 그들이 일러주리라.'(신명기 32:7)"

대 안토니오스는 또 다른 곳에서 이렇게 가르쳤다.

"착한 제자는 그가 몇 발자국을 걸었는지, 몇 모금의 물을 마셨는지, 그의 영적 아버지에게 상세히 말해야 한다. 그것에서도 실수가 있을 수 있기 때문이다."

• • •

어느 사부의 제자가 광야 깊은 곳에서 수행하기에 최적인 멋진 장소를 발견했다. 그래서 그는 사부에게 이렇게 요청했다.

"스승님, 그곳으로 가서 영적 투쟁에 정진할 수 있도록 저를 보내주십시오."

"장소가 영적 성장을 가져다주는 것이 아니라 삶의 방식이 가져다주는 것이다." 지혜로운 스승이 대답했다. "젊은이들은 먼저 순종을 통해 영적 성장을 이룰 필요가 있단다."

• • •

이디오피아인 모세 사부도 같은 견해를 가지고 있었다. 그래서 그는 자주 이렇게 말했다.

"순종과 겸손을 배우지 못한 초보 수도사는 스스로 금식을 하거나 다른 수련을 해도 영적 성숙을 이룰 수가 없다. 그는 '수도사'라는 말에 무슨 의미가 있는지 제대로 모르기 때문이다."

• • •

테오나스 사부가 말했다.

"수도사가 스스로 성취한 덕은 그에게 오래 머물지 못한다. 왜냐하면 자신만을 신뢰하며 그릇된 길에 빠지게 될 것임을 하느님께서 아시게 되어 당신의 은총을 그에게서 거두실 것이기 때문이다. 하지만 영과 육을 모두 그들의 영적 아버지에게 맡긴 복된 제자들에겐 덕이 지속적으로 머문다."

• • •

사람들은 콜로보스 요한 사부가 광야의 은수자가 되기 전에 오랜 세월 테베의 어느 사부의 제자로 지냈다고 전한다.

"언젠가 그가 제자가 되기 위해 사부를 처음 찾아갔을 때 사부는 그를 시험해 보기 위해 날을 잡아 그를 데리고 열두 시간을 걸어 물이 없는 곳으로 갔다. 그때 사부가 그의 지팡이를 땅에 박고 요한 제자에게 매일 물 한 바가지를 가져다가 물을 주라고 명령했다. 착한 제자는 기꺼이 사부의 지시를 따랐다. 3년이 지나자 메말라 있던 나무에서 싹이 피더니 호두열매가 맺혔다. 사부는 그것을 따다가 주일날 성당으로 가져갔다. 성찬예배가 끝난 후 그는 호두를 은수자들에게 나눠주며 말했다.

'형제들, 이리 와서 여기 순종의 열매를 맛보시게나.'"

∴

 언젠가 피민 성인이 이웃에 있는 공동체 수도원의 니스테로 사부가 착한 제자의 본보기라는 얘기를 듣고 눈으로 직접 확인해보려고 그곳을 방문했다. 가서 보니 실제로 니스테로는 자신의 스승에게 절대적으로 순종했을 뿐만 아니라 놀라운 침묵 속에서 많은 유혹들을 인내하며 견뎌내고 있었다.
 "형제여, 어떻게 이토록 높은 경지의 덕을 성취할 수 있었는가?" 피민 성인은 그에게 사실대로 말하라고 재촉했다.
 "사부님, 제가 공동체 수도원에 처음 왔을 때 속으로 이렇게 생각했습니다."
 '쳇바퀴 돌 듯 일상을 살아가는 너나 말(馬)이나, 우리 둘은 하나나 다름없어. 사람들이 욕하고 때리고 강제로 일을 시키고 무거운 짐을 실어도 말은 묵묵히 일하는 것처럼 너도 그렇게 해야 해. 시편저자도 또 이렇게 말하고 있지 않은가? '당신 앞에서 한 마리 짐승이었습니다. 그래도 나는 당신 곁을 떠나지 않을 것입니다.'"

∴

 피민 사부가 제자들에게 말했다.
 "형제여, 그대의 영혼이 구원받길 원하는가? 돌기둥처럼 되게나. 그대를 모욕할 때 분노하지 말고 그대를 칭송할 때 자만하지 말게."

∴

 암모이스 사부는 12년간을 병으로 고통받았다. 그 기간 동안 착한 제자 요한은 촛불처럼 그의 곁을 지키며 수발을 들었다. 굉장히 엄격했던 그의 사부는 제자에게 부드러운 말이나 "네가 구원받기를 바란다"는 말조차도 한마디 하지 않았다. 사부의 임종이 얼마 남지 않았을 때 동료 수도사들이 모두 그 자리에 모였다. 사부는 떨리는 손으로 그 제자의 손을 잡고서는 입을 맞추고 이렇게 속삭였다.

"애야, 네가 보인 그 순종이 너를 구원으로 이끌었다는 것은 의심의 여지가 없단다."

그리고 나서 사부는 그곳에 모여 있는 동료 수도사들에게 요한을 가리키며 말했다.

"그대들이 보고 있는 이 사람은 사람이 아니라 천사라네."

...

언젠가 성 대 바실리오스 대주교가 교구의 관할지역에 있는 한 수도원을 방문했다. 그곳에서 꽤 오래 수도사들에게 가르침을 준 대주교는 수도원장을 향해 이렇게 물었다.

"형제들 가운데 순종을 보이는 수도사가 있는가?"

"우리 모두는 당신의 종으로서 영혼 구원을 위해 투쟁하고 있습니다." 수도원장이 대답했다.

"각별히 순종의 미덕을 보이는 이가 있는가?" 대주교가 재차 물었다.

그러자 수도원장이 젊은 수도사를 가리켰다. 그리고 그에게 대주교가 수도원에 머무는 동안 섬길 것을 명했다. 식사가 끝난 후 젊은 수도사는 물 주전자를 가져와 대주교가 손을 씻을 수 있도록 손에 물을 부어주었다. 대주교는 손을 다 씻은 후 그에게서 물 주전자를 건네받아 그에게도 물을 부어줄 테니 씻으라고 했다. 젊은 제자는 위선적인 겸양이나 어떤 토도 달지 않고 대주교의 말대로 했다.

"아침에 내가 성찬예배를 드리러 성당에 들어가면 내가 너를 보제로 서품한다는 사실을 내게 상기시켜 주거라."

착한 제자는 성인이 지시한 대로 그대로 따랐다.

"이 수도사는 참된 순종의 미덕을 갖췄다. 그는 의심의 여지없이 영적 성장을 이룰 것이다."

대주교는 그를 보제와 사제로 서품했고 자신의 협력자로 삼아 그를 데리고 그곳을 떠났다.

• • •

실루아노스 사부는 시나이 산 위에 위치한 작은 수도원의 원장이었다. 그곳에서 수행하는 수도사는 12명이 전부였는데, 그들 중에는 귀족 출신의 한 젊은 수도사도 있었다. 실루아노스 수도원장은 각별히 그를 아끼고 사랑했는데 그리스도의 사랑을 위해 자신이 누릴 수 있는 모든 것을 버리고 수도사의 길을 택한 그에게는 다른 수도사들이 갖지 못한 순종의 미덕이 있었기 때문이었다. 다른 형제 수도사들은 마르코를 -착한 젊은 수도사를 그렇게 불렀다- 시기했다. 그들은 수도원장이 그를 편애한다고 시나이 산의 스승들에게 불만을 털어놓았다.

스승들은 실루아노스 사부의 잘못을 일깨워주러 수도원장인 그를 찾아왔다.

"어서들 오십시오." 거룩한 사부가 겸손하게 그들을 맞으며 말했다. "마르코가 다른 수도사들과 어떤 점이 다른지 직접 눈으로 보고 확인해 보십시오."

실루아노스 사부는 그들을 데리고 수도원을 한 바퀴 돌았다.

실루아노스 사부는 수도사 각자의 방 앞에 서서 문을 두드리고 이름을 불렀다. 안에서는 수도사의 목소리가 흘러나왔다.

"사부님, 곧 가겠습니다." 하지만 그는 나오지 않았다.

좀 더 아래 있는 또 다른 수도사 방에서는 이런 대답이 들려왔다.

"지금은 제가 바빠서 나갈 수가 없습니다."

또 다른 수도사의 방도 마찬가지였다.

"사부님, 제가 엮고 있는 이 일이 끝나자마자 가겠습니다. 잠시만 기다려 주십시오."

마지막으로 마르코의 방에 도착했다. 착한 제자는 사부의 목소리를 듣자마자 밖으로 뛰어 나왔다. 실루아노스 사부는 이유를 만들어 그를 잠시 멀리 보낸 후에 스승들에게 말했다.

"제가 불렀던 수도사들이 지금 어디에 있습니까? 순종의 미덕을 갖춘 이 축복받을 아이 말고는 단 한 명도 나오지 않았습니다."

그들은 마르코의 방으로 들어갔다. 이콘에는 작은 곡선 하나가 채 그려지지 않은 상태로 있었다. 사부의 목소리를 듣자 그가 순종하기 위해 이콘 그리는 작업을 즉각 멈추고 밖으로 나갔던 것이다.

"그대가 그를 아끼고 사랑할 가치가 충분히 있소." 스승들이 사부에게 말했다. "오늘부터 그는 우리의 각별한 사랑도 받게 될 것이오. 왜냐하면 하느님께서도 그를 사랑하시고 은총을 내려주시기 때문이라오."

...

한 늙은 은수자가 나태에 빠져 수도사가 지켜야 할 본분을 소홀히 했다. 그의 나쁜 행실들 속에는 술에 취하는 나쁜 습관까지 있었다. 거처에서 하루 종일 수작업을 하다가 밤이 되면 가장 가까운 마을로 내려가 수제품을 팔고 아침까지 선술집에 있었다.

언젠가 외지에서 온 청년이 그를 찾아와 자신을 수도사로 삼아 제자로 써달라고 요청했다. 게으른 사부는 주저 없이 청년을 제자로 삼았다. 그리고 그에게 바구니를 만드는 법을 가르쳐주었다. 그렇게 해서 그는 저주받을 술에 더 많은 돈을 쓸 수 있게 되었다. 그는 전보다 두 배나 많은 술을 마시기 시작했고 형제 수도사의 노고의 대가를 거리낌 없이 낭비했다. 아침이 되면 그는 불행한 제자에게 줄 딱딱한 빵 한 조각만 자루에 담아 비틀거리며 자기 거처로 돌아왔다.

3년이란 시간이 그렇게 흘렀다. 그 기간 동안 형제 수도사는 턱없이 부족한 빵에 누더기가 된 옷을 입고 지내는 등 심한 결핍 속에서 지냈다. 하지만 사부에게 어떤 불평불만도 나타내지 않고 인내하며 묵묵히 견뎠다.

그러던 어느 날 그에게 이런 생각이 들었다.

"이 사람에게서 내가 얻은 것이 무엇이란 말인가? 나의 노고의 대가를 무자비하게 낭비하고 나는 배고파서 거의 죽을 지경에 이르렀으니 더 이상 여기에 있어야 할 이유가 무엇인가?"

그의 생각은 당연한 것이었다. 하지만 그는 이런 생각에 단호히 맞섰다.

"네가 모든 유혹을 인내하겠다고 주님께 약속해 놓고 어디 가려고?" 그가 자문했다.

그가 내면의 투쟁을 벌이고 있었을 때 그의 앞에 천사가 나타났다. 하느님께서 그에게 기쁜 소식을 전하라고 파송하신 것이다.

"떠나지 말고 그대로 머물러 있거라. 내일 천사단이 내려와 너를 데리고 갈 것이다."

다음날 제자가 사부에게 말했다.

"사부님, 오늘밤 거처에 그대로 계십시오. 저를 데리러 천사들이 올 것입니다."

노 은수자는 그렇게 하겠다고 약속했다. 하지만 술을 마실 시간이 되자 자신을 절제할 수가 없었다. 게다가 그는 제자가 한 말을 크게 믿지도 않았다.

"내가 볼 때 오늘은 안 올 것 같아. 벌써 많이 늦지 않았는가? 생각이 바뀌었을지도 모르지." 그는 비웃듯이 제자에게 말하며 문쪽으로 걸어갔다.

"사부님, 저기 오고 있습니다." 그가 기뻐하며 소리쳤다. 손을 가슴에 십자가 형태로 포갠 그는 그 말을 하면서 숨을 거뒀다.

노 은수자는 갑작스럽게 벌어진 이 광경에 놀라 오랜 시간 그 자리에 그대로 서 있었다. 정신이 되돌아오자 그는 자신의 상태를 심하게 한탄하면서 마치 제자가 살아있는 것처럼 그의 시신 앞에서 이렇게 말했다.

"애야, 어리석은 나는 나태 속에서 세월만 보냈지만 너는 짧은 인내를 통해 너의 영혼을 구원했구나."

노 은수자는 그때부터 단번에 나쁜 습관을 끊고 여생을 신중함과 근면함으로 보내기 위해 새로운 출발을 시작했다.

...

언젠가 광야의 위대한 스승들 중 한 명이 생각에 잠겼다.

"지금의 나는 어느 성인의 경지에 와있을까?"

선하신 하느님께서는 그가 자만에 빠지지 않게 하기 위해 이웃에 있는 공동체 수도원에서 수행하고 있는 어느 수도사가 그보다 훨씬 더 높은 덕을 가지고 있으면서도 스스로를 매우 큰 죄인으로 여기고 또 모든 사람들의 꼴찌로 생각하고 있다고 알려주셨다.

그 계시가 있은 후 어느 날 아침 사부는 수도원을 방문해서 수도원장에게 수도사들을 전부 만나볼 수 있게 해달라고 청했다. 원장은 즉시 모든 수도사들을 성인 앞으로 불러 모았다. 스승은 조심스럽게 수도사 한 명, 한 명을 살펴보았다. 하지만 그들 중에 하느님께서 계시하신 수도사는 없었다.

"분명히 이 수도원에 다른 형제 수도사가 있을 것 같네." 스승이 수도원장에게 말했다.

"네, 약간 지적 장애가 있는 한 명이 더 있는데 지금 밭에서 일을 하고 있습니다." 그가 대답했다.

"그를 데려다주게." 성인이 원장에게 부탁했다.

원장은 사람을 시켜 그를 데려왔다. 성인은 그를 보자마자 품에 안고 입을 맞추었다. 하느님의 계시로 이미 그의 얼굴을 알고 있었기 때문이다. 후에 성인은 그를 따로 불러서 감추어져 있는 그만의 미덕에 대해 말해줄 것을 요청했다.

"스승님, 저는 아무것도 하는 것이 없습니다." 그가 대답했다. "당신께서 보시다시피 저는 바보 같은 사람입니다."

하지만 스승은 그가 감추고 있는 덕을 밝힐 때까지 그를 놓아줄 생각이 없었다. 그러자 그 형제는 어쩔 수 없이 사실을 밝힐 수밖에 없었다.

"스승님, 제가 몇 년 전에 이 수도원에 왔을 때 저의 사부이신 수도원장님께서는 제가 일하고 잠자는 거처에 수도원의 소를 데리고 있게 하셨습니다. 소는 매일 제가 그곳에서 꼬아놓은 줄을 끊어 놓곤 했습니다. 3년 동안 이 시험을 인내하면서 단 한 번도 저는 사부에 대해 나쁜 생각을 한 적이 없었습니다. 또한 소에게도 매를 든 적이 없었습니다. 꼬아놓은 줄을 소가 끊으면 저는 하느님께 사소한 이 시험에 대해 감사를 드리고, 처음부터 다시 줄을 꼬았습니다."

성인은 그 착한 제자의 인내에 경탄했다. 그리고 이것을 통해 그의 나머지 덕에 대해서도 충분히 알 수 있었다.

...

어느 젊은 수도사가 스키티에서 도시로 내려가는 길에 암문 사부의 오두막에 들러 그에게 이런 고백을 했다.

"사부님, 저의 스승께서 저보고 도시로 내려가 일을 좀 보고 오라고 지시하셨습니다. 그런데 전 아주 나약한 사람이라 유혹을 받을까 두렵습니다."

"스승의 지시에 순종하거라." 성인이 그에게 조언했다. "그리고 혹시 너에게 유혹이 생기면 이렇게 말하거라. '능력의 하느님이시여, 제 스승의 기원을 통해 저를 구해주소서.'"

젊은 수도사는 사부의 말에 용기를 얻어 흔쾌히 맡은 일을 하러 갔다. 하지만 그를 해치려고 호시탐탐노리고 있던 사탄은 행실이 나쁜 여자를 이용해서 강제로 죄인인 그녀의 집으로 수도사를 끌고 들어가 가뒀다. 절망에 빠진 젊은 수도사는 그때 암문 사부가 조언했던 말이 떠올라 믿음을 가지고 외쳤다.

"능력의 하느님이시여, 저의 스승의 기원을 통해 저를 구해주소서."

그 순간 젊은 수도사는 자신도 모르게 광야로 향하는 길 위에 서있게 되었다.

• • •

시소이스 사부의 제자였던 아브라암 수도사가 언젠가 심하게 육체의 전쟁을 벌였을 때 있었던 일을 형제 수도사들에게 말해주었다. "나의 스승님은 내가 수심에 가득 차 있는 것을 보시고는 문제를 간파하셨어. 그리고 하늘로 손을 들어 이렇게 기도하셨지."

"주여, 당신께서는 죄인의 죽음을 원치 않으십니다. 그러니 당신의 이 종을 불쌍히 여기시고 그를 유혹에서 벗어나게 해주소서."

"스승님이 기도를 마치고 손을 채 내리기도 전에 이미 난 그 전쟁에서 벗어나 있었다네."

• • •

어느 사부가 그의 제자와 함께 테베 광야에서 오두막에 함께 머물렀다. 매일 저녁 석후소과가 끝나면 사부는 제자를 불러 그에게서 고백성사를 받았고 조언하고 축복해 준 뒤에 잠자리로 보냈다.

어느 날 많은 방문객들이 귀한 가르침을 얻으려고 사부를 찾아왔다. 사부는 하루 종일 방문객들에게 조언을 해주고 그들의 영혼에 큰 위안이 되어주었다. 어둠이 내리고 방문객들이 모두 떠나자 사부는 기진맥진해졌다. 하지만 그는 자기 본분을 잊지 않고 평상시에 하던 대로 제자를 불러 고백성사를 받았다. 그는 너무 지친 나머지 제자가 그에게 말을 하는 동안에 그만 깊은 잠에 빠지고 말았다. 제자는 가슴에 십자가 모양으로 손을 포개고 그 자리에 그대로 서서 사부가 깨어나기를 기다렸다. 잠자리에 들기 전에 사부의 축복을 받으려던 것이었다. 하지만 사부는 깨지 않았고 밤은 깊어갔다. 제자에게도 피곤과 졸음이 몰려오기 시작했다. 그는 축복을 받지 않고 자리를 뜰까도 생각했지만 결정하지 못했다. 어느덧 자정이 되었고 그는 그때까지 7번이나 그 자리를 떠날까 하는 유혹에 빠져 힘겨워했다. 하지만 결연히 그 유혹과 맞섰다.

어느덧 날이 밝기 시작했고 문득 사부가 깨어났다. 그는 자리에 그대로 서 있는 제자를 보고는 의아하게 생각했다.

"아직 잠자리에 들지 않은 것이냐?" 사부가 제자에게 물었다.

"네, 사부님, 아직 저에게 축복을 주시지 않으셨습니다."

"애야, 왜 나를 깨우지 않았느냐?"

"피곤에 지친 사부님을 보고 마음이 아팠습니다."

둘은 함께 조과를 드렸다. 그리고 사부는 제자가 잠시 휴식을 취하게 한 후 그가 하던 기도를 계속 이어갔다. 그러다가 어느 순간 그는 무아지경에 빠졌다. 천사가 앞에 나타나 그의 손을 잡고 이루 형용할 수 없이 아름다운 곳으로 데려갔다. 천사는 천상의 빛을 내고 있는 옥좌를 그에게 가리켰다. 그 옥좌 위에는 금으로 된 7개의 관이 있었다.

"이것들은 누구의 것입니까?" 사부가 물었다.

"그대 제자의 것이네." 천사가 대답했다. "이곳과 이 옥좌는 하느님께서 그의 순종을 보고 오래전부터 준비한 것일세. 하지만 7개의 관은 오늘밤 그가 단번에 얻은 것일세."

정신이 돌아온 사부는 제자를 불렀다. 그리고 지난 밤 밤새 무슨 생각을 하고 있었는지 물어봤다.

제자는 한참을 생각하더니 마침내 기억을 떠올렸다.

"사부님, 축복을 받지 말고 그냥 잠자리에 들까 하는 생각이 7번씩이나 들었습니다. 하지만 그 유혹에 맞서 끝까지 그 자리를 떠나지 않았습니다."

사부는 제자의 인내에 경탄했다. 하지만 그의 영혼에 해를 입히지 않기 위해 자신이 본 환영에 대해서는 말해주지 않았다. 하지만 다른 제자들에게는 그를 본보기로 따를 수 있도록 자주 그 이야기를 했다.

제 8 장

1. 무소유

공동체 수도원에서 수도사로 살아가기로 결심한 어떤 청년에게 피민 사부가 아래와 같이 조언을 해주었다.

"자네가 좋은 수도사, 특히 공동체의 수도사가 되고자 한다면 두 가지 사항을 염두에 두길 바란다.

첫째, 쓸데없는 대화를 피하고, 둘째, 너의 소유물이 있어선 안 된다. 아주 작은 물주전자도 소유해선 안 된다. 만약 이 두 가지를 잘 지킨다면 자네는 일생을 평온하게 지낼 수 있을 것이다."

...

옛 스승들 중 한 명은 이렇게 말하곤 했다.

"수도사들 중에 많은 이들이 자기 재산을 가난한 이들에게 나눠주고 부모와 친구를 세상에 둔 채 그리스도의 사랑을 위해 스스로 수도원에 갇혔다. 그들은 아주 대단한 것을 이루었지만 사소한 일에 패함으로써 사탄의 장난에 놀아났다. 이런 일들이 벌어지는 이유는 그들이 자신들의 방에 견과류를 담은 자루, 과일 바구니, 바늘, 가위, 또는 허리띠 등을 소유하면서 무소유의 약속을 저버렸기 때문이다. 불행하게도 그들은 이런 방식으로 자신들이 사도행전에 나오는 아나니아와 삽피라를 따르고 있다는 사실을 깨닫지 못한다."

피민 사부의 막내 형제 파이시오스가 어느 날 우연히 광야에서 금화가 들어있는 작은 상자를 발견했다. 거처로 돌아온 그는 형제들 중 맏형인 아누브 사부를 따로 불러 말했다.

"잘 알다시피 피민 사부는 모든 것에 있어 굉장히 엄격합니다. 그래서 우리에게도 혹독한 수련을 끊임없이 요구하고 있으니 피민사부를 여기에 두고 우리는 다른 곳으로 가서 수도원을 세워 조용히 지내는 게 어떻겠습니까?"

"우리에겐 그런 돈이 없지 않느냐?" 갑작스런 제안에 깜짝 놀란 아누브 사부가 물었다.

파이시오스는 가지고 있던 금화를 보여주었다. 지혜로운 아누브 사부는 형제의 손에 들려있는 금화를 보고 그의 영혼이 손상될까 걱정이 앞섰다. 하지만 그에게 자신의 생각을 드러내지는 않았다.

"그래, 강 건너편으로 가서 적당한 장소를 물색해보자." 그가 파이시오스 형제에게 대답했다.

하지만 아누브 사부는 강을 건너기 전에 파이시오스에게서 금화를 받아 자기 모자 속에 넣었다. 그렇게 둘은 강을 건너기 시작했다. 그런데 아누브 사부가 마치 중심을 잃은 것처럼 흔들거렸고 순간 모자 속에 있던 금화가 모두 물속에 빠지고 말았다. 아누브 사부는 금화를 잃은 것에 대해 마음이 상해 무척 안타까운 척 했다.

"너무 상심하지 마십시오." 파이시오스가 말했다. 금화를 잃으면서 따로 나가 독립해 살고자 했던 그의 욕망도 함께 사라졌던 것이다. "이제 돈도 없으니 그만 형제들에게로 돌아갑시다."

둘은 거처로 돌아왔고 생을 마치는 날까지 평화롭게 살았다.

· · ·

하루는 어느 젊은 수도사가 자기 사부에게 물었다.

"사부님, 제가 옷을 두 벌 갖는 것이 해가 되는지요?"

"두 벌의 옷은 가져도 괜찮단다." 슬기로운 사부가 대답했다. "하지만 해를 입히는 악심 같은 것은 갖지 않도록 하거라. 육체에는 의복이 필요하지만 영혼에게 악심은 필요하지 않단다. 또한 꼭 필요한 것을 최소한으로 가지고 있다면 위대한 사도가 조언한 것처럼 그것으로 만족하고 더 많은 것을 가지려고 하지는 말아라."

• • •

"형제여, 마음속에서 교만을 몰아내고 싶다면 허름한 의복을 사랑하시오. 사치스러운 것을 좋아하는 사람치고 겸손을 성취하는 사람은 없습니다. 내면의 세계는 밖으로 드러나게 마련입니다."

• • •

팜보 사부는 길에 버려도 거지조차 주워 입지 않을 그런 옷을 수도사가 입길 원했다.

• • •

어느 부자 그리스도인이 언젠가 은수처를 방문했다. 그는 그곳을 떠나면서 은수자에게 큰 선물을 했다. 하지만 은수자는 선물을 극구 거절했다.

"선물을 받아주십시오. 나중에 가난한 이들에게 나눠주시면 되지 않습니까?" 방문객이 간절히 청했다.

"그것은 나를 두 번이나 부끄럽게 하는 것일세. 내가 필요하지도 않은데 받는 것과, 남의 것을 나눠주면서 자선을 행하는 허영이 그것일세."

• • •

또 다른 사부가 말했다.

"만약 그대가 자선을 행할 때 너무 많이 줬나 하는 생각이 들어 마음이 편치 않아도 그것에 큰 의미를 부여하지 말아라. 그것은 사탄의 것이기 때문이다. 사실 그대에게 좋은 것은, 다른 이들이 그대를 가엾게 여길 정도로 가진 것 없이 살아가는 것이다. 무언가를 베푸는 사람은 뭔가 좋은 일을 했다는 자긍심에 빠지지만 아무것도 줄 수 없을 정도로 결핍되어 있는 사람은 자신이 좋은 일을 한 것이 하나도 없다는 생각 때문에 겸손해지게 된다. 우리의 스승들이 그렇게 살았고 이렇게 해서 대 아르세니오스도 하느님을 만났다.

· · ·

스승들은 아가톤 사부와 그의 제자가 가진 것이 없고 사욕이 없음을 칭송했다.

수제품을 팔기 위해 시장에 가게 되면 그들은 찾아온 손님에게 딱 한 번 금액을 말했고, 손님이 가격을 깎으려고 흥정을 하면 아무 말도 하지 않고 손님이 주는 대로 받았다. 반면에 그들이 물건을 사야할 때는 주인이 요구하는 금액을 아무 말 없이 즉시 지불했다.

· · ·

안토니오스 성인이 수행을 시작한 지 얼마 되지 않았을 때 사탄은 광적으로 성인과 전쟁을 벌였다. 아직 많이 어렸던 성인이 광야로 길을 떠나자 사탄은 길 위에 은쟁반을 떨어뜨려 놓았다. 그것을 본 안토니오스 성인이 생각했다.

"이런 귀한 물건이 사람 발길이 닿지 않는 이런 험한 곳에 있다는 게 가능하겠는가? 사탄아, 이건 나를 탐욕에 빠뜨리려고 하는 네 계략이 틀림없구나. 하지만 이런 것으로는 나의 의지를 막지 못할 것이다."

성인이 이 말을 하고 있을 때 은쟁반이 그의 눈앞에서 사라져 버렸다.

또 다른 때에 성인은 광야에서 진짜 금을 발견하게 되었는데 제대로 눈길 한번 주지 않고 지나쳐 버렸다. 그리고 뒤돌아보지 않았다.

· · ·

어느 부자 수도원의 수도원장이 피민 사부에게 어떻게 해야 하느님에 대한 두려움을 가질 수 있는지 물었다.

피민 사부가 미소를 띠며 말했다.

"하느님에 대한 두려움은 각종 양식으로 가득 찬 창고나 치즈와 반죽이 가득 담긴 통에서 얻어지는 것이 아니라네."

...

어느 거룩한 은수자가 기도로 악령 들린 사람을 고쳐줬다. 그는 감사의 표시로 금을 담은 자루를 은수자에게 선물했다. 하지만 그는 극구 선물 받기를 거부했다. 그가 마음 상해하자 성인은 그것을 가난한 이들에게 나눠주라고 조언하고는 자신은 까칠까칠한 털로 되어있는 자루만을 받았다. 그리고 그것으로 옷을 만들어 자신의 노쇠한 육체를 수련하려고 맨살 위에 입었다.

...

언젠가 아르세니오스 성인이 몹시 아팠다. 하지만 그의 방에는 있어야 할 등잔도 하나 없었다. 등잔을 살 돈이 없었던 성인은 어쩔 수 없이 자선을 받기로 했다. 후에 그는 자신이 자선을 받을 수 있게 해주신 하느님께 진심을 다해 감사를 드렸다.

...

마르코스 사부가 대 아르세니오스에게 물었다.

"아주 사소한 편의도 누리지 않는 것이 수도사의 영혼에 유익한 것인지요? 제가 며칠 전 어느 형제 수도사가 그의 작은 정원에 있던 약간의 채소마저 뽑아버리는 것을 보았습니다."

"유익하단다." 슬기로운 사부가 대답했다. "하지만 완전한 무소유는 수도사의 다른 덕들과 함께 성장하면서 나아가야 한단다. 왜냐하면 영적 성장 없이 하루하루를 지내다 보면 금세 다른 것들이 심어지기 때문이란다."

• • •

아가톤 사부와 그의 제자들은 조용히 수도생활을 하기 위해 작은 수도원을 짓느라 오랜 기간 애를 썼다. 수도원 건물이 완성되자 그들은 드디어 정착하게 된 기쁨에 들떠 그곳에 갔다. 하지만 그곳에 그들에게 해가 될 것 같은 뭔가가 있음을 감지한 사부가 즉시 제자들에게 지시했다.

"어서 여기를 떠나자."

사부의 말에 제자들은 당황했다.

"사부님, 우리가 여기서 머물지 않을 거면 무엇 때문에 그렇게 고생해서 수도원을 지었습니까? 사람들이 우리를 보고 비웃을 것입니다. 그리고 "한 곳에 정착하지 못하고 또 떠나는구나." 하고 말할 것입니다."

"생각 없는 사람들은 우리를 비웃을지도 모른다." 사부가 대답했다. "하지만 슬기로운 사람들은 우리가 그동안 애써온 것을 버리고 하느님의 사랑과 우리 영혼의 유익을 위해 내린 결정에 동의할 것이다. 그렇지만 난 강요할 생각은 없단다. 원하는 형제들만 나를 따르거라."

거룩한 사부의 결연한 결심 앞에서 제자들은 뒤로 물러났다. 그리고 모두가 그의 뒤를 따랐다.

• • •

에프트로피오스 사부는 일시적인 것이고 경시해야 할 세상적인 것에 집착해선 안 된다는 가르침을 주기 위해 젊은 수도사에게 이렇게 조언했다.

"풀을 먹고, 풀을 입고, 풀에서 자거라."

• • •

메게티오스 사부는 진정한 무소유자였다. 그는 거처에서 나와 광야를 걷다가도 다른 곳으로 가서 머물까 하는 생각이 들면, 자신의 거처로 돌아가지 않고 다른 곳으로 갈 수 있었다. 왜냐하면 그가 가지고 갈 것이 아무것도 없었기 때문이었다. 그렇지만 메게티오스 사부는 수작업에 필요한 바늘은 항상 주머니 속에 가지고 있었다.

• • •

실루아노스 사부의 제자인 자카리아스가 언젠가 그들의 작은 뜰을 더 넓히기 위해 사부에게 물어보지도 않고, 다른 형제들을 데리고 가서 울타리를 무너뜨렸다. 그것을 본 실루아노스 사부는 그들에게 아무 말도 하지 않은 채 망토를 입고 이렇게 작별 인사를 했다.

"형제들이여, 날 위해 기도해주게나." 사부가 떠나면서 한 말은 이것이 전부였다.

제자들은 갑자기 떠나는 사부를 보고 당혹감을 감추지 못했다.

"사부님, 어디로 가십니까? 무슨 일이 있으신 겁니까?" 그들이 사부에게 물었다.

"울타리를 예전의 위치로 다시 복원시켜 놓지 않으면 난 그곳으로 들어가지도 이 망토를 벗지도 않을 걸세." 사부가 그들에게 대답했다.

• • •

부자였던 어느 고관이 많은 돈을 가지고 스승들의 스키티를 방문했다. 그는 필요한 사람들에게 나눠주라고 사제에게 그 돈을 선물로 주었다.

"스승님들은 돈이 필요하지 않습니다." 사제가 고관에게 말했다.

하지만 그 고관이 고집을 부리는 바람에 사제는 돈을 자루에 담아 성당문에 걸어놓았다. 주일날 스승들이 성찬예배를 드리려고 모였을 때 사제가 그들에게 말했다.

"누구든지 돈이 필요하신 분은 저 자루에서 가져가시기 바랍니다."

하지만 그 돈을 가져가려고 하는 사람은 한 명도 없었다. 대부분 아예 그쪽으로 고개도 돌리지 않았다. 그때 사제가 한쪽 구석에 서서 지켜보고 있던 고관을 보며 말했다.

"당신이 보시다시피 수도사들은 돈을 거부합니다. 그러니 그것을 가져다가 가난한 사람들에게 나눠주십시오. 하느님께서는 당신의 선한 마음을 받으셨습니다."

고관은 스승들의 사심 없음에 감탄하며 그곳을 떠났다.

⋯

한 형제가 어느 사부를 찾아가 조언을 구했다.

"사부님, 제가 수제품을 팔아 모은 금화 두 냥이 있습니다. 제가 늙었을 때나 아플 때 이 돈을 쓸까 하는데, 맞는 것인지요?"

"아닐세." 사부가 대답했다. "그것을 소유하는 것은 전혀 옳지 못하다네. 그렇게 하다보면 자네는 물질에 희망을 두는 것에 익숙해질 것이고 결국 하느님의 보호를 받지 못하게 될 것이기 때문일세."

⋯

어느 사부가 말했다.

"무소유의 달콤함을 맛본 수도사는 그가 입고 있는 옷은 물론 자기 방에 있는 물주전자조차도 쓸 데 없는 짐처럼 느낀다. 왜냐하면 때론 분심을 일으키는 요인이 되기 때문이다.

⋯

또 다른 영적 사부는 아래의 조언을 수도사들에게 해주었다.

"네가 기도하는 방의 문에는 입는 옷 말고 다른 옷이 걸려있지 않도록 해라. 너보다 훌륭한 많은 사람들이 추위 속에서 떨고 있는데, 죄인인 네가 어째서 필요하지도 않은 것을 가지려고 하느냐?

너는 사용하지 않은 도구들을 따로 숨기려고 하지마라. 하느님의 보살핌을 잃게 될 것이다. 또 돈을 소유하는 것에 익숙해지지 말아라. 꼭 필요한 것만 사고 어두워지기 전에 다 쓰고 남는 돈은 자선을 행하는 데 써라. 왜냐하면 네가 다음날 깨어 새벽을 맞을 수 있을지 없을지 알 수 없으니 그렇다."

...

어느 부자 이교도인이 그리스도인 사제에 의해 그리스도께로 인도되었다. 세례성사를 얼마 앞둔 그는 가난한 사람들에게 자선을 베풀고 싶다는 뜻을 사제에게 밝혔다. 사제는 부자인 그가 직접 눈으로 그들의 불행을 보고 느낄 수 있도록 그를 데리고 도시에서 가장 가난한 동네로 갔다. 거의 허물어져 가는 어느 초가집 앞에 다다른 그들이 문을 두드렸다. 들어오라는 감미로운 목소리가 들렸다. 집 안에는 두 다리가 마비되어 제대로 움직이지 못하는 청년이 있었다. 그는 짚으로 만든 돗자리에 앉아 매우 힘겹게 골풀을 엮고 있었다. 하지만 청년의 얼굴은 고통의 병마를 인내하며 이뤄낸 내면의 기쁨으로 환히 빛나고 있었다. 그 초가집에는 짚으로 만든 돗자리 외에는 아무것도 없었다.

부자는 자기 눈앞에 펼쳐진 가난한 모습에 놀라움을 금치 못했다. 부자는 지갑을 열어 아픈 청년에게 오랜 기간 편히 지낼 수 있을 정도의 큰 돈을 주었다. 하지만 그는 매우 정중하게 그것을 사양했다.

"형제여, 하느님께서 당신의 사랑에 대해 보답을 주실 것이라 믿습니다." 청년이 부자에게 대답했다. "보시다시피 저는 제게 필요한 모든 것을 가지고 있습니다. 제가 땀 흘려 일용한 양식을 얻을 수 있도록 이 종려나무 가지를 저에게 보내주신 주님께 영광이 있기를 기원합니다. 만약 제가 지금 보다 더 많은 것을 누리면 그건 분명 저에게 해가 될 것입니다.

부자 이교도인과 사제는 청년의 미덕에 깊이 감탄했다. 그리고 더 이상 고집을 부리는 것은 옳지 않다고 생각하고 그곳을 떠났다.

그들은 또 겨우 몸을 가릴 정도의 허름한 옷을 입고 있는 열 살쯤 되는 소녀를 발견했다. 그녀는 아버지를 여의고 어머니와 함께 살고 있다고 했다. 부자가 그녀에게 도움을 주려 하자 소녀는 사양했다.

"어머니께서 오늘 일을 구하셨기 때문에 먹을 빵을 사서 오실 것입니다."

어머니가 무슨 일을 하시냐고 묻자 소녀가 세탁부라고 답했다. 잠시 후에 힘든 일에 지친 홀어머니가 나타났다.

부자는 자기의 선의를 받아달라고 그녀에게 말했다. 하지만 홀어머니는 그의 말을 듣고 싶어하지 않았다.

"하느님께서 매일 우리를 보살펴주고 계십니다." 그녀가 부자에게 말했다. "그런데 어떻게 당신께서 그분을 대신하려 하십니까?"

부자는 빈자들의 사심 없음과 하느님에 대한 절대적인 믿음에 큰 가르침을 받고 그곳을 떠났다.

・・・

언젠가 어떤 부자 그리스도인이 라이토에 올라가 그곳 수행자들에게 금화 한 개씩을 나눠줬다. 그날 밤 그들 중 한 명이 꿈속에서 가시덤불로 뒤덮인 엄청나게 큰 밭에 자신이 서 있는 것을 보았다. 한쪽에 서 있던 어느 관리가 그에게 명령했다.

"이 낫을 들고 오늘 그대에게 돈을 준 부자의 밭에 있는 가시덤불을 다 없애시오."

동이 트자마자, 수행자는 받은 금화를 가지고 부자를 찾아갔다.

"형제여, 당신이 준 돈을 도로 받으시오, 나는 남의 가시덤불이나 뽑고 있을 시간적 여유가 없소. 난 내 가시덤불도 제대로 뽑지 못하고 있다오."

・・・

스승들 중 한 명이 말했다.

"완전한 수도사들은 남에게서 어떤 것도 받지 않는다. 중간 정도의 수도사들은 스스로 바라진 않지만 누군가가 선의를 가지고 제공하면 그것을 사양하진 않는다. 하지만 병약한 수도사들은 일을 제대로 할 수 없으니 지속해서 자신들을 책망하며 아주 겸손한 자세로 꼭 필요한 것들을 요청해야 할 것이다."

...

마카리오스 성인이 말했다.

"내가 오늘 먹을 양식을 구했는데도 누군가 특히 세상적인 사람이 나에게 또 다른 음식을 가져온다면 나는 그것을 사탄이 나를 탐욕으로 밀어 넣기 위해 꾸민 계략으로 여기고 그 음식을 받지 않을 것이다. 나에게 정말 필요하면 하느님께서 사자굴에 있는 다니엘에게 하바꾹 예언자를 시켜 음식을 보내셨듯이 선한 사람을 시켜 내게 필요한 것들을 보내주신다. 다른 사람들이 나를 보살펴주고 있는데 내가 돈이 생겼다고 그 돈을 가진다면, 나는 돈을 사랑해서 그리스도의 은총을 버린 가리옷 유다와 다를 바가 없다."

...

아주 가난한 은수자가 있었다. 어느 형제가 소량의 음식을 가지고 왔는데, 같은 날 다른 형제가 음식을 또 가져오면 두 번째 음식은 받지 않았다.

"오늘 나의 주님께서 나에게 음식을 주셨네. 나는 그것으로도 충분하다네."

...

포르타스 사부는 자주 이런 말을 했다.

"병마의 고통 속에 갇혀 오랜 세월을 지냈던 내가 살아나기를 주님께서 원하신다면 나를 어떻게 섭리하셔야 할지 잘 알고 계실 것이다. 그런데 주님께서 내가 살아나기를 원하지 않으신다면 나의 삶은 부질없는 것이 될 것이다."

그렇게 포르타스 사부는 혹독한 결핍 속에 살면서 그 누구의 도움도 받지 않았다.

또 다른 경우에 그는 이렇게 말했다.

"누군가가 그리스도의 사랑이 아닌 책임감 때문에 나에게 어떤 선물을 했을 때 내가 그 선물을 받는다면, 나는 선물을 준 사람을 부당하게 대하는 것이다. 왜냐하면 나는 그 선물에 대해 보답을 하지 못할 것이고 그도 하느님으로부터 보상을 받지 못할 것이기 때문이다."

• • •

한 젊은 제자가 광야에서 길을 걷고 있다가 땔감으로 쓰는 나무 하나를 발견했다. 그것은 조금 전 그곳을 지나간 낙타의 등에서 떨어진 것이었다. 제자는 그것을 집어 거처로 가지고 왔다.

"그것을 어디서 구했느냐?" 사부가 물었다.

"길에서 주웠습니다." 제자가 대답했다.

"바람이 불어 우연히 너에게 온 것이라면 모르겠지만 누군가가 잃어버린 것이라면 그것을 다시 발견한 곳에 가져다 놓아라. 그렇지 않으면 너는 불의한 자들처럼 단죄 받게 될 것이다."

젊은 제자는 사부의 지시대로 그것을 원래 있던 자리에 갖다 놓았다.

• • •

어떤 형제가 바구니를 팔려고 도시로 향했다. 시장에 거의 다다랐을 때 그는 길바닥에 떨어져 있는 자루 하나를 발견했다. 자루를 집어든 그는 엄청난 무게 때문에 자루 속에 천 냥이 넘는 금화가 들어있겠다고 짐작했다. 하지만 그는 그것에 손을 대지 않았고, 분명 돈 자루를 잃어버린 사람이 찾아올 거라고 생각해서 그 자리에 그대로 있었다.

잠시 후 수심이 얼굴에 가득한 사람이 나타나 자기 허리춤에서 떨어진 돈주머니를 찾았다.

형제는 즉시 그에게 그 돈자루를 넘겨주었다. 수도사의 선의에 감동한 그는 자루에서 금화 한줌을 집어주며 감사를 표했다.

"나는 보상을 바라지 않습니다. 내가 해야 할 도리를 했을 뿐입니다." 수도사가 말했다.

사심 없는 수도사의 모습에 또 한번 놀란 그는 지나가는 행인들에게 소리치기 시작했다.

"어서들 와서 보십시오. 여기 진정한 하느님의 사람이 있습니다."

하지만 수도사는 사람들의 칭송을 피하려고 자기 바구니도 그대로 버려둔 채 문득 군중 속으로 사라져버렸다.

· · ·

하루는 아가톤 사부가 자신의 제자와 함께 거처로 돌아오던 길에 우연히 신선한 콩을 발견했다.

"사부님, 가져갈까요?" 제자가 사부에게 물었다.

사부가 근엄한 표정으로 그를 쳐다보며 말했다.

"혹시 네가 그것을 거기에 갖다 놓은 것이냐?"

"아닙니다, 사부님."

"그렇다면 어떻게 그것을 가져갈 수 있다는 생각을 한단 말이냐?"

· · ·

언젠가 지논 사부가 요르단 광야를 지나갔다. 여정에 지친 그는 잠시 휴식을 취하려고 무화과나무 밑에 앉았다. 배도 무척 고팠던 그에게 이런 생각이 들었다.

"무화과 열매 하나를 따먹는다고 큰 문제가 되진 않을 거야."

'도둑들은 지옥으로 떨어진다. 그러니 끝까지 인내해보고난 다음에 그것을 따거라.' 그때 지논 사부의 머릿속에 스승의 말이 들리는 것 같았다.

지논 사부는 자신의 지팡이를 들고 인정사정없이 자신을 때리기 시작했다.

'이 미천한 자야, 형벌을 참아내지 못할 거면 함부로 훔칠 생각은 하지 말아야지.' 그는 혼잣말을 하며 유혹을 비켜갔다.

・・・

사부들은 페르시아인인 요한 사부가 악의라고는 전혀 없는 완전히 순수한 경지에 이른 것을 보고 경탄했다. 한번은 요한 사부가 수작업에 필요한 아마 섬유를 사기 위해 어느 형제 수도사에게 금화 한 냥을 빌렸다. 아마 섬유를 사자마자 이웃의 수도사가 와서 자기가 앞치마를 만들려고 하니 조금만 달라고 부탁했다. 요한 사부는 기쁜 마음으로 일부를 그에게 주었다. 다음날 그의 거처를 방문했던 다른 형제가 아마 섬유를 보고 자신도 셔츠를 만들게 조금만 달라고 요청했다. 순수한 요한은 그에게도 일부를 주었다. 이밖에도 우연찮게 아마 섬유를 달라고 청한 두세 명의 수도사에게도 나눠주다 보니 정작 자신이 써야 할 아마 섬유는 하나도 남아 있지 않았다.

며칠 후 요한 사부에게 금화 한 냥을 빌려준 형제가 돈을 받으러 왔다.

"형제여, 돌아가 있게, 내가 돈을 가지고 자네 거처로 가겠네." 요한 사부가 말했다.

하지만 갚을 돈이 없었던 그는 스키티의 살림을 맡고 있는 야고보 사부에게 금화 한 냥을 빌리려고 자리에서 일어났다. 야고보 사부를 만나러 가는 길에 요한 사부는 길에 떨어져 있는 금화 한 냥을 발견했다. 하지만 그것을 집지 않고 기도를 한 후에 그대로 자신의 거처로 되돌아왔다.

다음날, 형제가 다시 돈을 받기 위해 요한 사부를 찾아왔다. 그래서 요한 사부는 야고보 사부를 만나려고 거처를 나왔다. 그런데 어제 그 장소에 금화 한 냥이 그대로 있었다. 이번에도 그는 그 돈을 집지 않았고 즉시 자기 거처로 되돌아왔다.

그 다음날에도 돈을 빌려준 형제가 화를 내며 요한 사부에게 돈을 달라고 했다.

"형제여, 화를 가라앉히게." 순수한 요한 사부가 온화한 목소리로 말했다. "오늘 내가 형제에게 갚겠네."

요한 사부는 즉시 야고보 사부를 만나러 길을 나섰다. 하지만 여전히 그 자리에 금화 한 냥이 놓여있었다. 요한 사부는 먼저 기도를 한 후에 그것을 집어 야고보 사부에게 갔다.

"이 돈을 길에서 주었다네. 수고스럽겠지만 어느 형제가 그것을 잃어버렸는지 물어봐 주시게."

야고보 사부는 모든 스키티를 돌아다니며 형제들에게 물어봤지만 자기 것이라고 말하는 사람은 한 사람도 없었다.

"그것을 잃은 사람이 아무도 없다면 그것을 나에게 주게나. 나에게 돈을 빌려준 형제에게 그 돈을 갖다 줘야겠네. 사실 내가 자네에게 돈을 빌리려고 세 번이나 길을 나섰는데 길에 떨어져 있는 이 돈을 보고 중간에 되돌아갔다네."

야고보 사부는 그렇게 절실한 상태에 있었음에도 길에 떨어진 돈을 탐하지 않은 요한 사부의 사심 없음에 감탄했다.

이밖에도 요한 사부는 또 다른 미덕을 가지고 있었다. 그는 누군가가 자신에게 뭔가를 부탁하려고 찾아오면 선의로 이렇게 말했다.

"형제여, 자네가 필요한 것이 있으면 다 가져가시게."

그러면 그 형제는 자신이 필요하다고 생각하는 것을 모두 다 가져갔다. 빌려간 형제가 그것을 다시 가지고 오면 요한 사부는 이렇게 말하며 전혀 주의를 기울이지 않았다.

"원래 있던 자리에 그대로 놔두게나."

혹시 빌려간 형제가 물건을 가져오지 않으면 요한 사부는 결코 그것을 되돌려 받으려 하지 않았다.

· · ·

팔라디오스는 알렉산드리아의 부잣집 귀족 출신의 경건한 청년 비사리온에 대해 다음과 같은 이야기를 전해준다.

"어느 날 비사리온이 성지 순례를 떠나 팔레스타인에 있는 많은 수도원들과 은수처들을 방문했다. 하느님에 대한 뜨거운 사랑을 가슴에 품고 성지순례에서 고향으로 돌아온 그는 고요한 수도사의 삶을 따르기 위해 재산을 팔아 가난한 이들에게 나눠주고 알렉산드리아의 교외에 있는 과일나무가 무성한 커다란 농장 하나만 소유하기로 했다. 그 과일농장은 어느 고관이 탐을 내어 많은 돈을 준다면서 여러 번 매입하려고 시도했던 것이었다. 하지만 비사리온은 그의 제안을 받아들이지 않았다. 왜냐하면 근처에 있는 여자 수도원에 그 농장을 기증할 생각을 가지고 있었기 때문이었다.

광야의 삶을 따르기로 결심을 굳힌 그는 필루시오티스 출신의 이시도로스 사부를 찾아가 고백성사를 했다. 사부에게 한 여러 가지 내용 중에는 농장에 관한 것도 있었다.

'그것을 고관에게 팔고 그 돈을 수도원에 주거라. 수녀들에게 농장을 넘겨주면 그녀들의 영혼에 해가 될 것이다.' 사부가 그에게 조언했다.

하지만 그 당시 비사리온은 사부의 현명한 조언을 받아들이고 싶지 않았다. 그는 자신이 생각한 대로 큰 농장 부지를 여자 수도원에 기부했다. 모든 물질적인 것을 정리한 그는 자유롭게 광야로 떠나 스승들의 스키티가 있는 허름한 오두막에 정착했다.

경건한 청년이 모든 세상적인 관심사를 한쪽으로 비켜두고 덕을 구하기 위해 선한 투쟁을 시작한 지 16개월이 지난 어느 날 밤 그를 동요하게 하는 두려운 꿈을 꾸게 되었다. 꿈속에서 그는 자신이 베들레헴의 그리스도 탄생 성당에 있는 것을 보았다. 갑자기 성당이 천상의 빛으로 번쩍이더니 금색 옷을 입은 경건한 젊은이들이 찬양을 부르며 질서정연하게 안으로 들어오기 시작했다. 그들 가운데에는 인간의 언어로는 표현할 수 없을 아름다운 여인이 있었다. 그녀는 여왕처럼 자주색 옷을 입고 있었고 머리에는 별이 새겨진 왕관을 쓰고 있었다.

비사리온이 놀라서 이 광경을 보고 미처 정신을 차리기도 전에 천상의 여왕을 수행한 일행 중 한 명이 자신의 이름을 매서운 목소리로 부르는 것을 들었다. 소리가 들리는 쪽으로 고개를 돌린 비사리온은 누군가 근엄한 눈빛으로 자신을 바라보고 있다고 느꼈다.

'네가 땅을 기부한 그때부터 수녀들은 하느님을 화나게 하지 않는 날이 단 하루도 없었으니 그 수녀들에 대해서 너는 무슨 변명을 하겠느냐? 네 잘못을 고치지 않는다면 큰 형벌이 너에게 내려질 것이다.'

'연약한 그릇 같은 여자인 수녀들에게 도움이 될까 해서 그것을 기증한 것이지 하느님을 화나게 하려던 것은 아니었습니다.' 비사리온이 두려움에 온몸을 떨면서도 용기 내어 말했다.

그러자 여왕이 말을 받았다.

'너의 좋은 의도는 잘 알고 있다. 하지만 인간의 원수는 수녀들의 영혼에 해를 입힐 수 있는 동기를 발견한 것이다. 당신의 피조물을 보살피시는 하느님께서 그녀들에게 금을 넘치게 줄지 몰라서 안 주시는 것이 아니라 그녀들에게 그것이 유익하지 않기 때문에 주시지 않는 것이

다.'

왕비가 이 말을 하면서 손을 들었다. 그리고 조금 전 비사리온을 겁먹게 했던 이를 가리켰다.

'이 사람이 수도사들의 표본이다. 하느님을 기쁘게 하고 싶은 이들은 모두 그를 본받아야 할 것이다. 너는 너의 잘못을 고치거라. 그러면 너는 영원히 내 보호를 받게 될 것이다.'

그러고 나서 왕비는 손으로 가리켰던 이에게 말했다.

'세례자여, 이 모든 것이 환상이라 생각하지 못하도록 비사리온의 가슴에 날인을 하여라.'

선구자 세례자 요한이 그의 오른팔을 내밀었다. 그리고 십자성호를 비사리온의 가슴에 새겼다. 그리고 순식간에 시야에서 사라졌다.

동이 트자마자 비사리온은 이시도로스 사부를 찾아갔다. 그리고 겁에 질린 채 꿈속에서 본 환상에 대해 이야기했다.

'애야, 넌 나의 조언을 들었어야만 했단다.' 사부가 그에게 말했다. '농장에 얼마나 많은 신경과 관심이 필요한지 모르느냐? 땅을 경작해야 하고 또 남자들이 수녀들과 교류가 이뤄지게 되면 사탄은 남자들은 물론 수녀들을 가만히 놔두지 않는단다. 만일 물질적인 관심을 기울이는 것이 남자 수도사들에게 해가 된다고 한다면 수녀들에게도 그런 물질적인 관심은 더욱 멀리해야 하는 거란다.

사부는 지체하지 않고 바로 그날 비사리온과 함께 여자 수도원으로 갔다. 그리고 나름의 구실을 만들어 농장을 고관에게 팔고 돈을 받으라고 수녀들을 설득했다. 그제서야 마음의 평온을 찾은 착한 비사리온은 그의 기도처로 돌아갔다."

2. 노동

팔라디오스에 따르면, 팜보 성인은 세상을 떠날 때가 되었을 때 동료 수도사들에게 이렇게 말했다고 한다.

"나는 수도사가 된 후로 노동하지 않고 지낸 날이 없었고, 빵을 거저 먹은 적도 없단다."

• • •

또한 팔라디오스는 다음과 같은 이야기를 우리에게 전해준다.
"이집트 남부 지방에는 수백 명의 은수자들이 살고 있었다. 각 스키티에는 수행자들이 예배를 드리는 성당이 있었으며 인접한 곳에는 방문객들이 묵을 수 있는 넓은 숙소가 마련되어 있었다. 은수자들은 방문객들을 기꺼이 받아들였으며 그들이 머물고 싶은 기간만큼 그곳에 묵게 해줬다. 하지만 거기에는 나름의 규칙이 있었다. 방문객들이 일주간은 휴식을 취할 수 있도록 배려했지만 그 이후로는 정원이나 부엌 또는 다른 곳에서 반드시 일을 해야 했다. 빈둥거리고 무익하게 시간을 보내지 않도록 한 것이다. 또한 일이 끝나면 그들에게 유익한 책을 주고 읽도록 했다. 그리고 수도사들과 대화를 나누지 못하게 했는데 수도사들의 물질적, 영적 작업을 방해하지 않도록 하기 위한 것이었다.

남부 지방에 있는 모든 은수자들은 그들의 생계를 위해서, 또 이처럼 방문객들을 환대하기 위해서 수작업에 종사했다."

• • •

순교사제 루키아노스의 전기를 보면 그리스도의 증인인 그는 젊었을 때부터 끝없는 금식, 철야기도, 기도, 육체적인 노동으로 육체를 영혼에 굴복시켰다.

그는 자신의 생계와 빈자들의 아픔을 위로하기 위해 열심히 일했다. 그리고 음식을 먹기 전에는 그것이 자신의 노동으로 얻은 것인지, 혹시 다른 누군가가 그날 그 음식을 필요로 하는 것은 아닌지를 살폈다.

• • •

언젠가 동료 수도사인 암모이스 사부와 비티미오 사부가 이른 아침에 아킬라 사부의 거처를 찾아갔을 때 아킬라 사부는 이미 골풀을 엮고 있었다.

"벌써 일을 시작한 건가?" 그들이 물었다.

"사실 지난밤부터 시작했다네." 아킬라 사부가 그들에게 고백했다. "지금까지 30미터 넘게 엮었는데 내게 다 필요하지는 않아. 나는 내가 일을 할 수 있으면서도 일하지 않을 때에는 혹시 하느님께서 나를 게으른 자들과 함께 단죄하시고 분노하시지 않을까 하는 걱정이 든다네."

두 사부는 아킬라 사부의 근면에 감탄하면서 깨달음을 얻고 그곳을 떠났다.

• • •

동료 수도사들이 순교자를 기념하는 축일에 일을 했다고 어느 형제 수도사를 심하게 질책했다.

"오늘 같은 날, 하느님의 종이 그리스도의 사랑을 위해 심한 고통을 겪고 피를 흘리셨는데 저 역시 노동으로나마 약간의 땀이라도 흘려야 하지 않겠습니까?" 그가 그들의 질책에 겸손하게 대답했다.

・・・

몇 명의 젊은 수도사들이 빠른 손놀림으로 골풀을 엮으면서 기도에 몰입하고 있던 어느 사부의 거처를 방문했다.

"사부님, 수도사가 구원받기 위해서는 무엇을 해야만 합니까?" 그들이 물었다.

"얘들아, 지금 너희가 보고 있는 것을 하면 된단다." 사부가 대답했다.

그것은 당연히 기도와 노동을 의미했다.

・・・

어느 사부가 조언했다.

"잠자리에서 일어나면 스스로에게 이렇게 말하여라.

'육신아, 음식을 먹으려면 일을 해라. 영혼아, 구원을 얻으려면 깨어 있어라.

・・・

언젠가 먼 곳에 있는 스키티의 어떤 수도사가 시나이 산에 올랐다. 그는 실루아노스 사부의 은수처에서 머물게 되었는데 그의 제자들이 열심히 일을 하는 것을 보고 다소 거만하게 사부에게 말했다.

"썩어 없어질 양식을 위해 일하지 말라. '마리아는 참 좋은 몫을 택했다.'"

실루아노스 사부는 그 말에 아무런 대답도 하지 않았다. 사부는 제자 자카리아스를 불러 방문객인 그를 비어있는 방으로 데리고 가서 읽을 책을 주라고 시켰다.

방에 들어간 수도사는 피곤해질 때까지 책을 읽었다. 책 읽는 것도 귀찮아지고 배도 고파지기 시작했다. 오후 세 시가 되었을 때 그는 간절한 마음으로 문을 지켜보고 있었다. 혹시 누군가 와서 식사하라고 부르기를 기다리고 있었다. 하지만 아무도 오지 않자 그는 스스로 나가서 확인해보기로 했다. 그는 정원에서 물을 주고 있는 사부를 발견하자 허기를 참을 수 없었기에 창피를 무릅쓰고 이렇게 물었다.

"사부님, 오늘 형제들이 식사를 안 했습니까?"

"물론 먹었네." 사부가 대답했다.

"그렇다면 저를 잊고 부르지 않으셨단 말씀입니까?"

"자네는 영적인 사람이 아닌가?" 실루아노스 사부가 쉽게 말했다. "물질적인 양식은 자네에겐 필요 없지. 육체를 가지고 있는 우리는 양식이 필요해서 물질적인 일도 열심히 할 수밖에 없지만 '좋은 몫'을 택한 자네는 온종일 책을 읽었으니 의심의 여지없이 지금 배가 부르지 않겠는가."

수도사는 자신의 잘못을 깨닫고 사부에게 용서를 구했다.

"좋은 몫을 택한 마리아도 마르타를 필요로 했고, 마르타가 있었기에 마리아가 칭찬을 받았다는 사실을 잊지 말게나."

・・・

콜로보스 요한 사부는 이른 나이에 자신의 큰 형과 함께 광야에서 수행을 했다. 언젠가 과도하게 영적인 것에 매료된 그가 형에게 말했다.

"지극히 높으신 분을 끊임없이 찬양하면서 물질적인 것과는 동떨어진 천사들처럼 그렇게 살고 싶습니다. 깊은 광야로 들어가서 그런 삶을 누릴 수 있도록 보내주십시오."

"아무도 너를 가로막지 않는단다." 형이 대답했다. "너는 네가 하고픈 대로 자유롭게 살 수 있단다."

다음날 아침, 요한은 더 많은 자유를 느끼고 싶어서 입고 있던 망토도 벗어버리고 아무것도 가진 것 없이 더 깊은 광야로 길을 떠났다.

일주일이 지난 후 아침에 추위와 배고픔에 반쯤 죽어가던 요한이 나타나 문을 두드렸다.

"누구십니까?" 형이 안에서 대답했다. 형은 일부러 모른 척 했다.

요한이 힘없는 목소리로 대답하자 형이 다시 안에서 말했다.

"요한은 천사가 되어 더 이상 사람들과는 함께 살지 않기 때문에 그럴 리가 없습니다."

"문 좀 열어 주십시오." 요한은 이제 간청하기 시작했다. "제가 너무 지쳐서 쉬어야 할 것 같습니다."

하지만 형은 그를 일깨워주려고 다음날 아침까지 문을 열어주지 않았고 동생을 밖에 그대로 두었다. 다음날 동이 트자 그는 동생을 집 안으로 들였다.

"이제 사람이 되었느냐?" 형이 웃으며 말했다. "열심히 일하며 살거라. 네가 그런 영적인 것을 추구하기에는 아직 이르단다."

...

언젠가 마카리오스 사부가 수행자들의 최고봉인 대 안토니오스와 대화를 나누고 싶은 생각에 그가 수행을 하고 있는 산을 향해 길을 떠났다. 거친 광야에서 아무도 발을 딛지 않은 험한 길을 지나 힘겹게 성인의 동굴에 도착했다. 마카리오스 사부는 경건하게 문을 두드렸다.

안토니오스 성인이 밖으로 나와 누구인지 그리고 무슨 일로 왔는지 물었다.

"사부님, 저는 마카리오스입니다. 당신의 가르침을 듣고 싶어 찾아왔습니다."

안토니오스 성인은 대답 대신 그의 눈 앞에서 문을 닫아버렸다. 그의 인내를 시험해보고 싶었던 것이다. 마카리오스 사부는 긴 여정으로 심신이 많이 지쳐있었지만 그대로 밖에 서서 기다렸다. 안토니오스 성인이 그에게 말을 하기 전까지는 대 스승의 동굴 밖에 앉아 있을 엄두조차 내지 못했기 때문이었다. 꽤 오랜 시간이 흐른 후 안토니오스 성인이 문을 열어 친근하게 그를 반겨주었다.

"오랜 기간 당신의 업적에 대해 많이 들어왔습니다. 당신을 무척 만나보고 싶었는데 드디어 오늘 주님께서 저의 갈망을 채워주셨습니다."

대 안토니오스는 그에게 앉으라고 권했다. 그리고 손님을 대접하기 위해 차가운 물과 딱딱한 빵으로 차려진 소박한 식사를 준비했다. 식사를 마치자 안토니오스 성인은 골풀을 물에 적셔 수작업을 시작했다.

"사부님, 축복하십시오, 저 역시 빈둥대고 있는 것보다 일을 하는 것이 좋을 것 같습니다."

성인은 그렇게 하도록 허락했고 마카리오스 사부는 능숙하게 일을 시작했다. 이렇게 둘은 앉아서 손으로 쉬지 않고 골풀을 엮어가며 밤부터 아침까지 영혼 구원에 대한 영적 대화를 이어나갔다. 아침이 되었을 때는 각자가 엮어 만든 끈의 길이가 문에서부터 동굴이 있던 바위 밑동에까지 이를 정도였다. 동이 튼 후 마카리오스 사부가 엮은 긴 골풀을 본 성인은 그의 손을 잡고 입을 맞췄다. 그리고 놀라워하며 이렇게 말했다.

"놀라운 능력이 참으로 이 축복된 손에 있구려."

· · ·

한 젊은 수도사가 어느 사부에게 물었다.

"옛 스승들은 높은 경지의 덕을 성취할 수 있었는데 왜 오늘날의 수도사들은 모든 면에서 같은 수고를 하면서도 그런 영적 성숙을 성취하지 못하는지요?"

"애야, 그들은 기도를 주업으로 삼고 다른 일은 모두 부업으로 여겼단다. 하지만 오늘날의 수도사들은 육적인 일을 주업으로 하고 기도를 부업으로 여기고 있지. 그래서 수고를 하면서도 영적인 유익을 얻지 못하는 거란다.

그들은 '너희는 먼저 하느님의 나라와 하느님께서 의롭게 여기시는 것을 구하여라. 그러면 이 모든 것도 곁들여 받게 될 것이다'고 하신 구세주의 말씀을 잊고 있단다."

...

어느 초보 수도사가 피스타몬 사부에게 조언을 구하러 갔다.

"사부님, 저는 제가 만든 수제품을 팔 시간이 되면 마음이 편치가 않습니다."

"왜 그렇지?" 사부가 물었다. "스승들은 물론 시소이스 사부도 생계를 위해 자신들이 만든 수제품을 팔고 있지 않느냐?"

"제가 다른 방식으로 양식을 구할 수만 있다면 그런 수작업에 관심을 기울이지 않는 것이 더 낫지 않을까요?" 다시 초보 수도사가 사부에게 물었다.

"아니란다." 지혜로운 사부가 그에게 대답했다. "네가 살아가는 데 꼭 필요한 그 이상을 갖고 있다 해도 하느님의 축복이라 할 수 있는 노동을 경시해서는 안 된단다. 기도와 노동은 언제나 수도사의 관심사가 되어야만 한단다."

사부는 그에게 이런 조언도 해줬다.

"일을 하되 집착하지는 말아라. 너의 수제품을 팔려고 할 때 너는 사려는 사람에게 딱 한 번 금액을 말하거라. 만약 네가 그것을 좀 더 싸게 팔고 싶다면 네 재량대로 하거라. 이렇게 하면 네 마음은 언제나 평온할 것이다."

제 9 장

1. 절제

　마카리오스 성인은 형제들과 함께 식탁에 앉게 될 경우에 다음과 같은 조건을 지키겠다고 스스로에게 서약했다.
　"형제들이 나에게 포도주를 마시라고 가져오면 그들의 사랑을 생각해서 마시자. 대신 하루 종일 물은 한 모금도 마시지 말자."
　형제들은 포도주를 드리는 것이 마카리오스 성인을 기분 좋게 하는 것으로 생각해서 그렇게 식탁에서 포도주를 마시도록 드리곤 했다. 그럴 때마다 성인은 포도주를 받아 마셨고 이후에는 물을 한 모금도 마시지 않는 힘든 시간을 보냈다. 마카리오스 성인의 은밀한 영적 투쟁을 잘 알고 있던 그의 제자가 각별히 형제들에게 말했다.
　"그리스도의 사랑을 위해 성인이 억지로 포도주를 마시지 않게 해주십시오. 왜냐하면 내일부터 그에게 갈증의 고통이 시작될 것이기 때문입니다."

· · ·

　어느 제자가 자기 스승에 대한 일화를 소개했다.
　"저의 사부께서는 20년 동안 바닥에 누워 자지 않았습니다. 그분은 작업하던 의자에 그대로 앉아 잠깐만 잤을 뿐입니다. 식사는 이틀에 한 번, 어떤 때는 4일 또는 5일에 한 번 했습니다. 식사를 할 때도 한

손은 소박한 음식을 먹고 다른 한 손은 하늘을 향해 들어 올린 채 기도를 했습니다.

그래서 제가 사부님께 여쭤봤습니다.

'사부님, 왜 이렇게 하시는 건지요?'

그러자 선한 사부께서 저에게 설명해 주셨지요.

'얘야, 하느님의 심판이 바로 내 눈앞에 있단다. 그래서 내가 기다리질 못하겠구나.'"

•••

스승들 중 한 명이 말했다.

"내가 이곳 광야에서 금욕주의자들을 만난 적이 있었는데, 그들은 70여년을 야생초와 야자열매 외에 그 어떤 것도 입에 대지 않았다."

•••

매우 연로했던 어느 노 은수자가 병이 들어 홀로 고통받고 있었다. 그를 돌봐줄 사람이 그런 외딴 곳에는 없었기 때문이었다. 노 은수자가 고통을 인내하는 것을 보신 하느님께서 한 젊은 수도사를 그의 거처로 가도록 인도하셨다. 그곳에서 심하게 병이 든 노 수도사를 발견한 젊은 수도사는 사랑으로 그의 곁을 지켜주었다. 그를 씻겨주고, 짚으로 된 매트를 만들어주고, 약간의 음식도 요리해주었다. 노 은수자는 그에게 감사를 표하며 이렇게 말했다.

"형제여, 내 말을 믿어주게나. 난 사람들에게서 이런 위로를 받을 것이라고는 상상도 하지 못했다네. 아니 완전히 잊고 지냈다네."

다음날 젊은 수도사는 노 은수자가 기운을 차리도록 포도주를 조금 가져다주었다. 그것을 본 노 은수자는 눈물을 흘리며 혼자 속삭였다.

"죽는 날까지 이런 보살핌을 받을 것이라고는 상상하질 못했는데 …"

•••

요셉 사부가 음식을 어떻게 절제할 수 있는지 피민 사부에게 조언을 구했다. 사부가 그에게 말했다.

"매일 조금씩 먹게, 하지만 배를 채우진 말게."

"스승님, 당신은 젊었을 때 이틀에 한 번 드시지 않았습니까?"

"일주일 내내 먹지 않은 적도 있었다네." 스승이 부언했다. "하지만 다양한 방법으로 수행을 경험한 스승들이 내린 결론은 매일 조금씩 먹는 것이 수도사에게 더 좋다는 것이라네. 이것이 중도이고 왕도일세. 지나침은 악령들의 짓이야."

• • •

에프렘 성인은 이렇게 가르쳤다.

"영적인 사람에게 축제는 하느님의 계명을 지키는 일이다. 그리고 영적인 사람에게 위로는 악에서 멀어지는 것이다. 또한 영적인 사람의 자랑은 하느님에 대한 두려움이고, 그에게 참된 기쁨은 하늘의 임금께서 영원한 선물을 상속해주시는 그 날이다."

• • •

어느 스승이 말했다.

"돼지의 눈은 언제나 땅을 바라보게 만들어졌다. 음식의 욕구에 사로잡힌 사람도 이와 똑같다. 그는 계속해서 땅만 쳐다보고 높은 곳은 바라보지 못한다."

• • •

한 젊은 수도사가 필루시오티스의 이시도로스 성인에게 물었다.

"왜 악령들이 스승님을 두려워할까요?"

"그 이유는 내가 수도사가 된 후에는 내가 입 안에서 기쁨을 느끼도록 한 적이 없었기 때문이란다."

• • •

어느 지혜로운 사부가 수도사들, 특히 젊은 수도사들에게 조언을 해주었다.

"먹고 싶은 음식을 먹지 않도록 하고 가장 소박한 음식을 찾아 먹도록 하여라. 그리고 그 음식도 보내주시는 하느님께 감사하여라."

• • •

마카리오스 성인을 존경하고 있던 어느 그리스도인이 포도 바구니를 선물로 드리려고 가져갔다. 포도를 무척 좋아했던 성인은 기쁘게 선물을 받았다. 하지만 방문객이 떠나자 그는 욕망을 억제하기 위해 포도를 먹고 싶어 했던 병중에 있는 한 은수자에게 즉시 그것을 보냈다. 그는 기뻐하며 그 선물을 받았다. 하지만 자신의 욕구를 채워서는 안 된다고 생각한 그도 이웃에 있는 다른 수도사에게 식욕이 없다고 말을 하면서 그것을 보내주었다. 이웃에 있는 그 수도사는 다시 아래 이웃에 있는 수도사에게 보냈고, 그는 또 다시 다른 수도사에게 보냈다. 그렇게 포도바구니는 거의 스키티 한 바퀴를 돌았다. 그것을 마지막으로 받은 수도사도 속으로 이렇게 생각했다.

"마카리오스 사부가 포도를 무척 좋아하는데, 갖다드리면 좋아하시겠다."

그는 바구니를 들고 성인을 찾아갔다. 그는 포도바구니를 보자 즉시 알아봤고 어떻게 그것이 자기 손에 다시 돌아오게 되었는지 그 까닭을 알게 되었다. 그는 수도사들의 금욕을 보며 하느님께 찬양을 드렸다. 수도사들의 영적 성숙을 보여주는 증거였기 때문이었다.

• • •

통찰의 은사를 가지고 있었던 어떤 사부가 언젠가 이웃의 수도공동체를 방문했다. 점심때가 되자 수도원장은 수도사들의 식탁으로 그를 초대했다. 음식은 모든 수도사들에게 같았다. 수도사들이 식사를 하고 있을 때 어떤 사람들은 꿀을 입에 넣고, 다른 사람들은 빵을 입에 넣고, 또 다른 사람들은 불순물을 입에 넣는 것이 사부의 눈에 보였다. 그는 의아해 하며 그가 본 이상한 광경이 무엇인지 알려달라고 하느님께 간청했다.

거룩한 천사가 나타나 그에게 그것에 대해 알려주었다.

"꿀을 먹는 수도사들은 마치 성당에 들어가듯이 경건한 자세로 식탁에 가서 그 시간에 육체에 필요한 음식을 먹고 있지만 정신은 기도에 전념하고 있는 이들이다. 빵을 먹는 수도사들은 그들에게 매일 양식을 보내주시는 하느님께 감사를 드리는 이들이다. 불순물을 먹는 수도사들은 음식에 불만을 표시하고 이것은 좋고 저것은 맛이 없다는 등, 품평을 하며 만족할 줄을 모르는 이들이다."

...

병이 깊은 한 사부가 식욕을 잃자 제자가 그의 식욕을 돋워주려고 조그만 피자를 하나 만들 수 있게 허락해달라고 청했다. 제자의 계속되는 고집에 사부는 그의 뜻대로 하도록 놓아두었다. 급하게 음식을 만들던 제자가 그만 꿀 대신 수작업을 할 때 쓰는 아마씨 기름을 넣었다.

음식을 약간 입에 대어보자 사부는 즉시 제자의 실수를 알아차렸지만 그의 마음을 상하게 하지 않으려고 아무런 말도 하지 않았다. 사부는 억지로라도 그것을 먹으려 했지만 역겨운 맛을 일으키는 아마씨 기름 때문에 도저히 먹을 수가 없었다. 사부가 식욕을 보이지 않자 그 사정을 모르고 있던 제자는 사부를 재촉할 겸 자신도 먹어보겠다고 하며 이렇게 말했다.

"사부님, 정말 맛있어 보이네요. 그럼, 저도 먹겠습니다."

하지만 입에 대는 순간 그는 즉시 자신의 실수를 눈치챘다. 그리고 큰 소리로 말했다.

"사부님, 제가 당신을 죽일 뻔 했습니다. 그런데 왜 지금까지 제게 아무 말씀도 하지 않으신 겁니까?"

"얘야, 하느님께서 내가 피자먹기를 바라셨다면 안에 꿀을 넣었을 거란다. 그러니 실망하지 말거라." 성인이 제자를 생각하며 말했다.

· · ·

한 사부가 수도사들이 지켜야 할 식사예절에 대해 가르침을 주었다.

"식사를 하기 위해 자리에 앉을 때에는 무질서하게 급하게 그리고 많은 종류의 음식을 맛보고 싶은 욕망을 일으키는 게걸스러움이라는 사탄에게 패하지 않게 유의하여라. 그리고 공손하고 예의 있게 먹고 금욕의 정도를 지키는 법을 익히거라."

· · ·

성화(聖化)에 이른 싸바스 성인의 전기는 우리에게 그분 삶의 일단을 비춰준다.

수염도 나지 않은 어린 소년일 때 그는 수도원으로 가서 수도사가 되었다. 수도원장은 그를 정원을 돌보는 형제 수도사에게 보냈다. 어린 싸바스가 혼자 정원에 있던 어느 날 사과나무에 매달린 아주 빨간 사과 하나가 눈에 들어왔다. 배가 고팠던 그는 그것을 맛보고 싶은 욕구가 일었다. 그가 손을 뻗어 그 사과를 따려고 하는 순간 갑자기 그가 겁을 먹고는 사과를 따려던 손을 내렸다. 그의 내면 깊은 곳에서 어떤 음성이 들려왔던 것이다.

"이런 사과 하나가 아담을 낙원에서 내쫓았지. 싸바스, 너도 그렇게 되고 싶은 것이냐?"

싸바스는 사과를 따지 않았을 뿐만 아니라 나쁜 행위로 자신을 밀어 넣었던 욕망을 생각하며 스스로에게 징벌을 내렸다. 그때부터 그는 평생 사과를 입에 대지 않았다.

거룩한 성인들은 이런 방식으로 그들만의 강력한 특성들을 성취하였다.

• • •

피민 사부가 말했다.

"나는 세 가지에서 아직 완전히 벗어나지 못하고 있다. 음식, 옷, 잠이다. 하지만 나는 그것들을 최소한으로 억제하기 위해 투쟁하고 있다."

• • •

스키티의 형제 수도사들은 사르마타스 사부에 대해 경탄을 금치 못했다. 그가 계속되는 금욕을 통해 놀랄 정도로 잠을 복종시켰기 때문이다. 잠은 그가 언제든지 오라고 하면 오고, 가라고 하면 갔다.

2. 금식

이페레키오스 사부는 말했다.

"금식은 저 밑바닥의 충동을 제어하는 굴레이다. 금식을 경시하는 사람은 굴레 없는 말과 다를 바가 없다."

∙∙∙

콜로보스 출신 요한 사부는 금식을 사랑하라고 젊은 수도사들에게 조언하면서 자주 이렇게 말했다.

"훌륭한 지휘관은 적의 견고한 도시를 점령하려고 할 때 음식과 물을 봉쇄해 적의 사기와 힘을 약화시킨 후 항복을 받아낸다. 한창 젊은 청년들에게 무자비하게 전쟁을 일으키는 육체적인 충동도 이와 똑같다. 금식으로 정욕과 악령들을 약화시키고 제어해 마침내 영적 투사에게서 멀리 쫓아내는 것이다."

사부는 또 다른 때에 이렇게 가르쳤다.

"아주 강력한 동물의 왕 사자도 먹을 것을 지나치게 탐내다가 자주 덫에 걸리는데 그렇게 되면 그의 힘도, 그의 용용도 사라져 버린다."

∙∙∙

언젠가 사람들이 악령 들린 젊은이를 스승들이 있는 스키티로 데려와 기도로 악령을 내쫓아 주시도록 간청했다.

하지만 스승들이 겸양으로 그 간청을 피하는 바람에 불행에 빠져 있던 그 젊은이는 그를 가엾게 여긴 어느 스승을 만날 때까지 오랜 기간 고통을 겪을 수밖에 없었다. 스승은 지니고 있던 나무 십자가로 악령에 들린 그에게 십자성호를 그어 악령을 내쫓았다. 그러자 악령이 사부에게 이렇게 말했다.

"내가 살던 거처에서 나를 쫓아냈으니 이제 네 안으로 들어가야겠다."

"들어오너라." 사부가 당당하게 대답했다.

그렇게 악령은 사부 안으로 들어갔다. 그리고 12년간 사부를 괴롭혔다. 성인은 악령과의 전쟁을 끈질기게 참아내며 초인적으로 금식하고 끊임없이 기도하면서 적과 사투를 벌였다. 사부는 그 기간 내내 음식을 입에 대본 적이 없었다. 단지 약간의 야자씨만 즙을 내서 매일 저녁 마시는 것이 전부였다.

마침내 사부의 끊임없는 투쟁에 패한 악령이 그를 떠나게 되었다.

"아무도 너를 내쫓지 않았는데 왜 떠나느냐?" 사부가 악령에게 물었다.

"너의 금식이 나의 존재의미를 없애버렸기 때문이다." 악령이 사부에게 대답하고 사라져 버렸다.

. . .

스키티의 원로 사부들에게 그해 수확한 밀을 나눠줄 때 아르세니오스 성인에게는 다른 형제들이 받는 양의 4분의 1밖에 주지 않았다. 왜냐하면 그는 항상 나눠받은 밀을 남겼기 때문이다. 그의 제자인 다니엘 사부는 성인이 그 적은 양으로 자신의 식사는 물론 그를 찾아오는 방문객도 대접했음을 확인해줬다. 그만큼 그는 철저한 금식주의자였던 것이다.

과일도 딱 한 종류씩 하나만, 그것도 과일이 나는 시기가 거의 끝나갈 무렵에 먹었다. 그것은 하느님께 감사드리고, 또 허영의 사탄이 자신이 훌륭한 금욕주의자라는 생각을 일으켜 전쟁을 벌이지 못하도록 막기 위한 조치였다.

• • •

일부 경건한 청년들이 자기들이 잘 알고 있는 사부를 방문하기 위해 스키티로 올라갔다. 온종일 사부와 함께 지낼 계획으로 왔으므로 그들은 가지고 온 콩을 요리해 먹으려고 약간의 기름을 사부에게 요청했다. 그러자 사부가 그들에게 호리병을 가리키며 말했다.

"자네들이 3년 전에 나에게 선물해준 호리병이 저기 걸려있다네. 원하는 만큼 가져다 쓰게나."

매달려 있는 호리병을 내린 청년들은 아직도 호리병이 그대로 봉해져 있는 것을 발견하고는 성인의 금식에 경탄을 금하지 못했다.

• • •

사부들은 마르코스 사부가 수련을 통해 놀라울 정도의 금식에 이르러 몇 주간을 아무것도 먹지 않고도 기력이 약해지지 않았다고 했다. 63년을 광야에서 보낸 마르코스 사부는 가난한 은수자들을 도와주기 위해 밤낮으로 수작업을 했고 선물은 그 누구로부터도 받지 않았다. 누군가가 자신의 거처를 방문해 무언가를 주려고 하면 사부는 그의 선한 마음에 대해 감사를 하면서도 결코 그 선물은 받지 않았다.

"형제여, 그런 선물이 나에겐 필요 없다네. 주님께서 나 자신은 물론 나를 방문하는 손님들에게 음식을 대접할 수 있도록 아직도 내게 일할 수 있는 힘을 주시니 주님께 영광을 바칠 뿐이라네."

• • •

어떤 초보 수도사가 분별의 은사를 가진 한 사부에게 어느 정도의 금식을 지켜야 하는지 조언을 구했다. 그러자 사부가 그에게 이렇게 조언했다.
 "애야, 지나친 것은 피하거라. 많은 이들이 자신의 역량을 뛰어넘는 금식을 시도했지만 그렇게 오래 견뎌내지 못했단다."

···

 사부들이 마카리오스 성인에게 어떻게 금식을 할 때나 안 할 때나 항상 그렇게 앙상한 몸을 가질 수 있느냐고 물었다.
 "불붙어 있는 땔감을 뒤집는 나무가 불기운에 바싹 마르듯이 하느님에 대한 경외의 불꽃이 사람의 마음을 불태우면 그의 몸도 마르게 된단다."

3. 순결

한 젊은 수도사가 피민 사부에게 분노와 육체적인 욕망, 두 가지 정욕과 싸우고 있다고 고백했다.

"얘야, 예언자 다윗은 '한편으론 번갯불로 사자를 무찔렀고 또 다른 한편으론 곰의 숨을 끊어버렸다'고 말했단다. 혹시 그것이 무엇을 의미하는지 아느냐? 분노는 관용으로 즉시 끊어야 하며, 육체적인 욕망은 육체적인 수고와 축복된 금식으로 시들게 해야 한다는 뜻이란다."

...

깊은 고민에 빠진 또 다른 젊은 수도사가 포카스 사부를 찾아갔다.

"더 이상 육체와의 전쟁을 견뎌내지 못하겠습니다. 바위 위에 있는 동굴로 가서 갇혀 지내야겠습니다. 금수 같은 욕망에 패하기보다 차라리 굶어죽는 것이 나을 것입니다. 저에게 사랑을 베푸셔서 40일 이후에 성체성혈을 제게 가져와 주십시오. 혹시 제가 그 사이에 죽게 되면 저를 묻어주십시오."

사부는 그의 과감한 결정에 감탄했다. 40일이 지난 후 사부는 '흠 없는 신비'를 모시고 형제에게 갔다. 그는 굶주림 때문에 거의 빈사상태에 놓여 있었다. 사부는 그에게 주님의 몸과 피를 받아 모시게 한 후, 가지고 갔던 포도주에 약간의 빵을 적셔 입에 넣어주었다. 신비의 성사의 은총으로 정신을 차린 그는 사부를 뒤따랐다. 그리고 그 순간, 그를 그토록 괴롭혔던 전쟁이 흔적도 없이 사라졌다.

• • •

어느 훌륭한 사부의 제자가 육체의 욕망과 전쟁을 치루고 있었다. 그는 자신의 몸을 아끼지 않고 처절하게 투쟁했다. 사부는 혹독하게 고통을 겪고 있는 제자를 지켜보며 가슴이 아팠다. 어느 날 깊은 슬픔에 빠져 있는 제자를 보고 사부가 물었다

"얘야, 이 고통에서 벗어나게 해달라고 내가 하느님께 간청 드려보는 것이 어떻겠느냐?"

"아닙니다, 사부님" 용맹스런 투사가 대답했다. "저의 영혼이 이 싸움을 통해 큰 유익을 얻고 있습니다. 그러니 사부님께서는 단지 제가 이 고통을 견뎌낼 수 있는 힘을 하느님께 간구해 주십시오."

"얘야, 네가 참으로 영적 성장을 이뤘구나, 넌 나를 뛰어 넘었단다." 사부가 경탄하며 말했다.

• • •

한 형제가 어느 사부에게 고백했다.

"사부님, 불순한 생각이 거의 저를 죽일 지경에 이르렀습니다."

"어머니들이 아기들을 떼어놓으려 할 때 어떻게 하는지 아느냐? 엄마의 젖가슴에 쓴맛이 나는 것을 바른단다. 너도 쓴맛은 아니지만 그렇게 죽음과 영원한 지옥의 기억을 불순한 생각에 집어넣거라. 그러면 곧 불순한 생각을 끊을 수 있을 것이다." 지혜로운 사부가 그에게 조언했다.

• • •

영혼과 육체를 정결하게 지키려고 치열하게 투쟁하고 있던 어느 젊은 수도사는 육적 욕망의 유혹이 일어나면 악령에게 화를 내며 이렇게

말했다.

"사탄아, 저 깊은 어둠속으로 꺼지거라. 내가 비록 합당치 못한 자이지만 그리스도의 지체라는 사실을 아직도 깨닫지 못한 것이냐?"

그는 입김을 불어 즉시 등잔불을 끄듯이 이 말로써 일어나는 유혹을 즉시 물리쳤다.

...

언젠가 죄 속에 사는 방탕한 여자가 도시에서 멀리 떨어진 산에서 수행을 하고 있는, 성인으로 불리는 은수자를 자신의 음탕한 그물에 걸리게 할 수 있다고 자신하며 친구들과 내기를 했다.

그녀는 자신의 미모를 감추기 위해 두꺼운 베일로 얼굴을 가리고 산으로 올라갔다. 그녀의 친구들은 산 중턱에서 기다리고 있기로 했다. 밤이 되자 그녀가 은수자의 동굴 문을 두드렸다. 은수자는 그녀를 보자 깜짝 놀랐다. "여자가 이런 광야에 이런 야심한 시간에 나타나다니?" 은수자는 사탄의 짓으로 보고 이렇게 속으로 생각했다.

"사탄아, 네가 실수를 했구나."

은수자는 그녀에게 누구인지, 왜 왔는지 물었다. 그녀는 눈물을 쏟기 시작했다.

"제가 이 외진 곳에서 정말 오랜 시간을 헤맸습니다. 길도 친구들도 잃고 어떻게 여기까지 왔는지 모르겠습니다. 그러니 하느님의 이름을 생각해서라도 저를 맹수의 밥이 되지 않게 해주십시오."

은수자는 갈등을 일으켰다. 안에 들이자니 결코 그런 경우가 없었고, 하느님의 피조물이 맹수의 밥이 되도록 그대로 밖에 두자니 잔인한 범죄를 저지르는 것과 다를 것이 없었기 때문이었다. 마침내 그녀를 동정한 은수자는 그녀를 안으로 들였다. 그러자 그녀는 순진한 척하던 베일을 벗고 자신의 매혹적인 모습을 드러냈다. 유혹은 투사의 욕망을 불태우기 시작했다. 빗장이 열린 이상 다음 행동은 그다지 어려워 보이지 않았다.

은수자는 여자가 쉴 수 있도록 바닥에 몇 장의 마른 잎을 깔아 주었다. 그리곤 본인은 동굴 깊은 곳으로 가서 무릎을 꿇고 간절히 기도를 드렸다.

"오늘밤, 내가 눈에 보이는 적은 물론이고, 보이지 않는 적과도 처절한 전쟁을 벌여, 내가 이기거나 아니면 지금껏 내가 이룬 모든 수고를 잃거나 하겠구나." 은수자가 속으로 생각했다.

밤이 깊어 가면 갈수록 욕망의 불꽃은 점점 심하게 타들어갔다. 그는 저항이 약해지는 것을 느끼는 순간에는 깜짝 놀라기도 했다.

"죄의 행위로 육체를 더럽힌 자들은 지옥으로 가는 거야." 은수자가 거의 외칠 듯이 말했다. "그래, 고통의 불속에서 네가 얼마나 견딜 수 있는지 한번 해보자."

그는 등잔에 불을 붙였다. 그리고 그의 손가락을 불꽃 위에 올렸다. 하지만 그의 육체를 불태우고 있는 또 다른 불꽃이 손가락을 태우는 고통보다 훨씬 강했다. 첫 번째 손가락을 못 쓰게 된 그는 등잔불 위에 두 번째 손가락을 올려놓았다. 그렇게 그는 동이 틀 때까지 세 번째, 네 번째, 그리고 마지막 다섯 번째 손가락까지 모두 다 태워버렸다.

몰래 하느님의 종의 초인적인 투쟁을 지켜보던 추한 그녀는 고통을 견뎌내며 손가락 다섯 개를 불에 태우는 그의 모습을 보고 엄청난 충격과 두려움에 싸여 그만 그 자리에서 숨을 거두고 말았다.

한편 그녀의 친구들은 은수자를 비웃기 위해 갑작스럽게 은수자의 동굴을 찾았다. 그런데 예상과는 전혀 다르게 그들은 밖에서 기도를 하고 있는 은수자를 발견했다.

"혹시 어젯밤 여기에 어떤 여자가 오지 않았습니까?" 그들이 은수자에게 물었다.

"안에서 자고 있다네." 그가 그들에게 대답했다.

그들은 안으로 들어갔다. 그리고 죽어있는 여자를 발견했다. 그들은 두려움에 사로잡혀 소리쳤다.

"수도사님, 그녀가 죽었습니다."

그때 은수자가 자신의 손을 내밀며 손가락을 그들에게 보여줬다. 그리고 말했다.

"사탄의 딸이 나에게 어떤 짓을 했는지, 자, 여길 보게나. 하지만 그리스도의 계명은 악을 선으로 갚으라고 명령하셨지."

그리고 그는 죽은 여자의 주검 앞에 섰다. 그리고 기도를 올리자 그녀가 다시 살아났다.

4. 무정욕

어느 지혜로운 사부가 말했다.

"만약 그대가 무시를 칭송으로, 가난을 부로, 결핍을 행복한 삶으로 여길 수만 있다면 더 이상 죄를 두려워 할 필요가 없다. 이런 경지에 도달한 사람은 더러운 정욕에 빠지거나 사탄의 유혹에 빠질 걱정을 하지 않게 된다."

∙ ∙ ∙

롱기노스 사부가 무정욕에 이르려고 투쟁하는 이들에게 말했다.
"피를 주고 성령을 받아라."

∙ ∙ ∙

다른 사부가 말했다.
"하느님께서 그의 안에 거주하지 않는다면 인간이 정욕에서 벗어나는 것은 불가능하다."

∙ ∙ ∙

어느 날 한 젊은 수도사가 도시로 내려가던 몇 명의 수녀들을 길에서 마주치게 되었다. 그는 그녀들과의 인사를 피하기 위해 황급히 가던 방향을 바꿨다. 그때 선임 수녀가 그를 세우며 말했다.
"형제여, 그대의 약함을 생각한다면 잘 한 일이겠지만 그대가 완전한 수도사라면 우리를 여자로 생각하지는 않았을 것이오."

…

한 수행자가 광야에서 빵과 포도주를 먹지 않고 50년을 수도했다. 그는 "이제 육체의 정욕과 물질적 탐욕과 허영을 완전히 없앴다"고 말했다.

아브라함 사부가 그 소식을 듣자, 그 말이 사실인지 확인하기 위해 그를 방문했다.

"형제여, 그런 말을 했다는데 사실인가?" 아브라함 사부가 그에게 물었다.

"그렇소." 그가 자신 있게 대답했다.

"그렇다면 그대가 거처에 들어섰는데 갑자기 어떤 여인이 그대의 침대에 있는 것을 발견했다고 가정해보세. 그대는 과연 그녀가 여자가 아니라고 생각할 수 있겠는가?"

"물론 그렇지 않을 것이오." 은수자인 그가 어쩔 수 없이 고백했다. "하지만 나쁜 욕망을 몰아내려고 투쟁할거요."

"그것 보시오. 아직까지 그대 안에는 정욕이 있지 않소? 그대는 그것을 없앤 것이 아니라 단지 억제한 것뿐이오. 또 그대가 길을 가다가 돌과 조개껍질 사이에서 감춰져 있던 금을 발견했다고 합시다. 그대는 그것을 마치 돌이나 조개껍질처럼 무시하고 지나칠 수 있겠소?"

"아니오." 은수자가 다시 대답했다. "하지만 속으로 탐욕을 거부할 것이고 만지지 않을 것이오."

"보시오. 아직 그대는 물질에 대한 마음이 내면에 살아 있지 않소. 다만 그대는 그것을 묶어 두고 있는 것뿐이라오."

마지막으로 두 사람이 그대를 방문했다고 칩시다. 그런데 한 명은 그대를 지속적으로 칭송하는 사람인데 다른 한 명은 그대를 험담하는 사람이었소. 과연 그대는 두 사람을 똑같이 바라볼 수 있겠소?"

"그렇지 않을 것이오." 수행자가 진심을 담아 대답했다. "하지만 나는 나를 험담하는 사람도 호의로 대하려고 노력할 것이오."

"형제여, 그대가 무정욕에 이르렀다는 생각을 버리시오. 그대 안에는 아직도 정욕이 살아 있소. 그러니 그대가 생을 다하는 날까지 투쟁이 필요할 것이오." 아브라함 사부가 그에게 조언했다.

제 10 장

1. 판별력

스승들은 판별력을 어떤 덕들보다 더 위대한 것으로 여겼다.

⁎⁎⁎

대 안토니오스가 말했다.
"육체의 힘을 모두 쇠진시킬 정도로 지나치게 수행을 했음에도 불구하고 판별력이 없어 하느님께 가까이 가지 못하는 사람들이 있다."

⁎⁎⁎

어느 슬기로운 사부가 조언했다.
"그대의 양심을 살피기 전에는 그 어떤 것도 시도하지 말아라. 양심은 그대가 하려는 것이 하느님의 뜻에 부합되는지 여부를 그대에게 알려줄 것이다."

⁎⁎⁎

암모나스 사부는 자주 이런 이야기를 해줬다.
"손에 도끼를 들고 밤낮으로 나무를 자르려고 애쓰면서도 자르지 못한 사람이 있는 반면에, 불과 몇 번 내리치기만 해도 나무를 쓰러뜨리는 경험 많은 사람이 있다. 여기서 경험 많은 사람은 판별력을 가지고 있는 사람을 뜻한다."

⁎⁎⁎

다른 어느 사부가 말했다.

"연구, 기도, 철야기도는 분심을 제어한다. 금식과 육체적인 수고는 비이성적인 욕망을 시들게 만든다. 찬양, 관용, 사랑은 화를 가라앉힌다. 하지만 이 모든 것은 적절한 때에 판별해서 이루어져야만 한다. 시의적절하지 않고 정도를 벗어난 노력은 대부분 오래가지 못하고 유익보다는 해로움이 더 많다."

・・・

대 안토니오스가 말했다.

"쇠를 두드리는 대장장이는 작업을 하기 전에 먼저 무엇을 만들 것인지 생각한 후에 낫, 칼, 도끼 등 일의 용도에 맞는 연장을 든다. 하느님의 사람도 그가 성취하고 싶은 덕이 무엇인지를 먼저 생각한다면 그의 수고가 헛되지 않을 것이다."

・・・

어느 스승은 "지나침은 사탄의 산물이다"고 말했다.

・・・

피민 사부는 "우리가 덕으로 발전시키지 못하는 것은 사전에 숙고가 부족하기 때문"이라고 말했다.

・・・

다른 슬기로운 사부가 말했다.

"나는 발을 내딛기 전에 어디를 딛으려고 하는지 제대로 살피지 않고 발을 앞으로 내딛은 적이 없다."

사부는 언젠가 다시 이렇게 말했다.

"나는 큰일이든 작은 일이든 먼저 생각해보고 또 그 결실을 따져본 후에 그 일을 시도한다."

・・・

사부들은 말했다.

"불이 나무를 태우듯이, 인간은 선행들로 정욕을 없애야 한다."

· · ·

어느 젊은 수도사가 니스테로 사부에게 조언을 구했다.

"사부님, 제가 구원받기 위해서는 어떤 덕에 더 많은 수련을 쌓아야 할까요?"

"너에게 적당한 덕을 수련하면 된단다." 지혜로운 사부가 대답했다.

젊은 형제 수도사가 의아해 하며 사부를 쳐다봤다. 그러자 사부가 설명했다.

"얘야, 성서는 아브라함이 따뜻하게 환대하는 사람이었기에 하느님께서 그를 감싸주셨고, 다윗은 겸손을 사랑했기에 하느님께서 그를 선택하셨다는 것을 우리에게 일러주고 있단다. 그렇듯이 너도 네 영혼이 갈망하고 그리고 네가 느끼기에 적절하다고 판단되는 덕이 있다면 그 덕을 선택하거라. 그런 후에는, 네 모든 힘을 다 쏟아 그 덕을 가꾸어 나가거라. 그러면 구원을 받게 될 것이다."

· · ·

놀라운 판별력을 지닌 시소이스 사부가 다시 조언했다.

"힘들고 빨리 포기하는 일 말고, 가볍고 지속적으로 할 수 있는 일을 선택하거라."

· · ·

마르코스 사부는 이렇게 적었다.

"하느님의 뜻에 부합되지 않는 불필요한 행위를 생각하거나 시도하려고 하지마라. 목적 없이 걷는 사람은 힘만 낭비할 뿐이다. 정신이 하느님을 향한 목적을 잊는 순간 덕을 이루려는 수고는 영혼에 유익이 되지 않는다."

2. 양심

아카톤 사부가 조언했다.
"그리스도인이여, 양심이 그대의 행위를 비난하지 않게 해라."

...

고백자 막시모스 성인은 이렇게 적고 있다.
"그대의 양심에 반하지 말거라. 양심은 언제나 그대에게 가장 좋은 것을 조언해준다. 또 거룩하고 천사 같은 생각을 그대에게 제공한다. 양심은 마음속에 감춰져 있는 생각에서 그대를 자유롭게 해주며 그대가 한순간인 생을 마치고 떠날 때 창조주 앞에 당당하게 설 수 있도록 해준다."

3. 주의

비사리온 성인이 생의 마지막 순간에 그의 제자들에게 말했다.
"수도사는 케루빔처럼, 또 수많은 눈을 가진 세라핌처럼 되어야만 한다."

• • •

한 초보 수도사가 어느 사부에게 자신의 나약함을 고백했다.
"내가 거처에서 나왔을 때 웃거나 수다를 떠는 다른 형제 수도사를 만나게 되면 나도 그에 편승해서 웃고 수다를 떱니다. 하지만 그러고 나면 거처로 돌아왔을 때 분심이 생겨 다시 정신을 집중할 수가 없습니다."
"애야, 웃고 수다를 떤 다음 정신을 집중하지 못하는 것은 당연한 거란다. 그러니 거처 안에 있든 밖에 있든 항상 주의를 기울여야 한단다." 선한 사부가 조언했다.

• • •

스키티에서 두 사부가 대화를 나눴다.
"하느님의 은총으로 나는 이제 세상에 대해 죽은 것 같네." 한 사부가 말했다.
"형제여, 영혼이 육체와 갈라지기 전까지는 그렇게 확신하지 말게.

그대는 죽었다고 느낄지 모르겠지만 사탄은 전혀 죽지 않았다네." 다른 사부가 그에게 말했다.

・・・

거룩한 한 은수자가 생사를 넘나드는 순간에 사탄이 나타나 그에게 소리쳤다.

"저주받을 인간아, 네가 나를 만신창이로 만들었어."

"아직 그렇게 장담할 순 없지." 성인이 그 대답을 마치는 순간 바로 영면에 들었다.

・・・

아가톤 성인이 영면에 들기 전 3일 동안 꼼짝 않고 침대에 누워 눈을 크게 뜬 채 하늘만 쳐다보고 있었다. 3일 째 되는 날, 정신이 잠시 돌아온 성인에게 그를 둘러싸고 있던 제자들이 그 며칠 간 성인의 영혼이 어디에 가 있었는지 물었다.

"하느님의 심판대 앞에 있었단다." 그가 떨면서 속삭였다.

"스승님 같은 분도 두렵습니까?" 그들은 의아해하며 물었다.

"내 평생 최대한 하느님의 계명을 지키려고 노력했지. 하지만 나 역시 인간이라네. 내가 언제나 하느님을 기쁘게 해왔는지, 어찌 다 알겠느냐?" 성인이 아주 힘겨워하며 말했다.

"당신께서 이루신 일들이 하느님의 뜻에 따른 것이라는 확신이 없다는 말씀이신지요?" 그들이 놀라며 다시 물었다.

"내가 나의 창조주 앞에 서기 전까지는 그렇다네. 인간이 판단하는 기준과 하느님의 기준이 다르기 때문이지." 성인이 대답했다.

제자들은 영혼에 유익한 가르침을 더 듣고 싶어 질문을 계속하려 했지만 성인이 더 이상 말하지 말라고 손짓을 했다.

"내가 겨를이 없구나." 그의 입술이 속삭였다.

그 모습이 순간 빛났다! 그리고 제자들은 너무나 사랑하는 사람을 만나러 갈 때 느낄 수 있는 환희 속에서, 부질없는 세상으로부터 영원한 생명으로 떠나는 스승의 모습을 지켜봤다.

· · ·

슬기로운 니스테로 사부가 말했다.

"좋은 그리스도인은 아침 저녁으로 자기 자신과 셈을 하고 나서 이렇게 말해야 한다.

'오늘 하느님께서 원하신 것 중에서 내가 한 일이 뭐지? 또 내가 등한시 한 일은 뭘까?'

이렇게 하다보면 그는 혼자서도 하느님의 뜻에 맞게 잘 살아 나갈 수 있을 것이다."

· · ·

모세 사부가 실루아노스 성인에게 물었다.

"사람이 매일 새롭게 시작하는 것이 가능한 일입니까?"

"덕의 일꾼이라면 매일이 아니라 매 시간, 매 순간도 새롭게 시작할 수 있다네."

· · ·

어느 스승이 말했다.

"하느님께서는 사람들에게 이런 전략을 쓴다네.

회개한 죄인들에게는 창녀와 세리에게 했던 것처럼 모든 빚을 탕감해주고 의인들에게는 이자를 요구한다네. 물론 이것은 주님께서 제자들에게 말씀하셨을 때의 그것을 의미하지. '너희가 율법학자들이나 바리사이파 사람들보다 더 옳게 살지 못한다면 결코 하늘나라에 들어가지 못할 것이다.'"

· · ·

사부들은 니트리아 산에서 수행을 했던 암문 사부가 훌륭한 기품을 가지고 있었고 무척 조심성이 있었다고 전한다.

"언젠가 그가 동료 수도사인 테오도로스 사부와 함께 광야를 지나 리쿠 강기슭에 도착했다. 그런데 언제나 그곳에 있던 조각배가 그날따라 그곳에 없었다. 배가 없어 강을 건너지 못하는 상황이 되자 먼저 테오도로스 사부가 암문 사부에게 이렇게 제안했다.

'우리 옷을 벗어 강에다 던져 넣으면 어떻겠나?'

사실 그것 말고는 딱히 다른 방법은 없었다. 하지만 암문 사부는 주저했다. 말할 필요도 없이 물이 두려워서 그런 것은 아니었다. 왜냐하면 그는 모든 것에 있어 언제나 도전적인 사람이었기 때문이다. 그는 동료 수도사 앞에서 자신의 벗은 몸을 보여주는 것이 부끄러웠던 것이다. 마침내 암문 사부가 테오도로스 사부에게 머뭇거리며 말했다.

'테오도로스, 저쪽으로 조금 떨어져주겠나. 타인의 벗은 몸을 보는 것은 옳지 않네.'

테오도로스 사부는 동료 사부의 부탁을 듣고 즉시 그대로 했다. 그럼에도 여전히 암문 사부는 결정하지 못하고 있었다. 옷을 벗는 것이 용납되지 않았던 것이다. 영혼의 수호천사가 언제나 곁에 있음을 느끼며 공경해왔던 암문 사부가 강기슭에 서서 어찌 할 줄을 몰라 하며 강을 바라보고 있을 때였다. 순간 자신도 깨닫지 못한 어떤 신비스러운 방법으로 순식간에 옷을 입은 상태로 암문 사부는 반대편 강기슭에 가 있었다."

4. 영적인 사람 그리고 수혜자들

사부들은 콜로보스 출신인 요한 사부가 쓸데없이 잡담한다거나 생각이 공상에 빠진 적이 없었다고 전했다.

"언젠가 동료 수도사들 몇 명이 그를 시험하기 위해 방문했다.

'형제여, 올해는 비가 제법 내려 야자수에 물을 넉넉하게 줄 수 있게 되었다네. 이제 수작업에 필요했던 부드러운 잎이 많이 생겨나게 되었네.'

'인간의 영혼도 똑같다네. 성령의 은총을 받으면 생기를 되찾아 덕을 꽃피우지.' 언제나 영적인 것만 머릿속에 담고 있는 거룩한 콜로보스 요한 사부가 그들에게 대답했다."

• • •

알렉산드리아의 총대주교였던 아타나시오스 성인이 교회 일을 팜보 사부에게 맡겨서 도시로 내려보냈다. 그런데 도시로 내려간 팜보 사부가 대도시의 성벽을 지나면서 제일 먼저 만난 사람은 다름 아니라, 사람들을 죄로 현혹시키려고 아름답게 꾸민 죄짓는 여자였다. 사부는 그녀를 지켜보며 눈물을 흘렸다.

"사부님, 왜 우십니까?" 그를 수행하던 수도사가 물었다.

"두 가지 이유 때문에 그렇다네." 사부가 한숨을 내쉬며 대답했다.

"첫 번째로는 그 여인의 영혼이 파멸하는 것이 슬펐고, 두 번째로는 방탕한 남자들의 눈에 들도록 자신을 아름답게 가꾸는 그녀만큼 내가 나의 주님의 눈에 들게 나 자신을 가꾸지 못했다는 것이 슬펐다네."

· · ·

펠라기아 성녀의 전기가 기술하고 있듯이 노노스 주교와 펠라기아 성녀의 경우도 위에서 언급한 이야기와 유사하다.

"언젠가 안티오키아의 총대주교가 성 율리아노스의 성당 정원에서 주교들과 함께 앉아 대화를 하고 있었을 때 길에서 평상시와 다른 시끄러운 소리가 들렸다. 성당 밖에서는 입에 담기 힘든 온갖 추한 소문을 낸 창녀 펠라기아가 타고 있는 매우 화려한 마차가 지나가고 있었던 것이다. 길은 그녀가 걸친 장식들로 해서 빛이 났고, 공기는 그녀가 바른 비싼 향수의 향으로 가득 찼다. 그리고 군중들은 미친 듯이 그녀를 환호했다.

대주교들은 역겨워하며 많은 귀족 가문의 젊은이들을 타락의 늪으로 빠뜨리는 그녀의 사탄적인 모습을 보지 않기 위해 다른 곳으로 얼굴을 돌렸다. 단 한 명 노노스 주교만이 그녀가 길모퉁이를 돌아 사라질 때까지 그녀에게서 시선을 떼지 않았다. 후에 노노스 주교가 다른 주교들을 바라보며 슬픈 목소리로 말했다.

'그녀가 우리를 비난하고 있으니 그리스도 안에서 형제인 우리에게 이 얼마나 슬픈 일인가! 그대들은 모두 사람들을 미혹하기 위해 그녀가 얼마나 자신의 몸을 가꾸고 돌보고 있는지 보지 않았는가? 그런데 우리는 과연 우리 영혼을 가꾸기 위해, 우리 천상의 신랑의 사랑을 얻기 위해 무엇을 하고 있는가?'

노노스 주교는 이 말을 하면서 그 죄인의 영혼을 위해 간절히 기도를 올렸다. 그리고 그의 기도가 하늘에 들렸다. 하느님의 은총이 펠라기아에게 내려왔고 그녀는 그리스도를 믿게 되었다. 그리고 그녀는 죄인의 삶을 회개하고 거룩한 노노스 주교에게 세례를 받았다. 그리고 마침내 그녀는 성녀의 반열에 올랐다."

...

언젠가 마카리오스 사부가 제자와 함께 도시로 내려가던 길에 어떤 어린 아이가 엄마에게 하는 말을 듣게 되었다.

"엄마, 한 부자 아이가 나를 사랑하는데 난 그 아이 목소리도 듣기 싫어요. 그런데 어떤 가난한 아이는 나를 괴롭히는데도 저는 그 애를 사랑해요."

사부는 가던 길을 멈추고 깊은 관심을 가지고 아이가 하는 말에 귀를 기울였다.

"어린 아이가 말하는 것을 들었느냐?" 사부가 제자에게 물었다.

"네, 하지만 의미 없이 하는 어린 아이의 말입니다." 제자가 대답했다.

"아니, 전혀 그렇지 않단다." 성인이 말했다. "잘 생각해 보거라. 자비가 넘치시는 주님께서 우리를 사랑하시지만 우리는 그분의 말을 잘 안 듣지 않느냐? 또 선한 것이라고는 하나도 없는 극악무도한 우리의 적인 사탄이 우리를 미워하고 갖은 방법을 써서 우리를 해치려고 하는 것을 알면서도 우리는 그를 따르고 그의 뜻대로 하지 않느냐?"

제 11 장

1. 시련

대 안토니오스는 자주 이런 가르침을 주었다.
"슬픔과 시련을 경험해보지 않는 사람은 하느님의 왕국에서 받아주지 않을 것이다."

• • •

다른 스승이 말했다.
"만약 우리가 겸손을 성취했었다면 하느님의 훈육의 매는 필요 없었을 것이다. 모든 악은 교만에서 생겨난다. 만약 그리스도께서 선택한 그릇인 위대한 바울로 사도의 경우에도 그가 교만해지지 않도록 사탄의 영이 그를 고통스럽게 했다면, 우리를 겸손하게 하기 위해 사탄이 우리도 잘못에 빠뜨리는 것을 하느님께서 허락하시지 않겠느냐?

• • •

어떤 은수자가 흉악범이 이 외진 곳까지 와서 자신을 공격할 경우에는 어떻게 해야 하는지 시소이스 사부에게 물었다.
"정당방위로 그를 죽여도 되는지요?"
"아니네." 성인이 대답했다. "차라리 하느님께 그를 맡기게나. 어떤 유혹이 찾아온다 해도 자네는 그것이 자네의 죄 때문에 생긴 것이라고 여겨야 한다네. 그러니 자네에게 일어나는 나쁜 일은 하느님의 자비의 선물로 여기도록 하게나."

• • •

사부들 중 한 명이 말했다.
"바람에 흔들려보지 않은 나무는 굳건하게 뿌리도 내리지 못하고 제대로 크지도 못한다. 이처럼 사람도 유혹에 흔들려보지 않고서는 굳건한 뿌리를 내릴 수가 없다."

• • •

또 다른 스승은 젊은이들에게 자주 이런 말을 해주었다.
"유혹을 멀리해보게. 그러면 어느 누구도 성인이 되지 못할 걸세. 시련을 피하는 사람은 천상의 생명으로부터 멀어진다네."

• • •

이페레키오스 사부가 말했다.
"시련의 무게가 너의 영혼을 지치게 할 때는 입술로는 찬송가를 부르고 가슴으로는 천상의 것을 생각하여라. 그러면 평안을 찾게 될 것이다. 그리고 고된 길을 걸어가는 여행자가 여정의 피로를 노래로 흥얼거리며 풀어가듯이 너도 그렇게 여행자처럼 하여라."

• • •

어떤 은수자 사부가 가까운 마을로 손수 만든 바구니를 팔러 길을 떠났다. 가던 길에 그를 끔찍이 미워하던 사탄이 나타나서 손에 들고 있던 바구니를 빼앗아 사라져버렸다.
그러나 사부는 전혀 동요되지 않은 채 하늘을 쳐다보며 이렇게 말했다.
"하느님, 무거운 짐의 무게를 벗게 해주시고 마을로 내려가는 수고를 거둬주신 것에 대해 감사드립니다."
그러자 사부의 침착한 모습을 보다 못한 사탄이 다시 나타났다. 그리고 그의 면전에 바구니를 던지며 소리쳤다.

"다시 가져가, 못된 늙은이야."

은수자는 다시 바구니를 주워 마을을 향해 계속 길을 걸어갔다.

· · ·

하루는 모세 사부가 그의 거처 밖에서 7명의 제자들과 함께 영적 주제를 가지고 대화를 나누다가 갑자기 이런 말을 했다.

"베두인들이 오늘 우리를 공격한다고 하니 어서들 피해서 목숨을 구하게나."

"사부님은요?" 그들이 물었다.

순간 사부는 깊은 상념에 빠진 것처럼 보였다. 약간의 침묵이 흐른 후 그가 제자들에게 말했다.

"나는 지금까지 오랜 세월 과거에 내가 지은 죄를 전부 씻을 수 있는 축복된 시간을 기다려 왔다네. 내 임금께서 '칼을 쓰는 사람은 칼로 망하는 법이다'(마태오 26:52)고 말씀하셨으니 그 말씀이 실현되기 위해서 나는 어떻게 해야 하겠는가?"

"그렇다면 우리도 떠나지 않겠습니다." 그들이 모두 한 목소리로 대답했다. "우리도 여기서 당신과 함께 죽겠습니다."

"내가 자네들에게 미리 경고했으니 나에게는 책임이 없네. 각자 원하는 대로 하게나." 성인이 그들에게 말했다.

"아, 야만인들이 벌써 여기까지 왔습니다."

그 순간 아랍 강도들이 사부의 거처를 포위하고 거룩한 사부와 6명의 제자들을 살육했다. 제자 한 명은 간신히 몸을 숨겨 살육을 피했다. 그리고 그는 7개의 관이 순교자들의 머리에 씌워지는 것을 보게 되었다.

2. 영적 투쟁

완덕을 향해 온 힘을 다해 영적 정진을 하던 한 근면한 수도사가 언젠가 투쟁에 소홀해지더니 나태에 빠지고 말았다. 하지만 얼마 안 가 다시 정신을 차리고 자신에게 말했다.

"불쌍한 인간아, 언제까지 너는 너 자신의 구원을 가볍게 여길 것이냐? 너는 죽음과 심판이 두렵지도 않으냐?"

그는 이런 생각으로 하느님의 일에 더욱 적극적으로 임했다.

어느 날이었다. 그가 기도를 하고 있는데 주변으로 악령들이 모여들더니 그가 기도에 전념하지 못하도록 갖은 애를 다 썼다.

"언제까지 나를 괴롭힐 셈인가?" 수도사가 화를 내며 악령들에게 말했다. "내가 나태에 빠졌던 그 시간으로는 부족했던 것이냐?"

"네가 나태에 빠져있을 때에는 네가 우리를 괴롭히지 않아서 우리도 너를 쳐다보지 않았는데, 지금은 네가 우리와 맞서니 너와 전쟁을 할 수밖에 없다." 악의에 찬 악령들이 대답했다.

이 말을 들은 수도사는 자기 자신을 더욱 영적 투쟁에 정진하도록 재촉했다. 그리고 하느님의 은총에 힘입어 그의 덕은 발전하게 되었다.

...

자신의 구원을 등한시하면서 허송세월을 보내고 있던 어떤 형제가 언젠가 자기가 만든 바구니를 팔러 도시로 향했다. 하지만 가던 길에 어둠이 내리자 야밤의 위험을 피해 옛 무덤에 잠시 머물렀다. 그는 잠을 청하려고 자리에 누웠고 졸린 눈이 거의 감겼을 때였다. 자신을 유심히 보고 있는 두 악령이 눈앞에 나타났다.

"저기 좀 봐, 겁도 없이 무덤에 누워있는 수도사가 있네." 한 악령이 말했다. "이 자를 괴롭혀서 우리 거처에서 내쫓아야겠다."

"괜히 시간낭비하지 말자." 다른 악령이 무시하듯이 대꾸했다. "이 자는 우리 편이야. 먹고, 마시고, 수다 떨고, 자기 할 일도 게을리하지. 그리고 우리가 좋아하는 일은 온통 다 하고 있어. 그러니 밤낮으로 기도하고 수행하면서 우리와 전쟁을 벌이고 있는 다른 수도사들이나 괴롭히러 가자."

수도사는 악령들조차 자신을 무시하는 것을 보자 새롭게 각오를 다졌다. 그리고 마침내 좋은 수도사가 되었다.

• • •

어느 거룩한 스승이 말했다.

"만약 진정으로 하느님의 법을 지키며 살기로 결심했다면 그대는 그 법을 만드신 분을 조력자로 얻게 될 것이다. 반대로 그대의 의지로 하느님의 계명을 거역한다면 그대는 사탄을 협력자로 가지게 될 것이다. 그러니 그대는 하느님으로부터 능력을 받을 수 있도록 그대의 선한 의도를 보여주어라."

• • •

콜로보스의 요한 사부는 오랜 세월 내면에 둥지를 틀고 있는 정욕과 또 자신의 모든 인간적인 나약함에서 벗어날 수 있게 해달라고 하느님께 기도드렸다. 마침내 그가 기도의 응답으로 그런 은사를 받게 되자 말 그대로 편안해졌다.

하지만 그의 영혼 깊은 곳에서는 알지 못하는 어떤 초조함이 느껴졌다.

그는 조언을 구하려고 스승인 피민 사부를 찾아갔다.

"스승님, 저는 정말 편안합니다. 더 이상 어떤 전쟁도 겪지 못하고 있습니다."

"너는 즉시 가서 이전에 있었던 유혹들을 다시 보내달라고 하느님께 간청하여라." 성인이 엄격하게 말했다. "영혼이 완덕을 향해 나아가려면 영적 투쟁이 필요하다는 것을 아직도 모른단 말이냐?"

요한 사부는 영적 아버지가 조언한 대로 했다. 그리고 나서 더 이상 유혹과의 전쟁에서 벗어나게 해달라고 기도하지 않았다. 대신 그는 겸손하게 이렇게 하느님께 간구했다.

"주여, 유혹의 순간마다 저에게 힘을 주소서."

⋯

어떤 젊은 제자가 언젠가 피민 성인에게 물었다.

"사부님, 악령들이 잔악한 전쟁을 멈추지 않고 있는데 어떻게 해야 할지 모르겠습니다."

"얘야, 악령들이 너와 전쟁을 하고 있다고?" 성인이 놀라며 말했다. 악령들은 인간이 자신의 뜻을 따르고 있으면 전쟁을 하지 않는단다. 악령들이 진정 누구와 전쟁을 치뤘는지 아느냐? 하느님을 본 모세와 또 그분 같은 거룩한 성인들이란다."

⋯

싱글리티키 성녀가 말했다.

"투사들이 영적으로 발전하는 만큼, 그만큼 그들의 적들도 더 많아진다."

⋯

어느 젊은 수도사가 시소이스 성인에게 물었다.

"사부님, 정욕들과 악령들이 저를 괴롭히는데 어떻게 해야 할까요?"

"애야, 악령들이 너를 괴롭힌다고 생각하지 마라." 사부가 대답했다. "우리 대부분의 사람들은 자신의 사악한 욕망 때문에 스스로 괴롭힘을 당하고 있단다."

...

에디오피아인 모세 수도사가 수도생활을 시작한 지 얼마 되지 않았을 때 육적 욕망과 전쟁을 치르게 되었다. 그때 그는 어찌할 바를 몰라 이시도로스 사부에게 고백하러 갔다.

사부는 그의 말을 귀담아 들어주었다. 그리고 거기에 맞게 조언을 해준 후 그의 거처로 돌아가라고 말했다. 하지만 거처로 돌아갔을 때 다시 사악한 욕망의 불꽃이 일어날까봐 그곳에 돌아가지 못하고 주저하고 있었다. 그러자 이시도로스 사부가 그의 손을 잡고 자신의 거처 위에 있는 작은 방으로 데리고 올라갔다.

"여기를 봐라." 사부가 서쪽을 가리키면서 말했다.

그러자 활시위를 당긴 채 언제든지 전쟁을 치를 준비가 되어있는 엄청난 수의 무리지어 있는 사악한 영들이 보였다. 그 광경을 보자 그는 깜짝 놀랐다.

"자, 여기 동쪽을 봐라." 다시 사부가 그에게 말했다.

그곳에는 적과 대항할 준비를 갖춘 수많은 천사들이 늘어서 있었다.

이시도로스 사부가 계속해서 말했다.

"이들은 모두 투사를 도우라고 하느님께서 보내신 천사들이다, 우리의 수호자들이 적들보다 월등히 많을 뿐만 아니라 비교할 수 없이 강력하다는 것을 이제 네 눈으로 보고 확인했느냐?"

모세 수도사는 이 모든 것을 알려주신 하느님께 진심으로 감사드렸다. 그리고 용기를 얻어 자기 거처로 돌아가 영적 투쟁을 계속했다.

・・・

언젠가 어떤 거룩한 은수자는 자신을 악으로 끌어 내리려고 벌떼처럼 인간을 둘러싸는 악령들과 또 자신의 곁에 서서 날카로운 검으로 악령들을 물리치는 영혼의 수호천사를 보았다.

・・・

어느 날 마카리오스 사부가 기도와 영적 탐구를 위해 최대한 깊은 곳에 있는 광야를 향해 길을 떠났다. 그런데 우연히 길에서 아주 무례하게 생긴 요상한 존재를 만났다. 그는 단지 하나에 깃털이 하나씩 있는 크고 작은 단지들을 짊어지고 있었다. 사부는 도저히 상상도 못한 모습 때문에 서서 유심히 그를 지켜보았다.

짜증이 난 게 분명한 요상한 존재는 화를 내면서 사부에게 소리쳤다.

"이보게 수도사, 무슨 일로 날 그렇게 쳐다보고 있는 건가? 인간이 감히 여기까지 발을 들일 일이 없을 텐데 도대체 여기에 무슨 볼 일이 있어 왔지?"

"어디든지 계시는 하느님을 만나러 왔네." 성인이 당당하게 대답했다. "그런데 자넨 누군가? 네 모양새를 보니 분명 사람은 아닌 것 같고 또 네가 짊어지고 있는 것들도 신기하구나."

그 순간 그 존재는 본의 아니게 어떤 강력한 힘에 몰린 듯 급히 사실대로 털어놓았다.

"네가 보고 있는 나는 사탄이다. 그리고 여기 이것들은 나를 도와주는 도구들이다. 나는 이 도구들을 이용해서 인간들을 부추기고 내 뜻에 따르도록 만들지."

마카리오스 사부는 사탄이 어쩔 수 없이 모든 계략들을 털어놓을 때까지 계속해서 캐물어 보았다.
"탐구에 열심인 자를 발견하면 내 머리에 이고 있는 단지에 들어 있는 깃털로 그를 건드린다. 그러면 그는 즉시 두통을 일으키고 탐구를 그만 멈추게 되지. 철야기도를 하려는 자를 발견하면 나는 눈썹에 매달려있는 단지에 있는 깃털로 그의 눈을 슬쩍 건드린다. 그러면 그는 졸음을 참지 못하고 즉시 잠을 청하게 되지. 내 귀에 있는 단지들은 불순종을 일으키지. 나는 이것을 가지고 제자들의 뒤를 쫓아다닌다. 내 코에 매달려 있는 단지는 젊은이들을 육체적인 욕망에 불타게 만들지. 내 입에 있는 단지로는 금욕하는 사람이 음식을 탐하게 만들고 또 다른 사람들을 험담하게 하고 음담패설로 이끈다. 내 목에 이고 있는 단지는 교만과 자만을 일으킨다. 내 배에 있는 단지 안에는 인사불성과 주색잡기의 계략이 들어있지. 나머지 단지들은 질투, 살인, 도둑질, 그 밖에 모든 나쁜 것들을 유발시키는 것들이다. 나는 이것들로 인간들을 바른 길에서 벗어나게 하고 내가 원하는 데로 데리고 다니다가 파멸로 몰아넣지. 하지만 난 한 번도 너에게는 접근하지 못했어. 그것은 네가 끊임없이 나를 상대로 싸웠기 때문이야."

마카리오스 사부는 사탄이 나열하는 수많은 계략에 놀라움을 금치 못했다. 그는 십자성호를 그으며 기도했다.

"당신의 성인들을 통해 사탄을 무력하게 하시는 하느님이시여, 찬미 받으소서. 사탄의 덫에서 저를 지켜주신 것처럼 당신의 계명을 따르고 투쟁하는 모든 이들을 보살펴주소서."

성인이 기도하는 동안 사탄은 연기처럼 그의 눈앞에서 사라졌다. 성인은 깊은 사색에 잠긴 채 자신의 여정을 이어갔다.

제 12 장

1. 진실

옛 스승들 중 한 명이 말했다.
"수도사라는 말에는 진실한 입, 거룩한 몸, 정결한 마음이라는 의미가 들어있다."

...

다른 스승이 말했다.
"거짓은 옛 인간의 특성이다. 진실은 구세주 그리스도의 피로 새로 태어난 인간의 특성이다."

...

출가자 이사야 사부는 올바르게 조언해준다.
"눈으로 보지 않고도 마치 본 것처럼 이야기하지 말아라. 단지 귀로 듣기만 하고 확신하지 말아라. 언제나 진실을 말하는 데 익숙해져라. 거짓은 다른 사람들의 눈에 들고 싶은 욕망 때문에 자주 생기고, 영혼이 하느님에 대한 두려움으로부터 멀어지게 만든다."

...

수행자 마르코스 사부는 이렇게 적었다.
"겸손한 사람의 입은 언제나 진실을 말한다. 진실과 다르게 말하는 사람은 주님의 뺨을 때린 종의 자리에 서게 된다."

아누브 사부는 "나는 수도사가 된 뒤로 한 번도 거짓을 입에 올리지 않았다"고 말했다.

・・・

하느님께서는 세례성사를 받은 모든 이들에게 세 가지를 요구하신다.

영혼의 올바른 믿음, 입의 진실, 그리고 몸의 신중함이다.

2. 가르침

피민 사부가 말했다.

"다른 사람을 가르치기 위해서는 먼저 가르치는 사람이 정신적으로 건강하고, 정욕에 사로잡혀 있지 않아야 한다. 자신의 집을 파괴해가면서 다른 사람의 집을 세워야 할 이유가 없다."

피민 사부가 다시 말했다.

"다른 사람을 가르치기만 하고 스스로 실천하지 않는 사람은 안에 각종 불순물이 가득 차있는 물을 주변으로 흘려보내는 것이다."

∴

이페레키오스 사부는 말했다

"진정 지혜로운 사람은 말이 아니라 행동으로 가르치는 사람이다."

∴

다른 지혜로운 스승은 이렇게 말했다.

"행동이 수반되지 않고 말로만 가르치는 사람은, 잎은 있지만 열매를 맺지 못하는 나무와 다를 바가 없다."

∴

광야의 위대한 스승들 중 한 명이 자주 방문객을 받고 그들에게 가르침을 주던 이웃에 사는 어떤 사부에게 말했다.

"형제여, 조심하게나. 등잔불은 한편으로 많은 이들을 비춰주지만 쉽게 자신의 입을 태운다네."

• • •

테오도라 성녀가 영적인 스승들과 교사들에게 다음과 같이 지혜롭게 조언을 했다.

"지도자들과 교사들은 우선 먼저 자신을 물욕, 교만, 허영에서 완전히 떨어뜨려놓아야 한다. 감언이설에 휩쓸리거나 선물에 눈이 멀어서는 안 된다. 관용으로 분노를 멀리 몰아내고, 온유, 인자, 자애, 형제애가 자신의 특성이 되게 해야 한다. 그리고 다른 무엇보다 중요한 것은 깊은 겸손을 갖추고 있어야 한다."

3. 좋은 친구

누구든지 향수가게에 들어가게 되면 향수를 사지 않아도 아름다운 향기를 맡을 수 있는 것처럼, 거룩한 사람들과 어울리는 사람도 이와 똑같다. 그는 거룩한 사람들이 내뿜는 덕의 영적 향기를 맡게 된다.

· · ·

세 명의 사부들은 일 년에 한 번 대 안토니오스로부터 가르침을 듣기 위해 안토니오스 스승의 산을 방문했다. 두 명의 사부들은 안토니오스 스승에게 영육의 수행에 대해 이런저런 질문을 했는데 그것은 하느님의 지혜의 강물이 안토니오스 성인에게서 흘러나오게 해주었다. 하지만 세 번째 사부는 질문은 하지 않고 항상 묵묵히 듣기만 했다.

성인이 언제가 그에게 물었다.

"형제여, 자네는 매년 나를 찾아오고 있지만 한 번도 내게 사소한 질문조차 하지 않았는데 뭔가 배우고 싶은 것이 없는가?"

"스승님, 저는 당신을 보는 것만으로도 많은 가르침을 받고 있습니다." 그가 존경하는 마음으로 대답했다.

· · ·

파프누티오스 사부가 스승들의 스키티에서 12마일 떨어져 있는 외진 동굴에서 수행을 하고 있었다. 그는 한 달에 두 번 스승들의 가르침을 듣기 위해 스키티를 방문했는데 스승들로부터 받은 가르침을 받아 마음속 깊이 새겼다가 자기 제자들에게 다시 가르쳐 주곤 하였다.

"얘야, 어디를 가든지 다른 사람과 너를 비교하지 말거라. 그래야 네 영혼이 평온을 누리게 될 것이다. 그렇지 않으면 사탄이 너를 속여 네가 다른 사람들보다 더 낫다고 생각하게 만들 것이다."

· · ·

언젠가 한 은수자가 70주간을 계속해서 금식했다. 그리고 이해가 되지 않는 성서의 한 구절의 뜻을 알려달라고 하느님께 청했다. 하지만 하느님께서 그의 청을 들어주시지 않았는데, 어느 날 스스로에게 말했다.

"왜 내가 하염없이 기다리는 수고를 하지? 이웃에 사는 사부가 그 뜻을 알고 있을지 모르니 그를 찾아가서 물어보는 것이 좋겠다."

그가 이웃 사부를 찾으러 길을 나서는 순간 하느님께서 천사를 보내 그가 간절히 청했던 요구를 들어주셨다. 그러자 은수자가 천사에게 물었다.

"그토록 기다릴 때는 오지 않더니 왜 이제야 온 것입니까?"

"네가 겸손해져서 다른 이의 조언을 구할 때까지 기다린 것이다." 천사가 대답했다.

· · ·

어느 날 밤 이웃의 한 은수자가 뭔가를 구하려고 급히 콜로보스 요한 사부의 거처를 찾았다. 두 동료 수도사는 문 앞에 서서 잠시 영적인 대화를 시작했는데 자신들도 모르는 사이에 어느새 날이 밝았다.

· · ·

한 젊은 수도사가 어느 사부에게 물었다.

"사부님, 제가 스승님들을 방문해서 가르침을 듣는 것이 좋은 것일까요? 아니면 제 거처에서 조용히 지내는 것이 좋을까요?"

"스승들을 방문하는 것은 수도사들의 오랜 관행이란다." 사부가 대답했다.

4. 성서 연구

어떤 통찰력 있는 사부가 말했다.

"언젠가 제자의 거처 밖에서 그를 공격하려고 노리고 있던 사탄을 본 적이 있었지. 그래서 나는 제자가 무엇을 하고 있는지 안으로 들어가 살펴봤어. 그는 성서를 펼쳐 놓고 연구에 여념이 없었지. 그가 성서공부를 마치고 책을 덮는 순간 사탄이 그를 괴롭히려고 안으로 공격해 들어왔어."

• • •

어느 사부가 말했다.

"구약과 신약의 저자들은 성령의 영감을 받아 저술했고, 교부들은 그 가르침을 삶 속에 접목시키려고 애를 썼다. 그 다음 세대는 그 내용을 가슴 속에 담아 외웠고, 후대의 사람들은 그것을 출판해서는 도서관에 두고 닫아버렸다."

• • •

언젠가 몇 명의 사부들이 안토니오스 성인을 방문하러 갔는데, 일행 중에는 요셉 사부도 함께 있었다. 대 스승은 그들을 시험해보려고 성서에서 한 구절을 골라 각자에게 그 구절의 의미를 물어보았다. 그들은 자기들이 알고 있는 지식에 따라 그 의미를 해석하기 시작했다.

"자네들은 다른 해석을 했다네." 성인이 그들에게 말했다.

요셉 사부의 순서가 되자 대 안토니오스가 물었다.

"요셉 사부, 자네는 이 구절에 대해 어떻게 생각하는가?"

"저는 그것에 대해 아는 것이 없습니다." 그가 대답했다.

그때 성인이 그의 겸손에 감탄하면서 말했다.

"요셉 사부가 제대로 된 답변을 했네."

...

언젠가 스키티의 스승들이 영적인 대화를 나누기 위해 모였는데, 깜빡 잊고 코프리 사부를 모임에 부르지 않았다. 멜기세덱의 인물에 대해 토론을 시작한 그들은 서로 의견이 분분했다. 그때 코프리 사부가 생각난 그들이 그의 의견을 들으려고 사람을 시켜 그를 불러왔다. 코프리 사부는 토론을 하느라고 많은 시간을 허비한 그 주제와 또 의견이 분분한 그들의 이야기를 듣고는 자신의 입을 세 번 때리며 말했다.

"수도사여, 네가 참으로 어리석구나. 하느님께서 바라시는 것은 한쪽에 밀어놓고, 결코 그분이 요구하지 않을 것을 찾으려 애쓰는구나."

거기에 있던 사부들은 그의 지혜로운 말을 듣고 나서 하나 같이 모임에서 빠져나와 사색에 잠긴 채 각자의 거처로 돌아갔다.

제 13 장

1. 생각

한 초보 수도사가 어느 사부에게 어떤 생각은 마음속에 담고 어떤 생각은 멀리해야 하는지 물었다.

"인간이 하늘 아래에서 하는 그 어떤 생각도 무익하단다." 사부가 대답했다. "그러니 그런 생각은 마음속에서 멀리해야 한단다. 네가 구원받기를 원한다면 언제나 예수님만 기억하며 살아가면 될 것이다."

・・・

슬픔에 잠긴 어느 형제가 혹독하게 수행을 했음에도 여전히 정욕에서 자유롭지 못하다고 시소이스 성인에게 고백했다.

"얘야, 네가 정욕의 그릇, 즉 나쁜 생각들을 가지고 살고 있는데 어떻게 정욕에서 벗어날 수가 있겠니?" 거룩한 사부가 그에게 말했다. "그러니 정욕에게 다시 나쁜 생각들을 돌려 주거라. 그러면 정욕은 즉시 사라질 것이다."

・・・

지혜로운 스승이 가르쳤다.

"인간은 자신을 공격하는 생각 자체에 대해서는 책임을 질 필요가 없다. 하지만 그 생각을 받아들이고 묵인한 것에서 대해서는 책임을 피하기 어렵다. 누구든지 생각으로 파선을 당할 수도 있고 영광의 관을 쓸 수도 있다."

・・・

콜로보스 요한 사부가 말했다.

"사악한 생각들이 공격할 때면 나는 길 가는 사람이 하는 것처럼 행동한다. 사람은 외진 곳을 지나다가 예기치 않게 먹잇감을 찾아다니는 맹수를 보게 되면 목숨을 구하려고 주변에 있는 나무를 찾아 그 위로 올라간다. 나 역시도 기도로 하느님께 피신함으로써 사악한 생각들의 공격에서 벗어난다."

・・・

언젠가 겔라시오스 사부가 지금의 거처에서 더 깊은 광야로 들어가라는 생각 때문에 오랜 기간 고통을 받았다. 겔라시오스 사부는 강력하게 그 생각에 맞섰지만 생각이 떠날 낌새를 보이지 않자 어느 날 밤 그의 제자에게 말했다.

"내가 내일 어떤 행동을 하더라도 이상하게 생각하지 말고 나에게 말도 걸지 말거라."

다음날 동이 트자마자 겔라시오스 사부는 지팡이를 들고 작은 정원 안에서 왔다 갔다 하기 시작했다. 피곤해지면 잠시 쉬었다가 또다시 걷기 시작했다. 그는 온종일 그렇게 했다. 밤이 되었을 때 사부가 생각에게 말했다.

"광야에서 걸어가는 사람은 빵을 먹지 않고 들판에 있는 풀로 배를 채우지. 그렇지만 너는 노쇠하니 채소를 조금 먹게."

사부는 그의 작은 정원에 심어져있던 채소 잎을 조금 잘라서 먹은 후에 자신에게 다시 말했다.

"광야 깊은 곳에는 몸을 피할 곳이 없지."

그는 자기 거처 밖 땅바닥에 그대로 누워 잠을 청했다. 다음날 그리고 그 다음날도 그는 똑같이 행동했다. 하지만 피로가 너무 심해 기운이 빠졌다. 그때 사부는 자신을 괴롭혀 왔던 생각을 힐난하면서 엄중히 자신에게 말했다.

"광야의 일을 할 힘이 하나도 없으면서 무엇 때문에 깊은 광야로 들어가려 하는 것인가? 지금의 거처에서 그대로 참고 지내거라. 그리고 너의 죄를 눈물로 회개하면서 너의 구원에 힘을 쏟거라."

...

언젠가 마카리오스 성인이 한 스키티를 방문하러 가는 길에 짐을 짊어지고 성인과 같은 방향으로 가고 있는 이상한 사탄을 만났다.

"어디를 가는가?" 성인이 그에게 물었다.

"수도사들에게 생각을 불어 넣어주러 가고 있네." 사탄이 거만하게 대답했다.

"지금 네가 짊어지고 가는 그것은 뭔가?"

"그들에게 줄 식사거리일세."

"그렇게나 많이?" 성인은 의아했다.

"물론이지. 하나로 만족하지 않으면 다른 게 준비되어 있지. 만약 그것도 마음에 들어 하지 않으면 세 번째 것도 있다네. 이것들 중 하나는 분명 그들의 입맛에 맞을 걸세."

"그곳엔 너를 따르는 수도사들이 많이 있는가?" 전율을 느낀 사부가 물었다.

"그렇진 않아." 사탄이 어쩔 수 없이 고백했다. "대부분은 나에게 강하게 맞선다네. 하지만 좋은 친구도 한 명 있지."

"그의 이름이 뭐지?" 성인이 관심을 보이며 물었다.

"테오펨브토스라네." 사탄이 대답했다. 그리고는 급히 자신이 가던 길을 재촉했다.

사탄의 얘기를 듣고 생각에 잠겨 있던 마카리오스 사부가 스키티에 도착했다. 스키티의 형제 수도사들이 반갑게 그를 맞았다. 그리고 기쁜 마음으로 사부를 각자의 거처로 초대했다. 하지만 성인은 테오펨브토스를 찾아 그의 거처로 자신을 초대해주기를 청했다. 그의 거처에 도착하자 성인이 그에게 어떻게 지내냐고 물었다.

"사부님, 당신의 축복 속에 잘 지내고 있습니다." 그가 대답했다.

"생각들이 자네를 괴롭히지 않느냐?"

테오펨브토스는 약간 주저했다. 더러운 생각을 받아들이는 자신을 성인에게 드러내는 것이 부끄러웠기 때문이다.

"괜찮습니다." 그가 별 관심이 없는 척 속삭였다.

"형제여." 성인이 깊이 한숨을 내쉬었다. "아주 오랜 세월을 수도사로 수행했고 이미 노인이 되었지만 나는 아직도 육적인 생각에 유혹을 받고 있다네. 그런데도 사람들은 나를 존경하고 있다네."

성인의 말에 용기를 얻은 테오펨브토스는 자신이 겪고 있는 전쟁에 대해 고백했다. 성인은 악한 생각들과 어떻게 맞설 수 있는지 조언을 해주고 그가 지켜야 하는 규칙들도 알려줬다. 성인은 그곳을 떠나 자신의 은수처로 향했다. 그런데 이번에도 길에서 사탄을 만났는데 예전과 달리 잔뜩 찌푸린 얼굴이었다.

"무슨 일인가?" 사부가 그에게 물었다.

"아주 안 좋아." 그가 대답했다. "모든 수도사들이 나를 대적하는데 무엇보다 내 절친한 옛 친구가 훨씬 더 강력하게 나에게 대적하지 뭔가. 그래서 나는 앞으로 오래 동안 그를 괴롭히지 않기로 했어. 그가 처음에 그랬던 것처럼 근심 걱정 없이 아주 평안하게 지내도록 말이야."

성인은 사탄의 계략에 치를 떨었다. 그는 주님께 사탄의 계략에서 당신의 양떼를 지켜달라고 간절히 기도했다.

2. 고백

어느 사부가 말했다.

"수도사가 고백할 때 자신의 솔직한 생각을 감추는 것만큼 사탄이 기뻐하는 일은 없다."

∴

다른 스승이 조언했다.

"사악한 생각이 그대를 괴롭히고 있다면 고백을 통해 그 생각을 드러내야 한다. 그러면 거기에서 빨리 벗어날 수 있을 것이다. 뱀이 땅굴에서 밖으로 나오면 순식간에 눈앞에서 사라져 버리듯이 악한 생각도 드러나는 순간 그렇게 사라진다.

어떤 형제가 육체적인 욕망 때문에 고통받고 있었다. 그는 혼자의 힘으로 그 고통에서 벗어나려 애를 썼지만 성과가 없다고 느꼈다. 마침내 그는 정욕을 이겨내기 위해 주일 성찬예배가 끝난 후에 성당 한 가운데 서서 모든 수도사들이 들을 수 있도록 큰소리로 말했다.

'형제들이여, 하느님께서 나에게 자비를 베풀도록 기도해주십시오. 제가 지금 14년간 육적인 전쟁을 치르고 있습니다.'

이 말을 마친 순간 그는 즉시 자신을 괴롭혀왔던 정욕에서 자유로워짐을 느꼈다. 오랜 기간 그토록 애를 쓰고 수련을 했음에도 이루지 못했던 것을 한 순간의 고백으로 성취한 것이다."

・・・

 광야의 위대한 스승들 중 한 명이 어느 날 제자들에게 자신의 일화를 들려주었다.
 "내가 젊었을 때 어떤 영적 정욕과 전쟁을 치렀단다. 난 형제 수도사들이 지논 사부가 훌륭한 영적 아버지라고 말하는 것을 자주 듣고 있었어. 다들 그의 조언을 통해 영적 유익을 얻었기 때문이었지. 나도 내가 겪고 있는 정욕을 고백하기 위해 여러 번 사부를 방문하고 싶었지만 수치심이 나의 발목을 잡았어. 나에게 이런 생각이 들었어.
 '넌 네가 뭘 해야 하는지 잘 알잖아. 그런데 왜 너의 속마음을 굳이 다른 사람에게 드러내 보이려는 거지?'
 하지만 언젠가 나는 굳게 결심을 하고 고백하러 길을 떠났어. 그러자 그동안 나를 괴롭혀 왔던 정욕이 사라지며 평안해지는 거야. 그런데 그것 역시 하나밖에 없는 그 치료법을 찾지 못하게 하기 위한 사탄의 계략이었어. 난 지논 사부의 거처 문 앞까지 여러 번 갔다가 다시 되돌아오곤 했어. 그는 나의 그런 행동을 눈치 채고 계셨지만 내가 겸손한 자세로 나의 정욕을 고백할 때까지 기다리고 계셨지. 아마도 나를 위해 기도를 많이 하셨을거야, 심하게 정욕과 전쟁을 치르던 어느 날 나는 혼자서 이렇게 말했어.
 '가엾은 인간, 수없이 많은 사람들이 먼 곳에서도 찾아와 영적인 유익을 얻고 돌아가는데, 너는 곁에 의사를 두고도 병을 고치지 못하는구나.'
 그렇게 내 마음은 한쪽으로 기울었고 결심을 굳히자 지체하지 않고 고백의 길을 떠났어. 그런데 가는 도중에 다시 주저하게 되었어. 난 이렇게 생각했지.

'만약 사부가 혼자 계시다면 하느님의 뜻이라 생각하고 내 마음속의 모든 정욕을 고백하겠지만 만일 방문객이 있다면 길을 되돌아 와 다신 고백하러 가지 않겠어.'

하지만 다행히도 사부만 혼자 있었다. 사부는 언제나 그랬듯이 나를 반갑게 맞아주었어. 나를 곁에 앉히고는 유용한 조언을 해주셨지. 그런데 나는 다시 저주받을 거라는 생각 때문에 수치스러움을 느꼈어. 입을 굳게 닫고 말을 한마디도 하지 않았지. 사부의 말이 끝나자, 난 자리에서 일어났어. 그도 문까지 나를 배웅해주려고 자리에서 일어났지. 그리고 나를 앞서 걸어갔어. 나는 내 안에서 벌어지는 있는 싸움으로 인해 깊이 슬픔에 잠겨 느린 걸음으로 그의 뒤를 따랐지. 순간 앞서 가던 사부가 고개를 돌려 나를 보더니 힘들어 하는 나를 안쓰러워 하셨어. 그리고는 나에게 가까이 다가와서 축복된 손을 나의 가슴에 대고 공감하듯이 말했어.

'애야, 무슨 일이길래 그렇게 힘들어 하는 것이냐? 너의 아픔을 말해주렴. 나도 너처럼 똑같이 아픔을 겪는 사람이란다.'

나는 그 순간 가슴이 둘로 쪼개지는 것 같은 느낌을 받았어. 난 그의 발 앞에 엎드려 눈물로 그 발을 적셨지.

'사부님, 저를 불쌍히 여기소서.' 나는 흐느껴 울며 말했어.

'애야, 무슨 일인지 말해 보렴.'

'사부님, 제가 왜 고통받고 있는지 정말 모르신단 말입니까?'

'네 마음이 평온을 찾기 위해서는 네 스스로 그것을 밝혀야 한단다.'

나는 아주 어렵게 나의 정욕에 대해 고백했지.

'왜 오랫동안 나에게 그것을 밝히지 않았느냐?' 그가 가슴 아파하며 내게 말했어. '네가 나를 방문한 기간이 3년인데 그동안 고백하지 못하고 주저했던 것이냐?'

'네, 사부님' 내가 그에게 말했어. '하지만 주님의 사랑을 위해 저를 도와주십시오.'

사부는 부드럽게 나를 일으켰어.

'큰 일이 아니니 걱정하지 말거라. 다 지나갈 것이다. 기도를 등한시 하지 말고 다른 사람을 비난하는 생각이 자리 잡지 못하게 하거라.'

나는 가벼운 마음으로 거처로 돌아왔어. 그리고 그렇게 해서 나는 정욕에서 벗어나게 되었어."

...

한 젊은 수도사가 육적 욕망과 전쟁을 치르고 있었다. 그는 어느 노 은수자에게 자신의 영적 문제를 고백하러 갔다. 하지만 그는 자신은 경험하지 못했던 그의 생각을 받아들이지 못하고 젊은이의 고백을 듣는 순간 당황해서 화를 내며 수도사로서 그가 합당치 못하다고 말했다. 청년 수도사는 노 은수자의 말을 듣고 의기소침해졌다. 그는 절망에 빠져 세상으로 돌아가야겠다고 결심했다. 그런데 길에서 그는 경험이 많고 영적 아버지로 명성이 자자했던 아폴로스 사부를 우연히 만나게 되었다. 아폴로스 사부는 한눈에 그의 영혼의 흔들림을 직시했다.

"애야, 왜 그렇게 수심에 가득 차 있느냐?" 사부가 온유하게 물었다.

청년 수도사는 아무런 대답도 하지 않았다. 아폴로스 사부는 깊은 관심을 보이며 계속 물었다. 마침내 그는 자신이 겪고 있는 육적 전쟁에 대해서 그리고 은수자의 말에 절망하게 된 사실을 고백했다.

"애야, 왜 절망하느냐?" 사부가 말했다. "나는 이 나이가 되도록 아직도 그런 욕망에 고통받고 있단다. 그러니 네 거처로 돌아가 용기를 가지고 너의 영적 투쟁을 계속하거라. 하느님의 자비가 너를 그냥 놔두지 않으실 것이다."

좋은 영적 의사가 해주는 위로의 말 덕분에 절망에 빠졌던 젊은 수도사는 다시 희망의 날개를 펼쳤다. 거처로 돌아간 그는 하느님의 은총이 자신에게 내려와 그 전쟁에서 벗어날 때까지 투쟁을 계속하겠다는 결심을 굳게 다졌다.

청년 수도사를 파멸에서 구한 아폴로스 사부는 경험이 없던 은수자의 잘못된 태도를 고쳐주고 싶었다. 사부는 그의 거처 밖에서 청년 수도사가 치렀던 전쟁을 똑같이 그에게 내려달라고 하느님께 기도드렸다.

그의 기도가 채 끝나기도 전에 그의 눈앞에 엄청나게 거대한 거인이 나타나 노 은수자를 향해 불화살을 당겼다. 그러자 노 은수자는 즉시 마치 동물적인 욕망에 취한 것처럼 온몸을 비틀기 시작했다. 이런 투쟁 경험이 없었던 그는 혼란에 빠졌고 더 이상 참을 수 없는 지경에 이르자 조금 전 젊은 수도사가 그랬던 것처럼 세상을 향한 길로 나섰다. 아폴로스 사부가 그를 따라가서 말했다.

"형제여, 안절부절 못한 채 어디를 가고 있는가?" 사부가 그에게 물었다.

그는 수치스러워서 고개 들고 대답하지 못했다.

"자네의 거처로 돌아가게." 사부가 질책하듯이 말했다. "자네는 사탄으로부터 완전히 잊혀져있었네. 그래서 사탄과 전쟁한 경험이 없던 자네는 하루도 그 유혹을 견뎌내지 못하는 것일세. 그러니 다음부터는 경험도 없고 배우지도 못한 자네가 다른 사람을 조언하려 해서는 안 되네."

그에게 필요한 조언을 마친 사부는 주님께 기도를 드렸다. 그러자 즉시 은수자는 자신을 괴롭히던 전쟁에서 벗어났다.

"이제 자네 거처로 돌아가게. 그리고 하느님께 지혜를 간구하게나."

3. 평화를 사랑하는 사람들

어느 겨울 밤, 한 수도원의 수도사들이 급한 일을 끝내기 위해 밤을 새워야만 했다. 그들 중 어떤 병약한 수도사는 혹독한 겨울 추위로 인해 심한 몸살 기운을 느꼈다. 어쩔 수 없이 그는 하던 일을 그만 두고 자기 거처로 돌아가야 했다. 하지만 다른 어떤 형제가 그가 거처로 돌아가는 것을 보고 화가 나서 불평을 쏟아내기 시작했고, 결국 사람을 시켜 병약한 그를 다시 데려오도록 했다.

그런데 그를 데리러 간 형제는 그가 몸 상태가 많이 안 좋은 것을 보자 그만 마음이 아팠다.

"형제들이 자네 몸이 어떤지 보고 오라고 해서 왔다네." 그가 선의를 가지고 말했다. "그리고 자네는 일 걱정은 하지 말게. 우리가 그 일을 다 끝낼 걸세."

"하느님께서 형제들의 수고를 보상해주시길 진심으로 빌겠네." 아픈 형제가 고마워하며 말했다. "형제들과 함께 일하고 싶은 마음이 간절한데 몸이 아파 정말 미안하네."

형제는 돌아와서 그가 정말로 아파서 고생하고 있으며 형제들에 대한 고마움과 미안함을 갖고 있다고 다른 형제들에게 알려주었다.

이렇게 판별력 있고 슬기로운 형제의 중간 역할로 수도사 모두는 그들 영혼의 평화를 유지할 수 있었다.

・・・

두 명의 동료 수도사가 서로 오해가 생겨서 냉담한 상태에 있었다. 언젠가 그들 중 한 명이 병이 났다. 형제 수도사들 중 한 명이 그를 위로하기 위해 병문안을 갔다. 그때 아픈 수도사가 그에게 동료 수도사와 냉담한 상태에 있다고 털어놓았다. 그리고 그와 화해할 수 있도록 중재해주기를 부탁했다. 왜냐하면 그와 화해하지 못한 채 죽으면 어쩌나 하고 걱정했기 때문이었다.

형제는 자신의 거처로 돌아오는 길에 이 문제를 제대로 해결할 수 있도록 도와 달라고 하느님께 기도하며 간청했다. 왜냐하면 도움을 주려다가 자칫 잘못하면 더 사태를 악화시킬 수도 있는 문제였기 때문이었다. 그가 자기 거처에 돌아오자, 하느님께서 섭리하셔서 그의 한 친구가 무화과가 든 바구니를 가지고 그를 방문하게 하셨다. 그는 바구니에서 제일 좋은 무화과를 골라 바로 아픈 수도사와 냉담한 관계에 있는 동료 수도사에게 가지고 갔다. 그리고 그에게 이렇게 말했다.

"누구 사부가 이것을 자네에게 가져다주라고 부탁했네."

그러자 그가 의아해하며 말했다.

"누구 사부가 지금 나에게 그것을 보냈다고 말했나?"

"그렇다네." 그가 대답했다.

감격에 젖은 그는 무화과를 받고 형제에게 감사를 전했다. 첫 번째 과제를 성공적으로 마친 이 평화를 이루는 사람은 기뻐하며 나머지 무화과를 가지고 아픈 수도사를 방문했다. 그리고 이렇게 말했다.

"자네의 동료 수도사가 이것을 자네에게 보냈다네."

"사실인가? 그럼 우리가 정말 화해한 것인가?" 그가 기뻐하며 말했다.

"그렇다네. 자네의 기원 덕분에 그렇게 되었다네." 형제 수도사가 대답했다.

"하느님께 영광!" 그가 흥분하며 말했다.

두 명의 동료 수도사들은 약간의 무화과를 활용한 슬기로운 한 형제로 인해 그렇게 서로 화해를 하게 되었다.

4. 성직

　언젠가 스키티의 사부들이 이사악 사부를 사제로 세우기로 결정했다. 하지만 그 소식을 접하자 그는 즉시 그곳을 떠나 도시로 내려가는 길 근처의 밭으로 가서 몸을 숨겼다. 사부들은 그를 찾으러 돌아다니다가 그가 몸을 숨긴 밭까지 내려왔다. 그들은 그곳에서 휴식을 취할 겸 해서 잠시 멈췄다. 그리고 데리고 있던 가축이 풀을 먹을 수 있도록 풀어주었다.
　그러자 하느님의 섭리로 인도된 가축이 이사악 사부가 숨어있는 덤불 근처에 가서 멈췄다. 얼마 후 가축을 데리러 그곳으로 간 사부들이 그곳에 있는 이사악 사부를 발견했다. 그들은 이사악 사부를 묶어 강제로 스키티로 데려가기로 마음먹었다. 그때 이사악 사부가 그들을 제지하며 말했다.
　"내가 지극히 높은 성직에 합당치 않지만, 더 이상 도망치진 않을 것입니다. 왜냐하면 그것을 받아들이는 것이 하느님의 뜻임을 직접 확인하고 있기 때문입니다. 내가 어디를 가든지 나는 그것을 피할 수 없을 것입니다."

・・・

　언젠가 자신의 교구에 속해 있는 마을들을 순회하던 주교가 멀리 떨어져 있는 아주 작은 마을에 도착했다. 주교는 사제를 찾았고 제법 시간이 흐른 뒤에 작업복을 입은 채 밭에서 금방 돌아온 순박한 시골사람이 주교 앞에 나타났다. 그 마을의 사제였다. 주교는 그 모습이 썩 마음에 들지 않았다. 지극히 높은 분의 집전자로서의 좀 더 멋진 면모를 원했다.

다음날은 주일이었다. 사제는 성찬예배를 드리려고 준비했고, 주교는 한시도 그에게서 눈을 떼지 않았다. 그의 일거수일투족을 지켜볼 생각이었다. 시골 농부 같은 사제에게서 많은 잘못들을 발견할 수 있을 거라고 본 것이었다.

하지만 이상한 일이 벌어졌다! 성찬 예배가 시작되는 그 순간부터 사제는 천상의 빛으로 둘러싸였다. 천상의 빛은 그를 뜨겁게 달구고 환히 밝히면서도 그를 전혀 태우지 않았다. 이것은 성찬예배가 끝날 때까지 지속되었다.

사제가 마을 사람들에게 안디도로를 다 나눠주자 주교는 그를 지성소 안으로 불렀다. 그리고 사제 앞에 무릎을 꿇고 자신을 축복해달라고 요청했다. 시골사제는 당황했다.

"어떻게 윗분이 아랫사람에게 축복을 받는단 말입니까? 거룩한 주교님, 당신께서 저를 축복해 주십시오."

"신성의 불꽃 속에 서서 피흘림 없는 희생제를 드리는 이를 내가 축복할 수는 없다네. '축복이란 것은 윗사람이 아랫사람에게 해주는 것'(히브리서 7:7)이네."

"거룩한 주교님, 주교나 사제 더 나아가 보제 역시도 성스런 제단에 나아갈 때는 천상의 빛으로 둘러싸이지 않습니까? 그렇지 않은 경우가 과연 있습니까?" 소박한 사제가 의아해하며 말했다.

초자연적인 것을 아주 자연스러운 것으로 말하는 이에게 주교가 무슨 대답을 할 수 있었을까? 주교는 그의 순백의 마음에 경탄을 금치 못했다. 그리고 영적 유익을 가지고 그 작은 마을을 떠났다.

제 14 장

1. 교만

한 수도사가 어느 사부에게 자신이 교만의 유혹으로 고통을 겪고 있다고 고백했다.

"그대가 교만하다고 해도 그렇게 잘못된 거로 보이진 않네." 사부가 그에게 대답했다. "자네는 하늘과 땅을 창조하지 않았는가?"

사부의 말에 창피함을 느낀 수도사가 허리를 굽혀 용서를 구한 후 사부에게 말했다.

"사부님, 그런 일을 했다는 생각을 단 한 번도 하지 못한 저를 용서하십시오."

"하늘과 땅의 창조주께서 이 세상에서 겸손하게 사셨는데, 흙으로 빚어진 자네가 어찌 감히 교만해지려고 하는 것인가? 어리석은 자여, 무엇이 자네의 일인가?" 슬기로운 사부가 그를 향해 엄중하게 말했다.

• • •

안디오호스는 이렇게 기록했다.

"교만한 자는 열매를 맺지 못하고 또 뿌리를 내리지도 못해서 바람이 약간만 불어도 견디지 못하는 나무와 같다고 할 수 있다. 겸손한 자의 기도가 하느님을 기쁘게 하는 만큼, 교만한 자의 간구는 그만큼 하느님을 분노하게 만든다."

· · ·

  테베 지역의 어느 초보 수도사가 그 누구의 조언도 받지 않은 채 혼자서 무리하게 수행을 했다. 그는 얼마 가지 않아 교만한 생각에 사로잡히게 되었다.

  "자네는 대단한 경지에 올랐어." 사탄이 그에게 속삭였다. "누구도 그렇게 짧은 기간에 자네처럼 높은 경지에 오른 사람은 없었어. 자네는 기적의 은사를 받을 자격이 충분히 있다네. 그렇게 되면 자네를 통해 하늘의 아버지께서 영광을 받을 것이 아닌가."

  사탄의 감언이설에 속아 그는 하느님께 그 은총을 청원하는 기도를 드렸다. 그러던 어느 날 그는 판별력이 뛰어나고 성성이 지극한 이웃에 있는 은수자에게 조언을 받고 싶은 생각이 들었다. 그것은 그가 그동안 이루어온 수고를 잃지 않도록 하기 위한 하느님의 섭리였다. 그는 이웃의 은수자에게 자기의 생각을 말했고 또 기적의 은사를 받게 해달라고 기도를 드리고 있다는 것도 털어놓았다. 그리고 조언을 해달라고 청했다. 은수자는 그의 이야기를 사색에 잠겨 들었다. 그는 즉시 형제의 영혼이 앓고 있는 병이 무엇인지 알아챘다. 하지만 침묵했다. 그러자 초보 수도사는 사부에게 그의 생각과 유익한 조언을 계속 간청했다. 오랜 시간 침묵으로 일관하던 사부가 마침내 말하기로 결심했다.

  "얘야, 내가 너에게 조언하는 것이 주저되는구나, 왜냐하면 너는 내 말을 들으려 하지 않을 것이 확실하기 때문이란다."

  그러자 그는 사부가 말하는 것을 하느님의 말씀으로 받아들이고 그가 시키는 대로 하겠다고 약속했다. 그러자 사부가 수제품을 팔아 가지고 있던 약간의 돈을 그에게 주며 말했다.

  "이 돈을 가지고 도시로 내려가서 10킬로그램의 고기와 10개의 빵과 10리터의 포도주를 사오너라."

수도사는 무엇 때문에 이것들을 전부 사오라는 것인지 도통 이해가 가지 않았지만 이미 사부의 말을 따르기로 했기에 거부할 수가 없었다. 그는 불편한 마음으로 그곳을 나왔다. 수도사가 어떻게 포도주와 고기를 사러 간단 말인가? 사람들이 뭐라고 하겠는가?

그는 그 지시가 이해가 되지 않았으므로 이게 유별나다고 생각하면서 창피함을 무릅쓰고 장을 봤다. 그리고 사부에게 가지고 갔다.

"자넨 내가 하는 말을 따르겠다고 이미 약속을 했다네." 사부가 그가 한 말을 다시 상기시켰다.

젊은 수도사는 그 약속에 대해 이미 후회하고 있었지만 이제 와서 달리 다른 방도가 없었다.

"이 음식들을 자네 거처로 가져가게." 사부가 그에게 지시했다. "그리고 매일 빵 한 개와 1킬로그램의 고기를 먹게. 그리고 1리터씩 포도주도 마시게. 시키는 대로 다하고 나서 다시 나를 보러오게나."

아무런 위로도 받지 못한 채 그는 거처로 돌아왔다. 지금까지 그토록 철저하게 금식을 지켜왔는데 이제 나보고 고기를 먹고 포도주를 마시란 말인가? 왜 나에게 이런 일을 하라고 하지? 수도사는 생각하고 또 생각했다. 사부의 지시를 거부하고 싶은 욕망이 일었다. 하지만 그가 한 약속 때문에 어렵지 않게 자신을 제어했다. 식사 시간이 되자 그의 눈에서 눈물이 흘러 빵을 적셨다. 그리고 자신이 참담한 죄인이라는 생각이 들었다. 이 모든 것을 하느님께서 자신을 버렸기 때문이라고 여겼다. 하느님께서는 그의 겸손을 보시면서 왜 그에게 이런 형벌이 내려졌는지 그가 깨달을 수 있도록 빛을 비춰주셨다. 10일 후 처절하게 낮춰진 그는 거룩한 사부를 찾아갔다. 사부는 그가 잘 먹었음에도 얼굴이 창백하고 기운이 없는 것을 보고 의아해했다.

"얘야." 사부가 선의를 가지고 그에게 말했다. "교만의 영이 너를 지배해서 파멸로 이끌지 못하도록 너를 지켜주신 자비의 하느님께 감사드려야 한단다. 사탄은 영적 투사를 태만과 게으름에 빠뜨리지 못하면, 지나치게 만들어 교만에 빠뜨리는 계략을 쓴단다. 네가 여기 처음 왔을 때 내가 무엇을 보았는지 이제 너에게 말해주마. 원숭이의 모습을 한 두 악령이 너를 뒤따라와서는 서로 자기 쪽으로 너를 끌고 가려고 애를 썼단다. 그것들은 허영과 교만의 영이었는데 지금은 그 영들이 깨끗이 사라졌단다. 그러니 너는 그렇게 중요한 것도 아닌 기적을 하느님께 간청하기보다 너를 사탄의 덫에서 구해주신 하느님께 감사를 드리거라. 이것이 진정 가장 크고 가장 유익한 기적이란다."

 수도사는 훌륭한 조언을 해준 사부에게 감사를 드렸다. 그리고 많은 깨우침을 얻은 채 자기 거처로 돌아갔다.

2. 허영

카시아노스 성인은 이렇게 기술했다.

"허영의 정욕은 아주 섬세하고 다양한 모습을 가지고 있어서, 사람이 그것을 알아차리는 것이 매우 어렵다. 다른 정욕들의 공격은 쉽게 드러나서 주의하고 기도하면 쉽게 고칠 수 있지만 허영은 쉽게 고치기가 힘들다. 왜냐하면 허영은 모든 일 안에 자리 잡고 있기 때문이다. 허영은 목소리, 말, 행동 등 다양한 모습으로 자신의 업적을 드러낸다. 허영은 철야기도, 금식, 기도, 독서, 고요, 관용 그리고 다른 모든 덕들을 퇴색시킨다. 사탄은 부유함과 비싼 옷으로 사람을 현혹하는데, 실패하게 되면 허름하고 보잘 것 없는 것을 가지고 다시 그를 속인다. 명예와 칭송에도 흔들림이 없는 사람에게는, 불명예를 감내하게 하면서 그가 마치 뭔가 중요한 인물이 된 것처럼 생각하도록 만든다. 사탄은 감언이설에도 그가 허영에 빠지지 않으면 침묵과 고요로 쓰러뜨리려 한다. 어떤 이에게는 금식으로, 어떤 이에게는 수련으로, 또 다른 누군가에게는 또 다른 덕으로 그를 무너뜨리려고 한다. 모든 영적인 일은 사람을 공격하는 계기를 사악한 영에게 제공해준다."

∴

하루는 어느 사부가 얼마 전에 이웃에 정착한 젊은 수도사를 방문했다. 사부가 그의 기처에 가까이 갔을 때 큰 목소리가 들렸다. 그가 책을 읽고 있다고 생각한 사부는 잠시 서서 그 목소리에 귀를 기울였다.

하지만 불행하게도 허영의 사탄에 깊이 사로잡힌 수도사는 마치 보제가 예배에서 하는 것처럼 소리 내고 있었다.

사부는 그 소리를 듣고 있다가 노크도 없이 바로 문을 열고 수도사의 거처 안으로 들어갔다. 갑자기 들어선 사부의 모습에 깜짝 놀란 그는 자리에서 일어나 손님을 맞았고, 초조한 빛을 감추지 못한 채 언제부터 밖에 있었느냐고 물었다.

"자네가 보제처럼 하고 있을 때 왔다네." 사부가 마치 아무런 관심도 없다는 듯이 대답했다.

허영에 물든 수도사는 수치스러워서 사부의 발에 엎드려 그간의 일을 고백했다. 그리고 세상에서 멀리 떨어진 광야에서까지도 그를 심하게 괴롭히고 있는 저주받을 허영의 정욕에서 벗어날 수 있도록 기도해 줄 것을 간청했다.

· · ·

사부들에 따르면 광야의 모든 스승들 중에서 특히 아르세니오스 사부와 페르미의 테오도로스 사부가 인간들이 주는 영광을 멀리했다고 한다. 아르세니오스 사부는 사람들과 대화를 하는 경우가 거의 없었고 어쩌다 힘들게 대화할 때가 있는데 반해서, 테오도로스 사부는 사람들과 어렵지 않게 대화는 하였지만 그의 입에서 나오는 말들은 칼처럼 날카로웠다고 한다.

· · ·

어느 사부가 말했다.

"옛 스승들은 그들의 영적인 발자취가 사람들에게 알려지면 그것을 자신들의 덕으로 여기지 않고 죄로 여겼다."

지혜로운 스승이 말했다.

"사람들의 환심과 허영은 좋은 의도와 덕스러운 습관을 파괴한다. 자신의 선행을 드러내는 사람은 땅의 표면에 씨를 뿌려 새가 와서 먹게 만드는 농부와 같다. 반대로 그의 영적 성숙을 사람들의 눈에 띠지 않도록 주의를 기울이는 사람은 땅 속 깊이 씨를 심어 풍성한 열매를 거두게 된다."

3. 분노

아가톤 사부는 이렇게 가르쳤다.

"쉽게 분노하는 사람은, 비록 죽은 사람을 살려낸다 하더라도 하늘 나라에서 받아주질 않을 것이다."

· · ·

피민 사부는 이렇게 말했다.

"불만을 입에 달고 살고, 쉽게 화를 내면서 앙심을 품는 수도사는 존재할 수가 없다. 다시 말해 이러한 결점들을 가지고 있다면, 비록 수도복을 입고 있다 해도 본질적으로는 그런 사람은 수도사라고 할 수 없다."

· · ·

이시도로스 사부가 젊었을 때의 경험담을 들려주었다.

"언젠가 바구니를 팔러 도시로 내려갔었는데 화가 치밀어 오르는 것이 느껴졌어. 그래서 시장에 바구니를 그대로 둔 채 급히 거처로 돌아왔지."

· · ·

어떤 거룩한 은수자가 언젠가 반 강제로 주교좌에 오르게 되었다. 온화함과 큰 겸양의 성품을 갖추었던 그는 그 누구도 책망을 하지 않았다. 한번은 몇몇 수도사들이 교회의 재정을 제대로 관리하지 못한 집사 수도사를 비난했다. 하지만 주교는 그를 꾸짖지 않고 차일피일 미뤘다.

하루는 집사 수도사를 비난하는 다른 수도사들이 화가 잔뜩 나서 자신에게 오는 것을 보고 옷장 속으로 숨었다. 여기저기를 둘러보던 그들이 마침내 주교가 숨은 곳을 찾아냈다.

"거룩한 주교님, 왜 저희에게서 몸을 숨기셨습니까?" 그들이 주교에게 물었다.

"얘들아, 나는 사실 집사 수도사보다 너희들이 더 무섭단다. 왜냐하면 내가 60년 평생을 광야에서 밤낮으로 하느님께 기도하면서 성취한 것들을 너희들이 아주 짧은 기간 안에 나에게서 뺏어가려고 애를 쓰고 있기 때문이지."

···

이페레키오스 사부가 말했다.

"화가 났을 때 자신의 혀를 제어하지 못하는 사람은 다른 정욕도 모두 제어할 수 없다."

···

암모나스 사부가 말했다.

"나는 14년간 분노의 정욕을 이길 수 있게 도와달라고 밤낮으로 하느님께 기도하며 혹독하게 투쟁했다."

4. 복수심

　어느 지혜로운 스승은 복수심을 인간의 영혼에 둥지를 틀 수 있는 가장 고통스러운 최악의 정욕으로 여겼다.

　도둑이나 거짓말쟁이나 또 다른 죄인들은 죄를 지었을 경우, 잘못을 인정하고 자신을 책망하며 한숨과 눈물 속에서 쉽게 잘못을 고칠 수 있지만, 복수심에 불타는 사람은 음식을 먹을 때나 잠을 잘 때 그리고 걸어 다닐 때에도 자신 안에 독이 있는 것처럼 복수심으로 해서 자신이 타들어간다. 복수심은 기도할 때에도 그를 조용히 놔두질 않는다. 복수심은 기도를 저주로 바꿔버린다. 복수심에 불타는 사람의 모든 수고는 허사가 된다. 그가 그리스도를 위해 피를 흘렸다 해도 사랑의 임금님은 당신의 천상의 거처에 그를 받아주시지 않는다.

〮〮〮

　파멸로 몰고 가는 정욕인 복수심은 하느님의 은총이 영혼에게서 떠나가게 만들고 지극히 높은 덕에 오른 사람조차도 참혹한 주검처럼 만들어 버린다. 그렇다면 교회의 옛 순교록에 기록되어있는 일례를 한번 살펴보자.

　"우아렐리아노스 황제 시대에 니키포로스라고 불리는 한 경건한 청년이 동방의 어느 도시에 살고 있었는데, 사프리키오스라는 열정적인 그리스도인 사제도 같은 도시에 살고 있었다. 둘은 영적인 우애가 무척 깊고 아주 가까운 사이였다. 나이가 더 어렸던 니키포로스는 사프리키오스 사제에게 순종하며 그를 공경했고 사프리키오스도 어린 니키포로스를 무척 아끼고 조언을 아끼지 않았다. 하지만 둘의 관계를 시기한 사탄이 그들 사이에 가라지를 심었고 그렇게 해서 둘의 아름다운 우정은 무너졌다. 자신이 온유와 용서의 표상인 예수님의 종이었다는 사실을 완전히 망각한 사프리키오스 사제는 니키포로스에 대한 증오가 가득 차서 그를 눈으로 보는 것조차 싫어했다. 반면에 선한 니키포로스는 용서를 구하려고 여러 번 옛 친구에게 다가가는 노력을 했지만 뜻을 이루지 못해 다른 이들을 중재자로 세워 둘의 관계를 회복하려고 하였다. 하지만 사제의 완고한 거부로 그도 결실을 맺지 못했다.

정확히 그 무렵 동방의 전 지역에 그리스도인들에 대한 박해가 시작되었다. 니키포로스와 사프리키오스 사제의 도시도 예외는 아니었다. 박해자들은 사프리키오스 사제를 잡아 그리스도에 대한 믿음을 저버리고 우상을 섬기라고 박해를 가했다. 사제는 용감하게 핍박을 감내하며 자신은 그리스도께 헌신했음을 당당하게 고백했다. 결국 그는 도시의 집행관이 처형방식을 결정할 때까지 감옥에 투옥되었다.

니키포로스는 초조하게 자기 친구의 시련을 지켜봤다. 그가 감옥에 투옥되자 니키포로스는 많은 돈을 간수에게 주고 그 그리스도인 사제를 만날 수 있게 해달라고 부탁했다. 마침내 그를 만나게 된 니키포로스는 그들 사이에 놓여있는 증오로 둘이 영원히 헤어지는 것을 막기 위해 그의 발 앞에 엎드려 뜨거운 눈물로 화해를 청했다.

'나를 용서해 주십시오, 다 제 잘못입니다.' 니키포로스가 사프리키오스 사제에게 말했다.

하지만 사프리키오스 사제는 아무도 예상하지 못했던 그 순간에서조차도 마치 대리석처럼, 아무런 감정이 없는 돌처럼 친구의 간절한 요청을 매정하게 내쳤다. 그리고 그에게 눈길 한번 주지 않았다. 니키포로스는 납득할 수 없는 사제의 태도에 깊은 상처를 받고 그 자리를 떠날 수밖에 없었다.

마침내 사프리키오스 사제의 참수형이 결정되었다. 망나니들은 그를 처형장으로 끌고 갔다. 니키포로스는 화해를 청하면서 그의 뒤를 따랐다. 그는 증오로 둘의 사이가 벌어진 간극을 메우지 못한 채 친구가 잠시 후 영원한 곳으로 갈 것이라는 생각을 하며 떨고 있었다. 그럼에도 사프리키오스 사제는 화강암처럼 완강한 태도를 바꾸지 않았다.

영광스러운 시간이 다가왔다. 믿음의 고백자에게는 이제 승리의 관과 영광스러운 순교자들의 명부에 이름이 기록될 일만 남았다. 하지만 그 순간 하느님의 은총이 그를 저버렸다. 망나니가 목을 치기 위해 칼을 높이 들자 갑자기 깊은 잠에서 깬 것처럼 깜짝 놀란 그가 두려움에 떨며 무슨 이유로 자신이 잡혀있는지 물었다. 그러자 자신의 칼날 앞에서 겁을 집어 먹은 그리스도인을 처음 본 망나니가 이상하게 여기며 그에게 말했다.

'넌 황제가 섬기라는 신들을 거부했기 때문에 사형 당하게 된 것이야.'

'섬기겠습니다!' 배교자가 겁 없이 말을 뱉어냈다.

니키포로스는 순식간에 앞에서 벌어지고 있는 이 모든 광경을 고통스럽게 지켜보았다. 그리고 순교자에게 승리의 관을 씌어주려고 기다리고 있는 하느님의 천사를 보았다. 그는 처형장 안으로 들어서며 망나니에게 소리쳤다.

'예수님께서 오늘 한 순교자를 당신 곁에 두려고 하오. 내가 그리스도인이니 나의 목을 베시오.'

이렇게 해서 거룩한 니키포로스는 사프리키오스 대신 순교의 자리를 차지했다. 그리고 복수심에 불탄 사프리키오스에게는 배교자라는 낙인이 찍히게 되었다."

5. 비난

제자들로부터 무엇이 비난이고 무엇이 비판인지 질문을 받은 어느 사부가 이렇게 설명해주었다.

"비난은 다른 형제의 감춰진 결점들을 드러내는 것이고, 비판은 드러난 것을 단죄하는 것이다. 일례로 누군가가 어느 형제가 선하고 사람이 좋긴 한데 분별력이 없다고 말한다면 그것은 비난이 된다. 하지만 누구는 욕심쟁이이고 탐욕가라고 말한다면 그것은 비판이 된다. 왜냐하면 이 말로 이웃의 행위를 단죄하기 때문이다. 비판은 비난보다 더 나쁜 것이다."

• • •

언젠가 이단들이 피민 성인을 찾아가 알렉산드리아의 대주교에 대해 험담을 하기 시작했다. 그러자 성인은 자리에서 일어나 제자에게 그들을 대접할 음식을 준비하라고 시키고 거처에서 나왔다. 자신의 귀를 더럽히지 않기 위한 조치였다.

• • •

어느 영적 사부가 조언했다.

"만약 형제를 비난하는 일이 생겨 양심의 가책이 느껴지면 즉시 그를 찾아가 자기가 비난했다고 고백하고 용서를 구하여라. 그리고 다시는 사탄이 그런 죄로 현혹할 때 넘어가지 않도록 유의하여라. 왜냐하면 비난은 영혼의 죽음이기 때문이다.

만약 다른 누군가가 자네를 찾아와 3자인 다른 누군가를 험담하고 비판한다면 그에게 동조해서 '그래, 자네 말이 맞아'라고 맞장구치지 않도록 각별히 조심하여야 한다. 자네는 차라리 침묵하거나 이렇게 말하거라. '형제여, 나는 내 죄에 대해 단죄 받은 몸일세. 그러니 내가 남을 어떻게 단죄할 수 있겠는가?'

이렇게 하면 자네는 물론 그 형제도 구원받게 된다네."

...

이페레키오스 사부가 금욕자들과 금식자들에게 다음과 같이 조언을 해주었다.

"비난하면서 형제를 먹이감으로 삼을 바에는 차라리 고기를 먹고 포도주를 마셔라."

사부는 또 이렇게 가르쳤다.

"뱀은 하느님을 비난하면서 첫 창조물을 낙원에서 쫓아내는 데 성공했다. 이웃을 비난하는 사람도 이와 똑같다. 이웃을 비난하는 사람은 그 말을 듣는 이의 영혼에 해를 끼쳐 그를 악으로 몰아낸다."

...

어느 날 어떤 거룩한 사부는 한 형제가 심각한 죄에 빠지는 것을 직접 목격했다. 하지만 그는 그를 비판하지 않고 눈물을 흘리며 말했다.

"오늘은 그가 넘어졌지만 내일은 반드시 내가 넘어질 것이다. 그리고 그는 의심의 여지없이 회개하겠지만 나는 회개할 수 있을지 확신이 없구나."

...

하느님 아버지께서는 직접 심판하지 않으시고 아들에게 모든 심판의 권한을 주셨으며(요한 5:27) 아들께서는 "남을 판단하지 마라. 그러면 너희도 판단 받지 않을 것이다"(마태오 7:1)라고 가르치셨습니다. 사도 바울로가 "주님께서 오실 때까지는 무슨 일이나 미리 앞질러 심판해서는 안 됩니다"(고린토 전 4:5), "남을 판단하는 것은 바로 자기 자신을 단죄하는 것입니다"(로마 2:1)라고 일깨워 주었음에도 불구하고, 인간들은 본인들의 죄는 구석으로 밀쳐내고 자신은 마치 아무런 죄가 없는 존재처럼 아들이 가진 심판의 권한을 빼앗아 스스로 심판하고 서로 단죄하는 것을 보면, 사람이 어찌 놀라지 않을 수 있으며 말 그대로 정신을 잃지 않을 수가 있겠는가? 하늘과 땅이 경천동지할 일이 아니겠는가? 그럼에도 그들은 의식이 없는 이들처럼 어떤 수치심도 느끼지 못한다.

· · ·

수도 공동체의 한 수도사가 영적인 것을 등한시하며 지내다가 중병으로 병상에 눕게 되었다. 그에게 죽음의 시간이 다가오자 수도원장을 비롯해 모든 수도사들이 마지막 길을 떠나는 그에게 용기를 북돋워 주려고 그의 주변에 모였다. 하지만 죽음을 직면하고도 동요하지 않고 평온을 유지하는 모습에 수도사들은 놀라움을 금치 못했다.

"얘야." 수도원장이 그에게 말했다. "네가 수도자의 책무를 충실히 하지 않았다는 것을 여기 있는 우리 모두가 잘 알고 있단다. 그런데 어떻게 그렇게 담담하게 내세로 떠날 수가 있느냐?"

"사부님." 죽음을 앞둔 그가 속삭였다. "제가 좋은 수도사가 되지 못한 것은 사실입니다. 하지만 제 평생에 한 가지는 분명하게 지켰습니다. 그것은 지금까지 제가 그 누구도 비판한 적이 없다는 것입니다. 그래서 저는 저의 군주이신 그리스도 앞에 서게 될 때 이렇게 말씀드리려고 합니다."

"주님, 당신께서는 '남을 판단하지 마라. 그러면 너희도 판단받지 않을 것이다'라고 말씀하시지 않았습니까?"

저는 주님께서 저를 엄중하게 심판하지 않으실 것이라고 소망해 봅니다.

"애야, 너는 큰 수고 없이도 구원에 이르렀으니 평안히 영원한 여행을 떠나도 될 것이다." 수도원장이 경탄하며 말했다.

· · ·

언젠가 어느 수도사가 큰 잘못을 범했는데 스키티의 원장이 그를 내쫓았다. 그 소식을 들은 베냐민 사부도 자기 물건을 몇 가지 챙겨 그곳을 떠나려고 하였다.

"나 역시 죄인이네." 베냐민 사부가 그를 가로막는 형제들에게 말했다.

· · ·

언젠가 스키티의 한 형제가 어느 출가자 사부를 찾아가 큰 잘못을 범한 다른 형제에 대해 말했다.

"굉장히 나쁜 짓을 했군." 사부가 씁쓸해하며 말했다.

며칠 뒤 큰 잘못을 범한 수도사가 죽게 되었다. 그러자 주님의 천사가 그의 영혼을 데리고 출가자에게 갔다.

"자, 그대가 비판한 이가 죽었네. 이제 내가 그를 어디에 둬야할지 정해주시게나."

"제가 죽을 죄를 지었습니다." 사부가 눈물로 호소했다. 그는 그때부터 매일 자신의 죄를 용서해 달라고 하느님께 간청했다. 그리고 생을 다하는 날까지 다시는 감히 사람을 판단할 엄두를 내지 않았다.

6. 모함

　필루시오티스의 이시도로스 사부가 스키티의 사제로 있을 때였다. 스키티의 수도사들 중에 경건하고 덕이 깊은 보제 수도사가 있었는데 이시도로스 사부는 그를 사제로 세워 자기의 후계자로 삼으려고 했다. 하지만 무척 겸손했던 그는 자신이 사제가 될 자격이 없다고 말하며 사제 서품을 받아들이지 않았다. 한편 스키티에는 질투의 정욕에 사로잡힌 수도사가 있었는데, 덕이 깊은 보제수도사를 증오해서 어떻게 하면 그에게 해를 입히고 그의 이름을 욕되게 할 수 있을까 하는 생각에만 혈안이 되어 있었다.
　사탄이 그를 활용한 계략은 이러했다.
　질투하는 수도사는 본인의 책들 중 한 권을 몰래 보제의 방에 가져다 놓고는 이시도로스 사부를 찾아가 이렇게 불평을 터트렸다.
　"사부님, 제 책이 없어졌습니다. 분명 누군가가 책을 훔쳐간 것이 분명합니다."
　"얘야, 스키티에서는 지금껏 이런 일이 없었단다." 사부가 놀라며 말했다. "하지만 네가 직접 확인하는 것이 좋겠으니 두 명의 형제 수도사를 데리고 가서 찾아보거라."
　사탄의 계략대로 일이 진행됐다. 질투하는 수도사는 몇몇 형제 수도사들의 거처를 살펴본 후 보제의 거처로 갔다. 그리고 당연히 그곳에서 자기 책을 발견했다.

그는 그 책을 가지고 모든 형제들이 모이는 만과 예배시간에 성당으로 갔다. 그리고 형제들이 모두 들을 수 있게 큰 소리로 이시도로스 사부에게 책이 누구에게 있었는지 밝혔다.

아무런 죄가 없었음에도 불구하고 보제는 그의 모함에 반발하지 않았다. 그는 겸손하게 무릎을 꿇고 자신이 잘못했다고 말하며 모든 형제들에게 용서를 구했다.

"형제들이여, 저를 용서하십시오. 제가 도둑입니다."

보제에게 내려진 형벌의 기간인 3주가 지났고 보제는 다시 지성소에 설 수 있게 되었다. 그때 모함을 한 수도사가 악령에 사로잡혀 괴성을 지르며 그의 죄를 고백했다.

"내가 하느님의 종을 부당하게 비난했소." 그가 양심의 가책을 덜어보려고 소리쳤다.

스키티의 형제들은 그를 위해 밤을 새며 기도했다. 하지만 성과는 없었다. 불행에 빠진 그는 악령에 의해 심하게 고통을 겪고 있었다. 그때 이시도로스 사부가 보제에게 말했다.

"형제여, 자네가 그를 위해 기도하게. 모함을 당한 자네가 간청한다면 주님께서 자비를 베풀어 주실 것일세."

보제는 사부의 조언대로 기도를 올렸다. 그러자 정말 모략을 일삼았던 그가 사탄의 사슬로부터 벗어났다.

...

시리아의 에프렘 성인은 이렇게 적었다.

"모함을 당했다가 그 진실이 밝혀져 죄가 없음이 드러났을 때 자만하지 말고 오히려 인간의 모함에서 그대를 건져준 것에 대해 주님께 감사를 드리고 겸손하게 주님을 섬겨 그대가 그분의 계명들을 충실히 지키고 있음을 보여주거라."

7. 탐욕

　공동체 수도원 근처에 허름한 옷을 입고 맨발로 다니는 매우 청빈해 보이는 어느 은수자가 살고 있었다. 자애심이 깊은 수도원 원장은 자주 그에게 의복과 양식뿐만 아니라 필요한 다른 것들도 보내주었다. 언젠가 그 은수자가 심한 병에 걸리자 공동체 수도원의 형제들은 그가 가난하고 가진 것이 없어 많은 보살핌이 필요할 것이라 생각하고 성심성의껏 그를 돌봐주었다. 그런데 그가 죽자 침상 밑에 엄청난 금화가 있는 것을 알게 되었다.
　수도원장이 그것을 보고 깊은 한숨을 내쉬며 참담한 심정으로 고개를 저었다. 그리고 형제 수도사들에게 이렇게 말했다.
　"그는 살아있었을 때뿐만 아니라 죽는 그 순간까지 끝까지 돈을 감추고 하느님이 아닌 그 돈에 희망을 걸고 있었다. 꼴도 보기 싫으니 그를 묻을 때 그 돈도 함께 묻어라."
　형제 수도사들이 새로 만든 무덤에 탐욕의 은수자와 돈을 함께 묻자 갑자기 하늘에서 불이 내려와 바위와 흙과 함께 그 모든 장소를 태워버렸다. 이 놀라운 광경은 그것을 지켜본 이들에게 엄청난 충격으로 각인되었다.

・・・

언젠가 피오르 사부가 약간의 돈을 마련하려고 부잣집의 밭에 가서 수확하는 일을 도왔다. 하지만 욕심이 많았던 주인은 계속해서 돈을 주지 않고 지급을 미뤘고 그렇게 다음해가 되어 다시 수확할 시기가 왔다. 사부는 다시 그 농부의 밭으로 가서 수확하는 일을 도왔다. 하지만 이번에도 그는 지급을 미뤘다. 세 번째 해에도 주인이 똑같을 일을 반복하자 정의의 하느님께서 탐욕에 물든 주인이 스스로 불의한 행동을 뉘우칠 때까지 엄청난 재앙을 내렸다. 그는 모든 수도원들과 스키티를 돌아다니며 사부를 찾아다녔고, 마침내 그를 발견했다. 그는 사부의 발 앞에 엎드려 용서를 구했다. 그리고 3년간 미루었던 노임을 모두 지급하며 말했다.

"하느님께서 당신께 행한 저의 불의에 대해 그 대가를 물으셨습니다." 그가 겸손하게 말했다.

하지만 사부는 그가 자신에게 진 빚을 잊어버린 지 이미 오래였다. 사부는 그에게 "그 돈을 가난한 이들을 위해 쓸 수 있게 교회에 헌금하는 것이 좋겠다"고 조언하며 자기 자신을 위해서는 한 푼도 받지 않았다.

・・・

언젠가 어느 사부에게 탐욕이 어떤 것인지 물었다.

"탐욕이란 하느님께서 자네를 보살펴주신다는 것을 믿지 않는 것이다. 또 그분께서 하신 약속을 자네가 신뢰하지 않는 것이다. 그리고 자네가 쾌락을 사랑하는 것이다."